肇庆学院学术著作出版资助金资助

构建粤港澳大湾区产业国际竞争优势研究

刘　璟 / 著

中国财经出版传媒集团
经济科学出版社
Economic Science Press

图书在版编目（CIP）数据

构建粤港澳大湾区产业国际竞争优势研究/刘璟著.
—北京：经济科学出版社，2020.8
ISBN 978-7-5218-1818-5

Ⅰ.①构… Ⅱ.①刘… Ⅲ.①区域经济-产业经济-国际竞争力-研究-广东、香港、澳门 Ⅳ.①F127.6

中国版本图书馆 CIP 数据核字（2020）第 158485 号

责任编辑：刘 莎
责任校对：刘 昕
责任印制：邱 天

构建粤港澳大湾区产业国际竞争优势研究
刘 璟 著
经济科学出版社出版、发行 新华书店经销
社址：北京市海淀区阜成路甲 28 号 邮编：100142
总编部电话：010-88191217 发行部电话：010-88191522
网址：www.esp.com.cn
电子邮箱：esp@esp.com.cn
天猫网店：经济科学出版社旗舰店
网址：http://jjkxcbs.tmall.com
北京季蜂印刷有限公司印装
710×1000 16 开 21.25 印张 340000 字
2020 年 8 月第 1 版 2020 年 8 月第 1 次印刷
ISBN 978-7-5218-1818-5 定价：76.00 元
（图书出现印装问题，本社负责调换。电话：010-88191510）

总　序

2019年2月，中共中央、国务院印发的《粤港澳大湾区发展规划纲要》正式公开发布，标志着粤港澳开启了合作新阶段、开放新格局、市场新空间、产业新结构和科创新体系的系列创新和改革，标志着中国对外开放和国家区域协调发展战略迈向新阶段。这个阶段，要具有更高的历史站位，以全球视野、发展的眼光来看待中国的改革开放事业，要向世界宣誓中国的发展是一条多元、包容、开放的道路，粤港澳大湾区建设要成为中国高质量发展的模版。

粤港澳合作就是中国改革开放的一个缩影。40年来，粤港澳经历了两次大规模的经济整合，是中国经济变革的示范案例。

第一次经济整合是粤港澳工业经济的整合。从1978年到2003年，港资企业北移，形成了香港服务、广东生产的“前店后厂”的垂直产业链分工，催生出珠三角“世界工厂”的奇迹，而香港也成功实现了由出口导向型制造业基地向国际金融、航运和贸易中心的转变。加工贸易和转口贸易是这一时期粤港澳区域合作的一大风景线。

第二次经济整合是粤港澳服务经济的整合。从2003年以后的十多年，《内地与香港（澳门）关于建立更紧密经贸关系的安排》（简称CEPA）这一以服务贸易为核心的制度安排，促进了粤港澳服务业的专业分工和进一步整合，广东对港澳服务业开放部门的覆盖率达95.6%，三地共同营造了先进制造业和现代服务业共生发展的蓬勃态势。

然而，粤港澳合作从第一阶段的“前店后厂”互补式分工向第二阶段“厂店合一”式竞合相间的分工格局过渡的过程中，原有合作机制和组织架构的局限性开始凸显。

粤港澳大湾区是粤港澳合作的第三阶段，这个阶段要解决粤港澳合作目标和动力分化的问题，要充分发挥“一国两制”的优势，让港澳融入国家发展大局，粤港澳须携手共同为国家高质量发展打造一个模板。

新时代的中国要求高质量发展，中美贸易摩擦再次让我们警醒：科技是第一生产力，提升科技创新能力是中国由大变强的必由之路。纵观世界一流湾区，无不是科技创新领先的高地。这些年，香港一直在强调创新科技产业的发展，深圳已经成为中国科技创新产业的领头羊，广州推出 IAB – NEM 产业，着力打造科技创新中心，广深港澳科技创新走廊已勾勒出维形。可以看出，科技创新是粤港澳三地合作的最大公约数，也是粤港澳大湾区协同发展的主线方向。大湾区成为具有全球影响力的国际科技创新中心，是粤港澳三地共同的目标追求，也是三地合作的动力来源，是开启合作新阶段的重要标志，更是推动中国高质量发展的引擎。

粤港澳大湾区要跳出过去“以邻为壑”“利益相争”的发展窠臼，用“协同发展”“包容性发展”的新理念来践行新时代对外开放大战略。粤港澳大湾区是世界上首个横跨两种制度的国际湾区，与任何一个世界级城市群都有着更多的不同属性，更容易孕育出制度交叉的创新点，也更需要用“协同发展”的理念来指导湾区的建设。

粤港澳大湾区需要建立起空间、产业、制度和联通四个维度的协同机制，即多中心空间格局协同机制、利益共享价值链的产业协同机制、促进要素跨境流动的制度协同机制、湾区内联外通的协同机制。

粤港澳大湾区要建设成为充满活力的世界级城市群、具有全球影响力的国际科技创新中心、“一带一路”建设的重要支撑、内地与港澳深刻合作示范区、宜居宜业宜游的优质生活圈，就必须完善上述四大协同机制，这也是未来湾区建设需要重点研究的内容。

经济科学出版社与我们策划这套丛书，旨在汇聚大湾区研究工作者的智慧，集成大湾区重要研究成果，让广大读者对粤港澳大湾区有更加深刻的认识。

衷心希望诸位研究同仁、各行各业的专家和朋友，多关注粤港澳大湾区建设，为大湾区建设贡献更多才智和力量。

申明浩

广东外语外贸大学

粤港澳大湾区研究院院长

粤港澳大湾区研究基地主任

广东省粤商研究会会长

前言

preface

党的十八大以来，党中央提出了京津冀协同发展、长江经济带发展、共建“一带一路”、粤港澳大湾区建设、长三角一体化发展等新的区域发展倡议。总的来看，我国经济发展的空间结构正在发生深刻变化，中心城市和城市群正在成为承载发展要素的主要空间形式。我们必须适应新形势，谋划区域协同发展新思路。随着《粤港澳大湾区发展规划纲要》的全面实施，湾区经济时代已大步向我们走来，粤港澳大湾区治理与合作已进入关键期；与此同时，珠三角工业发展总体格局也正由工业化后期开始向后工业和知识经济时代过渡，因创新能力不足等原因导致产品国际市场竞争力不够仍是最大瓶颈。本书是一项关于经济“新常态”新开放模式下的基于创新生态与产业生态的颠覆性创新价值网构建对粤港澳大湾区产业协同竞争力影响的经济学研究。为突破现有成果的局限性，探讨颠覆性创新的驱动作用，本书以创新理论、学习理论、竞争力理论、新结构经济学理论、价值网理论为基本理论背景，充分运用颠覆性创新、计量经济学、结构方程模型、知识溢出、创新生态、产业生态和制度变迁等理论工具，进行了理论和实证方面的一系列新尝试。

已有研究表明，企业创新往往不是单个企业可以完成的功绩。企业要通过其与一系列伙伴的互补性合作，才能打造出一个真正为顾客创造价值的产品。为了不断提高企业的运营效率，资源优化配置，增强核心竞争能力，企业通过对传统的集合型价值链进行解构、整合与重建，形成了符合界面标准的、可重复利用的、新的兼容价值模块，再将这些价值模块按照新的标准和规则在新的界面上重新进行整合，形成新的、颠覆性的模块化价值链。具有不同模块价值链的企业，通过相互间的合作把各自的价值链连接起来，转化为企业间的价值星系，进而演变成为颠覆性创新价值网。从颠覆性创新价值网的基本形态来看，它强调动态的跃变，它包含了企业外部价值网络和企业内部价值网络的变更。与自然界的生态系统相类似，颠覆性创新价值网络是在一定区域范围内，创新和产业体系内种群之间相互作用或产业行业间相互融通以及之间相互影响所形成的有机整体。价值网中种群主要由各类企业、中介、科研机构的专业服务机构等组织构成，而颠覆性创新环境则主要由经济、技术、文化等要素构成。各种颠覆性创新价值网络中种群与其环境互相依存和促进，形成一种良性的生态循环系统，贯穿于颠覆性创新的整个动态过程之中。

一方面，通过对知识溢出、创新生态与颠覆性技术创新相结合分析，讨论区域间基于颠覆性技术而实现产业协同竞争优势提升的内在机理；另一方面，通过对知识溢出、产业融合与非技术颠覆性创新相联系进行分析，探索通过区域间产业融通发展，以高端现代服务业“拉动”传统制造业，从而实现产业国际竞争力提升的客观原因。借鉴迪斯特和纽曼模型以及布莱恩的贸易模型、Lotka - Volterra 竞争模型等，以颠覆性创新与知识溢出（知识吸收）为核，强调以相关产业融通发展为埋论扩展，重新探讨与修正迈克尔·波特的“钻石模型”分析范式，以期适用于欠发达国家（地区）的实际。上述理论研究表明，知识溢出效应会导致颠覆性创新成本的降低，并使该地区特别是欠发达地区攫取更多的国际贸易利益。随着颠覆性创新的成功实施与产业协同竞争优势的提升，这种互动耦合结构会内生化，且这种内生出来的势力与国际贸易福利具有合意性。

进一步的实证分析形成如下观点：（1）以联立方程模型进行样本分组回归发现，虽然劳动力以及资本等生产要素的投入仍为珠三角地区产业竞争力的主要影响因素，但具有颠覆性创新特征的因素对珠三角地区产业竞争力有着正向的影响作用；知识溢出与颠覆性创新存在着互动耦合的关系。（2）依照多元回归的计量理论，通过 T 检验，并按标准回归系数来定的话，这种耦合关系也表现为：颠覆性创新对珠三角地区产业国际竞争力的提升作用更为明显，知识溢出作用于颠覆性创新，从而间接对珠三角地区产业国际竞争力产生的贡献要大，而知识溢出效应本身可通过直接的技术转化而贡献于竞争力，只是这种贡献要小很多。（3）从生产要素的角度来分析，粤东西北传统生产要素的增长势头要快过珠三角地区，但就全要素生产率来说，粤东西北与珠三角仍有相当大的差距，这说明珠三角更具备实施颠覆性的基础要素。各区域的颠覆性创新对产业国际竞争力驱动呈现差异性特征，粤港澳合作对珠三角产业颠覆性创新有着正向影响。（4）进一步，本书对珠三角细分行业的实证发现：生产要素因素对转移型产业、追赶型产业的驱动力较大；颠覆性创新要素对领先型产业的驱动力较强；资本与颠覆性创新因素对弯道超车型产业的驱动性较强；政府作用与颠覆性创新因素对战略型产业驱动力较强。（5）本书采用结构化面谈、调查问卷以及信息编码分类等工具，并构建结构方程模型，利用 Liserl 软件实证发现要素体系间的路径系数，结果表明：企业从外部获取的知识与企业的内部知识相结合，通过自身的研究开发投入进行知识积累，并从竞争对手获取自身已有积累的知识将有效地促进颠覆性创新的实施，并作用于企业国际竞争力水平的提升，知识吸收与企业颠覆性创新存在着互动耦合的内生关系，并遵循着一定的路径选择。（6）相对于高端技术颠覆性创新，而发源于低端市场和新兴市场的商业模式等创新，或体现为产业间的融通发展，生产性服务业与制造业协同的颠覆性创新方式，这就是非技术颠覆性创新价值网的内涵。通过 PMI（采购经理指数）对股市收益性与波动性影响以及上市企业的智力资本与企业绩效的实证对比研究，从侧面探索以深圳为代表的珠三角地区金融、智力服务等高端现代服务业与制造业融通发展的实证证据。从用户拉动的方向来思考创新，那么大湾区企业完全可以使用以下三种不同于西方的创新策略：其一，坚定地站在用户立场上；其二，把非技术的创新系统化，比如生产、物流、分销、金融、人力资源、服务等，使其联结成颠覆性创新价值网；其三，捕捉本地的机会，通过粤港澳大湾区这一世界性平台，在全球范围内整合创意与资源。这些正是深圳试图做的事情，在某种意义上，这也是中国特色的非技术颠覆性创新之路，可以让企业在花费较少的情况下取得较大的成效。

从技术与市场两个层面，基于知识溢出效应、产业间融通发展与颠覆性创新价值网战略实施，企业生产的产品从次级、低端或混合市场打开缺口，实现破坏，占领市场。只有低成本和高利润才能保障国际贸易顺利进行和产业国际竞争力的持续提升，而知识溢出与技术颠覆性创新的共生关系，产业融合发展与非技术颠覆性创新的联动机理，低成本和市场的出其不意的占领是这一“双耦合”机理存在的客观原因，也是后发地区基于区域间合作的产业协同发展的有效策略。未来知识溢出、产业融通发展与颠覆性创新价值网构建将会是粤港澳大湾区产业国际竞争力的动力特征，有着内生存在的合意性。鉴于此，本书认为：波特的产业竞争力范式对于发展中地区并不适用，在相对经济和产业发展落后的规制下，产业的国际力提升影响因素更为复杂，而知识溢出（吸收）、产业融通发展与颠覆性创新的实施是波特产业竞争力分析范式在发展中地区是否成功的关键所在。本书最后分别从数字经济发展、协同创新的“共同体、生态链、关节点”、体制机制创新与企业嬗变发展等方面探讨政策建议。

综观全球，湾区城市在实现自身经济发展的同时，不断吸收先进文化、理念、制度，汇聚最新信息和人才资源，形成有利于创新的生态环境，催生创新业态，培育大批创新成果，成为新技术、新产业、新商业模式的策源地，这就是颠覆性创新价值网现实形态与机理。颠覆性创新价值网的构建是一个中国学术界理应给予更多关注的社会科学领域。因为颠覆性创新不仅转变了我国几十年来（或者更长时间以来）单纯模仿性创新的发展轨迹，还是一项在转轨时期对产业经济、企业国际竞争力以及区域经济均产生重大影响的应用型理论。“给我错误好了，只要它有籽，会带着它自己的正确生长；至于无果的真理，还是你自己留着吧。”这是意大利著名经济学家维尔弗雷多·帕累托常给政策制定者和研究者的建议。我们的民族经过坚苦卓绝的奋斗，才有了而今不寻常的崛起。2019 年我们迎来中华人民共和国成立 70 周年，70 年在人类历史长河中，只是弹指一挥间，但中国大地已经发生了翻天覆地的变化。改革开放 40 年，可以说是“不惑”之年，我们找到了自己的错误教训和成功之路，这种飞跃使我们更为清醒地看到，要想“百尺竿头，更进一步”，就要不断地调整我们思考问题的方式，谋求新的突破；要不断找寻解决问题的新方法，明确策略分析或路径选择。秉承“因行得知，用知践行，唯成证知，知成一体”的学风，笃信理论创新与实践成果相结合，只有真正在实践中取得成效的理论，才是真知灼见，才是对人类发展有贡献的理论。我相信在这一方向上，我所做的研究远未结束，这就是在今后的时间里，我要去探索的方向。“雄关漫道真如铁，而今迈步从头越”真实地反映了我此时所想与所感。本研究仅为引玉之砖，拓展有待学界共勉。

contents

目录

第一章　绪　　论

当前，国家间的贸易摩擦增加，加上新冠肺炎疫情和世界经济发展不景气等多重困境，使我们不得不重新思考发展的路径。以贸易摩擦为例，2020 年 5 月 15 日，美国商务部网站发布了对华为的新制裁，修改了对华为的制裁内容，其制裁内容全面升级。美国近期不顾新冠疫情的蔓延影响，再次对华为公司进行制裁，使得中美贸易摩擦又有再度升温的可能。由此而带来国际贸易形势的严峻化与复杂化，也只是国际贸易形势严峻化趋势的一个缩影。现代产业发展主要面临三大约束，即资源环境约束、有效需求约束和创新能力约束，此次中美贸易摩擦和之前的全球金融危机产生的主要原因在于：美国有效需求不足而过度依赖消费、实体产业创新不足而过度金融创新等。这说明贸易摩擦和金融危机不仅是经济周期问题，更涉及产业结构调整问题，其深层次的影响将长期存在。西方发达国家产业战略的本质和目标是对全球价值链（GVC）实行超强控制，通过不对称优势实现“瀑布效应”，并试图将发展中国家“锁定”在低附加值的加工环节。

我国正处于开放时代下经济由高速增长阶段转向高质量发展阶段，经济发展的空间结构正发生着深刻变化。自党的第十八次全国代表大会以来，党中央、国务院高度重视粤港澳区域发展，在《推动共建丝绸之路经济带和 21 世纪海上丝绸之路愿景与行动》《国务院关于深化泛珠三角区域合作的指导意见》《中华人民共和国国民经济和社会发展第十三个五年规划纲要》（以下简称《纲要》）中明确提出建设粤港澳大湾区。根据国家的战略决策，广东省颁布了《广东省深化泛珠三角区域合作实施意见》、深圳市颁布了《关于大力发展湾区经济建设 21 世纪海上丝绸之路桥头堡的若干意见》等指导性文件，香港和澳门特区政府近年来也把服务“一带一路”倡议、发展创新产业、加强与广东省合作写进各自的施政报告，粤港澳大湾区已成为国家战略的重要组成部分。要尽快落实《纲要》赋予粤港澳大湾区的实现高质量发展典范的目标，应在贸易保护主义外部压力背景下，妥善解决大湾区产业协同与国际竞争力提升的问题，这是大湾区在开放经济中实现高质量发展的必然选择。此刻，我们必须适应新形势，探寻发展新思路，谋划新发展。

第一节　问题的提出

一、湾区经济已大步向我们走来

21 世纪以来，全球服务贸易有了长足发展，尽管有 2001 年互联网泡沫危机、2008 年次贷危机和中美贸易摩擦等事件影响，但是全球服务贸易还是从 2001 年的 2.95 万亿美元增长到 2018 年的 10.8 万亿美元，年均增长 10% 以上[①]。伴随着全球贸易的繁荣，另一种经济现象也进入了我们的视野，那就是湾区经济。湾区经济也已成为国际上较成熟的沿海地区发展模式之一，湾区经济作为重要的滨海经济形态，具有开放的经济结构、高效的资源配置能力、强大的集聚外溢功能和发达的国际交往网络，发挥着引领创新、聚集辐射的核心功能，是当今国际经济版图的突出亮点，是世界一流滨海城市的显著标志。从当前世界经济版图看，全球 60% 的经济总量集中在湾区，湾区已成为带动全球经济发展的重要增长极和引领产业技术变革创新的领头羊。发展湾区经济，是顺应世界经济地理深刻变化的要求，是主动落实国家“一带一路”倡议的重要举措，是深化区域合作创新的强大动力，是各大湾区城市抢抓机遇，在更大范围内配置资源，实现高质量发展的内在需要。

① 数据来源：引用第十届中国服务贸易年会上第十二届全国政协副主席马培华主旨演讲“聚焦服务贸易国际竞争力”的相关数据。

如图1－1所示，珠三角、香港、澳门区位临近，经济联系紧密且互补性强，具备融合发展的条件和动力。粤港澳大湾区包括香港特别行政区、澳门特别行政区和广东省广州市、深圳市、珠海市、佛山市、惠州市、东莞市、中山市、江门市、肇庆市（“9＋2城市群”），已经形成了巨大的经济能量，初步具备了与全球一流湾区，如纽约湾区、旧金山湾区、东京湾区等比肩的经济实力。

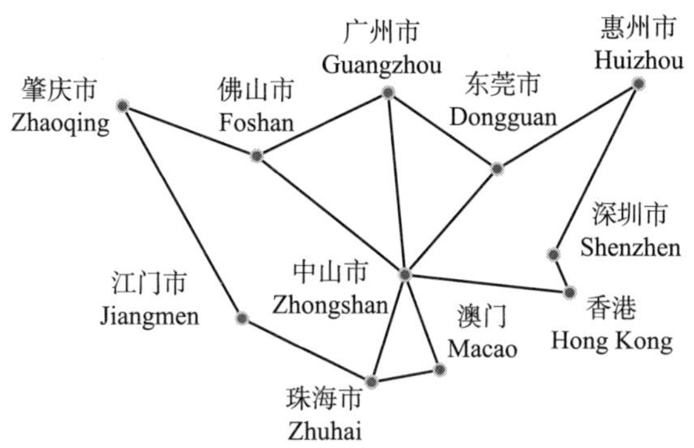

图1－1　粤港澳大湾区“9＋2”城市群

粤港澳大湾区有其发展和集聚的历史。从改革开放至今，政府相继在广东设立了深圳、珠海和汕头三个经济特区，广州、湛江两个沿海开放城市，以及珠江三角洲开放区。港澳地区成为中国内地引进资金、技术和管理经验的重要来源，广东省与港澳的合作投资关系也从探索阶段发展到全面合作的阶段。投资、贸易关系的快速发展促进了粤港澳经济的协同发展，这个现象也一再引起政府的关注，进而在客观上推动了粤港澳地区增长的集聚。粤港澳三地在历史上一直保持着优势互补、协同竞争的关系。如果由政府去推动一个本来就已经形成趋势的粤港澳合作区，必定能带来更好的经济和社会效应。

从全球四大湾区的比较来看，如表1－1所示，目前，粤港澳大湾区拥有6765万人口和5.65万平方公里的土地面积，两项数据都在四个湾区中排第一。从经济总量来看，粤港澳大湾区在2017年创造了1.5万亿美元的GDP，超过了1.4万亿美元的纽约湾区和0.8万亿美元的旧金山湾区，仅落后于1.9万亿美元的东京湾区。但从人均GDP来看，旧金山湾区第一

(10.2 万美元/人)，粤港澳湾区的人均 GDP 仅有 2.2 万美元，排名最后。从产业结构来看，2017 年，三大湾区的第三产业占比均超过 80%；其中，纽约湾区第三产业占接近 90%，粤港澳大湾区第三产业占比最低，仅有 55.6%①。

表 1－1　　2017 年全球四大湾区经济数据对比

指标	旧金山湾区	纽约湾区	东京湾区	粤港澳大湾区
GDP（万亿美元）	0.8	1.4	1.9	1.5
人均 GDP（万美元）	10.2	6	4.3	2.2
人口（万人）	768	2340	4347	6765
土地（万平方公里）	1.8	2.15	3.67	5.65
第三产业占比（%）	82.76	89.35	82.27	55.60

资料来源：中商产业研究院：《2018 粤港澳大湾区发展前景研究报告》。

从粤港澳大湾区内部来分析，随着国家关于大湾区战略的落实，粤港澳大湾区各城市 GDP 对比如图 1－2 所示，其中，深圳、香港和广州的经济规模很大，与其他城市拉开了较大的距离，佛山和东莞的经济体量也较惠州、中山、珠海等珠三角其他城市有梯度感。这种大湾区内部各地区和市的经济增长梯度或者说是差异化程度，从辩证的角度来看，恰恰可能成为粤港澳大湾区互补、协同发展的优势。

回看粤港澳大湾区的形成，2015 年，粤港澳大湾区 GDP 总量接近 1.5 万亿美元，机场吞吐能力超过 1.75 亿人次，港口集装箱超过 6500 万标箱，是全球最大的航运中心②。基于此，国家发展改革委、外交部、商务部于 2015 年 3 月 28 日联合发布的《推动共建丝绸之路经济带和 21 世纪海上丝

① 数据来源：引自《时代中国 21 世纪报告：粤港澳大湾区城市发展力研究 2018》。

② 数据来源：引自陈云贤：《新格局新引擎》，载于《光明日报》2017 年 11 月 27 日 09 版。

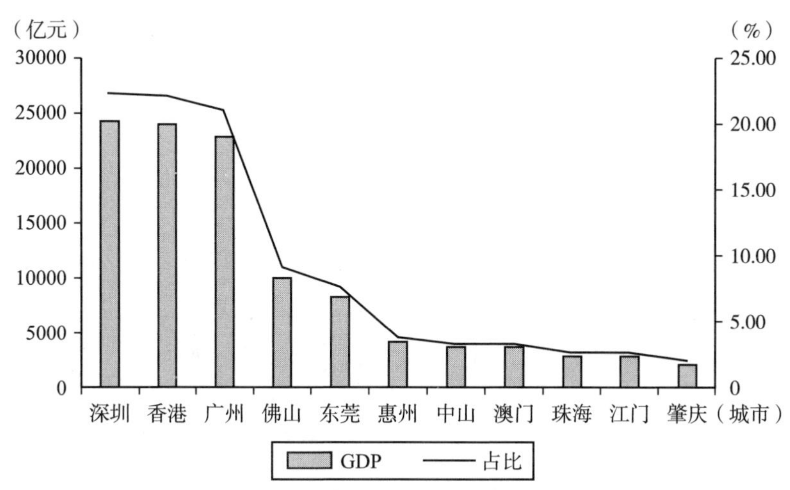

图1-2　2018年粤港澳大湾区各城市GDP对比

资料来源：国家统计局、各地方统计局。

绸之路的愿景与行动》，明确提出“充分发挥深圳前海、广州南沙、珠海横琴、福建平潭等开放合作区作用，深化与港澳台合作，打造粤港澳大湾区。”粤港澳大湾区建设是21世纪海上丝绸之路建设的必然要求和重要举措，成为连接“一带一路”的核心枢纽。《中国（广东）自由贸易试验区各片区建设实施方案》中也提出了创新粤港澳合作模式，构建合作载体，推动服务要素双向便捷流动，推动粤港澳合作形成新格局。之后，广东在全国率先发布《广东参与建设“一带一路”的实施方案》，提出“打造世界一流粤港澳大湾区，将从建设国际金融贸易中心、科技创新中心、交通航运中心、文化交流中心，建设粤港澳大湾区物流枢纽作为抓手”。随着2019年2月18日，中共中央、国务院印发了《粤港澳大湾区发展规划纲要》，粤港澳大湾区建设全面启动，粤港澳大湾区治理与合作正进入关键期，湾区经济已大步向我们跑来。

二、颠覆性创新的作用越来越明显

随着克里斯滕森颠覆性创新理论的正式提出，国内外引起了广泛关注。当前，技术进步速度加快，科技成果转化周期缩短，推广应用效率提高，更新换代加速，重大科技突破对经济发展的推动作用显著增强，引进关键核心技术难度加大，自主创新能力决定区域竞争力。这一趋势将加速珠三角地区产业技术升级，催生战略性新兴产业发展，促进经济转型和产业升级，同时加大经济发展的竞争压力，必须持续提升自主创新能力，破解高新技术供给主要靠技术引进的路径依赖，降低产业技术进步的成本，增强区域发展核心竞争力。基于全球联合创新的颠覆性创新价值网络是一个高效的创新方法论，作为新一代创新理论，我国也加快其应用的范围与步伐。2015 年 11 月，党的十八届五中全会则强调要“重视颠覆性技术创新”，2017 年两会期间，第十二届全国政协副秘书长朱永新提交了《关于发展中国与全球联合创新的提案》，至此，基于全球联合创新的颠覆性创新价值网络这一创新理念在我国也得到了广泛共识。2017 年国务院《政府工作报告》指出：“要推动内地与港澳深化合作，研究制定粤港澳大湾区城市群发展规划，发挥港澳独特优势，提升在国家经济发展和对外开放中的地位与功能。”《珠江三角洲改革发展规划纲要（2008－2020）》中明确提出，珠三角地区要构建现代产业体系，加快发展先进制造业。《粤港澳大湾区规划纲要》明确提出，应深化粤港澳创新合作，构建开放型融合发展的区域协同创新共同体，应完善珠三角制造业创新发展生态体系。当前，珠三角制造业集群发展主要集中于传统产业，大多处于全球价值链低端；传统制造业集群内企业离散化，专业化层次较低，研发创新能力不强，产品同质化程度较高，企业间竞争大于协作，配套功能不强，黏合度不高。因此，如何依托粤港澳大湾区的整合优势，特别是利用港澳、广州和深圳的创新资源，提高珠三角产业集群的创新能力，是推动产业集群转型升级过程中亟待解决的一个重要问题。

国外经验表明，地区间的分工与协作进行协同创新是充分利用高端生产要素实现产业发展突破的一个有效手段。例如美国的硅谷之所以会形成，在某种程度上是因为美国的其他地方也形成了分工明确的中心。比如，纽约是金融中心，波士顿是生物产业中心，得克萨斯州以能源和石化工业著称，洛杉矶地区有以好莱坞为代表的文化娱乐产业中心。先分工，再集聚，是这些地区成功的秘诀。再如美国的旧金山湾区更像一个去中心化的城市群，那里没有龙头和中心，只有一条“轴线”，即著名的 101 公路，所有的高端行业、产业、企业都沿着这条公路布局，这使得许多高端的生产要素资源能以这种方式为沿线地区共同使用，促进生产性服务业集群与制造业集群融合协同创新，从而带动这一地区整体的产业提升。在网络时代和智能时代，无论是“中国制造 2025”，还是“工业 4.0”，都离不开服务创新。在互联网时代，项目软孵化、多重职业、协同办公、众包、远程服务等新概念层出不穷。这意味着“知识的溢出”是很容易做到的事情，一个地区的高校数量、科研人员的数量也不再那么重要。当下的创新是跨国界、跨学科、跨人才的竞争与合作。美国硅谷有约一半的工程师不是在美国出生的，空中客车公司是由欧洲四国联合创建的，中国的改革开放是用市场与全球的资本与技术置换的成果，所有这些都是跨国界合作的成功案例。创新是一个新技术成为新产品、新产业的实现过程，是一根完整的链条，产业创新需要一个基于生产性服务业与制造业融合协同创新完整的创新生态系统。2004 年，美国竞争力委员会提交的《创新美国》研究报告指出，21 世纪初的创新，出现了一些不同于 20 世纪创新的新变化，创新本身性质的变化和创新者之间关系的变化，需要新的构想、新的方法，企业、政府、教育家和工人之间需要建立一种新的关系，形成一个 21 世纪的创新生态系统（innovation ecosystem）。相较而言，粤港澳地区的制造成本更低，更有利于发挥创新政策的影响力和创造更多的对话“机会”。在科技高速发展的时代，未来的竞争不再只是资产、货币、资源的竞争，更是建立在创新基础上的知识产权与创新科技的竞争。全球联合创新是全球合作的一个新尝试，它在知识产权、境内外联合投资以及跨境共赢等方面挑战着我们的传统思维。而全球联合创新的前提条件是，粤港澳大湾区必须尽快建立基于生产性服务业集群与制造业集群协同的颠覆性创新价值网络。

当今世界新技术、新产业迅猛发展，已孕育出了新一轮的产业革命，新兴产业正在成为引领未来经济社会发展的重要力量，世界主要国家都在纷纷调整发展战略，而颠覆性创新价值网的构建无疑可以抢占未来经济科技竞争的制高点。从内涵看，颠覆性创新价值网战略是指以重大技术突破和重大发展需求为基础，对经济社会全局和长远发展具有重大引领带动作用的一种知识技术密集、物质资源消耗少、成长潜力大、综合效益好的产业生态体系。从我国当前现实状况看，全国上下按照科学发展观的要求，都在积极加快经济发展方式转变，加快中国特色新型工业化进程和节能减排的推进，积极应对日趋激烈的国际竞争和气候变化等全球性问题提出的挑战，积极促进经济长期平稳较快的发展。在此复杂过程中，无论是政府、企业，还是我们一般的居民，都必须站在战略和全局的高度，科学判断未来需求变化和技术发展趋势。在这一时代背景下，我们期盼新的理论突破和指导，而颠覆性创新价值网正是这样一种理论，从该理论的诞生到现在，可以说它还是一门相对比较年轻且偏重应用型的理论，对该理论探索的空间还很大。

三、问题聚焦

世界级湾区发展大致经历了港口经济、工业经济、服务经济和创新经济这四个阶段。经过多年发展，粤港澳大湾区正处于从港口、工业和服务经济向创新经济跨越的关键阶段，科技和产业引领作用尚未完全发挥。当前，香港国际创新、科研教育资源对区域经济发展和对创新产业的驱动作用不足，发展动力有待提升，粤港澳三地年轻人合作创新创业成功案例不多，合作平台不完善；深圳企业在科技集成创新、“走出去”创新、原始创新等方面仍需发力；珠三角制造业转型升级需要新的发展引领等。由此，探求颠覆性创新价值网与粤港澳大湾区产业国际竞争力的关系，富含理论价值和现实意义。本书将主要回答以下几个问题：

（1）颠覆性创新价值网的内涵是什么？什么是知识溢出？颠覆性创新与知识溢出的关系是什么？

（2）粤港澳大湾区特别是珠三角制造业产业颠覆性创新特征如何？分行业分区域颠覆性创新特征又如何？粤港澳区域合作对构建颠覆性创新价值网有何影响？

（3）颠覆性创新对珠三角地区产业国际竞争力的影响程度如何？

（4）从技术与非技术两个层面，宏观与微观两个视角，颠覆性创新价值网驱动粤港澳大湾区产业国际竞争力提升的机制、路径如何？

（5）如何构建粤港澳大湾区颠覆性创新价值网，如何助推企业实施颠覆性创新？

第二节 核心概念

一、概念界定与分类

（一）概念界定

熊彼特（Schumpeter）作为这一内容研究的先驱者[①]早在 1912 年就展开了对颠覆性创新的研究，然而由于熊彼特所处的时代相对稳定，因而鲜有追随者。进入 20 世纪 90 年代后，创新成为企业竞争优势的重要来源（Marnix Assink，2006），随着环境的动态变化和不确定性的增加，对于颠覆性创新的研究才逐步展开的深入[②]。克里斯滕森（1997）在著作《创新者的窘境》中首次提出颠覆性创新理论，这一理论描述了好的管理（good management）是如何使运营良好的公司（well-run companies）遭遇失败的（Scott D. Anthony，2004）[③]。

颠覆，本意是摧毁、毁坏、割裂使破碎、扰乱、变乱、毁弃等。创新在经济学上的概念起源为美籍经济学家熊彼特在 1912 年出版的《经济发展概论》，他指出：创新是把一种新的生产要素和生产条件的“新结合”引入生产体系。它包括五种情况：引入一种新产品，引入一种新的生产方法，开辟一个新的市场，获得原材料或半成品的一种新的供应来源，新的组织形式[④]。

熊彼特（1993）、戴斯和比尔德（Dess & Beard，1984）、摩尔（Moore，1991）最初对颠覆性创新做出了一些定义，但都没准确和全面地

---

① 熊彼特（Schumpeter，1912）首次提出创新（innovation）并将其视为经济增长的主要原因，熊彼特用“创新性破坏”（creative disruption）一词来阐述创新。

② 以克里斯滕森、吉娜·可拉莱丽·奥康娜（Gina ColarelliO' Connor）等为代表。

③ 斯科特·D. 安东尼经常作为克里斯滕森的研究合作者出现，很多颠覆性创新的知识内容他也做出了不少贡献。

④ 熊彼特：《经济发展理论》，商务印书馆 1991 年版，第 66 页。

反映这一概念。“颠覆性创新”最早正式提出是由克莱顿·M. 克里斯滕森（Clayton M. Christensen）于1995年提出了“破坏性技术”（disruptive technology），1997年又代之以“颠覆性创新”（disruptive innovation）和“继承性创新”（sustaining innovation）。克莱顿·克里斯滕森明确提出“颠覆性创新”，是当前国内外创新管理研究的前沿热点，有越来越多的研究支持颠覆性创新的影响，之后的这些研究大多以克莱顿·克里斯滕森、库珀以及厄本和豪泽的相关研究为基础。克里斯滕森（1997）在《创新者的困境：当新技术导致大企业失败时》中详细阐述了“破坏性技术”（disruptive technology）和“颠覆性创新”（disruptive innovation）。指出“破坏性技术”为市场带来几乎完全不同于主流顾客所认同的另一套产品性能，刚开始只有新市场或新应用采用破坏性技术，在新市场站稳后，新技术效能得到全力改善，很快能够满足主流市场的需要。“颠覆性创新”是指向新顾客销售更简单、更便利、更便宜的产品。颠覆性创新是通过在主流技术水平下，引入低端性能占领低端市场或通过开辟新市场，而逐渐对现有主流产品和技术进行替代的创新（Christensen，1997）。

在克里斯滕森后，又有许多学者对这一概念进行了不同角度的阐述。丹尼尔（Danneels）认为克里斯滕森给出的颠覆性创新概念并不清楚，人们会混淆颠覆性创新与性能低于主流技术的一般新技术之间的区别。弗兰克·费尔南德斯（Frank Fernandez，1999）认为颠覆性创新是破坏市场上已有的成熟的主流产品并取代的过程。理查德·雷弗（Richard Leifer，2000）认为颠覆性创新能产生性能特征全新的产品或提高产品性能5倍或5倍以上，或大幅度降低产品成本等。穆雷·阿特（Murray Art，2014）指出颠覆性创新创造着未来，具有充分的力量。未来企业的一个关键属性是它必须重塑自身，并建议企业可以在组织内部建立一个小型孵化器/加速器，头脑风暴和动摇松散的一些新的想法有助于企业实施颠覆性创新。我国最早关注颠覆性创新的学者是吴贵生（1997）教授，他指出颠覆性创新往往是提供一套差别较大的产品性能组合或者不同的性能实现方式，同时他将颠覆性创新等同于竞争力破坏的创新。蔡琼华、司春林等（2005）对颠覆性创新作了简单的介绍，并提出通过组织学习来形成颠覆性创新的能力。张洪石、付玉秀（2005）将突破性创新界定为导致产品性能主要指标发生巨大跃迁，对市场规则、竞争态势、产业版图具有决定性影响，甚至导致产业重新洗牌的一类创新。陈涛、邵云飞、唐小我（2013）认为开展颠覆性创新，具备颠覆性创新能力是必要条件。方文静（2011）认为，长期以来，理论界认为跟随和模仿等维持性创新战略是中小企业的首选。然而，随着信息社会的到来，技术更新速度的日益加快，专利保护制度的不断加强，给上述战略的实施带来巨大困难，出现反复模仿、持续落后的现象。颠覆性创新是通过提供价格便宜、功能刚好够用、更加便利的产品，或是引入在主要性能上表现较差，但在次要性能上能满足特定消费群体需求的产品，来吸引非主流市场上不太挑剔的消费者，打开新的市场。随着技术的不断提升，产品性能的不断完善，它将逐渐侵蚀现有主流市场，甚至取代现有产品，成为新的主导技术，破坏行业旧有的竞争规则，建立起新的客户价值结构，是企业实现跨越式发展的有效工具。上述研究者对颠覆性创新的概念从宏观产业层面、中观企业层面和微观技术层面进行了评述。上述不同角度的定义多种多样，但从中可以概括两点：一是颠覆性创新涉及两个主体：行业在位者和后发追赶者，即后发追赶者对行业在位者的颠覆和超越；第二，颠覆性创新涉及两个手段，技术和市场，即通过破坏性技术战略或破坏性市场策略来取代行业在位者。

综合国内外学者的有关定义，本书认为，国内学者更倾向于将颠覆性创新界定为突破性创新（张玉利、薛红志，2006，2007；陈劲等，2002，2004；张洪石等，2005，2006；曹兴等，2007），西方不少学者将颠覆性创新又称为根本性创新（radical innovation，RI）或突破性创新（breakthrough innovation，BI），把用户剔除在考虑的范畴之外（克里斯滕森，1997），而根本性创新（RI）则是把用户作为创新的核心要素（吉娜·可拉莱丽·奥康娜等，2005）。显然，克里斯滕森的观点是建立在熊彼特在《经济增长理论》中的基本观点上。熊彼特（1912）认为："一般是生产者发动经济的变化，而消费者只是在必要时受到生产者的启发；消费者好像是被教导去需要新的东西，或者在某些方面不同于，或甚至完全不是他所习惯使用的东西。"[①] 吉娜·可拉莱丽·奥康娜（2005）等则更多地从客户的角度去阐述颠覆性创新的概念。孙启贵、徐飞等（2006）从分类标准、

① 熊彼特借用经济学家 J. B. 萨伊的观点"生产决定需求"，详见熊彼特著，何畏等译：《经济发展理论》，商务印书馆 1990 年版。

研究目的、研究视角三个方面对颠覆性创新（DI）和根本性创新（RI）进行了区分[①]，其基本逻辑如图1-3所示。

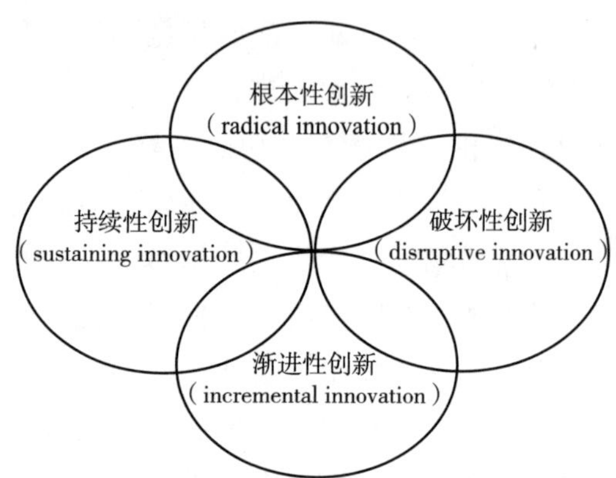

图1-3　创新概念间的关系

资料来源：作者改编自孙启贵、邓欣、徐飞：《颠覆性创新的概念界定与模型构建》，载于《科技管理研究》2006年第8期。

目前国内外对颠覆性创新的概念尚不一致（Stephen A. W. Drew，2006），这是因为学者们囫囵吞枣式地将颠覆性创新滥用的结果（克里斯滕森和雷诺，2003），其主要原因在于对根本性、破坏性、突破性以及非连续性创新这些概念的同一化。为了使概念达到同一，斯蒂芬·A. W. 德鲁（2006）将战略管理中的脚本[②]规划（scenatio planning）运用到颠覆性创新的实施流程中来，从而定义了企业的颠覆性创新是一种战略性创新。本书对颠覆性创新的概念源于克里斯滕森，将其定义为为了便利性和低价格而打破原有市场竞争基础的创新，破坏主要体现在低端（low end）破坏与新市场（new market）破坏。

综上，本书的研究视角就是从宏观和微观两个视角入手，并基于颠覆

① 孙启贵、邓欣、徐飞：《颠覆性创新的概念界定与模型构建》，载于《科技管理研究》2006年第8期。

② 脚本（scenario）一词有概要、剧本、剧情、情节或情况等意思，既可以用于环境预测，也可以用于决策方案的形成，由美国兰德公司提出，在环境分析中，一个脚本就是一种或一组情况（情节）。在战略生成和企业经营决策中，一个脚本就是一个决策方案。方案脚本以环境脚本为基础。具体内容参见战略管理的相关书籍和文献。

性创新的概念，将影响区域产业国际竞争力的因素融合起来。本书将颠覆性创新界定为三个方面：其一，破坏并不是突破的意思，突破性的科技通常是维持型的技术。其二，颠覆性创新重要的动力之一是创业精神。其三，低级市场的颠覆性创新通常是指事业模式与产品的创新；新市场的颠覆性创新，指的则是在简易性与价格负担上的创新。

（二）概念的“二元性”

颠覆性创新作为创新的一种，其发展的动力也离不开技术和需求之间的相互作用相互影响。事实上，“破坏”并不是技术的本质，它只是描述了基于技术的创新对市场的影响。由于现有市场上成功的企业忽略或者没有及时正确有效的应对这些技术，从而导致企业的失败，最终影响竞争力。20 世纪 80 年代初期以来，为了应对动态复杂环境对传统竞争优势理论的严峻挑战，哈佛大学教授克里斯滕森提出了颠覆性创新理论。克里斯滕森（1997）将技术创新与商业模式创新成功地融合在一起，提出了颠覆性创新的理论分析框架，用于分析预测产业发展。颠覆性创新目标并不是向主流市场上的消费者提供功能更强大的产品，而是通过引入与现有产品相比尚不够好的产品和服务，或者提供比较简单、更加便利与廉价的产品，吸引处于次要市场上不太挑剔的消费者，甚至潜在消费者（非消费者）（苏启林，2006），瑟蒙德、赫兹伯格和勒提斯（Pete Thomond，Torsten Herzberg & Fiona Lettice，2003）认为颠覆性创新是被成功开发出的过程、技术、产品、服务或商业模式，它们能够使组织显著改变传统竞争规则，并改变现有市场上的需求。而恰恰是颠覆性创新的“二元性”，使得企业在“润物细无声”的状态下提升了竞争实力。

由此，我们可以认为颠覆性创新存在着“二元”特性：①市场动力因素：改进用户体验、清晰的市场路线（选择合适的早期采纳者）、用户信任、知识、生活方式趋势，从而占领非主流市场的潜在市场，并对主流市场实施破坏；②技术动力因素：技术性能、附加功能、规格参数、已有基础设施或服务、成本更低、便利、易用。

当今世界存在一些技术上和行为变化的趋势，它们推动了新技术的采纳，可能会成为颠覆性创新的催化剂。近些年来，消费者不仅在与技术的互动方式和使用技术上发生转变，在消费者所强调的“价值”上也有了很多转变。尽管有些消费者想要最好的产品，但大多数消费者还是愿意为了获得最新技术性能而在质量方面有所让步。另外，在未来几年，崇尚节俭节约的主要经济条件和潜在的社会对抗性反应也支持新技术的价位和成本是决定消费者购买决策的最主要因素。因此，颠覆性创新的这种“二元性”，能带来技术创新与市场的结合，使技术动力与市场动力的联动作用体现出颠覆性创新从攻占非主流和新市场，最终赢取主流市场的策略，恰恰是这种“二元性”使颠覆性创新有着其他创新模式所不能拥有的吸引力。

（三）颠覆性创新的分类

在学术界对颠覆性创新进行了两种分类，即商业模式（budiness-model）的颠覆性创新和产品技术的颠覆性创新（constantions markides，2006）[①]。商业模式的颠覆性创新类似于W. 钱·金和勒妮·莫博涅[②]（2005）在《蓝海战略》一书中对不同产业内企业竞争重点的选择——企业看重的是盈利方式，但企业商业模式的颠覆性创新获取的是产业内原有客户群的一部分，而不是全部客户被新的商业模式所吸引，因而至于招致失败。产品技术的颠覆性创新则与商业模式的颠覆性创新截然不同，颠覆性创新带来的变化是原有技术基础上的所有客户几乎随着颠覆性创新的逐渐成熟而被其所吸引[③]。对颠覆性创新的基本解释偏重于后者。

如图1－4所示，克里斯滕森（1997）将颠覆性创新分为两类：一类为低端市场破坏（low-end disruptions），即破坏者最初不能很好地满足主流市场的需求，但随着技术的逐渐改善和渐进式创新就由分支市场逐渐渗透入主流市场；另一类为全新市场的破坏者（new market disruptions），对于创新者来说开辟了新的市场领域，而原有市场并不存在。康斯坦蒂诺斯（2006）对将破坏性技术用于各类颠覆性创新颇有微词，同时也批评了克

① 目前的现实情况已经是电气机车代替了内燃机机车。

② 《蓝海战略》一书的两位作者W. 钱·金和勒妮·莫博涅所阐述的内容是主张企业应从战略视角寻求新的经营空间，避开传统的竞争，事实上这本身也是一种颠覆性创新。避开传统的竞争、建立新的消费群体不可避免地要冲击原有市场，理想中单纯的“蓝海战略”（完全避开激烈的竞争）是不存在的。

③ 克里斯滕森在界定颠覆性创新时强调了颠覆性创新的便利性与低成本，原有技术基础上的企业的失败也就成为必然。

里斯滕森将建立在颠覆性技术基础上的颠覆性创新理论到处滥用造成了其理论对部分企业实践丧失了指导意义。玛尼克斯·阿圣克（Marnix Assink，2006）将颠覆性创新分解为颠覆性技术与破坏性业务，并以将创新的传统分类（即渐进性创新和颠覆性创新）纳入其研究的矩阵中。

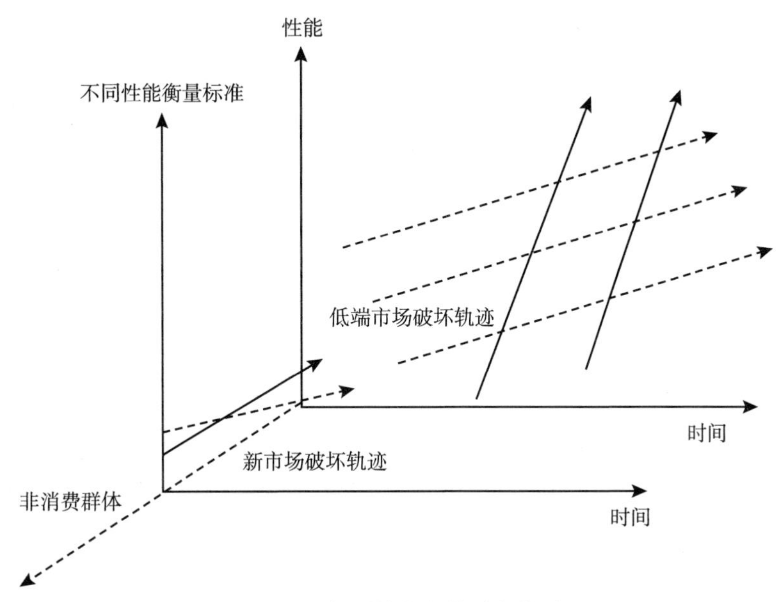

图 1－4 颠覆性创新的破坏轨迹

后来，克里斯滕森根据颠覆性创新在消费者价值网络技术轨迹的不同，又将颠覆性创新分为三种：低端破坏、新兴市场破坏及混合市场破坏。我们可以看出，低端市场破坏与上述破坏性技术替代机理的第一种情况相对应，从低端发起于原有价值网络，主流市场竞争者目标集中维持性创新的进步上，容易被主流市场忽略。新市场的破坏与破坏性技术替代机理第二种技术替代相对应。这种创新开辟不同的细分市场，具有非常竞争性和隐蔽性。混合市场破坏与上述的破坏性技术替代机理第三种情况相对应，颠覆性创新既开辟了新市场，又通过初始低端性，不断增加产品的高性价比，进而吸引主流市场的消费群体。

二、概念比较分析

（一）知识溢出、知识收敛与知识吸收的界定

从知识在传统经济学理论体系中一般被看成是经济发展的外生变量。古典经济学就是假定在现有的社会知识存量和制造安排的条件下，考察资本和劳动对经济产出和经济效率的影响。经济学角度看，溢出概念是马歇尔（Marshall）于1890年在其名著《经济学原理》中最早提出的，他把溢出概念等同于外部性。他认为，在正常的经济活动中，对任何稀缺资源的消耗，都取决于供求关系的比例，经验低效率的根源在于“外部不经济”。基于前面的分析，自1890年马歇尔提出溢出问题（技术的外部性）到现在已经经历了一个多世纪，而从保罗·罗默的内生经济增长理论算起也已经有将近30多年的历史。

近年来，许多学者从不同角度和层面研究了知识溢出问题。伯恩斯坦和纳迪利（Bernstein & Nadiri，1988）把知识溢出分为纵向溢出与横向溢出，横向溢出发生在竞争者之间，而纵向溢出在不同产业的企业间流动。格里利奇斯（Griliches，1979）确定了与R&D活动相联系的外部性的两个主要来源，即租金溢出（rentspillovers）与知识溢出。格里利奇斯（1992）把知识的溢出定义为从事类似的事情（即模仿创新）并从其他的研究（被模仿的创新研究）中得到更多的收益。在发达国家和新兴工业化国家或地区，高技术产业正在逐步代替传统产业而变为主导制造业的部门①。贾菲（Jaffe，1996）指出：知识溢出是指模仿者通过与知识创新者之间的信息交换而获得知识（知识收益），而知识创新者却没有得到直接的补偿，或所得补偿低于创新知识的价值。卡尼尔斯（Caniëls，2000）认为，知识溢出是通过信息交流得到的智力收益，它不给知识的生产者以直接补偿，或给予的补偿小于知识的价值。李·布兰斯特尔（Lee Branstetter，2006）认为，知识溢出是指一个发明者学习其他研究项目的研究成果，能够用其知识提高自身研究的生产率，而没有因学习的价值而完全补偿其他发明者的过程。

① 鲍晓华：《从比较优势到竞争优势》，载于《财贸经济》2001年第4期。

需要特别指出的是，Audretsch 和 Feldman（1996，2004）通过研究指出，创新投入与产出之间并没有直接的决定性关系，知识生产与总体经济活动水平有关表明外部性的存在，这种关系在城市和区域等较广的范围内则比较显著。

与知识溢出相对应的概念是知识收敛，所谓“收敛（convergence）”，在经济学上是指会聚、吸收，要真正地把溢出的知识变为己用，还取决于接受方对知识的积累的收敛能力（刘常勇、谢洪明，2003），从这一角度来说，知识收敛更多地侧重于知识吸收后的一种积累状态，与知识溢出的状态是反向的。弗兰克·费舍尔和亨尼兹·曼德（Frank Fischer & Heinz Mandl，2005）指出，研究探讨到学习者分享知识过程中，相对于不同的条件下，知识资源收敛情况，该研究发现，协作过程中有着不同的知识收敛关系。韦恩伯格和费舍尔（Armin Weinberger & Karsten Stegmann Frank Fischer，2007）研究了在协作学习过程中的收敛或发散相关知识，并指出它是一组并存的现象。郑和斯奇（Heisawn Jeong & Michelene Thchi，2007）曾将知识收敛定义协同相互合作的正增加，存在互动和共享的环境，则知识处于收敛积累状态。多科和班布里奇（Mihail C. Roco，William S. Bainbridge，2013）指出，知识和技术、社会（CKTS）的利益趋同是21世纪进步的核心机会。知识收敛被定义为看似不同的学科、技术、社区和人类活动的领域之间的不断升级和变革的互动，实现相互协调、协同和整合，并通过这个过程来创造附加值，另辟蹊径，以满足共同的目标。

“知识吸收”（absorptive capability）的概念是科恩和利文索尔（Cohen & Levinthal，1989）在分析企业研发作用时首次提出的，认为它是“识别、消化与利用外部知识的能力”，并指出企业利用知识溢出而商业化的能力是所投入 R&D 的函数，后来不少学者利用此函数对无数企业的吸收能力进行加总而得到一个国家总的吸收能力。2002 年，加拿大创新分析公报阐述了创新、增长理论与知识溢出的作用等问题，分析了罗默知识溢出模型和简化了的罗默模型—R&D 模型，提出了地方化的知识溢出问题和与之相关的吸收能力问题。科恩和利文索尔（1990）指出，一个企业成功地开发利用来自组织外部的技术能力或知识的一个必要条件，是企业内部吸收这些知识的能力，称为“吸收能力”。他们认为，正是企业内部的这种领悟（学习）能力及与之相关的消化（开发）能力使得企业具有认识和利用来自周围环境知识的能力。吸收能力有两个重要部分：先备知识（prior knowledge）与努力程度（intensity of effort）。奥德里施和莱赫曼（David B. Audretsch & Erik Lehmann，2006）指出资源理论表明知识是一个关键的资源赐予的竞争优势的创业公司，并指出管理人员和董事有学术背景的吸引力特别是有利于企业获取外部知识溢出和吸收。侯广辉、张键国（2013）认为在未来的研究中需要明确吸收能力的概念边界、微观基础、交互作用以及最优评价等。姚、杨和格利高里（Zheng Yao，Zhi Yang & Gregory J.，2013）认为知识的互补性，通过知识的吸收效果全面调解影响国际合资企业新产品的性能。利夫纳等（Ingo Liefner et al.，2013）指出，技术较先进的企业（后发企业），可以大幅提升通过知识库积极吸收的知识。阿克林和克劳迪亚（Acklin & Claudia，2013）从创新研究的更广泛领域的吸收能力结构出发，提出了设计管理功能使很少或没有设计经验的中小企业，通过吸收知识并进行设计的途径。

知识溢出、知识收敛与知识吸收是一组相伴相随的概念，知识溢出与知识收敛是反向的状态，而知识吸收更强调对知识接受的一种过程，知识收敛强调的是对知识吸收后的积累状态。知识溢出强调环境中没有成本的知识在流动和溢出，是一种正的外部性，而知识收敛是相对于这种状态下的，通过互动和知识共享的流动，以没有成本或最低成本对知识进行收敛，并转化利用。知识吸收是建立在知识溢出的基础上，而知识溢出又是一种知识收敛后的知识转移和知识创新，知识溢出更强调的是一种效应和环境，而知识收敛则强调的是对知识溢出效应的一种吸收状态后的知识积累收敛的状态，知识吸收更表现为企业微观角度的一种能力。充分把握好这组概念的关系，对于后面的中观和微观分析十分重要。

（二）颠覆性创新、维持性创新与突破性创新的区别

杜纳波尔（Dualnapour，1996）、尼沃和杜顿（Newar & Dutton，1986）、克里斯滕森（Christensen，1997）从创新引起的组织和市场变化的程度，将创新划分为颠覆性创新和维持性创新。克里斯滕森认为：对现有主流市场上产品性能改进做出贡献的创新称为维持性创新，但是与现有维持性创新相比，还有一种技术创新，其最初立足市场的往往是非主流低端市场，目标也不是向现有主流市场提供更好的产品。由于技术进步的速度

总是要大大超过消费者对产品性能利用的速度，随着新产品技术的不断改进，产品性能不断提高，新产品最终会逐渐侵入到现有主流市场。对现有主流市场而言，这种技术创新具有破坏性，克里斯滕森将此类创新称为颠覆性创新。

维持性创新是在现有技术水平上使产品的质量、性能或工艺发生改进，延续企业技术发展路线，强调对现有技术水平累积性改进（Gopalakrishnan & Bierly，2001）。颠覆性创新是通过在主流技术水平下，引入低端性能占领低端市场或通过开辟新市场，而逐渐对现有主流产品和技术进行替代的创新（Christensen，1997）。宋建元（2005）利用技术 S 曲线来说明颠覆性创新与维持性创新的区别。他认为颠覆性创新发生在不同的技术轨迹上，技术轨迹的跃迁是颠覆性创新的主要特征，而维持性创新是在同一技术轨迹进行的创新，而不考虑新技术的进展状况。

司春林（2005）提出，颠覆性创新和维持性创新的区别在于规范标准的不同。维持性创新是在现行行业的规范标准基础上进行，企业在标准下开展活动，企业的创新是沿着已有标准不断改进，并不断接近标准距离，提高现有客户的价值性能，客户价值曲线没有改变。而颠覆性创新改变了现有的行业和技术标准，依托新的知识，建立新的标准，它的目标是打破常规，引入非主流产品，创建不同的客户群体并提供不同结构的价值。因此，颠覆性创新与维持性创新的区别在于技术与价值两个维度的不同，两者基于不同的技术范式和不同的技术轨迹，同时两者的目标客户群体不同，提供的价值结构也不同。

曼斯菲尔德（Mansfied，1968）、弗里曼（Freeman，1977）将技术创新划分为渐进性创新和突破性创新。傅家骥（1998）认为突破性创新是指技术有重大突破的技术创新，是从技术变化的程度来衡量，强调技术性能力上的巨大跃迁，它常常伴随着一系列渐进性的产品创新和工艺创新，并能够预期引进产业结构的变化。颠覆性创新是基于市场维度，而突破性创新是基于技术维度。雷弗（Richard Leifer，2000）认为，突破性创新是能带来产品性能大幅度或成本大幅度削减的创新。颠覆性创新更多地聚焦于市场领域，目标是扩大现有市场或建立新市场。本纳和土什曼（Benner & Tushman，2003）认为突破性创新往往代表了最领先的技术进步，而颠覆性创新并不一定是技术突破，当新技术拥有非当前主流用户关注的性能时，该技术就可能具有破坏性。尚迪和特尔斯（Chandy & Telhs，1998）指出突破性创新针对现有客户需求，为主流市场提供更多的价值功能。相反，颠覆性创新是针对非主流用户或新兴市场用户，属于不同的细分市场。

（三）企业与产业国际竞争力

1. 竞争力的概念

竞争力（competitiveness）的概念源自于竞争（competition）。从经济学角度来看，《新帕尔格雷夫经济学大辞典》对竞争给出了一般定义："竞争系个人（或集团或国家）间的角逐。凡两方或多方力图取得并非多方均能获得的某些东西时，就会有竞争。"国内学者张金昌认为："一个竞争成立最起码需要有三个要素：一是利益独立的竞争主体，即谁和谁竞争；二是竞争对象，即竞争什么；三是竞争结果，即利益或对象最后是如何分配的。"因此，竞争指由于基于资源的稀缺性及利益主体的理性人假设条件下，经济活动的主体为获得最大利益，而对有利的生产条件和销售条件等进行的斗争。

竞争力是延续竞争优势的概念而来，两者在概念上相当接近。安索夫（Ansoff，1965）认为竞争优势是由个别产品/市场之独特资产所带给企业的一种强势竞争地位。霍夫和施恩德尔（Hofer & Schendel，1978）强调竞争优势是组织通过其活动领域与资源展开的决策，发展出相对于竞争者的独特地位竞争。而波特（Porter，1986）则认为竞争优势是通过竞争策略规划所产生有利竞争且可支持性高的态势条件。

芮明杰（2006）指出竞争力实质是一个比较的概念。本书认为，竞争力内涵涉及两个基本方面的问题：一个是比较的内容，一个是比较的范围。竞争力的研究范围极为广泛，目前还没有明显的界定，就经济界开展研究的领域而言，竞争力的概念具有层次性，涉及国际竞争力、国家竞争力、产业竞争力、区域竞争力、企业竞争力、经济竞争力、环境竞争力等不同范围的竞争力。可以说，凡是存在竞争，关系到此消彼长的领域，竞争主体出于自身生存与发展的考虑，都开展了与竞争力相关的研究，竞争力实质上是一个比较的概念。

竞争力虽然在不同的层次有其不同的意义，但由于竞争的本质是相同的，竞争力的概念其实都是希望能通过竞争优势的建立，在竞争中取得有利的地位（芮明杰，2006）。而无论何种层次的竞争力，其所强调的都是一种持久性的优势，亦是一个长期的观念经过了长时间的努力与技术的累积，才能加以建立与维持（Dunning，1993）。不过由于企业、产业、国家三者其实环环相扣、相互影响，所以探讨任何层次的竞争力时，也不能忽略来自其他层次因素的可能影响，这更加深了探讨竞争力时的复杂性。

从本书的研究范围来看，竞争力范围主要包括产业竞争力和企业竞争力两个层次，而研究范围超出了国界，就产生了产业国际竞争力和企业国际竞争力的概念。

2. 竞争力分类

对于竞争力的分类，具有代表性的分类方法有三类：以国际经济合作组织（OECD，1992）和乔索普（Jessop，2000）为代表，将竞争力区分为宏观竞争力（macroeconomic competitive）、微观竞争力（microeconomic competitivebess）和结构竞争力（structural competitiveness）；以法滋玻（Fajnzylber）为代表，将竞争力区分为虚假竞争力和真实竞争力；以弗朗西斯和萨拉坎（Francis & Tharakan，1989）、尼尔森（1992）、波特（1990）、格兰特（Grant，1991）和巴拉萨（Balassa，1966）等为代表，将竞争力分为企业、产业与国家竞争力三个层次。

从微观的企业层面来说，“企业竞争力”这一经济学学科的基本概念，西方主流经济学理论中，没有明确地进行解释，在有关竞争力问题的研究文献中，也尚未有统一的定义。不同的学者有不同的定义，联合国贸易与发展会议（UNCTAD）认为，竞争力是一个复杂的概念，企业竞争力可以从几个角度来考察。它可以被定义为企业降低成本或提供物美价廉产品的能力；或者它还可以是来源于利润率的竞争力。日本东京大学教授藤本隆宏认为，企业竞争力可以从三个层次来考察，即静态能力（企业实际上已经达到的水平）、改善的能力（不断维持和提高竞争力的能力）、进化的能力（建立前两者能力的能力）。波特（1990）、格兰特（1991）认为，企业竞争力主要指企业设计生产和销售产品与劳务的能力，及其产品和劳务的价格因素，以及非价格的质量与性能因素在市场环境中相对竞争对手所具有的市场吸引力及谋求并保持最大收益的能力。

我国对企业竞争力的研究起步较晚，但也出现了不少关于企业竞争力本质的看法。罗国勋认为，企业竞争力是“企业和企业家在适应、协调和驾驭外部环境的过程中成功地从事经营活动的能力”。金碚认为，企业竞争力就是在竞争市场中，一个企业所具有的能够持续地比其他企业更有效地向市场（消费者，包括生产性消费者）提供产品或服务，并且获得盈利和自身发展的能力或综合素质。张志强等认为，企业竞争力由三个部分组成，即企业现实的市场竞争能力、企业潜在的可能拥有的市场竞争能力、企业将潜在竞争能力转化为现实及获得竞争优势的能力。彭丽红认为，企业竞争力就是在一定环境中构成企业持久生存与发展的力量，这种力量来自企业持续拥有的、有价值的、稀缺的超群性和独特性资产形成的产品或服务优势。芮明杰、方统法（2003）指出企业的竞争优势是企业在有效的市场向消费者提供具有价值的产品的过程中超越其他竞争对手的能力。

本书认为企业国际竞争力定义应包括如下内容：企业在国际市场经济环境中相对于其竞争对手更有效地向市场和消费者提供产品和服务，并获得盈利和自身发展的综合素质。具体而言，企业国际竞争力就是企业在国际竞争的市场经济环境中，通过不断优化配置自身资源及充分利用外部资源，与现实的或潜在的竞争对手在市场竞争中取得的系统比较能力，我们可从企业的技术机会能力、知识创造能力、资源整合能力、技术创新能力和国际市场吸引力等维度来考虑。

“产业”（industry）的概念是伴随18世纪后半期资本主义大机器工业出现而产生的。产业是同类企业或产品的总和。竞争关系既体现在相互具有替代性的主体或产品之间，也体现在不同产业之间。由于产业的竞争以全球为舞台，因此产业层次的竞争力关注的焦点多集中在国际贸易上的表现（Balassa，1966），在对产业竞争力研究过程中，国内外学者从不同的角度对产业竞争力的含义进行了界定。具有代表性的人物有迈克尔·波特（1990）、金碚（1996）、陈晓声（2001）、钱雪亚等（2001）、张幼文（2001）、周健（2001）、裴长洪和王蕾（2002）、张金昌（2002）、陈卫平和朱述斌（2002）和杨子明等（2005）等，综合上述文献的内容，本书趋向于认为，产业竞争力比较的内容就是产业竞争优势，而产业竞争优势最终体现于产品，并由此获得满意的经济收益的综合能力。因此，产业竞争力的实质是产业能够以比其他竞争对手更有效的方式持续生产出消费者愿意接受的产品，并由此获得满意的经济收益的综合能力。

产业国际竞争力是一个由国际竞争力衍生而来的概念。波特（1990）

认为产业国际竞争力是：一国在某一产业的国际竞争力是一个国家能否创造一个良好的商业环境，使该国企业获得竞争优势的能力。国内学者金碚（1996）、陈晓声（2001）、钱雪亚等（2001）、张幼文和伍贻康（2001）、周健（2001）、庞娟（2001）、裴长洪（2002）、张金昌（2002）、陈卫平和朱述斌（2002）、朱小娟（2004）、杨子明等（2005）等也从不同角度对产业国际竞争力进行定义。综合上述成果，针对国家竞争力而言，以区域为竞争主体的区域竞争力与以产业为竞争主体的产业竞争力均属于中观层次的竞争力研究，一般认为从产业的投入产出的角度出发，以分析、研究产业为目的，比较、评价一个国家某一特定产业的国际竞争力或一个国家的整体竞争力，即为产业国际竞争力。

对区域产业竞争力的研究主要是国内的学者，目前主要研究专注于实证领域，既没有形成统一概念，也没有统一的理论范式。从区域整个产业系统的角度，王浩（2008）认为，区域产业竞争力指不同区域的整个产业系统在相互比较中所体现出来的优于其他区域产业系统的素质和能力①。张继良、胡荣华（2010）认为，区域产业竞争力是区域产业所具有的综合运用当地生产要素获得最大收益的能力，强调该区域产业在国内经济、科技、投资中的地位，所达到的科技水平和经济发展状况②。从区域某一产业角度，区域产业竞争力即一个区域的某产业在与其他区域的竞争和合作中表现出的综合实力，包括在竞争过程中形成的有效提供产品和服务的能力以及未来进一步发展的潜力③。因此，区域产业国际竞争力概念的界定还相当模糊，基本上是对国家竞争力、区域竞争力、产业竞争力和国际竞争力的一种相互引申。实际上，竞争力的概念本身就离不开空间的界限和产业的范畴。

本书认为，区域产业国际竞争力以空间差异为比较基础，将区域扩大到国际的范畴，在区域竞争中，各地区产业借助于本地发展基础和发展环境，通过生产要素吸附、资源高效配置和技术创新等手段，所具有的占有

① 王浩：《区域产业竞争力的理论和实证研究》，吉林大学博士学位论文，2008 年。

② 张继良、胡荣华：《区域产业竞争力评价体系研究》，载于《产业经济研究》2010 年第 6 期，第 72～80 页。

③ 谢蕊蕊、王燕：《基于仿生学的区域产业竞争力形成机理》，载于《现代管理科学》2012 年第 3 期，第 35～37 页。

国内外产品市场、获取丰厚利润和持续稳定发展的综合能力。再进一步延伸此概念，可以归纳为以下几点：一是区域产业国际竞争力的定义前提是产业所处的生态系统的比较，即区域产业所处的国际竞争的市场条件。此定义认为“在自由和公平的市场条件下”是各国各地区比较产业的国际竞争力的前提条件。因为现在各国各地区之间的贸易壁垒还没有完全拆除，各地区对各产业的扶持力度也不尽相同。如果不排除这些条件，在比较区域产业国际竞争力时是很难做出公正评判的。所以在考察区域产业国际竞争力时应当将这些因素考虑进去。二是区域产业国际竞争力的定义的重点是一个地区的产业价值链的核心能力比较，这种核心能力包括资源攫取能力、生产管理能力及有效产出能力、市场份额的占有能力等。这种核心能力不仅是可以转化为现实的竞争力，也可以成为未来发展中的竞争潜力。三是区域产业国际竞争力的定义总体上说，可分为两个方面的研究：一方面，不同地区同一产业的国际的竞争力研究，即某区域特定产业的国际竞争力研究；另一方面，不同地区间产业整体竞争力的比较研究，即区域产业的国际竞争力研究。

以上所述不同层面和不同视角的竞争力之间既有相互联系又有所区别，我们将以上内容划分为四个层面，见图1－5。

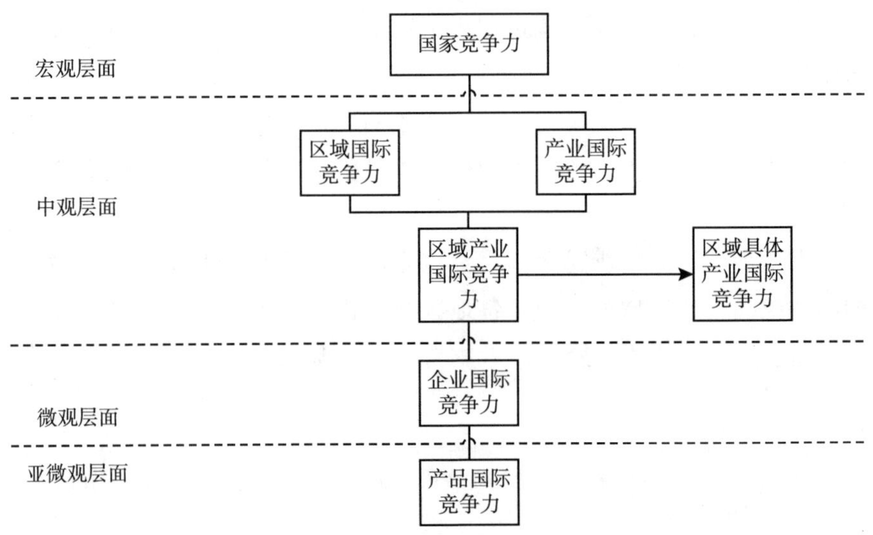

图1－5　各层次国际竞争力的关系

如图 1 -5 所示，国家竞争力隶属于宏观层面。区域国际竞争力和产业国际竞争力均隶属于中观层面，区域产业国际竞争力也从属于该层面，只不过它更加强调区域国际竞争力和产业国际竞争力的综合考虑，而且它更加突出各地区之间的产业对资源的争夺和对国内外市场的竞争。企业国际竞争力和产品国际竞争力则隶属于比较微观甚至亚微观的层面。

本研究主要界定为区域产业国际竞争力和微观层面的企业国际竞争力的研究，且指特定某地区产业的国际竞争力研究限定为该地区某一特定的产业，在不同的国家或地区之间竞争力的比较研究。

三、颠覆性创新价值网

价值网的概念是由 Mercer 顾问公司的斯莱沃特斯基（Adrian Slywotzky）在《利润区》（*Profit Zone*）一书中首次提出的。他指出，由于顾客的需求增加、国际互联网的冲击以及市场高度竞争，企业应改变事业设计，将传统的供应链转变为价值网。对价值网做进一步发展的是美国学者大卫·波维特，他在《价值网》（*Value Nets*）一书中指出，价值网是一种新业务模式，它将顾客日益提高的苛刻要求与灵活及有效率、低成本的制造相连接，采用数字信息快速配送产品，避开了代价高昂的分销层。将合作的提供商连接在一起，以便交付定制解决方案。将运营设计提升到战略水平，适应不断发生的变化（大卫·波维特，2000）。价值网的本质是在专业化分工的生产服务模式下，通过一定的价值传递机制，在相应的治理框架下，由处于价值链上不同阶段和相对固化的彼此具有某种专用资产的企业及相关利益体组合在一起，共同为顾客创造价值。产品或服务的价值是由每个价值网的成员创造并由价值网络整合而成的，每一个网络成员创造的价值都是最终价值的不可分割的一部分。因此，价值网是由利益相关者之间相互影响而形成的价值生成、分配、转移和使用的关系及其结构。价值网潜在地为企业提供获取信息、资源、市场、技术以及通过学习得到规模和范围经济的可能性，并帮助企业实现战略目标。价值网络的思想打破了传统价值链的线性思维和价值活动顺序分离的机械模式，围绕顾客价值重构原有价值链，使价值链各个环节以及各不同主体按照整体价值最优的原则相互衔接、融合以及动态互动，利益主体在关注自身价值的同时，更加关注价值网络上各节点的联系，冲破价值链各环节的壁垒，提高网络在主体之间相互作用及其对价值创造的推动作用。

这里我们需要考虑一个问题，即企业为什么会面临创新瓶颈？创新瓶颈主要在于以下几个方面：看不见用户、看不起需求、看不懂模式、学不会组织、跟不上市场。看不见用户，是因为企业有着自己相当多的存量用户，“让客户满意”成为企业的文化，但是同时也就会忽略了潜在客户的存在，这些潜在客户目前还不是企业的客户，但是未来可能成为企业的客户，甚至成为主要的客户群体。看不起需求，随着社会的发展，总有新需求会出现，很多大型企业正是看不起刚刚出现的、规模不大的用户需求，而等它们慢慢壮大的时候，再想跟进，却发现已经被独角兽公司一览怀中，后悔莫及。看不懂模式，颠覆性创新往往是和传统的模式背道而驰，企业已经习惯了旧有的模式而对新模式产生了看不懂的态度。学不会组织，企业已有的机构、惯性和流程等因素会制约它适应新的形势，从而削弱了企业采取颠覆性创新的勇气。跟不上市场，因为前面的几个因素，使传统企业不能很好地抓住颠覆性创新的机遇，从而错失市场，继而一而再，再而三地错失机会，不能把握市场的发展趋势，导致在行业中慢慢地衰老甚至破产。鉴于上述分析，现代社会的一个企业应将自己处在一个新的体系中，而不是以传统追求利润为目标，以价值网的角度来重新思考自己的存在与发展问题，这就涉及本书所谈及的一个核心概念——颠覆性创新价值网。

不论是传统价值网的企业还是颠覆性创新价值网的企业，所有价值网成员都是通过电子化契约实现虚拟合作，或进一步结成互相依存的实体性网络组织，从而最大限度地挖掘利用、优化配置与共享资源。一方面，不管是什么价值网，其中有可能形成核心团队，聚合价值网络中最为重要的核心能力，以及由此确立基于核心能力→核心产品→业务单元→最终产品的关键策略和产品竞争力导向；相应地，核心企业作为系统规则制定者，将致力于重组包括自身和网络成员的组织结构、知识结构、学习机制、运行机制或模式，使之整体纳入网络一体化和虚拟运作的系统平台，以满足合作伙伴、协力者与其自身的充分信息、知识和价值集成。而对于颠覆性创新价值网的企业而言，采用新技术，必须考虑新技术对企业的价值网的影响，包括正面影响和约束。而促使企业采用延续性创新的原因是，它们能够保障企业价值网内利益相关者的利益，能够较温和地保证每个环节都能得到价值的提高。而颠覆性创新，由于创新的路径和原有价值网几乎不沾边或者有极少部分能够继承原价值网的利益，所以颠覆性创新的同时往往也把原价值网链条中的每一个部分颠覆掉了，所以这是颠覆性创新往往不被在位企业支持的原因。原价值网的相关者主要有客户、产品、技术和组织，原价值网的存在，约束了企业采用颠覆性创新而更加倾向于支持延续性创新，然而随着产业的发展，当采用颠覆性创新的新企业超过传统企业时，这些不采用颠覆性创新的企业就会被慢慢淘汰，而基于新产品的颠覆性创新价值网将重新被构建，因此颠覆性创新价值网是基于不断动态变化的过程中。另一方面，为了维护这种动态适应性创新价值网，颠覆性创新价值网还应为知识的流动、学习与应用提供了良好的网络平台，它的组织制度和结构特性也要不同于传统的价值网体系，应更有利于促进知识的共享与创新。颠覆性创新价值网成员之间通过价值网平台实现知识共享，不仅可以便捷、低成本地获取合作伙伴的知识和技能，而且容易将新知识与自身的核心能力相融合，创造出新的知识，提高模块生产效率和创新水平，从而增强整个网络的创新能力和竞争优势。因此，颠覆性创新价值网就是企业在创造价值、传递价值和获取价值过程中形成的价值网络，简单地说，价值网就是企业的价值流向途径中的每一个部分，价值网中的利益相关方包含企业本身，还有供应商、用户、竞争者、合作者等。

当前，经济全球化及产业发展的融合化、集群化和生态化已经从根本上改变了制造业传统的生产经营组织方式，网络化、虚拟化和模块化的产业组织已显示出较强的环境适应能力和市场竞争优势，再加上企业商务管理软件应用集成和信息门户、物联网、云制造等一批关键信息技术的驱动，从而加速了传统企业价值链的解构和颠覆性创新价值网的重建、价值模块的整合，促使企业业务模式被整体纳入了颠覆性创新价值网范畴，模块化的企业跨组织虚拟合作进一步加强，企业与其合作伙伴之间结成了一体化的“竞合”商务关系和战略联盟组织形式，以及由此形成的颠覆性创新模块化价值网络特征更加凸显。克里斯滕森（2004）就曾指出，技术进步的步伐超越了消费者对产品性能的吸收能力，导致了技术进步与市场需求的不同运行轨迹。从这一观点出发，我们不难理解颠覆性创新价值网不但要从技术原创中实现价值，也要从市场需求中实现。因此，其运行机理应从技术进步和市场需求两个方面的共同作用来分析，才有下面章节要从颠覆性技术创新和非技术颠覆性创新两个方面来解释颠覆性创新价值网的作用机理问题。

第三节 研究内容

目前，粤港澳大湾区发展已提升至国家战略，大湾区的治理与合作已进入关键期，制度异质性是最大的难点；同时，珠三角工业发展总体格局已由工业化后期开始向后工业和知识经济时代过渡，而创新能力不足仍是最大瓶颈。近十年，学者对上述问题展开了丰富的研究，但只见不同角度的分析，而未有人系统地将上述问题进行剖析，探寻破解之道。有些观点过左或过右，导致研究产生偏差，甚有错误结论，使得大湾区建设的战略取向不明朗。有鉴于此，本成果首先全面、系统搜集国内外基础文献，以之为据，对构建颠覆性创新价值网，以促进对粤港澳大湾区产业国际竞争力提升的内在机理、特征、思路及路径选择展开研究。在全面理论研究的基础上，从区域、产业、企业三个层面展开实证分析。

第一章绪论。第一节通过中美贸易摩擦对当前国际贸易形势的隐射以及分析现代产业发展主要面临三大约束，即资源环境约束、有效需求约束和创新能力约束，引出在湾区经济已大步向我们走来的同时，颠覆性创新价值网的作用越来越明显；第二节对创新、模仿性创新、颠覆性创新、双耦合效应、知识溢出、知识收敛、知识吸收等概念进行比较界定，归纳出本书的核心概念，并介绍了选题思路；第三节介绍了本书的研究方法及目标。

第二章构建粤港澳大湾区产业国际竞争优势的理论设想。第一节全面梳理了创新理论、学习理论、竞争力理论、新结构经济学理论和颠覆性创新价值网理论等演进历程、主要观点及研究现状；第二节归纳了知识溢出、颠覆性创新与竞争力的内在关联，提出“双耦合”效应；第三节对波特范式进行理论拓展，构建新的分析范式；第四节探讨粤港澳大湾区产业协同竞争优势构建的机理，从颠覆性技术创新及非技术颠覆性创新两个角度展开；第五节通过文献图谱分析的方法，对粤港澳大湾区产业、创新协同的相关研究进行综述，并提出构建粤港澳大湾区颠覆性创新价值网的总体思路。

第三章粤港澳大湾区产业国际竞争力驱动特征经验分析。第一节阐述产业研究对象的选取及理由，全面梳理相关文献综述，明确评价指标体系设计与测度；第二节构建实证理论模型；第三节采用多元线性回归和联立方程进行实证分析。

第四章区域、行业异质性与颠覆性创新特征实证分析。第一节基于广东分区域生产要素投入产出与市场需求比较进行实证背景分析；第二节探讨颠覆性创新驱动效应的区域差异与粤港澳合作的影响；第三节以追赶型、领先型、转移型、弯道超车型以及战略型五大类产业数据为基础，探讨珠三角地区分行业的颠覆性创新驱动特征。

第五章粤港澳大湾区非技术颠覆性创新特征分析。第一节对实证案例的选择进行说明；第二节通过 PMI 指数对股市收益性与波动性影响分析，比较深圳与上海的金融与制造业融合发展现状；第三节对智力服务与高技术企业经营绩效的实证比较研究，从侧面探索以深圳为代表的珠三角地区智力服务等高端现代服务业与制造业融通发展的实证证据。

第六章粤港澳大湾区企业国际竞争力驱动特征分析。第一节基于文献综述的实证假设设计；第二节进行调查问卷设计，构建结构方程模型；第三节开展统计与检验性因子分析，并得出实证结论。

第七章策略分析与政策建议。第一节探讨区块链与颠覆性创新价值网的构建内在机理；第二节论述了加快粤港澳三地经济集聚和融合的策略；第三节探讨基于数字经济平台战略与颠覆性创新价值网构建；第四节分别从数字经济发展、协同创新的“共同体、生态链、关节点”、体制机制创新与企业嬗变发展等方面探讨政策建议。

第四节 研究方法

本书以产业国际竞争力的影响因素为切入点，但不局限于此，而是尝试多微观和亚微观层面，从知识溢出、颠覆性创新与价值网等多个维度探究产业国际竞争力的全貌。为此，本书以创新理论、学习理论和竞争力理论和价值网理论为基本理论框架，以知识溢出理论、颠覆性创新理论、国际贸易模型、计量经济学、结构方程模型、制度变迁理论等为研究工具，对珠三角产业国际竞争力的动力机制进行理论和实证研究，试图从经济学角度补充完善这门具有中国特色的竞争力理论。从确立一个理论参照系开始，在理论研究的基础上，进行拓展与延伸，同时又侧重于理论创新的应用研究。鉴于理论应用型的定位，研究过程中会采用更多的综合性实证分析方法。

（1）理论研究与现实经济相结合。本研究认为不能解释现实经济现象的理论或假说都是盲人摸象，经不起历史和实践的考验，因此，提炼出粤港澳大湾区产业协同发展的特征性事实是构建有中国特色的经济理论的必要前提。本书的核心研究是从粤港澳大湾区产业协同发展纷繁复杂的经济现象出发，经过对大量描述性事实、典型案例的调查研究，提炼出若干特征性事实，并将之提升至更为宏大或拓宽至更为基础、更有普遍性的经济学问题，这就是粤港澳大湾区产业协同发展问题。以现实经济问题为出发点，引出研究议题，以理论研究为假设推演的前提，提出相关理念、机理与模型，以粤港澳大湾区产业协同发展现实为观察依据，检验与反思理论推演的各项结论，完成从理论到实践，再升华到理论的循环过程。

（2）模型构建与实证分析相结合。利用熊彼特增长理论的框架，在一个熊彼特内生增长模型基础上建立一个创新战略选择与前沿技术距离的模型，结合诺特－凡德霍施（Nault－Vandehosch，2000）企业实施颠覆性创新模型和阿德纳－泽姆斯基（Adner－Zemsky，2005）颠覆性创新模型，尝试建立颠覆性创新驱动粤港澳大湾区产业协同发展的理论模型。在明确基础理论和定义基本概念之后，本书将这些理论和概念外延和内涵进行拓展，全面研究“颠覆性创新”和“模仿性创新”的具体含义和内在机制的比较。进一步，采用混合时间的珠三角 9 市的数据样本以及珠三角地区 335 家企业的调查问卷样本数据，运用所列数据的计量方法和结构方程实证模型，并采用 Eviews 6.0、Stata10.0 以及 Lisrel 8.0 软件等定量研究工具对结论及其相互关系进行现实判断与分析。

（3）归纳与演绎相结合。以珠三角地区模仿性创新驱动传统产业集群发展的特征性现实为出发点，引出研究的主题，这是归纳方法的运用，进而通过对相关理论和研究综述分析，归纳出以模仿性创新驱动的传统产业集群发展的模式需要改变，以颠覆性创新驱动粤港澳大湾区产业协同发展的战略应予以推行。接着，以珠三角地区为例，从一系列特定的经济发展的观察中，推演出普遍性的问题，而从完成从一般的理论分析到假设推演，从逻辑或理论预期，到观察检验预期的模式是否存在，完成了从“为什么”到“是否”的判断，从而实施了演绎推理。这两种方法通过理论上的综述与逻辑推论，进行假设与演绎，通过观察与经验分析，进行经验概括，最后到理论的完善与创新，从而实现了归纳与演绎两种逻辑的交替使用。

（4）比较分析与个案研究相结合。粤港澳大湾区产业协同发展中创新是关键，而不同的创新模式，其特征、理论基础与边界及影响其实施的因素也各不同，本书对模仿性创新与颠覆性创新概念内涵、驱动因素、运行机理、创新投入产出效率以及定量测度等方面进行了比较分析。以珠三角地区分行业数据对不同创新模式的驱动特征以及投入产出效率进行比较，并在后续实证检验方面分颠覆性创新与模仿性创新两个角度对驱动珠三角产业发展的创新模式进行了经验分析和综合测度。此外，本书加大了对典型案例的分析，选择珠三角地区 52 家重点企业进行面谈，并对 400 家在联企业进行大量的调研、问卷和结构化访谈，采用 Nvivo7. 0 软件等定性研究工具对大量企业访谈的信息进行处理，对大量实际存在，却又往往难以度量的信息进行编码和逻辑推理，收集相关调查中的关联证据，追溯与重新整理相关信息，挖掘调查研究的相关概念与想法。

总之，本书站在构建欠发达地区经济增长方式转变的理论高度，研究改革开放以来珠三角地区传统产业集群的增长特征、机制，构建理论模型，解释观察现象，寻求粤港澳大湾区产业协同发展的对策建议，是一个从经验到理论，再由理论到实践的全过程。

第二章 构建粤港澳大湾区产业国际竞争优势的理论设想

世界上并不存在“放之四海而皆准，俟诸百世而不惑”的真理，任何研究的实施，都处于理论不断积累、完善和发展过程中的某一进程，需要建立在前人成果的基础之上。本节将基于创新理论、学习理论、竞争力理论、新结构经济学理论、颠覆性创新价值网理论体系诠释，结合知识溢出、知识吸收、竞争力分析范式等应用理论，引申、延展并重构适用于欠发达地区的产业竞争力分析范式，研究其内在机理与企业适应性战略选择，以期为后面章节展开的经验分析做理论铺垫。

第一节 理论基础

一、创新理论

J. A. 熊彼特（Joseph Schumpeter，1912），在《经济发展理论》一文中首次提到创新理论，并先后分别在1939年出版的《经济周期》与1942年出版的《资本主义、社会主义和民主主义》两部著作中再次对创新理论进行了补充和完善，形成了以创新理论为主要内容的创新经济学理论体系。这一理论体系核心思想认为经济发展是对静态均衡的一种动态扰动过程，而创新是这一扰动过程中推动经济发展的关键因素。熊彼特（1997）还指出，为了获取潜在的利益，就是要建立新的生产函数，使创新将生产要素和生产条件重新进行组合并发挥能量。巴尔扎特（Balzat，2002）在熊彼特研究成果的基础上，将创新过程具体分解为三个方面的步骤：一是为攫取超额的利润而实施创新；二是为分享某种利润而进行模仿创新；三是为保卫已有既得利益而进行的适应性创新。并将生产新的或改进的产品、引入新的技术、引进新的组织结构、发现新的市场、投入新的要素等列为创新的五种形式。但该学派的创新理论是将创新作为一个整体要素进行研究的，忽视了创新的扩散作用，对市场结构与技术创新的关系等缺乏深入分析与阐述。

以索洛（R. Solow）等人为代表的新古典学派创新理论对创新理论进行延伸，该学派理论指出，技术创新是随时进行变化的，并对经济增长有着十分重要的决定作用。他们认为经济增长效应一种是由于生产要素的累积而造成的增长，而另一种是由于技术水平的改革与提高而导致的增长。索洛在《在资本化过程中的创新：对熊彼特理论的述评》的专著中提出了“两步论”，即技术创新包括新思想的到来和后阶段的实现与发展两个步骤的理论，这一提法被认为是对技术创新的界定研究上的一个丰碑。索洛（1957）在其出版的《技术进步与总生产函数》的著作中提出了著名的索洛余值①，又被称为“索洛黑箱”，其核心要义认为经济增长是由除劳动力、资本等要素外的其他很多因素共同的作用驱动，而这些因素被其称作广义的技术进步。此外，该学派还指出政府对经济增长的作用，认为政府应通过税收、金融、法律和政府采购等一系列手段进行调控，对创新活动进行必要的干预，以推动创新对经济增长的驱动。但新古典党派仍采用传统的古典经济理论模型进行分析，不能反映创新的动态过程，没有真正充分地考虑制度与创新间的关系作用。另外，该学派也只是将技术创新看作一个整体，对技术创新这一“黑箱”（black box）中的具体运作过程并不关心。

进入20世纪70年代，以格里列希斯等学者为代表的新熊彼特学派应运而生，他们研究成果最大的共同特征就是对“black box”内部具体运行机理进行了深入研究。戴维（1971）研究提出了“起始点”理论，该理论指出，企业规模即为起始点要达到一定的程度，才能对技术创新进行推广。卡曼和施瓦茨等学者则从市场结构与技术创新关系的角度对创新理论进行了研究，他们认为存在一个最佳的有利于技术创新的市场结构，这一市场

① 索洛余值：是指经济增长率扣除资本和劳动贡献率之后的余值。

结构与垄断力量的大小、企业规模和市场竞争程度有着十分紧密的关系，并发现最有利于创新活动开展的乃是垄断竞争型的市场结构。曼斯菲尔德则对创新的扩散问题进行了深入的探索，指出模仿创新企业一般会采用新技术的预期经济收益率、采用新技术所需投资额的多少、资本供给的难易程度和模仿比率大小来影响新技术推广速度即模仿率的基本经济因素。格里列希斯（1971）则运用“S”形曲线形象地对技术创新过程进行描绘，并指出随着时间的变化，技术的扩散速度由慢速到快速，并达到峰值，然后又放慢速度，最后停留在一定水平基线上。卡曼、施瓦茨等新熊彼特学派的研究成果是对熊彼特创新理论的丰富和发展，他们的研究更为深入，也涉及了技术创新与市场结构的关系，并搭建了创新理论的分析框架，但研究分析仍过于宏观，对细分市场结构仍存在解释力不足的问题，且更深层次的规律还没能解答。

进入 20 世纪 80 年代，以迈克尔·波特[①]为代表的国家竞争优势学派将创新理论推向纵深，波特在其《国家竞争优势》的专著研究从竞争优势的角度对技术创新理论进行了发展，将技术创新理论向前推进了一步。迈克尔·波特（2002）指出，一个国家的产业竞争优势与需求状况、企业战略和组织、生产要素以及相关产业发展关系密切，并将国家经济发展划分为四个阶段，分别为生产要素导向（factor-driven）、投资导向（investment-driven）、创新导向（innovation-driven）和富裕导向（wealth-driven）阶段。前面三个发展阶段，对于一个国家来说一般意味着经济发展的繁荣，并认为当进入创新导向阶段，产业发展的“钻石体系”的作用效应为最强，在这一阶段，钻石体系的所有关键要素不但发挥自己的功能，而且交互作用的效应也最强。在这一阶段，由于个人的收入提高，高等教育普及、对便利的需求增强、国内竞争激烈，消费者的需求也更加讲究了。许多产业因为蓬勃出现的新企业而激发技术创新的活力，产业发展依赖劳动力、资本等生产要素的程度将会减弱，而创新驱动力将会增强。波特的研究成果最大的特征是构建了“钻石体系”，在政府政策促进方面有着十分的深入的研究，但波特的创新理论是集中在对一国竞争优势的组成部分效率的研究，没有真正从创新理论体系的角度和对发展中国家如何实施创新进行科学的

① 迈克尔·波特，哈佛商学院终身教授，其经济发展阶段理论见《国家竞争优势》一书。

和适用性的深入研究。

与此同时，以兰斯·戴维斯和道格拉斯·诺思等人为代表的制度创新学派也对创新理论做了卓越的贡献。戴维斯和诺思（1971）在其专著《制度变革与美国经济增长》中提出了制度创新理论，并认为由于制度创新能降低交易成本，因此即便没有增加生产要素的投入和技术进步，单是制度创新就能带来生产效率的提升，从而推动经济增长。并指出，明确界定财产权能消除不确定性，能降低负外部性，让人们明确未来的收益，因而让人对其他人的行动或反应做出合乎情理的预测，从而给人以强有力的刺激，唤起人们的敬业以及创业，并进行合作。资源的相对价格变化及技术的重大突破对制度变迁产生深远的影响。制度新精神、促进人们之间的交易、鼓励人们创新的动力来源是创新利润，制度变迁中存在路径依赖问题。制度创新学派将熊彼特的“创新”理论与“制度”结合，深入探讨了制度安排对经济增长的贡献影响，发展了创新理论，是对已有理论的有益补充。

综上所述，从亚当·斯密，到熊彼特学派、新古典学派、新熊彼特学派、国家竞争优势学派、制度创新学派等，创新理论得到了实质性和飞跃式的发展，其对创新的实质由简单的局部、静态分析，演进到系统、动态的分析，其对经济增长的影响地位由外生变量演进为内生变量，其创新促进的机理由外部的整体，演进为内部系统的分析，直到对技术创新的扩散过程以及与市场结构等关系的深入研究。上述观点综合起来从长期发展的角度来看，一个国家经济发展的可持续性最重要的就是看它的技术创新能否源源不断地发生，技术创新的潜力有多大①。而技术创新的方式主要有两种：一种是产品创新，新的不同的产品出现，取代旧的、落后的产品，如由计算机取代算盘；另一种是流程创新，即产品不发生变化，但以成本更低、更有效率的方式组织生产，如福特汽车采用高效的流水线生产取代传统的集中装配，这一高效的生产方式最终将汽车这一产品推向大众市场（林毅夫，2012）②。无论是产品创新还是流程创新，技术变迁或创新都主要有自主研发（R&D）和从国外引进两种机制。而对于一个发展中国家来说，技术水平与发达国家有很大差距，在多数产业中都可以通过向行业内

① 林毅夫：《解读中国经济》，北京大学出版社 2012 年版，第 192 页。

② 林毅夫：《解读中国经济》，北京大学出版社 2012 年版，第 12～13 页。

比自己领先的国家进行技术引进、模仿和购买专利来实现自己的技术创新（林毅夫，2012）①。事实上，自主创新与技术引进并无孰优孰劣，比较优势战略的目标就是追求高效率，追求资本积累和经济增长。引进技术比自主创新成本低、利润高，那么选择引进技术就比较好；当已经没有现成的技术可供引进或是引进的成本太高，那么自主创新就比较好②。依靠从发达国家引进先进技术和经验，发展中国家可以在较短时间内用较低成本实现自身的技术创新，从而带来效率的提高，增加资本回报率，并通过快速的资本积累，促进产业升级和经济增长。这就是发展中国家在现代化进程中的后发优势（林毅夫，2012）③。“二战”结束后，“亚洲四小龙”与中国的起点基本相同，但“亚洲四小龙”到80年代已发展成为新兴的发达经济体，人均收入达到美国的三分之一。这一奇迹背后最主要的原因就是这些东亚经济体善于利用与发达国家之间的技术差距，以引进技术来取得技术进步和产业升级。他们依靠不断引进新技术，发展高附加值的新兴部门，劳动力不断被重新配置到服务业等附加价值高的行业。这些行业的资本回报率大大提高，资本迅速积累，整个经济也如同“滚雪球”般越做越大（林毅夫，2012）④。一些中等偏上国家的产业已经位于或接近全球技术的前沿，为了进一步促进此类产业技术的创新和升级，中等收入国家应该效仿高收入国家的做法，建立一个国家创新体系，为技能开发融合教育资源，为私人部门的研发活动建立激励框架，为基础科学研究提供公共财政支持，加强公共和私人部门之间的合作。并指出芬兰是依托高效的国家创新体系，而成功地从自然资源依赖型产业转移到更高科技的领域（林毅夫，2012）⑤。上述的基础理论研究使人们清醒地意识到创新是经济发展和社会进步的关键因素，创新实质是知识与经济的互动，从某种意义上说，创新是公司以及围绕它们各种各样的创新参与者所进行的持续合作和相互作用的结果。但上述理论成果仍多数以发达国家的相关发展数据为依据而形成的，对于发展中国家，特别是落后国家的创新机理形成的研究成果还十分

① 林毅夫：《解读中国经济》，北京大学出版社2012年版，第13页。

② 林毅夫：《解读中国经济》，北京大学出版社2012年版，第134页。

③ 林毅夫：《解读中国经济》，北京大学出版社2012年版，第14页。

④ 林毅夫：《解读中国经济》，北京大学出版社2012年版，第15页。

⑤ 林毅夫：《繁荣的求索——发展中经济如何崛起》，北京大学出版社2012年版，第258页。

少见，形成适用于发展中地区或国家的创新理论体系还处于十分稚嫩的阶段，没有构建一个完整的针对发展中地区的创新理论模型，这正是下面颠覆性创新理论呼之欲出的理论背景，也是本书所要关注的焦点所在。

二、学习理论

要明确的学习的概念，首先要对知识的概念有一个清晰的界定。技术的创新和发展离不开技术的积累和流通，而技术的本质是知识，因此，技术转移的核心内容是知识的创造、扩散、转移与价值应用的再实现。知识，是指人类在实践中认识客观世界（包括人类自身）的成果。知识的定义在认识论中仍然有争议。公认比较经典的定义来自于柏拉图，他指出知识必须满足三个条件，即它一定是被验证过的、正确的，而且被人们相信的[①]。基于上述对于知识的定义，从经验主义的认识角度来看，知识就是一种经济的累积，不论是直接还是间接的经验或经历，均会成为人类人智的组织部分，或是对心智模式塑造的一次新的影响，这种积累与塑造的过程，我们将其称为“学习”。

罗必良（2005）就曾将知识分为技术性知识和制度性知识两大类别，其中技术性知识侧重于对自然界的认识，而社会性知识着重于对人类社会的理解。大量文献表明，随着经济发展与社会变迁，人类学习在这一过程中起着举足轻重的作用。这里我们评述的学习理论正是基于技术层面的知识积累、共享、流动、吸收与转化的过程，与基于制度层面的人类社会知识的流传、交流、遵循、改进与变迁。正是基于此种定义，本书对学习理论进行了梳理与综述。

学习理论的诞生有其深厚的历史背景和理论基础。从 20 世纪 50 年代开始，许多管理学、经济学、社会学研究者开始探索和研究工业社会的未来发展趋势。彼得·德鲁克（1959）在其专著《明天的里程碑》中谈到了“知识工人”这一概念。贝尔（1959）则提出了基于“知识”联系的“后工业化社会”的概念。马克卢（1962）则谈及了“知识产业”的概念。贝尔（1973）在其《后工业社会的来临》的著作中对后工业社会的特征进行

① 柏拉图：《泰阿泰德篇》（*Theaetetus*）。

了详细描述，特征包括理论知识的第一重要性、新知识的创造、知识阶层的扩散和商品到服务的过程。约翰·奈斯比特（1982）在其专著《大趋势——改变我们生活的十个新方向》中指出未来社会将进入“信息经济”时代。德鲁克（1993）在其《后资本主义社会》的著作中提及了“知识社会”概念，并进行了系统阐述。他认为知识的意义在发生着根本性的变化，它已经成为生产过程中一个十分关键的因素，是一种不同于其他的稀缺资源，是生产力、竞争力和经济增长的关键所在。

技术性知识学习理论最初可以追溯到古典经济学，马歇尔（A. Marshel）最早提出知识在经济活动中的重要性，他认为知识的动力是生产中的最大的，在资本中就蕴含着知识与组织的因素。哈耶克（F. A. VonHayek）则将知识分为科学知识和特定的知识两大类别，并认为这种知识类别的不断转换决定了经济个体的竞争优势。之后，熊彼特（J. A. Schumpeter）则认为经济发展的实质，是“科学技术是第一生产力”，他对于知识在经济增长过程的决定作用十分明确，只是当时没有引起大家的关注而已。

发展到新古典经济学，对知识的作用，索洛（Solow，1956）等人有了新的认识。索洛模型把资本和劳动对经济增长的影响与外生的技术变革对经济增长的影响加以区分，并认为知识和技术是可以“免费”的，就像空气中的电波一样，他借鉴哈罗德—多玛模型，将技术进步这一变量引入了生产函数，虽然这一技术进步并没有内生化，但还是对之后的技术进步经济学的发展产生了巨大的影响。

进入20世纪80年代中期，以罗默（Romer，1986）的内生经济增长理论为标志的知识经济理论研究取得了突破性进展，建立了他的第一个内生经济增长模型。罗默（1986）和卢卡斯（Lucas，1988）等经济学家提出了内生增长理论。阿吉翁和霍威特（Aghion & Howit，1991，1992）、瑞弗拉-巴蒂兹-罗默（Rivera - Batiz - Romer，1991）、阿吉翁和霍威特（1991）和格罗斯曼和霍普曼（Grossman & Helpman，1991）等对创新的内生化进行更为深入的研究，他们认为知识的正外部性以及生产的规模递增，并强调了知识扩散性的存在使资源的分配由要素的禀赋所决定。

内生增长理论打破了新古典经济增长理论的技术外生的假设，认为一个国家或地区经济的增长取决于内生化的知识资本积累和专业化的人力资本水平，并把 R&D 投入作为知识增长的核心因素。至此，奠定了技术知识学习理论的理论基础。之后，罗默（1990）建立了第二个内生经济增长模型，强调知识的重要性。阿尔文·扬（Alwyn Young，1991）提出了受限制的 LBD 模型，强调贸易由技术驱动。1993 年，他指出，经济增长同时受创新和 LBD（learning by doing）两个条件的约束，强调了“干中学”的潜力是有限的，必须和发明结合在一起。可以这样判断，AK 模型将研发（R&D）部门及技术的进步率内生于模型中[①]具体如下：

$$Y(t)=[(1-\alpha_K)K(t)]^{\alpha}[A(t)(1-\alpha_L)L(t)]^{1-\alpha},\ 0<\alpha<1 \quad (2-1)$$

$$\dot{A}(t)=B[\alpha_K K(t)]^{\beta}[\alpha_L L(t)]^{\gamma}A(t)^{\theta},\ B>0,\ \beta\geqslant 0,\ \gamma\geqslant 0 \quad (2-2)$$

$$\dot{K}(t)=sY(t) \quad (2-3)$$

$$\dot{L}(t)=nL(t),\ n\geqslant 0 \quad (2-4)$$

而干中学是指知识的积累是一般的生产活动的副产物。

$$Y(t)=K(t)^{\alpha}[A(t)L(t)]^{1-\alpha} \quad (2-5)$$

$$A(t)=BK(t)^{\phi},\ B>0,\ \phi>0 \quad (2-6)$$

式（2-5）与式（2-6）和描述资本和劳力积累的式（2-3）与式（2-4）一起刻画了这个经济的特征。

将式（2-6）代入式（2-5）得

$$Y(t)=K(t)^{\alpha}B^{1-\alpha}K(t)^{\phi(1-\alpha)}L(t)^{1-\alpha} \quad (2-7)$$

$$\dot{K}(t)=sB^{1-\alpha}K(t)^{\phi(1-\alpha)}L(t)^{1-\alpha} \quad (2-8)$$

这里的增长情况也可由 $\alpha+\phi(1-\alpha)$ 与 1 的大小关系（等价于 ϕ 与 1 的大小关系）分为三类：$\phi<1$ 时，长期的增长速度是人口增长速度 n 的函数：$\phi>1$ 时，将会有爆炸性的增长：$\phi=1$ 时，如果 $n>0$ 则为爆炸性增长，如 $n=0$，则式（2-7）转化为：

$$Y(t)=bK(t),\ b\equiv B^{1-\alpha}L^{1-\alpha} \quad (2-9)$$

$$\dot{K}(t)=sbK(t) \quad (2-10)$$

这是又一个长期增长内生并决定于 s 的模型，一般将此模型中的 b 写成 A，称此模型为“Y = AK”模型（AK 模型）。AK 模型使我们看到一个国家或地区经济增长的内生驱动因素。

---

① 在这个模型中有两个重要的简化。第一，研发部门和生产部门均为标准化的 Cobb - Douglas 生产函数；第二，储蓄率，投入研发部门的资本比例和劳动比例均外生且恒定，分别为 s、α_K 和 α_L。

接着，迈克尔·波特（2002）又对学习理论进行了诠释，他在其《国家竞争优势》一书中提到，教育对于产业竞争力的重要性，并以英国为例，指出造成英国经济走下坡路的原因，事实上不在于生产要素的匮乏，而它的生产要素创造机制有问题。一是英国的教育体系相对落后；二是比起大学教育，英国的一般教育问题更为严重；三是英国教育体系的偏差，造成人力资本上的极大差距；四是尽管英国教育体系问题严重，但大多数英国企业仍未加强内部培训；五是研发投资仍嫌不足等。这些因素使得英国在技术创新方面的领先地位逐渐丧失，体现为高级制造技术、新材料和先进电子等产业发展方面的衰退。这使得英国制造业开始降级，向价格竞争、低质量产品、简单制造等领域发展。

对于制度性知识的学习理论演进，早在诺思时期就提出学习是制度变迁的最基本的长期源泉。首先，他指出，人们可以通过认知科学在不确定条件下进行决策。其次，要了解学习的内容。所谓的学习是不同时代个人和社会的积累性知识。再次，一种翻译感官接受的各种信号的机制是必需的。这个机制首先由遗传基因建造，而后主要靠个人经验来发展。最后，应将人类的学习过程与其他物的学习过程，尤其是与模拟人工智能的计算机区别开来。人类创造性思维以及意识形态和信仰体系的源泉就是从具体到抽象的综合能力和使用类比的能力。在诺思看来，参与人的非正式习俗来自于社会上流传的信息，它们构成了传统文化遗产的一部分，共同的文化遗产可以减少不同国家、社会的思想差异。文化交流在便利了社会成员的交流同时还以宗教、神话和教条的形式为某些现象提供了共同解释。

学习的过程实质上也是制度形成与变迁过程的体现，其一，制度变迁的动力取决于学习和竞争的激烈程度。同时，竞争还会促使个人或组织为了改变竞争地位而去修正制度性框架，所以，竞争的激烈程度又会决定制度变迁的速度。由此，制度变迁的速度就可以看作是关于学习速度的函数。其二，形成不同层次社会与文明的重要原因之一是学习上的差异性，由于不同的学习能力有着不同的制度存量，也进一步导致不同的制度变迁，因此，制度安排与制度变迁的多样性与学习有着密不可分的关系，也即产生了不同的社会关系与文明。

综上，从阿罗（Arrow，1962）最早阐述了知识对经济增长含义，到索洛构建了可以用来对技术进步率和技术进步对经济增长的贡献进行估计的经济计量模型，其目的是把资本和劳动对经济增长的影响与外生的技术变革对经济增长的效应区别开来。后来的新增长理论、“干中学”的思想均体现了同一个命题，即知识对于经济增长的重要性。新制度经济学也对制度性知识进行了归纳，指出制度性知识是人们彼此间协调和交流的知识，是对人类社会的认知。费尔南德斯和费雷拉（Cristina I. Fernandes & João J. M. Ferreira，2013）指出知识越来越被视为公司竞争力提升的一个非常重要的因素。而在学习理论中，伴随着知识溢出和知识收敛的相关论述。可以说，追溯学习理论的发展路径，也是知识溢出、经济增长理论与制度变迁理论的发展路径。基于上述论述，对学习理论的发源、基础等演化示意图进行了整理和归纳，如图2－1所示。

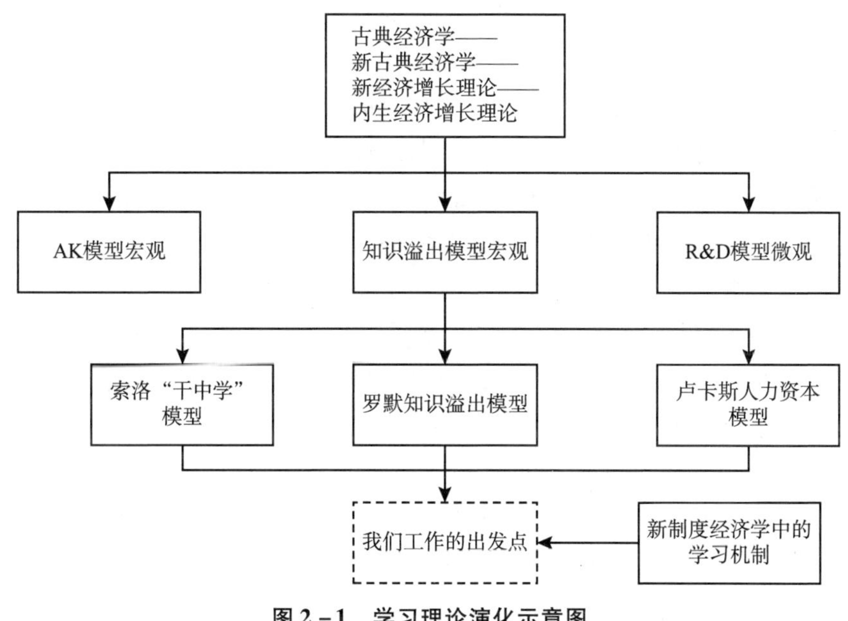

图2－1　学习理论演化示意图

从学习理论的分析来看，对于知识，技术性知识与制度性知识的经验或经历以及新的塑造过程已形成了共识。知识经济现象在全球层出不穷，而且将有加剧之态势。而实际上，各个发达国家都提出发展知识、教育和加强知识共享机制、加大知识扩散及溢出力度、推动经济增长模式的转变。因此，讨论基于知识学习理念的知识溢出效应这一因素对颠覆性创新的贡献已显得十分有必要。

三、竞争力理论

以古典经济学、凯恩斯经济学和现代经济学为代表的古典竞争力理论就初步探讨了竞争力的形成机理。其中，古典经济学家亚当·斯密于1776年首次提出了绝对优势理论，认为贸易的产生基于各国之间生产技术的绝对差别。此后不久，另一位古典经济学家大卫·李嘉图提出了比较优势原理，比较优势论认为贸易的基础是各国劳动生产率的相对差别，一国应该生产和出口其生产效率相对高的产品，进口本国生产效率较低的产品。20世纪后，陆续有学者对李嘉图理论中的一些严格假定质疑，认为其不适合当前国际贸易的新趋势，并提出了不同的观点。瑞典经济学家赫克歇尔与俄林便是其中的两位杰出代表，他们提出的赫克歇尔—俄林理论，即H-O模型认为贸易的基础是各国生产要素禀赋的分配不同。进入20世纪50年代，以弗农、克鲁格曼等为代表的动态比较优势理论从动态角度对比较优势理论进行拓展，并指出生产要素的动态变化是比较优势产生的根本原因。产生于20世纪30年代的资本主义经济危机时期的凯恩斯经济学认为：产业国际竞争力的提高在一定程度上有赖于政府的政策实施。现代凯恩斯主义学派中的新经济增长理论在前人基础上将技术因素融入产业发展的影响因素中，是产出增长的内生决定性因素。另外，制度学派的代表人物诺思等人提出了对产出的影响因素中必须考虑制度对竞争力的影响作用。

在理论经济学的发展中，可以发现产业国际竞争力在古典经济学中被认为是来自资本，而凯恩斯学派则将政府因素融入对产业竞争力的考察中，现代凯恩斯主义在上述基础上发现技术、人才以及制度等均为影响产业竞争力的重要因素。而制度经济学则将制度融入了产业竞争力的分析框架，而国际经济学理论的贡献表现为，从关税及汇率等方面拓展了产业竞争力研究的范围。

进入20世纪80年代，在比较优势理论的基础上，迈克尔·波特进一步提出了竞争优势理论，并指出竞争优势导致的国家经济发展有四个阶段①。

① 分别是生产要素导向（factor-driven）阶段、投资导向（investment-driven）阶段、创新导向（innovation-driven）阶段和财富导向（wealth-driven）阶段。

进入20世纪90年代，传统国际贸易理论面对了前所未有的挑战[①]。迈克尔·波特（1990）在《国家竞争优势》的专著中提出了举世闻名的“钻石模型”。如图2－2所示，模型中，波特指出，一个国家或地区的产业竞争力影响的主要因素包括四个：一是包含劳动力、自然资源、知识、资本、基础设施等的生产要素资源；二是需求条件，主要是产品或服务的国内市场需求；三是相关产业和产业链，主要是具备竞争力的上下游产业和关联辅助产业，从而形成具有规模效应的产业集群；四是企业的战略、结构和竞争状况，企业的战略和结构对于企业是否重视产品设计、研发和创新起关键作用。这四个要素具有双向作用，形成钻石体系，当某些行业或行业内部门的菱形条件处于最佳状态时，该国（地区）企业取得成功的可能性最大。在四大要素之外还存在两个变数：机会与政府。机会是无法预期的，如重大的技术变革等；政府通过政策选择能够削弱或增强国家（或地区）竞争优势。

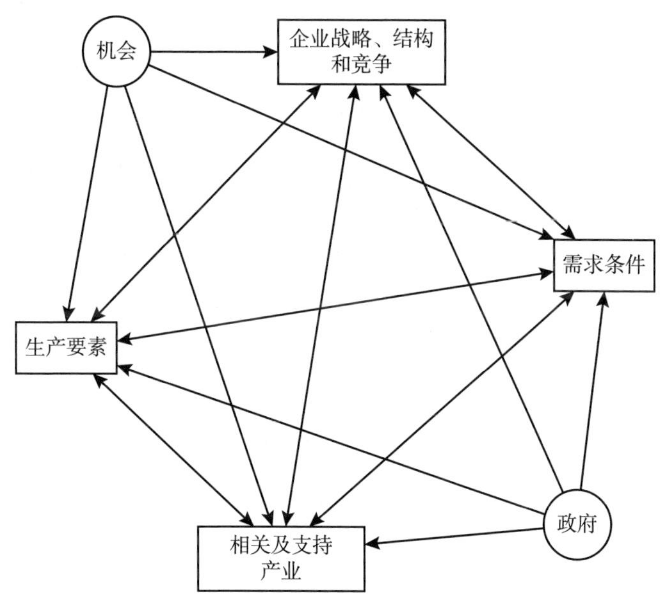

图2－2　迈克尔·波特的钻石模型

资料来源：迈克尔·波特：《国家竞争优势》，中信出版社2007年版。

---

① 摘自唐任伍：《知识经济对传统经济理论的冲击》，载于《经济学动态》1998年第9期。

20世纪90年代以克鲁格曼为代表的新经济地理学理论认为规模报酬递增、不完全竞争的市场结构为假设前提，用“规模经济”和“不完全竞争”来解释相似要素禀赋国家之间和同类工业产品之间的双向贸易。这种双向贸易的好处是可以通过扩大市场增加生产从而降低成本获得利润。规模经济和产品异质性可以成为国际贸易的一个独立源泉。贸易保护主义者对产业国际竞争力也有一定的研究。

综上，竞争力理论从静态发展到动态，从强调要素禀赋到强调产业内生发展能力的转变。传统产业竞争力理论对于技术创新等因素没有重视，以波特为代表的竞争优势理论构建了产业竞争力分析的新范式，其研究思路、方法与结论影响重大，相对于传统的竞争力理论，波特的理论更强调了竞争力的动态性。

比较优势理论与竞争优势理论的长期争论也使该领域的理论创新停滞。进入2005年以后，一批来自发展经济学领域的学者，仍陆续进行了该领域的探索，并取得了一定的成果。安德雷和莫尼卡（Tudorel Andrei & Liviu Bogdan Vlad Monica，2008）通过罗马尼亚的区域产业数据结论，表明区域产业主要倾向的集中化和专业化来提升产业国际竞争力。阿布斯诺特和文森特（Andrew Arbuthnott & Jessica Eriksson Joakim Wincent，2010）认为区域产业的兴起所产生的模型是基于四个主要过程：选择过程、动员过程、行业间的相关过程以及影响过程，它们共同塑造新兴区域产业。杜施尔和布伦纳（Matthias Duschl & Thomas Brenner，2013）研究指出知识密集型产业竞争力受区域经济体的风险影响。国内方面，以范剑勇为代表，从制造业地理集中考虑地区的产业竞争力，并指出沿海地区产业竞争力的提升推动了这一地区的制造业中心地位的形成，相应地中西部地区沦为生产率低下的外围区域，导致地区收入差距持续扩大。刘林青、谭畅（2014）指出国家为何和如何参与国际商品贸易，并归纳总结出基于出口技术复杂度、产品空间等概念的产业国际竞争力结构观。

四、新结构经济学

这里不得不提新结构经济学的相关理论，新结构经济学是林毅夫教授及其合作者提出并倡导的研究经济发展、转型和运行的理论，主张以历史唯物主义为指导，采用新古典经济学的方法，以一个经济体在每一个时点给定、随着时间可变的要素禀赋及其结构为切入点，来研究决定此经济体生产力水平的产业和技术以及交易费用的基础设施和制度安排等经济结构及其变迁的决定因素和影响。其主张发展中国家或地区应从其自身要素禀赋结构出发，发展其具有比较优势的产业，在“有效市场”和“有为政府”的共同作用下，推动经济结构的转型升级和经济社会的发展。上述观点为我们以颠覆性创新为理论支点，探讨欠发达地区的经济发展路径提供理论支持。

新结构经济学强调，如果没有新技术，就不会产生新的高附加值产业，产业升级也就无从谈起。像现在被认为具有高附加值的电子、生物工程等产业基本都是最新技术发明和创新导致的结果。只有技术不断创新，新的高附加价值的产业部门才会源源不断地出现，企业在高额利润回报的驱动下，会自发地投资于这些新兴的高附加价值的产业部门，最终影响整个产业结构的变化①。而一个地区产业转型升级要依据要素禀赋结构决定的比较优势进行。在技术选择的决策中，它们将会遵循经济中由该国要素相对充裕度所决定的比较优势，并且，只有当相对价格体现了禀赋结构中每项要素的相对稀缺度时，它们才会进入这些行业（Lin & Chang，2009）②。因此，颠覆性创新的相关理论为进一步实现上述观点提供了更为直接的理论指导。新结构经济学还认为，一个灵活、平衡的产业和技术升级过程就需要教育、金融、法律等软件基础设施及电力、通信、交通等硬件基础设施同时做出相应改进（Harrison & Rodríguez - Clare，2010）③。而关于政府在产业转型升级中的作用，林毅夫曾指出，如果产业升级和多元化处于随机自发的状态，那么，企业可能会进入过多的不同行业。结果是，只会产生少数几个足够大的产业集群，而这也将经历时间过长且成本高昂的“适者生存”演进过程。而此时，政府如鼓励企业进入与该地区比较优势相一致

---

① 林毅夫：《解读中国经济》，北京大学出版社 2012 年版，第 11 页。

② Lin, J. Y. & H. - J. Chang. “DPR Debate: Should Industrial Policy in Developing Countries to Comparative Advantage or Defy It?” Development Policy Review, 2009, 27 (5): 483 - 502.

③ Harrison & Rodríguez - Clare. “Trade, Foreign Investment, and Industrial Policy for Developing Countries.” In Handbook of Economic Growth, Vol. 5, ed. D. Rodrik, 4039 - 4213. Amsterdam: North Holland, 2010.

的行业，将极大地降低产业集群形成的时间和成本。因此，政府可以克服市场失灵，促进产业升级与结构转型。而这又恰恰为如何全面实施颠覆性创新，构建颠覆性创新价值网，政府如何起作用等方面为本研究提供了理论上的支撑。

新结构经济学强调，产业升级会增加发展中国家企业所面临的风险，随着它们向全球技术前沿靠近，通过向发达国家借用成熟技术而取得成功会变得日益困难。它们需要创造自己的新技术和新产品，其新技术和新产品主要依赖于内部创新，这是一项涉及很多风险的挑战[①]。产业结构是由其要素禀赋结构决定的，要素禀赋结构变化就会带来产业升级。一个地区的产业和技术升级，会伴随着许多其他变化，如资本需求上升，生产规模、市场范围扩大，教育、金融和法律制度的改善，以及通信、交通等基础设施的改进等。只有这样，在新升级产业中的企业才可以大批量生产，达到规模经济，成为成本最低的生产商（Harrison & Rodríguez - Clare，2009）[②]。产业多样化和升级是一个创新过程，先驱企业在多样化和升级过程中为其他企业提供了公共知识，这种新知识的使用并不降低该知识对其他企业的可用性（非竞争性），也没有人可以被有效地排除在外（非排他性）。新结构经济学的总体观点是，在产业多样化和升级过程中，国家的作用应该限制在为新产业提供信息，协调同一产业中不同企业间的相关投资，为先驱企业的信息外部性提供补偿，以及通过孵化、吸引外商直接投资和鼓励产业集群培育新产业。国家同样也需要改善软、硬件基础设施来降低个体企业的交易成本，加快经济的产业发展进程（林毅夫，2012）[③]。这为下面章节对颠覆性技术创新、知识溢出与产业国际竞争力提升的关系也奠定了理论基础。

新结构经济学还认为，低收入国家应选择小型的当地银行作为金融体系的主干，而不是试图复制发达工业化国家的金融结构，这将允许农业、工业和服务业的小型企业获得足够的金融服务。当产业升级发生，经济越来越依赖于资本更密集的产业时，金融结构也将发生转变，给予大型银行

① 林毅夫：《繁荣的求索——发展中经济如何崛起》，北京大学出版社 2012 年版，第 129 页。

② Harrison，Ann E. & Rodriguez - Clare，Andres. “Trade，Foreign Investment，and Industrial Policy”，MPRA Paper 15561，University Library of Munich，Germany，2009.

③ 林毅夫：《繁荣的求索——发展中经济如何崛起》，北京大学出版社 2012 年版，第 138 页。

和先进的股票市场以更大的权重（Lin, Sun & Jiang, 2009）[①]。新结构经济学认为，在发展中国家，FDI（国际直接投资）相对于其他资本流动而言是一种更有利的外资来源，因为它通常面向符合一国比较优势的产业。此外，它带来的不仅是资本，还带来了发展中国家缺少的技术、管理、市场准入以及社会网络，而这些对产业升级是至关重要的（林毅夫，2012）[②]。一般用一个关于吸收能力（即基础设施和教育）的函数反映技术外溢，那些已经接受大量FDI的较高收入发展中经济体——如墨西哥、中国香港、菲律宾和捷克共和国——已产生大量的劳动力市场和技术外溢效应（Blomström, Lipsey & Zejan, 1994）[③]。新结构经济学认为，一个设计良好的人力资本发展政策应该是任何国家整体发展战略中不可或缺的组成部分，这包括人力资本投资措施，以促进产业升级和经济体资源的充分利用。这种战略的重要组成部分，应遵循卢卡斯（Lucas, 2002）关于人力资本取得质量和数量双重发展的建议[④]。它还应包括旨在针对生命周期的不同阶段促进技能形成的可供选择的政策，并要求政府和私人部门紧密合作，共同预测或回应劳动力市场对技能的需求（林毅夫，2012）[⑤]。

此外，新结构经济学还指出，扩大国际国内市场，积累资本进行产业和技术升级，就可以利用跟发达国家的技术跟随来减少技术差距，降低产业升级的成本（林毅夫，2012）[⑥]。企业关心的是产品的价格和生产的成本，只有产品的价格反映国际市场的价格，投入要素的价格反映要素禀赋结构中各种投入要素的相对稀缺程度，企业才会自动地按一个国家的比较优势来选择其产业、产品和技术（林毅夫，2012）[⑦]。发展中国家如果按照比较优势发展，需要升级的产业、产品和技术有很多都已是现成的，产业、

---

① Lin, J. Y. "Beyond Keynesianism: The Necessity of a Globally Coordinated Solution". Harvard International Review, 2009, 31 (2): 14-17.

② 林毅夫：《繁荣的求索——发展中经济如何崛起》，北京大学出版社2012年版，第161页。

③ Blomström, M., R. E. Lipsey & M. Zejan. "What Explains the Growth of Developing Countries?" In Convergence of Productivity, Cross-National Studies and Historical Evidence, eds. W. J. Baumol, R. R. Nelson, and E. N. Wolff, 243-261. New York: Oxford University Press, 1994.

④ Lucas, R. E. Lectures on Economic Growth. Cambridge, MA: Harvard University Press, 2002.

⑤ 林毅夫：《繁荣的求索——发展中经济如何崛起》，北京大学出版社2012年版，第165~166页。

⑥ 林毅夫：《解读中国经济》，北京大学出版社2012年版，第254页。

⑦ 林毅夫：《解读中国经济》，北京大学出版社2012年版，第274页。

技术升级存在路径依赖[①]。产业结构变化本身可以在技术变迁的过程中被诱导出来[②]。技术不是一直沿着一个产业的发展路径而不断更新变化，而是会随着技术变迁重点的变化引导产业的重点发生转移。新的技术可能创造出新的高附加值的产业，从而带来新的经济增长点。也就是说，技术变迁可以通过影响产业结构而作用于经济增长[③]。

事实证明，现代发展经济学中以提升产业和技术结构为直接目标的发展思路不但没有实现发展的目标，反而导致了各种各样的问题，原因就在于硬行提升的产业结构违背了当时的要素禀赋结构，属于拔苗助长，造成了各种扭曲和效率下降。因此，要想在转变产业结构的同时保证效率的最大化，就要从改变外生的要素禀赋结构入手[④]。要以资本与劳动力拥有量的比值来定义要素禀赋结构。并将提升一个国家的要素禀赋结构定义为提高这个国家每个劳动力可以支配的资本量。要素禀赋结构决定了这个经济可以使用的资源、资本和劳动力的总和，也就是这个经济体的总预算，同时决定了资本和劳动力的相对价格；从长期来看，要素禀赋结构可能随着人口的增长和资本的积累而变化，要素禀赋结构的升级主要取决于资本积累的速度[⑤]。相对于通过政府干预来转变产业结构的传统经济战略，比较优势发展战略可以从转变要素结构的角度来真正实现这一过程[⑥]。总之，新结构经济学的相关观点，对本书从技术与非技术两个层面，探讨知识溢出、颠覆性创新与产业国际竞争优势的互相关系提供了相当明确的理论支撑。

五、颠覆性创新价值网理论

（一）价值网理论

适者生存是近200年生物学研究的结论。这一结论告诉我们，造成生

① 林毅夫：《解读中国经济》，北京大学出版社2012年版，第122～123页。
② 林毅夫：《解读中国经济》，北京大学出版社2012年版，第286页。
③ 林毅夫：《解读中国经济》，北京大学出版社2012年版，第286～287页。
④ 林毅夫：《解读中国经济》，北京大学出版社2012年版，第118页。
⑤ 林毅夫：《解读中国经济》，北京大学出版社2012年版，第119页。
⑥ 林毅夫：《解读中国经济》，北京大学出版社2012年版，第120页。

物物种演变的重要原因，是生物物种机体内部的特征要适应外部环境的变化。企业也具有生物特征，企业的生物特征决定了企业也将因环境的作用而不断演化，且同样是“适者生存”。1985 年波特提出了企业价值链运营模式，无可否认，这一模式对企业提升综合竞争力扮演着重要的角色，但是时至今日，企业价值链运营模式的环境已发生了深刻的变化，这种深刻的变化使得企业在市场交易和组织关系上面临着一种新的环境因素，如第三代互联网 Grid 技术、个性化的 e 化顾客、“随需应变”商务模式等，面对这些新的环境因素，传统的价值链模式具有以下明显的局限性：①市场环境的复杂动荡性与不完全可控性，使得任何预测工具和手段都无法准确预测产品市场与要素市场的真实供需，传统企业价值链模式难以做到产品供需之间的真正匹配，顾客的个性化需求无法满足；②电子商务技术的普及与使用冲击了产品市场和要素市场的销售模式，冲击了顾客的购物方式，影响了顾客的购物行为，传统价值链模式下的营销模式已不再适用；③价值链运营模式只透过单一生产和配销流程去提供产品和服务给所有顾客，顾客的个性化的价值主张难以满足。同时，具有线性结构的价值链也缺乏对市场的快速反应能力。如此等等。既然价值链在互联网时代已具有明显的运营局限，而价值网是一个用来扬弃价值链的前沿理念，能消除或者弱化价值链的这种局限性，因此研究企业价值网问题是互联网时代提出的新课题，其研究具有重要的现实意义。

早在 1985 年，迈克尔·波特（Michael E. Porter）在其《竞争优势》一书中就提出了价值链理论（value chain）。在区域经济中，由于信息技术与金融业的发展，各个产业彼此相联，共同形成了产业网，而波特的产业价值链也形成了产业价值网。布兰德·伯格（Branden Burger）和纳尔波夫（Nalebuff）首先提出了价值网（value net）理论，并构建价值网管理模型解释了所有商业活动参与者之间的关系。传统公司利用供应商提供的材料生产产品并同其他生产商竞争以获得顾客。但在价值网中，布兰德·伯格和纳尔波夫介绍了商业活动中一个新的因素：互补者（complementors）——“指那些提供互补性产品而不是竞争性产品和服务的公司”。价值网强调各种关系的对称因素。例如，顾客和供应商都拥有其竞争者和互补者。一家公司的顾客通常拥有其他供应商，如果其他供应商使这家公司的产品、服务或顾客价值增加，那么它就是该公司的互补者；反之，则是该公司的竞争者。同样，一家公司的供应商也拥有其他顾客，这些顾客是其竞争者或互补者。如果他们使这个供应商为最初那家公司提供的产品（或服务）更昂贵，那么他们就是竞争者；反之，则是互补者。与顾客相关的原则同样适用于供应商，而与竞争者相关的原则也适用于互补者。客户、供应商、竞争者或互补者是一家公司扮演的多重角色，即同一家公司可以有多重身份。若要制定有效的战略，公司须理解每个角色扮演者的利益。

如图2－3所示，伯格和纳勒布夫（Adam Branden Burger & Barry Nalebuff）提出的价值网概念，认为企业的发展进程受到以下四个核心组织成分的影响：顾客（customers）、供应商（suppliers）、竞争者（competitors）和补充者（complements）。补充者是指那些能够提高本企业产品或服务吸引力的产品或服务，它经常被用来描述IT企业，尽管补充者这一角色见于各个行业。软件制造商总是希望硬件制造商（软件的使用者）不要对软件制造发生兴趣，它们互为支持和依靠，为满足另一种产品或服务的需要展开合作。

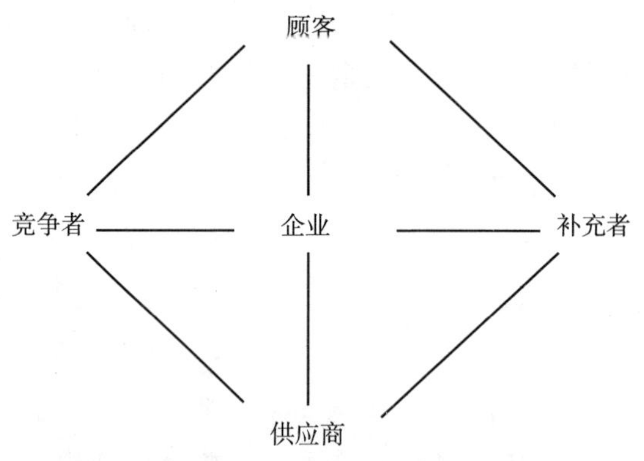

图2－3　价值网模型概述图

与迈克尔·波特的五种产业竞争力管理模型不同，布兰德·伯格和纳尔波夫为波特的管理模型带来了第六种力量。虽然它并不比其他五种力量更重要，但也不应被忽视。价值网和五种产业竞争力管理模型的另一个区别是，波特强调价值的分割，而价值网既强调价值的分割，也强调价值的创造。价值分割的最终结果是价值为零，谁是最终的赢家取决于参与竞争者的相对力量。价值网强调竞争和合作两个方面。公司要与客户、供应商及互补者共同合作创造出价值（即双赢的过程），同时它又要同顾客、供应商、互补者竞争以便获得价值（即赢输的较量）。这种竞争和合作的结合被称为合作竞争（co-competition）。

另一方面，如图2－4所示，价值网的思想打破了传统价值链的线性思维和价值活动顺序分离的机械模式，围绕顾客价值重构原有价值链，使价值链各个环节以及各不同主体按照整体价值最优的原则相互衔接、融合以及动态互动，利益主体在关注自身价值的同时，更加关注价值网络上各节点的联系，冲破价值链各环节的壁垒，提高网络在主体之间相互作用及其对价值创造的推动作用。

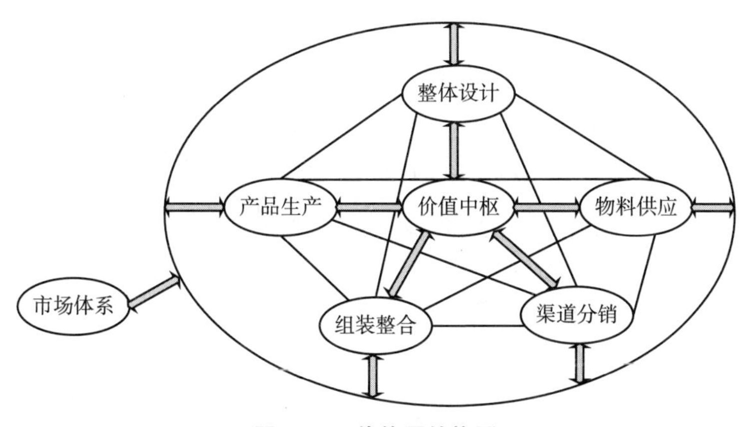

图2－4　价值网结构图

由此，引发本研究关注的主要问题为：是否有一种竞争战略能有效将上述提到的问题整合起来呢？从理论层面，解释市场和后发国家区域产业国际竞争力提升的问题；作为后发国家或地区，如何在处于被动的贸易方式中以较低的技术创新成本来实现技术追赶和占领产品市场，是一个十分关键的问题。进而在政策层面说明，政府在全球价值链体系中，如何保障企业实施这样一种创新模式而发挥作用。这些都是我们要深思的问题。针对上述问题，本研究试图探索新的基本理论框架。

（二）颠覆性创新理论

1. 特征分析

从1997年，克里斯滕森（Clayton M. Christensen）首次正式提出颠覆性创新理论之后，本书对CNKI数据库和Elsevier（science direct）中以“颠覆性创新”和“disruptive innovation”为关键词搜索结果均未超过200篇，相对技术创新其他领域的海量研究，颠覆性创新理论的研究还处于稀缺时期，起步也较晚，还需进一步完善与提升，特别是与其他学科领域的知识相交融，有待形成一个较为完备的理论体系。

在颠覆性创新的运行模式中，本书可以较为直接地分析其与其他创新模式的差异性特征。克里斯滕森（1997，2003）两次在其出版的专著中，对颠覆性创新的三种模式进行了高度的概括，其表现为：其一，低端破坏。指从消费价值链的低端进行破坏，这种实施颠覆性创新的产品质量较高，服务较低，不用去抢占新市场，只是用低成本吸引低端市场的消费群体。其二，新市场破坏。指开拓全新的市场，吸引全新的消费群体，挖掘潜在的客户群体，并不直接与主流市场的企业进行正面的交锋，而是避其锋芒，利用自身的优势，吸引潜在的客户群体。其三，混合市场破坏。核心是避开主流市场，分别从新市场和低端市场两个方面同时进行破坏，两者相互结合，具有混合市场开发的特征。

基于上述对颠覆性创新模式的归纳，延伸出颠覆性创新有别于其他创新模式的特征：其一，非直接竞争性。由于颠覆性创新不是针对主流市场而展开的，因此，具有非竞争性；其二，因其低端市场破坏的模式，因此，具有低端破坏性；其三，由于颠覆性创新能让顾客让渡最大的价值空间，因此，它改变了原有的价值曲线，最终这种破坏逐渐替代了现有主流的产品、服务或商业模式等。

2. 实施条件

颠覆性创新的实现对于新进入市场的新兴企业具有重要作用，是指导其产品开发的利器。而对于市场主导企业，掌握了颠覆性创新的理论则可以未雨绸缪，变被动为主动，在发展的同时，学会打造自己成为一个随时的破坏者，在别人来不及破坏自己之前，让自己可以成为现有市场的威胁者。部分学者从经济管理学的角度对颠覆性创新的实现方法进行了探讨。

克里斯滕森提出应该按如下方法制定企业破坏性增长战略：其一，在内部建立一个负责创新的、独立的、围绕突破性技术业务的自治组织；其二，创造或购买新的能力；其三，适时进行反商品化、一体化与外包策略；其四，建立颠覆性创新成长引擎。克里斯滕森（Christensen，2001，中译本）还指出：只有当市场营销理论能够提供可信的因果关系并建立在以环境为基础的市场分类方案上时，管理者才能自信地断言什么样产品的特性、功能，以及市场定位能够导致消费者购买某种产品。金和莫博涅（Kim & Mauborgne）在其著作《蓝海战略》中，指出蓝海战略实现四步动作框架为：其一，剔除所在产业中企业长期竞争攀比的元素；其二，减少那些纯粹为了竞争和打败对手而设计过头的功能；其三，增加那些用户一直未被满足的功能；其四，创造新的产品功能，激发用户新的需求。丹尼尔斯等（Danneels et al.，2003）先后对企业实施颠覆性创新进行了深入研究，他们主要从颠覆性创新与其他创新间的区别入手，强调颠覆性创新的实施不是单纯的低技术、低端市场的创新，最大的障碍可能还是企业在资金或发起理念、善变能力等方面的能力。吉尔伯特和鲍威尔（Clark Gilbert & Joseph L. Bower，2002）指出，当市场上出现颠覆性创新时，在位企业是将其视为机会还是威胁极为关键。麦克劳林等（McLaughlin，P. et al.，2005）指出，促进渐进性创新和激进性创新的组织文化差异。但奥兹古尔等（Ozgur D. et al.，2014）也指出，与破坏性的改变有关的复杂产品系统（COPS）的实现机理。这种复杂产品是一组不同的特性，相对于那些传统上观察到的商品，要在生产行业进行一个破坏性的复杂产品系统创新。他们的研究结果表明，破坏性的复杂产品系统创新，其一，不在低端市场的培育；其二，初步满足主流市场的性能需求；其三，具有比现任技术较高的单位价格。

国内方面，方文静（2011）认为，长期以来，理论界认为同随和模仿等维持性创新战略是中小企业的首选。然而，随着信息社会的到来，技术更新速度的日益加快，专利保护制度的不断加强，给上述战略的实施带来巨大困难，出现反复模仿、持续落后的现象。中国市场的性质、规模、避免本土企业成为全球破坏者等因素是促使跨国企业在中国市场开展颠覆性创新的主要动因，而开展颠覆性创新，具备颠覆性创新能力是必要条件。吴贵生和谢伟指出颠覆性创新是一把“双刃剑”，对实施企业来说可造成好的结果，也存在失败，关键取决于组织应变与响应的能力。康长杰和陈劲则认为，颠覆性创新既可以被主流公司采用，也可为新企业所把握，颠覆性创新使企业取得突破后，后阶段可转入渐进性创新或持续性创新。陈涛、邵云飞、唐小我（2013）则指出发达国家的跨国公司在中国低端市场取得的实效，如果从颠覆性创新的视角，这表明部分跨国企业已经在中国市场上开展颠覆性创新。宋铁波、沈征宇（2014）则构建出一个战略反应的解释模型，解释主流企业面对颠覆性创新的反应过程，并指出颠覆性创新已成为创新领域中一个十分重要的方向。

与其他创新模式不同，企业具有颠覆性创新能力是有条件的。库珀（Cooper，1980）、迈迪奎和兹格（Maidique & Zirger，1984）、布罗克斯拉（Broekstra，2002）、海耶斯和伊马蒂（Hayes & Ematy，1980）、夸库和阿图赫内（Kwaku & Atuahene，1996）等学者指出企业实施颠覆性创新存在市场营销的障碍。布特斯和斯塔科尔（Butns & Stalker，1963）、博诺拉和里旺（Bonora & Revang，1993）、杜达斯和罗帕（Hewitt - Dundas & Roper，2000）则指出颠覆性创新需要宽松的组织环境、柔性的组织结构。而韦舒恩（Weisshuhn，1998）、克勃格、迪蒂内和赫帕德（Koberg，Detienne & Heppard，2003）、汤蒙德（Pete Thomond，2003）以及陈劲和张洪石（2005）等指出知识学习模式对颠覆性创新的影响。综上所述，如以纳尔特 - 凡德霍什（Nault - Vandehosch）的理论模型进一步解释颠覆性创新的实施条件：纳尔特 - 凡德霍什（2000）建立企业具有颠覆性创新能力的模型假定既有产品的利润为 $\pi_i(t)$，扩张期的利润为 $\varepsilon_j^i(t)$，颠覆性创新利润为 $\delta_j^i(t)$，$i = \{L, E\}$，L 为主流主导企业，E 为新进入企业，$j = \{1, 2, 3\}$，1，2，3 分别表示主流企业、新进入企业、从众企业，并设 T 为时间函数，K 为能力函数，Nault - Vandehosch 模型分析框架见表 2 - 1。

表 2 - 1　　模型分析框架

		市场	
		无	有
	无	主流企业先占	主流企业先占
能力优势	有	主流企业先占，若新进者有能力有优势，进入也是可能的	先进者先占，若新进者具有进行破坏性的能力优势

资料来源：作者整理。

$K_E^i(t) < K_E^i(t)$，且 $K_E^l(t) < K_E^l(t)$，i，$l \in |I, E|$，且 $i \neq l$。

主流企业扩大生产量则为：

$$L_E^I(T) = \int_D^T \pi_1(t)e^{-rt}dt + \int_T^{\bar{T}} \varepsilon_1^i(t)e^{-rt}dt - K_\varepsilon(T)$$

新进入企业生产量则为：$F_E^I(T) = \int_D^T \pi_2(t)e^{-rt}dt + \int_T^{\bar{T}} \varepsilon_2^i(t)e^{-rt}dt$。

在扩展期，T_E^I 定义为：

$$L_E^I(T_E^I) = F_E^I(T_E^I) \Rightarrow \int_{T_\pi^t}^T [\varepsilon_1^i(t) - \varepsilon_2^i(t)]e^{-rt}dt - K_E(T_E^I) = 0$$

在破坏期，T_E^I 定义为：

$$L_E^I(T_E^I) = F_E^I(T_E^I) \Rightarrow \int_{T_\pi^t}^T [\delta_1^i(t) - \delta_2^i(t)]e^{-rt}dt - K_E(T_E^I) = 0$$

追随者（新进入企业）具有破坏性的能力→当且仅当$\begin{cases} T_\delta^E < T_\delta^l, & T_\xi^l \\ T_\xi^l < T_\xi^E \end{cases}$。主流企业也具有破坏性能力（不代表具有破坏性欲望）的条件：当且仅当 $T_\delta^l < T_\delta^E$，T_ξ^l，T_ξ^E。

基于上述企业开展颠覆性创新的障碍研究成果，本书认为，颠覆性创新的实施具有一定的困难，一般企业难以适应这种创新带来的挑战，特别是在位的主流市场的企业，以它们的心态与利益机制，更难以推动这种创新模式，反而是中小企业由于生存的压力更大，易于用另起炉灶的模式来推动这种创新，并最终取得成功。

3. 相关辩论

虽然颠覆性创新理论已被广为接受和认可，从克里斯滕森首先正式提出颠覆性创新开始算起，至今也不过二十多年，因此该理论还存在着十分激烈的争论。其中，丹尼尔斯（Danneels，2004）就颠覆性创新具体是什么，界定标准以及它的性质与特征等均质疑。科汉（Cohan，2000）、麦肯雅克、道尼尔、哈格德（McKendrick，Doner & Haggang，2000）等学者均指出克里斯滕森只是列举了许多成功的案例，过于乐观，而实际情况则是十分残酷的，许多企业并没有取得颠覆性创新的成功。而在此基础上，巴尼（Barney，1997）甚至将颠覆性创新的成功归结于“运气”两个字，建议至少将“运气”作为一个十分重要的变量进行考量才行。而金和塔奇（King & Tucci，1999，2002）认为在位者更有可能进入新市场，尽管和拥有较少收益的新进者相比时间上会晚一些。丹尼尔斯（2004）因此断定，许多在位者而非全部在位者面对颠覆性技术会失败。其原因在于克里斯滕森或许夸大了在位者的创新惰性：克莱珀和西蒙斯（Klepper & Simous, 2000）、钱迪与特利斯（Chandy & Tellis，2000）也同样发现“在位者曲线”被夸大了，他们大范围研究了过去150年间办公用品和耐用消费品的产品颠覆性创新，发现第二次世界大战后，在他们研究的这两个产业中在位者实际上主导了75%的颠覆性技术。

在位者设立一个独立的分支机构投资于颠覆性技术是克里斯滕森最主要的建议之一。但科汉（2000）通过研究两个并没有设立分支机构却成功的在位者的案例，提出创建分支机构有利有弊，从而质疑了克里斯滕森的上述观点。古拉提和盖里纳（Gulati & Garinn，2002）通过实证分析总结了建立分支机构的缺点。伊恩斯蒂、麦克法兰和韦斯特曼（Iansiti，McFadan & Westerman，2002）发现，比起设立分支机构的零售商，将网上销售与现存的商业模式进行整合的零售商在创造收益方面的效率更高。麦克德莫特和康纳（McDermott & Connor，2002）研究表明，单独设立分支机构或许能使工程项目避免受到来自主流产品的生产力冲击，但同时也切断了该项目“学习、能力和资源”的一个非常重要的来源。

克里斯滕森的颠覆性创新理论对于颠覆性技术的界定确实存在模糊的边界，因此，后来的学者对这个重要问题进行了各种角度的补充研究，综合起来分为两大类，其一，从企业进行创新的资源和能力方面进行定义，如塔什曼和安德森（Tushman & Anderson，1986）指出颠覆性技术应为已有技术，它使主流企业的技术投资贬值，因而形成破坏。丹尼尔斯（2004）对颠覆性技术进行较为完善的定义，指出颠覆性技术可以是将新的特定技术根植于新产品中，最初是较低端的技术，能具有在新市场中较高的性能的产品，其性价比通常比较高，随着颠覆性的推进，这种技术可能接近甚至超过主流技术的水平。其二，用量的方式确立了颠覆性技术的边界点。诺特和范登布希（Nanlt & Vandenbosch，2000），以及阿德纳和泽穆斯基（Adner & Zensky，2005）采用计量的方法，构建模型从简单、低价、可靠、便捷等几方面进行量化，但他认为这些只是颠覆性创新的充分条件，并非必要条件。

而对颠覆性技术的事前预测方面，克里斯滕森（2000）基于产业技术的破坏与反破坏史的研究，可以为需要的产业技术提供性能演变轨迹，并可以用图表方法预测颠覆性技术的发展趋势。然而事后预测涉及预测市场到底需要哪方面性能以及技术将能提供什么水平的性能，而用哪种方法去预测总的来说并不很明确。一个简单的方法或许是：推测历史上某些性能发展的趋势。可对于新技术或新市场，几乎不存在历史数据，未来演进方向也不明确，该方法似乎行不通。目前的研究发现有两种方法能够支持颠覆性技术的预测，第一种方法是技术预见，多林和帕瑞尔（Doering & Parayre，2000）给出一个技术评估程序——反复进行收集、检测、评估和提交，这个程序利于评估科学工程发明的未来商业价值，罗和怀特（Rowe & Wright，1999）提出的 Delphi 技术给出了获取整合技术和市场轨迹专业性估计的途径。第二种方法是技术路线图，近年来技术路线图在理论和实践上不断取得进步，但是都是从维持技术的角度出发，华尔士（Walsh，2004）应用了颠覆性技术对传统的技术路线图工具进行了修正，构建了颠覆性技术路线图商业化模型，预测微米和纳米技术发展的趋势。

对在位者仍能成功的解释的理论修正。克里斯滕森用 RPV（resonrce-process-value）框架解释在位者失败，那么解释在位者的成功同样行得通（在一定条件约束下）。例如，一个较优的资源分配机制可以成就在位者，但这仅仅是定性分析，进一步的研究需要跟踪一段时期内资源在维持性技术和颠覆性技术间的分配，并能详细阐述决策过程，更重要的是，研究目的是能提供数据使 RPV 框架定量化，能够将成功的和失败的在位者的 RPV 进行对比。这是学术界普遍希望得到的结果，也是未来很具前景的研究方向。

在位者的既有资源是把“双刃剑”。通常认为先前的经验以及据此形成的惯例和能力会削弱公司应对技术变革的能力，但金和塔奇（2002）认为，经验（由在位者原先技术领域所积累的）并不导致创新惰性。在他们早期对硬盘驱动产业历史的研究中，发现那些生产和销售经验丰富的公司更可能进入新市场，且淘汰率较低。关于原有资源在解释新进者和在位者是否能进入新市场以及如何进入的作用时，赫尔法特和利伯曼（Helfat & Lieberman，2002）建议通过对公司的资源库和新市场所要求的资源进行比较，可以得出公司必须克服的“资源鸿沟”，并指出一个易被忽略的事实：成功的公司通常是将新一代产品所需要的资源和能力转移到另一个产业进行多元化生产，并提出几种填充“资源鸿沟”的方法，通过联盟、参股、并购、授权。罗瑟曼尔（Rothaerrnel，2001）指出，通过联盟合理配置资源是在位者仍能保住其地位：通过与小的生物医药公司结成战略合作，在位者成功地提升了用生物技术生产新药的能力。作为交换，在位者提供诸如销售资源、分销网络、广告促销技巧以及标识使用权。

在位者反破坏的选择只能是建立分支机构。克里斯滕森比较倾向于在位者建立分支机构以投资颠覆性技术。在硬盘驱动产业的整个历史中，只有三个在位者经营破坏技术而取得商业上的成功，克里斯滕森将其归功于他们建立了分支机构。克里斯滕森（1999）坚持认为，让一个独立的组织承担公司内部的革新工作（skunkwork）进行项目研发是在位者的必然选择。这个革新工作经常被误用，如仅仅因为一项技术是全新的持续性技术，就分离出一组工程师来开发它。事实上，只有当新技术的边际利润比主营业务低，并且必须满足一些新的顾客特殊需求时，才有必要建立分支机构推进颠覆性创新。克里斯滕森（2000）对其建立分支机构的条件作了进一步的明确，当一项颠覆性技术为了具备竞争性要求有一个不同的成本预算时，或当目前的机遇大小与母公司的增长力需求并无明显相关性时，这时设立分支机构才是解决问题的必然要求。克里斯滕森已经在试图对设立分支机构附加条件，以约束其应用环境。尽管许多学者在理解相关内容时并没有注意到这部分论证，但我们仍可欣慰地看到有很多富有建设性的或支持或反对的争论，对该论题更加深刻的理解和创建正在出现。伊恩斯蒂、麦克法兰和韦斯特曼（Iansiti，McFarlan & Westerman，2003）提出，当新业务与主流业务之间的资源呈现很明显的互补性时，则整合一体化的方法就是明智的。

从1995年颠覆性技术（创新）理论首次提出之后，在短短的二十年之内，已经发展成为非常有影响力的理论分析框架，其影响力已经由管理学逐步向经济学延伸，《兰德经济学杂志》（*Rand Journal of Economics*）2005年首次发表了包含基于颠覆性创新的计量经济学模型的研究论文，由于得到经济学的支持，这支源于管理学的理论正处于快速完善的进程之中。

（三）颠覆性创新价值网理论

1. 原价值网的跃变与新价值网形成的实质

已有理论表明：企业模块化包括组织结构模块化、产品模块化和价值模块化。组织结构模块化就是将一个企业组织解构成若干个小的模块化单位，并使这些模块化单位之间实现关系契约化。产品模块化就是把复杂的产品系统拆分成多个模块，使这些模块之间能够在标准结构中，通过标准化接口实现即插即用。价值模块化就是将产品价值链上的业务能力要素，如产品的开发、设计、制造、配送、市场网络管理等独立出来，形成具有自组织特性和核心竞争力的价值模块过程。为了不断提高企业的运营效率，资源优化配置，增强核心竞争能力，企业通过对传统的集合型价值链进行解构、整合与重建，形成了具有符合界面标准、可重复利用的新的兼容价值模块，再将这些价值模块按照新的标准和规则在新的界面上重新进行整合，形成新的颠覆性创新的模块化价值链。具有不同模块价值链的企业，通过相互间的合作把各自的价值链连接起来，转化为企业间的价值星系，进而演变成为颠覆性创新价值网。从颠覆性创新价值网基本形态来看，它强调动态的跃变，这主要与克里斯滕森强调颠覆性创新的技术路线踪迹有关，它包含了企业外部价值网络和企业内部价值网络的变更。企业外部价值网络变更，是企业利益相关者之间相互影响而形成的价值重新生成、转移、分配和使用的关系及其结构，不同的企业价值链和价值模块相互交织组成新的价值系统，进而跃变为企业新的外部价值网络。企业内部价值网络的跃变，就是以某一个或某一些核心能力要素为中心，由企业内部不同的价值模块和价值链重新组合而成的新的网络系统。不难看出，颠覆性创新价值网涵盖了企业内外众多接口或价值节点的更变过程，是一个纷繁复杂而且十分庞大的跃变网络系统，并处于不断演化的动态过程。不难看出，与自然界的生态系统相类似，颠覆性创新价值网络是在一定区域范围内，创新和产业体系内种群之间相互作用或产业行业间相互融通以及之间相互影响所形成的有机整体。价值网中种群主要由各类企业、中介、科研机构的专业服务机构等组织构成，而颠覆性创新环境则主要由经济、技术、文化等要素构成。各种颠覆性创新价值网络中种群与其环境互相依存和促进，形成一种良性的生态循环系统，贯穿于颠覆性创新的整个动态过程之中。

2. 颠覆性创新价值网的构成要素与系统结构

价值网内部的模块生产企业可以分为专用模块生产商和通用模块生产商。专用模块是溢价模块，构成模块化产品中灵活可变的特色溢价；专用模块是满足个性化需求、体现新产品特性的模块。通用模块是基价模块，构成模块化产品中标准化的、相对固定的基础价格。通用模块是通过多次验证可通用的基本模块。随着产品界面标准和功能的变化，专用模块和通用模块可以相互转化，共同推进产品的创新。随着产品分工的深化和相对稳定，价值网的生产系统逐渐分化为实施颠覆性创新的核心企业、模块系统集成商、专用模块生产商和通用模块生产商四大类。实施颠覆性创新的核心企业负责确定模块化产品的系统信息，包括设计界面标准和规则；专用模块生产商在遵循规则设计商确定的界面标准和设计规则的前提下，自行设计某一隐藏个别信息的具体模块，以体现产品特性；通用模块生产商负责提供标准化的元器件、零部件等多层次的子模块；模块系统集成商根据消费者的需求，组合不同的专用模块和通用模块，生产符合顾客价值的产品。在购买者主导的价值网中，系统集成商可能与实施颠覆性创新的核心企业为不同企业；在生产者主导的价值网中，系统集成商可能与实施颠覆性创新的核心企业为同一企业。

价值网的外围网络由顾客群、经销商、供应商、互补商和替代商等要素构成。这些构成要素在外围网络中形成了水平和垂直两种联系。水平联系是指信息、知识、价值在水平方向上的传递及扩散，表现为互补商、替代商之间的“竞合”关系。竞争关系表现为企业之间在共同的劳动力、原材料以及产品市场上的竞争；合作关系表现为互补合作、同创市场、共同攻关、共享经销网络等。垂直联系是指供应商和顾客群在产业链上的互动关系。在垂直产业链的上端表现为供应商和生产商的联系。供应商除了要努力降低零部件和原材料的成本外，也要积极参与到生产商的从产品设计到制造的全过程中；生产商还可以通过增加订单来提高供应商从事工艺创新和产品创新的积极性。在垂直联系的产业链末端表现为生产商与经销商、顾客群之间的联系。生产商通过与经销商、顾客群的互动交流，可以及时了解市场需求变化，获取产品创新信息。

另外，科研教育机构、金融保险、物流、中介以及政府机构等各类生产性服务机构是价值网的辅助性组织，构成价值网发展的外部环境。科研教育机构能够不断为网络提供新的知识、技术以及对企业人员进行教育培训，促进价值网络内部企业的繁衍和发展；金融保险机构为网络内部企业提供创新基金、风险投资、财产人身保险和其他金融支持，尤其是风险投资对于高新技术产业的发展非常关键；中介机构能够有效协调和规范外包市场行为，促进外包交易以及协调外包业务运作，引导资源合理配置，降低外包纠纷和风险。而政府机构主要是为价值网信息交流、知识流动和技术创新营造一个良好的软硬件环境，提供一种促成企业合作共赢的机制。

基于以上分析，模块化价值网的系统结构，包含了实施颠覆性创新的核心企业、模块系统集成商、通用模块生产商、专用模块生产商、替代商、互补商、经销代理商和顾客群，以及科研教育、金融保险、物流、中介、政府机构等各类生产性服务机构彼此结成的价值网络。此网络是基于信息门户、WEB 界面以及管理应用软件支持，有效地运用新一代使能技术，通过松散耦合链接方式实现信息无障碍沟通，进而搭建基于 WEB 界面的信息、价值和知识共享的虚拟性网络组织，其具有自组织、自反应、开放性、高协同、无边界等网络系统特征，并能够获得和保持快速性合作、敏捷性响应和协同性增值的网络核心能力。

第二节 知识溢出、颠覆性创新与竞争力

一、“耦合”的界定

“耦合”是电子信息领域中关于电子线路关系的用语，指两个或两个以上的电子元器件或电路网的输入与输出之间相互影响的紧密关系，即一方对另一方的依赖与相互作用。在这里，我们借用工程机械的一个专门术语，来阐述经济学上的一组关系。耦合机理（coupling mechanism），是指两个或三个模块之间直接关系，它们之间的联系完全是通过一种机理的控制和调用来实现的。这一概念的引用主要针对本书所研究的两个对象而生成的。宏观层面的知识溢出与颠覆性创新，以及微观层面的知识吸收与颠覆性创新之间有着怎样的相互作用，这便是我们要探求的。当然除了这两者之间

的关系，肯定还有诸多的其他影响因素，但这里，我们从众多的理论和研究成果中进行梳理，摸排出最直接和最主要的影响模块，而探讨这两个模块间的互动、互联、互促的关系便是本书所阐述的耦合机理。

当然，可以说，学术界目前对耦合机理这一概念并没有统一的描述，首先因为这一术语是在工程、电子信息方面专用术语，而在经济学领域借用的学者并不多见。从知识溢出与颠覆性创新的角度来看，一方面，加快知识吸收，加强知识转化与创造能力，降低创新成本，并以此促进颠覆性创新战略的实施；另一方面，通过实施颠覆性创新战略，从技术和商业模式两个维度进行颠覆性创新，从而有益于知识的共享、流转与转化，从而促进知识溢出效应的提升。因此，本书界定耦合机理就是指所研究的知识溢出与颠覆性创新以及微观层面的知识吸收与颠覆性创新之间因某种规律而联结、互动的机理，这种联结和互动会极大地促进研究对象的产出能力，这种正向的高质量的关联，称为双元耦合机理。

二、知识溢出、颠覆性创新与竞争力

（一）知识溢出、知识吸收与颠覆性创新

彭向、蒋传海（2011）指出现区域内知识溢出包括产业内知识溢出（MAR外部性）与和产业间知识溢出（Jacobs外部性）对我国地区产业创新的影响均显著为正，但影响程度不同。夸克和沈（Kwark & Shyn，2006）分析了21个工业化国家和82个发展中国家1970~1995年的数据，通过国际贸易、开放与人力资本的作用，检验了国际知识溢出效应。结果显示，从工业化国家到工业化国家与发展中国家的知识溢出效应是很大的。根据他们的计算，1995年，美国研发活动对21个工业化国家和82个发展中国家溢出的总收益，分别达1580亿美元和580亿美元，这大大增强了这些国家和地区的产业国际竞争力。除了与贸易伙伴的研发水平有关的直接知识溢出，国家和地区间还会出现与贸易有关的间接知识溢出，即一国不仅可以从其贸易国的知识存量中获益，而且也有从与其贸易国贸易的第三国的知识中获益，即使它与第三国之间没有贸易，考伊和霍尔普曼（Coe & Helpman，1995）就支持此种观点。

既然存在知识溢出，相应地也就有知识吸收。20 世纪 60 年代初，德鲁克（Drucker）首先提出了知识吸收的概念。80 年代以后，知识吸收理论得到了理论界与产业界的关注和重视。美国生产力和质量中心将知识吸收定义为：是组织采取的一种有意识的战略，保证能够在最需要的时间将最需要的知识传送给最需要的人，通过付诸实践，最终达到提高组织业绩的目的。野中郁次郎依据显性知识与隐性知识的相互转化机制把知识转化分为四种模式并提出了知识转化模型，进而提供了知识吸收的途径。由此，知识吸收即是对知识进行管理、消化与转化的过程，而这一过程中伴随着网络组织结构与管理。基于文献概括，本书就主要的网络组织管理与知识吸收的相关理论做出归纳，如表 2 -2 所示。

表 2 -2　　网络组织管理与知识吸收的相关理论

作者	年份	观点描述
野中和绀野（Nonaka & Konno）	1998	组织是一个能够持续、动态地创造并利用知识的实体，或为一个多种“巴”（Ba：知识创新平台，或类似于实践团队）的集合，基于超文本组织（hypertext organization）实现的知识创新过程（SECI），即组织的知识从社会化（socialization）向外在化（externalization）、组合化（combination）和内在化（intemalization）转换，并形成知识资产
帕夫洛夫斯基等（Pawlowsky et al.）	2001	支持实践性学习的知识创新工具包括：知识鉴别工具如市场急智（QM1）、伽马（Gamma）软件、知识地图或电了黄页；知识创新工具为 SECI 模型。开放空间技术和基于团队运用的“解决问题”会议；知识传播工具主要有支持查询的 Grape-VINE 系统和“学习经历”文件；知识整合工具主要包括知识库和对话会议；行动的学习合约、检索战略会议，学习试验室等
斯蒂法诺和弗朗斯科（Stefano & Francesco11）	2001	影响知识网络内知识活动的因素辨识；知识的性质（显性知识还是隐性知识）；企业的吸收能力（企业对从知识网络中获取的知识利用依赖于其吸收能力，吸收能力越强，知识的转移速度越快，则成本越低）；组织文化的差异；社会环境因素等
赫伯特和霍姆奎维斯特（Hedberg & Holmqvist）	2001	虚拟组织中的学习被概括为 SECI 模式，借助于信息技术网络并创建共同目标和远景规划，以及强调多个领域、持续创新、信任网络三个决定因素的形成，由此实现虚拟组织的知识创新、学习与共享能力

续表

作者	年份	观点描述
希尔顿 (Hylton)	2002	提出 HyA·K·审计方法，能够识别知识的创新性及其价值的度量，应用程序主要包括知识调查、知识资产清单、知识地图的制定和实施
梅林斯等 (Merlins et al.)	2003	给出基于核心流程的知识管理定义；组织的核心活动至少包括产生知识、存储知识、传递知识和应用知识，以及通过围绕增加价值的业务流程来提高组织绩效
CEN workshop	2004	欧洲标准化委员会（CEN）提出了知识管理过程包括5个核心知识活动，即识别知识、创造知识、存储知识、共享知识、利用知识
迪扎和马克吉 (Diza & McGee)	2005	提出开放式的知识管理模型，该模型实际是一个基于学习内容管理系统、组织文化和学习中分布的价值目标的整合分析框架
达基尔 (Dalkir)	2005	将知识管理循环概括为采集、制作、编纂、交流、访问、应用及使用知识的组织过程，实践共同体（CoP）是以知识网络为手段的可视化和分析知识流动过程中的知识共享活动，知识应用包括知识分类标准、知识定位、工作支持和内容管理系统
董小英等	2006	IT应用使企业与供应商、客户和其他中介合作伙伴形成一个高效运作的价值网络，利益相关人在此网络通过信息系统实现有效的知识转移和共享，使跨越组织边界的学习变得有效
王能民等	2006	企业网络是一种利用知识共享的企业间通道，是一种跨企业界面，突破组织边界的知识管理组织形态
埃波勒和布克哈德 (Eppler & Burkhard)	2007	提出协同知识管理概念，是基于视觉表征的知识管理机制或模式，核心在于构建协同知识工作网络和协同可视化的知识集成团队
骆晶亮、殷华祥	2007	知识获取、知识选择、知识形成、知识内化及知识外化五个基本活动和领导、协调、控制、测评四个辅助活动构成模块化组织知识创新的核心要素，通过构建知识集成平台实现系统的知识创新
余东华、芮明杰	2007	提出模块化组织中知识流动的“四阶段模型”，即知识的创造与发掘、知识的转移与扩散、知识的共享与管理、知识的整合与吸收
侯吉刚等	2008	企业参与到较高密度的企业网络有利于企业的知识管理

续表

作者	年份	观点描述
杨玉兵、胡汉辉	2008	网络结构对知识转移的作用是通过影响知识源和接受者的意愿、编码与吸收能力来实现；强关系能使对方愿意花时间和精力来进行知识转移活动
孙水凤等	2008	频繁的组织间交往提供了企业接引其他企业知识（特别是隐性和复杂性知识）的机会，促进了组织间活动，使组织间学习可以在相互反馈和帮助下进行；组织间的信任则提供了组织间相互学习的动机，企业间的共享观念则提高了组织间学习的效率，使得学习企业可以更有效地识别和理解本企业有价值的知识
焦俊、李垣	2008	联盟网络是组织学习和知识获得的有效途径；网络结构、企业在网络中的地位、企业间的关系属性以及吸收能力是影响知识获得的关键因素
张倩、齐兰	2008	战略联盟的动态发展和伙伴企业的活动学习被视为系列适应性学习和必要的活动调整，成功的战略联盟需经历学习—评价—调整—再学习的循环，每一次循环都能促进下一次循环，从而带来知识的积累和战略联盟的进一步发展

资料来源：作者整理。

基于以上文献归纳分析，可以看出，知识吸收是通过知识管理，在于为实现组织间的信息共享、知识共享和价值增值的网络一体化整合与动态交互集成提供内在逻辑分析和应用工具。在网络组织及联盟的实践网络构建中，知识管理实际也就是关于学习、知识与价值关联的最佳实践设计，其管理学构成包括了探索性学习、知识集成与创新、价值转化与协同增值的共享机制，核心在于实现网络组织的学习、知识与价值的循环整合和全面共享。由此，知识溢出、知识吸收的确存在于现实的经济生活中，而对于行业和企业来说，上述概念与颠覆性创新存在怎样的内生关系？一些学者展开了某些方面的研究，如：吴晓波（2001）、曾珠（2010）等学者通过研究认为，知识对于国家、行业、企业进行创新十分关键，特别在一些资源相对匮乏的国家，如日本、以色列、韩国等不可能靠资源取胜，而是要靠知识，加大创新的力度，最终在知识经济时代提升国家竞争力。穆勒（Muller，1988）也指出产品的生产、技术改进以及技术储备和组织能力均构成企业创新能力的基础，而这些能力均是以知识作为基础进行的。芮明杰（2005）指出，公司获得竞争优势所依赖的公司核心能力根源于公司的创新活动。侯先荣、吴奕湖（2009）认为企业创新能力是企业支持颠覆性创新战略实现的系统整体功能，包括创新投入、管理、企业家意愿、研究设计能力、生产能力和营销能力等方面，从而成功实施颠覆性创新，抢占主流市场。赵明剑和司春林（2004）指出颠覆性创新理论对于中国产业实施跨越十分重要。张洪石和陈劲（2005）则从不同的组织结构探讨不同创新模式的实施。魏平和高建（2006）则从环境的角度，认为技术创新对环境有着十分重要的影响，而这里的环境则主要指知识溢出的背景，而孙启贵等（2006）则以知识溢出环境为分类标准对创新进行分类。斯科特等（Scott H. et al.，2013）指出私人资金对技术创新的投资是通过成功的市场渗透的预期驱动，这一决定投资风险较小，并指出颠覆性创新与一般创新是如此的不同，而鉴于此，公司的创新活动将直接促进公司颠覆性创新能力的形成、发展、维护和再发展，而这些创新活动是以知识的积累为前提的。

因此，颠覆性创新实施的一个重要前提就是拥有充足的知识，因此，企业必须积累知识，形成并有效地利用颠覆性创新能力。而这一结论恰恰与知识溢出的传导机理是一致的，即劳动力传导、竞争与示范效应、产业生产、主体间联系、空间联系，而知识溢出的这种传导机制正是颠覆性技术创新与商业模式创新的重要源泉。换句话说，在互联网时代，项目软孵化、多重职业、协同办公、众包、远程服务等新概念层出不穷。这意味着“知识的溢出”是很容易做到的事情，一个地区的高校数量也不再那么重要。硅谷之所以会形成，在某种程度上是因为在美国的其他地方也形成了分工明确的中心。比如，纽约是金融中心，波士顿是生物产业中心，得克萨斯州以能源和石化工业著称，洛杉矶地区有以好莱坞为代表的文化娱乐产业中心。先分工，再集聚，是这些地区成功的秘诀。所以，粤港澳地区在形成产业集聚的同时，在其他地区也必须形成产业集聚。毕竟，有分工才有重点，有分工才有协作。

（二）颠覆性创新对知识溢出的影响

显然，当现有主导技术日益成熟，却无法满足驱动需求时，现有主导技术却能够满足顾客对产品的要求，但新的技术驱动力不断加强，消费者的产品需求发生了迁移。环境变化产生出新的需求动力，对于商业模式的颠覆性创新也是十分重要的，因此，企业实施颠覆性创新的前提必须是进行创新，根据克里斯滕森对颠覆性创新的定义，这种创新必须是低成本的，是可以首先为低端和潜在用户接受的。而这种低成本的创新对于通过劳动力、竞争与示范效应、产品生产、主体间联系、空间联系这五种知识溢出的途径而较为容易的进行传播，而恰恰是这种技术替代模式与颠覆性创新模式的结合，使得知识溢出效应的扩大成为可能。另外，颠覆性创新的商业模式层面的形成机理强调，企业可以通过创造新的价值网络和拆分或重置企业价值链，降低成本进行商业模式创新，而这种价值网络的创造以及降低成本的生产过程，对于知识溢出也是十分有利的。知识溢出效应能有效地降低颠覆性创新的成本，而颠覆性创新的特征对知识在生产网络和知识网络中的流动也十分有利。因此，本书的理论分析认为知识溢出与颠覆性创新有着互动耦合的内生关系。

（三）颠覆性创新与竞争力

1. 竞争力分析范式

不同于知识溢出与颠覆性创新理论，关于产业竞争力分析范式研究成果相对比较多，而较为著名的为迈克尔·波特的“钻石模型”分析范式。该分析范式将需求条件、生产要素、企业实施的战略、结构和竞争对手以及相关和支持性产业作为产业竞争力的关键因素，重要的调节变量为政府和机遇。这四大关键要素和两个辅助要素共同构建了产业竞争力支撑体系，创造了企业竞争的一个非常重要的竞争环境。波特之后，陆续有许多学者对“钻石模型”这一产业竞争力分析范式质疑并进行补充。如：一方面，以库斯（Kurth，1990）为代表的学者们指出波特将生产要素质量高低的影响贡献大于要素成本高低贡献的观点在现实实证中有许多不符之处，特别在广大的发展中国家要素成本往往比要素的质量对竞争力更为有作用。另一方面，以邓宁（J. Dunning，1993）为代表的学者们则指出波特的“钻石模型”在解释全球化的影响方面存在重大缺陷。有鉴于此，许多学者或补充相关要素，或改变要素之间的结构，对“钻石模型”进行了相应的调整，比较有代表性的如下：

邓宁（1993）将跨国公司的活动作为第三个辅助变量融入波特的“钻

石模型”中，这种添加使这一模型对于市场全球化的影响的解释力大大增强。鲁格曼和威比克（Rugman & Verbeke，1993）则对一个国家或地区的海外直接投资（FDI）进行了研究，并将其融入波特的“钻石模型”，采用双钻石模型从对外的投资与贸易（OFDI）和海外直接投资两个方面一同解释现实问题，并以美、加两国为例进行实证，发现解释的力度更为有效。鲁格曼和克鲁兹（1993）则直接指出波特的“钻石模型”对于经济规模不大且实行自由开放贸易政策的国家的解释力度不强，问题较多。布克利、帕斯和普里斯考特（Buckly，Pass & Prescott，1988）在对英国的银行与保险业竞争力研究中，提出国家竞争力的3P架构：投入面的发展潜力（potential），管理面的组织、规划与控制过程（process），以及最终所展现的国际竞争力或绩效（performance）。赵东成（Dong-Sung Cho，1994）则在波特的“钻石模型”基础上，构建了九因素模型，并将九个因素分为三类：其一，国内需求、资源禀赋、商业环境和相关和支持产业等因素为决定竞争力的物理方面的因素；其二，劳动力、政府政客、企业家与技术人员等为决定竞争力的人工因素；其三，机遇为第九因素，运用此模型较好地解释了韩国的实际情况。考特勒、加图斯里皮塔克和马希斯（Kotler，Jatusripitak & Maesincee，1998）认为全球力量与趋势的变化，为国家带来明确的机会与威胁，每个国家掌握机会与面对威胁的能力与该国所“蕴藏的能量”有关。这些要素包括社会的（如文化、态度、价值、社会凝聚力）、经济的（如要素禀赋、产业组织）、政治的（如领导能力）。

国内方面，金碚（1996，1997）等认为波特的“钻石模型”确实能解释一些客观事实，但并不完善。对于不同的国家或地区，以及这些国家或地区处于不同的发展阶段，竞争力的分析范式是动态变换和可调整的。对于产业竞争力的研究，我国尚处于起步阶段，可借鉴的研究成果不多，切入点也很难寻找。因此，他们提出以我国工业为切入点，根据我国工业发展的实际情况，对波特的“钻石模型”进行研究，并建议构建更为符合我国国情的产业竞争力分析范式。

此后，国内一些学者也进行了许多尝试，其中，较为具有代表性的学者如芮明杰教授（2004）通过大量的实证研究，认为应在波特的“钻石模型”中添加一个由知识吸收与创新实施的核，他同时指出，正是因为加了这个“核”，才能使企业真正产生出持续的竞争力。因为，企业在更大的程度上参与国际产业链的分工，融入了国际生产的大系统中，并在产业链条中谋得一个位置，只有先培养好企业对于知识的吸收能力，进而充分实施创新驱动，才有可能在全球化进程中，保持自己的长期的竞争力，如图2－5所示。

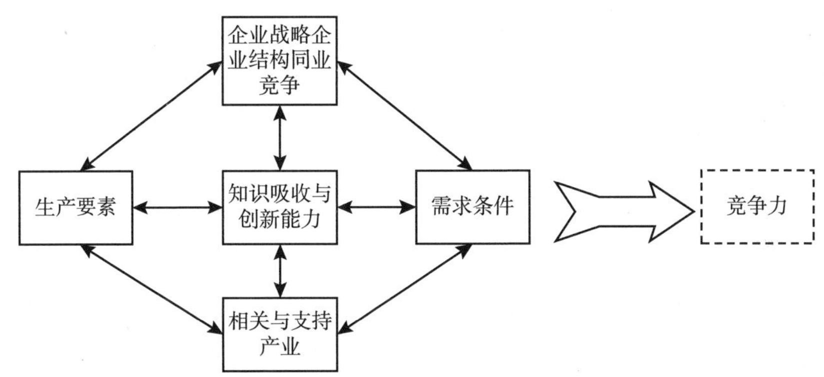

图2－5　以知识吸收和创新能力为核心的钻石模型

资料来源：芮明杰：《产业竞争力的“新钻石模型”》，载于《社会科学》2006年第4期，第68～73页。

图2－5表明，中国各区域产业国际竞争力的提升，应以增强企业的对于知识的吸收能力，并充分实施创新，通过各种政策激励，提升生产要素的质量水平，在良好的环境中寻找机遇，以国内外需求为宗旨，加快机制体制和制度创新，从而提升产业国际竞争力。

以上研究成果表明，波特将企业层面的竞争优势理论运用到国家层面提出构建国家竞争优势的钻石模型，在战略管理研究和国际经济学之间搭建起桥梁。但是，产业国际竞争力研究中比较优势与竞争优势的长期争论也使该领域的理论创新停滞。后续的学者认为钻石模型忽略了“文化”这个重要的层面，且偏向单一国家的探讨，将其修正为双钻石（double diamond）模式或建立多钻石（multiple diamond）模式，以解释多国贸易共生的关系。之后，部分学者认为，钻石模式欠缺演绎上的假设性；仅针对十个国家作观察，质疑其外部效度；未能清楚建构政府层面、政府对企业的为正向或负向亦未解释；对开发中国家或地区的解释力不足，并质疑钻石模式并非站在产业与国家的立场讨论竞争优势。以芮明杰为杰出代表将知识吸收与创新放入了钻石模型的核心，至此，竞争力分析范式的研究呈现出了一个别样的天地。

2. 颠覆性创新与企业竞争力

克里斯滕森之后的许多学者将重点放在了颠覆性创新的特征、企业如何实施颠覆性创新的研究上，并由此产生了大量的成果，但真正研究颠覆性创新与产业竞争力关联的却显得十分惜有，如阿德纳与泽姆斯基对颠覆性创新与竞争力的关系进行探讨，认为企业定价、占领市场规模和激励创新等对实施颠覆性创新的影响，认为破坏造成竞争威胁依赖于技术进步率、采用颠覆性技术的企业数量、相对市场细分规模和企业制定差别化价格的能力等因素。拉姆多莱和赫斯塔特（Ramdorai A. & Herstatt C. , 2001）则指出简单的技术革新以及完善的产品使用功能是颠覆性创新所需之条件。丹尼尔斯（Erwin Danneels，2004）认为从纯技术角度来考量，颠覆性创新实质是企业改变所遵循的主流市场所倡导的那种衡量标准，而最终改变了竞争的技术条件。何梓林调研了新加坡和马来西亚的 206 家企业，把创新战略划分成探查型战略和开发型战略两类。探查型战略主要是进行各种可能的颠覆性技术创新的探查，开发型战略着眼于如何进行维持性创新从而加强已有产品的市场优势地位。何梓林等进一步指出颠覆性和维持性创新战略构成了技术创新二元性，两类创新积极交互作用就相对平衡，对企业竞争力会产生积极影响。

国内方面，吴贵生（1997）则从产品性能和不同的性能实现方式两方面对颠覆性创新进行界定，并指出竞争力破坏的创新与颠覆性创新是同一概念。蔡琼华等（2005）则从组织学习的角度对颠覆性创新能力的形成进行了深入研究。张建宇（2009）则指出主导企业的对于颠覆性创新的意识行为，将成为次位企业进行颠覆性创新的有力推手。黄海洋等（2011）在《颠覆性创新的扩散过程与中小企业的竞争策略》一书中研究了后发企业的新选择与飞跃式发展。基于颠覆性创新与维持性创新对后发企业的影响研究得出：采用颠覆性创新将带给后发企业更大的跨越式发展机会。王真在《战略逆转：颠覆性创新新浪潮下的企业抉择》一书中指出战略逆转是敦促企业重新考虑其战略定位的主要内涵，而颠覆性创新是战略逆转的原动力。每一个企业都将面临重大的战略抉择，而要想在八个战略空间中游刃有余并谋求优势地位，颠覆性创新战略的实施是企业的不二选择。张建宇在《颠覆性创新与在位企业执行困境的突破》一书中则从企业执行力这一角度，研究颠覆性创新与企业执行力之间的内在关系，这一研究是系统地从微观层面对企业实施颠覆性创新的条件、路径等进行较为细致的研究，并指出在企业运营管理过程中，应时刻识别实施颠覆性创新过程中企业执行力的变化，这显得十分关键。

总之，颠覆性创新能力是指企业从市场和技术两个维度，一方面，国内市场的规模以及结构是直接影响企业生产的规模和效益，更为重要的是它是影响产业发展的动力源泉。作业企业要细分市场结构，对于潜在市场和新兴市场要能识别和判断，即要善于满足老顾客的需求，更要能预期和吸引潜在的和新的顾客（Michael Porter，1990；芮明杰，2006）。另一方面，企业应从生产产品、生产工艺、原材料供应、市场识别与拓展、组织结构、制度和管理创新等方面不断地进行投入，并取得成效，对当前主流市场上的主导企业实施有效的破坏，从潜在市场和新兴市场入手渗透，最终抢占主流市场，提升企业的竞争优势。

3. 颠覆性创新与产业竞争力

乔塞瓦和米哈伊洛夫（Tsvetoslava Kyoseva & Vladimir Poulkov Mihail Mihaylov，2014）以对下一代电信网络发展的分析，指出创新是根本性的改变，并认为下一代电信网络的一个重要特征是新兴技术会导致根本性的变化，而这一颠覆性技术创新又会对现有的电信基础设施提出根本性的改变要求。针对中国的实际情况，研究颠覆性创新如何在后发地区的产业国际竞争力上有所作为。在中国企业如何借实施颠覆性创新提升地区产业国际竞争力方面，一些学者也有涉及。

向吉英、黄韦华（2011）指出本土产业发现并利用产业技术能力演化过程中出现的颠覆性创新机会，以低端破坏进入主流市场，颠覆行业竞争规则，取代原有技术成为新的行业标准，从而推动本土产业升级和技术跨越。

苏启林、胡军在《颠覆性创新——技术跨越与中国产业成长》一书中通过对汽车业、制药业、软件业及创意产业等中国（主要是广东省）重要产业的规范性分析，通过综合与梳理颠覆性创新理论的相关研究成果，利用颠覆性创新理论框架研究和解释产业成长，寻找中国的颠覆性机会，利用后发优势在竞争中跨越性发展，提高自主创新能力，推进产业升级。并指出长期主导的“以技术换市场”的战略思维一次又一次地影响中国产业创新，提出中国未来产业的颠覆性创新机会及成长路径。

田红云在其所著《颠覆性创新与我国制造业国际竞争优势的构建》一书中研究了颠覆性创新与产业国际竞争力的关系，并认为降低产品成本、产品差异化、提升产品质量等途径是企业有效实施颠覆性创新的路径。通过对我国细分三类行业的国际竞争力进行驱动特征性分析，并用案例的方式从企业微观层面探讨了企业实施颠覆性创新的路径选择。

三、“双耦合”效应

知识与创新有着内生互动关系的典型特征，知识溢出也和颠覆性创新有着类似的内生互动关系，知识溢出影响着颠覆性创新活动的能力与效率，反过来颠覆性创新活动的实施也会对知识溢出产生影响。作为后发国家的地区，借助国内外贸易中以及区域间、企业间存在的知识溢出提升本地区的产业颠覆性创新能力，从而提升区域产业国际竞争力显得十分重要。这种互动关系揭示了知识溢出、颠覆性创新与区域产业国际竞争力之间宏观双元耦合动力理念。

产业是同类企业的集合，企业是产业竞争的基本载体，只有建立在每个企业上的竞争力，进一步才能形成产业竞争力。而企业素质是企业竞争力的关键，而企业竞争力又是产业竞争力的基础和关键，因此，产业竞争力是由该产业组合的企业竞争力所决定的。某一产业内企业素质的高低在很大程度上决定着产业竞争的素质。企业的素质主要由企业技术、人才、规模、信息、管理、制度以及企业文化、企业道德等方面组成，但关键的素质则主要体现在技术、人才等方面，而金碚（2003）认为，企业的综合素质直接决定着企业的竞争力。

需要强调的是，面对竞争日益激烈且动荡的环境，从企业内部、企业外部等诸多因素研究企业国际竞争力的关键影响因素。考古特和赞德（Kogut & Zander，1992）、格兰特（Grant，1996）认为知识在企业生产绩效的作用显而易见，并形成了以知识为基础的企业能力理论。但知识是一个具有较强时间性的变量，具有比实物资产更快的更新淘汰速度，当颠覆性创新迫使原有知识提前贬值时，创造新知识的能力显得尤为重要，它为企业提供了持续发展的动态优势（Teece D. J.，1992）。我们所指的“知识”并不仅是技术知识，还包括工艺、营销、激励等相关知识以及它们的总和。尤其需要指出的是，知识创造能力不能简单地等同于研发能力，还包括对外部知识的判断、吸纳和转化能力，这些能力对后发企业而言可能更为重要。芮明杰（2006）等认为企业内的知识创造有效增加了企业知识积累，提升了整体技术能力，是长期竞争优势的最重要源泉。

在这里，我们可以这样来考虑：知识溢出通过国内外贸易、国内外投资等环节溢出，产业内传播扩散，而企业通过吸收知识能力的强化，降低了企业的技术创新成本，更有利于企业选择颠覆性创新的实施，这种战略的实施主要是先针对非主流市场、新兴市场和潜在市场进行的，通过生产还不太好的产品或不够完善的服务，或是比较低廉的产品来吸引这些市场的顾客，对于主流市场的主导企业来说，则会陷入困境，而主导企业又不具备进行颠覆性创新的条件，因而没有开展颠覆性创新的条件，反而次要企业更具既成优势而实施颠覆性创新，没有开展此种创新的包袱。这种博弈周而复始，并最终占领主流市场，改变整个产业竞争的格局，提升了该地区产业国际竞争力。此外，注重吸收通过劳动力、竞争与示范效应、产品生产、主体关联、空间联系等方式而产生的知识溢出效应，这种吸收无疑可以降低（特别是中小新兴企业的）颠覆性创新的技术创新成本。这种互动关系如图 2－6 所示，它揭示了知识溢出（知识吸收）、颠覆性创新与区域产业（企业）国际竞争力的宏微观双元耦合效应的理念。

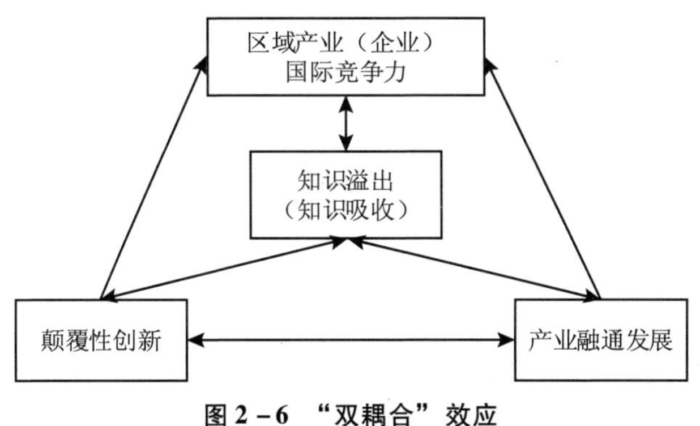

图 2－6 “双耦合”效应

除此而外，中小型企业较在位大型企业开展自主技术创新的能力较弱，对新产品的开发能力与其有差距，从技术这条路走不通，也可以以商业模式创新或管理创新的模式，实施非技术颠覆性创新。此种创新模式表现在中观或宏观，即高端现代服务业与制造业的融合发展，如扩大范围表述，则可表述为产业间融通发展，从而实现企业与行业的颠覆性创新。而颠覆性创新的实施，又加大和加快了现代服务业对制造业的“拉动”作用，促进产业间的融通发展，从而推进企业和产业的国际竞争力提升，这种机理反映也表现在图 2 – 6 中。

四、知识溢出、颠覆性创新与地区国际贸易福利

（一）模型构建的基本假设

以国际贸易利益分配为目标，通过分析国际贸易利益的分配机理，从而探索不同的创新战略，以维持性创新和颠覆性创新为基础的利益分配差异，从而达到对不同创新战略选择下的地区产业国际竞争力提升的机理。有鉴于此，创建新的贸易利益模型，模型假设可包括以下几方面：其一，假设存在两个区域，欠发达区域 A_1 和发达区域 A_2；其二，充分的自由贸易；其三，知识完全溢出和知识不溢出所产生的创新的成本是不同的，也即知识完全溢出时，区域创新的成本较低，而知识不溢出时，区域创新的成本较高；其四，不同创新所产生的贸易量不同，也即贸易市场是有限制的，在模型中与创新的方式有关，颠覆性创新，因其对市场的破坏性，虽然没有占据主流市场，但其较维持性创新更容易获得市场份额；其五，假设存在两种不同的创新模式：颠覆性创新与维持性创新，开始为维持性创新，后来实现颠覆性创新；其六，假设贸易产品是同质的；其七，规模报酬不变和完全竞争市场；其八，不同创新模式下的产品价格会影响产品市场，颠覆性创新的特征决定着实施颠覆性创新的产品会以较低的价格进入非主流或是潜在的市场，而维持性创新，因其创新成本较高，且要进入的是主流市场，因此，价格和市场份额均有所限制。

（二）知识溢出条件下实施颠覆性创新对地区福利的影响

Z 为一组自由贸易的一般商品，假设刚开始，X 和 Y 为知识溢出条件下和非知识溢出条件下的维持性创新模式的产品，则支出函数为：

$$E(p_x,\ p_y,\ p_z,\ u) \tag{2-11}$$

式（2-11）中 p_x 代表产品国内售价，p_y 代表该产品国外售价，u 则代表消费者偏好与效用；此外，将贸易福利也即国民收入函数表达为：

$$G(p_x,\ p_y,\ p_z,\ v) \tag{2-12}$$

式（2-12）中的 v 代表国内生产要素的禀赋。

假设生产函数呈显著凸性特征，M 代表产品进口，A_1 和 A_2 两地区间产品的交易成本为 i；收入与产品在两地区间的价格差成正比，r 代表这一正比率。假设该地区的支出与收入相等，在式（2-11）和式（2-12）的基础上，显然一个地区的预算制约函数可表达为：

$$E(p_x,\ p_y,\ p_z,\ u) = G(p_x,\ p_y,\ p_z,\ v) + r_x M_x[p_x - (1 - i_x)p'_x] + r_y M_y[p_y - (1 - i_y)p'_y] \tag{2-13}$$

由于产品市场是自由贸易的，因此 p_z 由国际市场价格决定。开始状态时，由于采用维持性创新，X 和 Y 在国际贸易中的市场份额均有限，假设 X 产品为后来在知识溢出条件下实施颠覆性创新的产品。克里斯滕森（1997）早期认为颠覆性创新的技术的特征呈现出简单、便宜等特性，特别是在颠覆性创新初始阶段。克里斯滕森还将颠覆性创新的运行机理表达为三种，即新兴市场的破坏、低端市场的破坏和混合市场的破坏，而这一运行特征表达出了一个简单而直接的道理，颠覆性创新的扩散过程产生于主流市场产品的性能过剩，以至于现有消费者不愿为产品性能的进一步提高付出溢价。鉴于上述分析，因其成本和市场的破坏性，主流技术的旧产品在主流市场上的贸易将受到制约，而基于颠覆性创新的新产品因其产品的特征和企业实施颠覆性创新的运行模式特征，反而可以进入低端市场和新兴市场进行自由贸易，则其贸易后的福利效应可由式（2-13）全微分得到：

$$E_u d_u = \frac{\partial G}{\partial p_x}dp_x + \frac{\partial G}{\partial p_y}dp_y + \frac{\partial G}{\partial p_z}dp_z + \frac{\partial G}{\partial v}dv + r_x M_x dp_x - r_x M_x p'_x di_x + r_y M_y dp_y - r_y M_y p'_y di_y + r_x[p_x - (1 + i_x)p'_x]dM_x + r_y M_y[p_y - (1 + i_y)p'_y]dM_y \tag{2-14}$$

式（2－14）中的 v 已定义代表国内生产要素的禀赋，该变量不受企业创新战略实施的影响，因此$\frac{\partial G}{\partial v}dv=0$；而式中 i_x 受到 X 类产品的贸易影响而产生变化，但 i_y 却不受影响，因此，$-r_yM_yp_y'di_y=0$。

如进一步假定区域 A_1、A_2 分别为发达地区和欠发达地区，很显然，发达地区的进出口产品占世界市场的份额较大，相对于影响国际市场价格也较大，而欠发达地区当该地区占国际市场的份额较小，相对于影响国际市场的价格也较小。因此，欠发达地区的 p_z 不变，发达地区则将导致 p_z 价格下降。

令 $a=\frac{\partial p_z}{\partial p_x}\geqslant 0$，$b=\frac{\partial p_z}{\partial p_y}\geqslant 0$（欠发达地区情形 $a=b=0$）（2－15）

由此整理上式可得：

$$E_ud_u=(r_x-1)M_xdp_x+(r_x-1)M_xdp_x-aM_zdp_x-bM_zdp_y+ r_x[p_x-(1+r_x)p_x']dM_x+r_y[p_y-(1+i_y)p_y]dM_y-r_xM_xp_x' \quad (2-16)$$

1. 欠发达地区在假设变化下的福利一般分析

先考虑欠发达地区，欠发达地区产品价格对国际市场产品价格不产生影响，因此，$a=b=0$，即：

$$-aM_zdp_x-bM_zdp_y=0 \quad (2-17)$$

由于实施维持性创新的主流市场主导 Y 产品根据前面假设数量不变，得：

$$dM_y=0 \quad (2-18)$$

如果市场有效，则贸易中外国厂商的竞争会不断提高配额或租金的价格，最终到达租金收入等于国内国外价格差额与净进口的总量，即：

$$r_x=1,\ r_y=1 \quad (2-19)$$

假设交易费用只由贸易地区的情况和地区间的交通运输费用等刚性因素决定，即：

$$di_x=0 \quad (2-20)$$

将式（2－17）、式（2－18）、式（2－19）、式（2－20）代入式（2－16）可得：

$$E_u d_u = [p_x - (1 + i_x) p_x'] dM_x \qquad (2-21)$$

在式（2－14）中等号两边的式子是呈同等变动的，若 $[p_x - (1 + i_x) p_x'] > 0$，导致产品进口增长，即 $dM_x > 0$，此时总的收入即总福利呈现正向增加；若 $[p_x - (1 + i_x) p_x'] < 0$，导致产品出口坍塌，致使产品进口数量降低，即 $dM_x < 0$，此时总收入即总福利仍为正。由此，可得出命题2－1：

命题2－1：因此对于欠发达地区来说，不管其部门的竞争力如何，在知识完全溢出条件下成功实施颠覆性创新可造成该地区的总贸易福利提升，但如果颠覆性创新实施前的 p_x 与 $(1 + i_x) p_x'$ 相等，则该部门在知识完全溢出条件下实施颠覆性创新对欠发达地区的福利无影响。

2. 发达地区在假设变化下的福利一般分析

$a \neq 0$，由于在非知识溢出条件下，考虑到创新成本的问题，实施维持性创新的Y产品价格仍高，贸易仍受市场限制，无影响。将式（2－18）、式（2－19）、式（2－20）代入式（2－21）可得：

$$E_u d_u = [p_x - (1 + i_x) p_x'] dM_x - aM_z dp_x \qquad (2-22)$$

在式（2－22）中前一项 $[p_x - (1 + i_x) p_x'] dM_x$，如前分析为大于或等于零，而后一项 $-aM_z dp_x$ 则不确定。因此可以得出命题2－2：

命题2－2：对发达地区而言，在知识完全溢出条件下实施颠覆性创新的部门福利影响可能为正也可能为负，取决于此两项的对比。

假设该发达地区一开始被其他地区的X产品（颠覆性创新产品）较少实施破坏而在本地区市场提供产品，则可假设 $i_x = 0$，即这部分交易成本为0，r_y 不会变化，值为1。

上述分析结论代入式（2－21），得：

$$E_u d_u = -M_x dp_x - aM_z dp_x \qquad (2-23)$$

基于前面的类似分析方法，因欠发达地区一般为主流产品的进口地区，$M_x > 0$，当X成功实施市场破坏后，产品进口数量的增加势必引起本地区该产品的价格下降，即 $dp_x < 0$，前一项的总效应为正，因此，需着重关注前后两项差异对比分析，还必需用到相关实证。

以上模型分析表明，发达地区和发展中地区贸易竞争力差距较大，两地在知识完全溢出条件下实施颠覆性创新可使两地获得巨大的收益。针对模型中的判断，欠发达地区受益非常明显，而作为目前主流市场占有者的发达地区则效应较弱。通过上述模型分析表明，在知识完全溢出条件下，加快后发地区颠覆性创新能力必定可以使欠发达地区的贸易福利增加。有鉴于此，我们应顺着这一思路，尝试以珠三角产业数据进一步验证这一模型扮演的结论，并探寻知识溢出、颠覆性创新与区域产业国际竞争力三者的内在机理、实现策略与具体路径。

从而衍生出假设 2－1 和假设 2－2：

H_{2-1}：知识溢出对珠三角产业国际竞争力提升有显著影响，知识溢出与珠三角产业国际竞争力提升存在正相关关系。

H_{2-2}：颠覆性创新对珠三角产业国际竞争力提升有显著影响，颠覆性创新与珠三角产业国际竞争力提升存在正相关关系。

3. 知识溢出与颠覆性创新的互动耦合

模型假定存在两个区域，当各自封闭时，每个区域的知识增量为：

$$\dot{A}_j = \theta_j L_j A_j \quad (j=1,\ 2) \tag{2-24}$$

这里，A 表示知识，L 表示劳动投入规模，θ 为效率参数，与单位知识生产成本成反比。

当知识完全溢出时，两个区域的知识增量分别为：

$$\dot{A}_1 = \theta_1 L_1 (A_1 + A_2) \tag{2-25}$$

$$\dot{A}_2 = \theta_2 L_2 (A_1 + A_2) \tag{2-26}$$

解微分方程组，得：

$$\ddot{A}_j - (\theta_1 L_1 + \theta_2 L_2) \dot{A}_j = 0 \quad (j=1,\ 2)$$

由此可得，地区 A_1 与 A_2 知识增长率相同：$g = \theta_1 L_1 + \theta_2 L_2$。因此可以得出命题 2－3：

命题 2－3：由于知识溢出，区域可以将从其他地区得到的知识直接吸收到自身的知识存量当中，而不用自己去创造知识，这相对于较为封闭的地区来说，知识溢出效应使开放地区的知识存量上升，这种存量的上升可降低该地区创新的成本。

由此推演，鉴于颠覆性创新是低成本的创新，从而衍生出假设 2－3：

H_{2-3}：知识溢出对颠覆性创新能力提升有显著影响，知识溢出效应与颠覆性创新能力存在正相关关系。

在不完全溢出条件下，假定区域 A_1 领先于区域 A_2，区域 A_2 通过模仿，知识生产成本下降，知识生产效率提高，于是有 $\theta_2>\theta_1$，只有当满足 $\frac{\theta_2}{\theta_1}>\frac{L_1}{L_2}$时，落后区域才会有趋同趋势。但随着知识差距的缩小，$\theta_2/\theta_1\to1$，如果区域 A_2 不能实施颠覆性创新，则会使其与领先区域的差距缩小到一定水平后不会继续缩小，因此不可能达到知识的完全一致。因此，可以得出命题 2－4：

命题 2－4：由于颠覆性创新，落后区域与领先区域的差距继续缩小，也可以将得到的知识溢出到其他区域，相对于不进行颠覆性创新的区域而言，颠覆性创新可以促进知识溢出效应，缩小区域间的知识差距。

由此推演，从而衍生出假设 2－4：

H_{2-4}：颠覆性创新能力提升对知识溢出有显著影响，颠覆性创新能力与知识溢出效应存在正相关关系。

另外，本研究的一个重要目的之一就是检验政府对产业国际竞争力是否产生及其显著性。为此，本书第 5 个假设 H_{2-5}为：

H_{2-5}：政府介入对珠三角产业国际竞争力提升的影响不明显，甚至政策支持与产业国际竞争力之间可能呈现负相关关系。

上述的理论分析假设会在第三章进行验证，此处只做理论分析。

第三节　颠覆性创新与产业国际竞争优势的构建

一、产业竞争力分析范式的重构

已有研究表明，地区产业国际竞争力提升取决的因素有很多，但有一点本原的东西是可以明确的，正如芮明杰（2004）所指出得那样，知识吸收与创新能力是产业国际竞争力的核心和本原变量。借鉴波特的“钻石模型”，在该模型的基础上对于“机会”的作用进行弱化或取消，再融入“知识吸收＋颠覆性创新”的核，构建了本书论述的新的产业国际竞争力的分析范式，这一范式的核心便是知识吸收与颠覆性创新的互动与耦合，如图 2－7 所示。

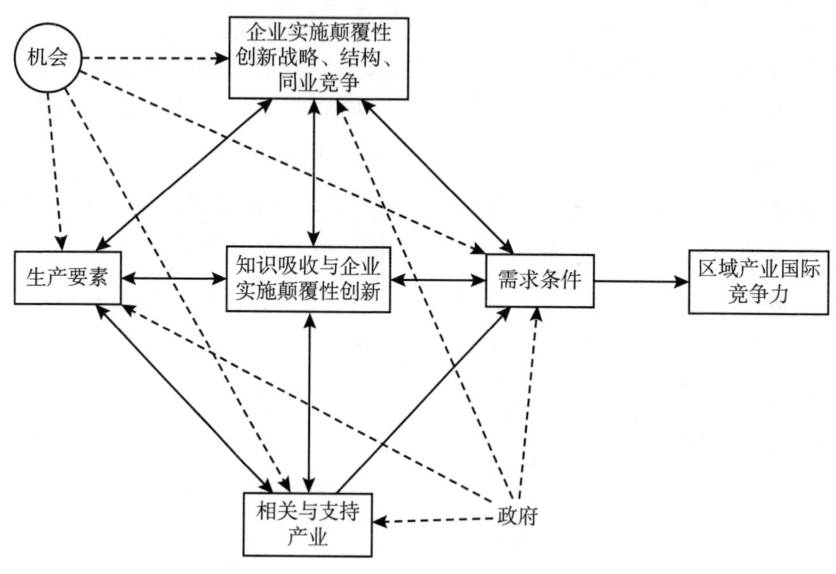

图 2－7　产业竞争力分析范式

上述分析框架是本书所要阐述的基于知识溢出效应与知识吸收能力的颠覆性创新为核心的理论模型。与波特的“钻石模型”相比，本模型以知识吸收与颠覆性创新的互动耦合为基础，这一互动耦合的机理有助于企业降低生产与研发成本，让企业能寻觅新兴市场、低端市场或混合市场进行破坏。整个模型提出的产业国际竞争力的影响因素是基于“钻石模型”的，只是在“钻石模型”中添加了一个知识吸收与颠覆性创新互动耦合的核心，有了这个核心，整个模型在欠发达地区才有生命力，在众多的发展中国家或地区，企业只有在这个体系中才能真正发展自己的持续竞争力。这里我们将知识吸收与颠覆性创新能力包括为两个方面：一是企业对于知识溢出效应的吸收能力，二是基于技术与商业模式的颠覆性创新能力。

基于颠覆性创新的微观机理①，我们总结构建了后发国家或地区产业国际竞争力提升的分析范式，基于上述考虑，从影响企业实施颠覆性创新的关键因素入手，演义整个国家或地区如何构建一个体系，使得企业能通过颠覆性创新的开展构成产业国际竞争力提升的持续动力，为后发国家或地区产业国际竞争力提升开辟一个新视角。本书认为，要基于颠覆性创新战略而实现区域产业国际竞争力提升的宏观框架中，需求、生产要素、相关产业和支持产业以及企业的战略取向仍为四个重要的因素。要以国内外特定密集需求产业为突破口，这些特定密集需求对产业进行了牵引，整合各类生产要素，对产业升级牵引作用和未来发展方向的把握能力最强。与此同时，要充分发挥相关和支撑产业对颠覆性创新的促进作用，这其中服务业十分重要，如生产性服务业与制造业就是一种唇齿相依、相互影响的互动式发展态势。另外，要有促进企业开展破坏创新的产业政策作为支持②和构建相应的技术创新体系。知识溢出与颠覆性创新对区域产业国际竞争力构成了宏观层面的双元耦合动力关系，而知识吸收与颠覆性创新对企业国际竞争力构成了微观层面的双元耦合动力关系，只有在这个系统里形成合力，配套有相应的产业政策，企业才更有可能有效实施颠覆性并取得成功。

如果有这么一种大的环境，从需求、政府、产业发展和企业等方面系统构建一个支撑系统或环境，在这个大环境中，使企业能提升知识吸收能

① 前面关于颠覆性创新已有论述，在这一扩展分析范式中的颠覆性创新微观机理还应说明一下。颠覆性创新通常是最初商业价值很小且不成熟的新技术，在某些方面比不上基于已有技术的主流产品，因此无法引起大企业所主宰的主流市场消费者的关注。但在颠覆性创新技术挑战现状，迫使改变发生。颠覆性创新的产品一般更为便宜（甚至部分免费，如 360 杀毒软件一些基本功能免费），但不够好，投入市场伊始往往比不上已有技术，所提供的产品性能少于甚至并非主流市场用户想要的，故而很难得到主流市场认可。但它成本低、简单直接，在投入市场的早期阶段，可以吸引想要更便宜的简单工具完成手头工作的消费者最先使用，对上述消费者来说，颠覆性创新产品性足以满足其需要；它也可能在看重颠覆性创新产品属性的新兴市场上立足。因此，颠覆性创新主要面向非主流市场或者新兴市场，通过填补新市场或已有技术未覆盖的市场空白，随着颠覆性技术创新性能的改进（通常快于顾客所要求的改革），最终赢得主流市场并替代已有技术，并使公司获取持续国际竞争优势的能力。

② 政府和企业之间存在着十分密切的互动关系。这种互动关系的处理与调整，不仅影响制度变革的方向和速度，而且影响产业发展的过程和特征。为促进区域产业可持续发展，有必要进一步理顺政企关系，选择适应产业发展、促进产业升级的政企关系模式和制度；处理好政府与企业、中央政府与地方政府、省级政府与市县政府、国有企业与私营企业和外商投资企业、教育科研机构和各种中介组织与政府、企业的关系。特别要关注省级政府与市县政府的关系。关于政府与企业的关系，在第七章中会有专门的策略论述。

力，并能有效地捕捉到知识溢出效应，为实施颠覆性创新铺平道路，那对于正在成长的新兴中小企业无疑是“雪中送炭”。以中国各地区大量因加工贸易而存在的中小企业为例，如果能有一个可靠的环境，保证其能在一定的吸收能力下，在替别人加工和进口的同时，能获取这种潜在的、不用付出高额成本的知识，而又能实施颠覆性创新战略，相信企业生命力会更强一些，成长也会更快一些。

二、知识溢出与颠覆性创新的互动耦合

为了更好地说明颠覆性创新与企业国际竞争力和产业国际竞争力之间驱动运行机理，基于知识溢出与颠覆性创新的互动耦合的微观机理，构建逻辑模型Ⅱ与模型Ⅲ，描述在位企业与新进入企业争夺市场、消费者和生存空间并通过国际利益分配强化这一良性循环的动态过程，如图 2－8 所示。

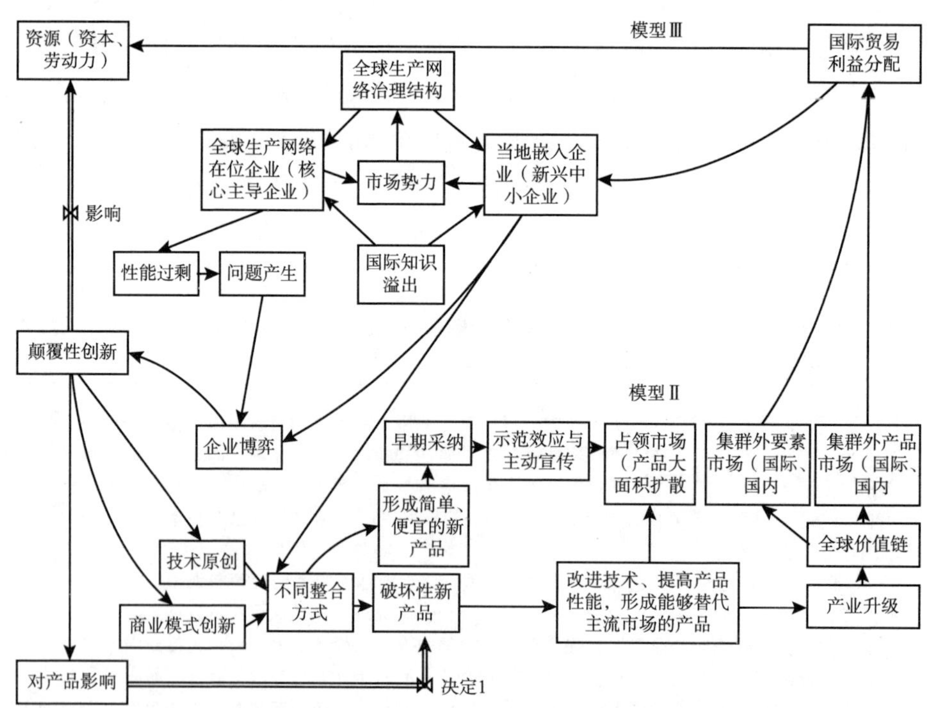

图 2－8　知识溢出与颠覆性创新的互动耦合

模型Ⅱ主要侧重在全球生产网络中，核心主导企业与当地嵌入企业通过全球生产网络治理结构和市场势力之间一种互动过程，这之间伴随着国际知识溢出效应对生产网络中的企业进行影响。大量的实证研究表明嵌入全球生产网络可以促进后发国家和地区实现经济社会发展及产业升级，其实质是全球生产网络中的知识转移、技术扩散和嵌入产业的技术学习。厄斯特（Ernst，1999）指出企业在国际知识溢出的大背景下，当地的企业竞争能力得到了提升，当然这种吸收不是自动的，这取决于企业的吸收能力。另外，全球生产网络类型和治理结构会影响嵌入产业升级和技术能力提升的速度和路径，最终影响了企业在市场中的势力。

模型Ⅲ则实际上侧重于生产网络中在位企业与新兴企业在战略选择上的博弈过程，这种博弈使破坏与均衡不断的变迁与演进，企业特别是新兴企业在这一博弈过程中选择了颠覆性创新的实施，进行同业竞争，最终以成功实施颠覆性创新的企业从国际贸易利益分配中获利而得以提升和循环往复。

三、产业国际竞争优势的构建

将上述宏观模型合并起来构成如图2－9所示，这样可以较完整地演绎知识溢出与颠覆性创新的互动耦合驱动产业国际竞争力提升的作用机理。

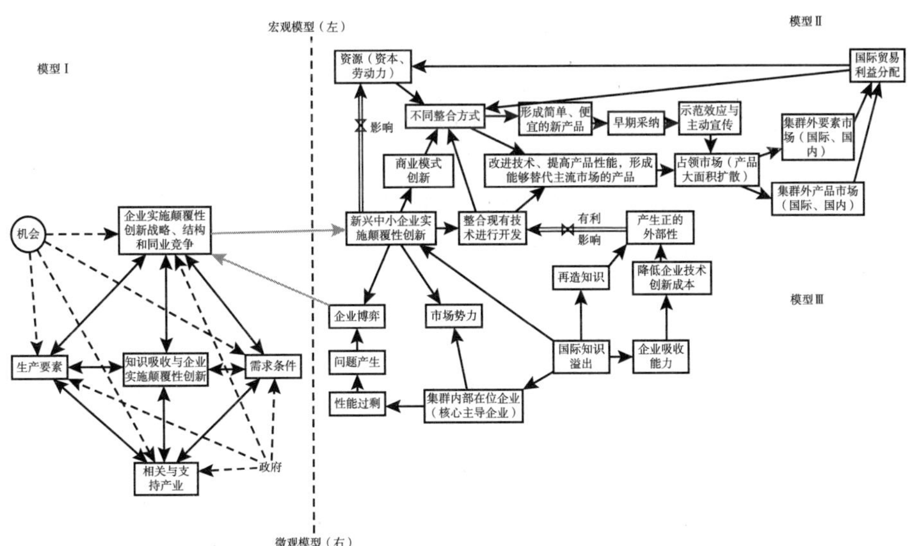

图2－9　知识溢出、颠覆性创新与产业国际竞争力提升的作用机理图

图2－9是在波特“钻石模型”基础上的扩展式，从宏微观较直观地展示了企业实施颠覆性创新战略，与知识吸收及管理能力的耦合，嵌入到分析范式中，使原本在发达国家案例实证基础上的“钻石模型”，扩展后成为适应于发展中国家或地区的新“钻石模型”。这为下面进一步描绘出基于颠覆性创新价值网的粤港澳大湾区产业生态构建及产业国际竞争优势的构建提供了理论分析基础。

第四节　构建粤港澳大湾区颠覆性创新价值网的设想

企业创新往往不是单个企业可以完成的功绩，而是要通过它与一系列伙伴的互补性合作，才能打造出一个真正为顾客创造价值的产品。为了不断提高企业的运营效率，资源优化配置，增强核心竞争能力，企业通过对传统的集合型价值链进行解构、整合与重建，形成了具有符合界面标准、可重复利用的新的兼容价值模块，再将这些价值模块按照新的标准和规则在新的界面上重新进行整合，形成新的颠覆性创新的模块化价值链。具有不同模块价值链的企业，通过相互间的合作把各自的价值链连接起来，转化为企业间的价值星系，进而演变成为颠覆性创新价值网。

一、颠覆性创新价值网的结构组成

颠覆性创新价值网，其核心就是产业集群创新生态系统，是基于共同的创新目标，在特定地理区位和产业领域内聚集的各种不同创新组织，彼此之间以及与其相关环境之间密切联系、相互作用，通过资金交换、知识传递和人才流动，成为具有特定空间、稳定结构和创新功能的动态平衡整体。从上述定义可以看出，颠覆性创新的实质就是创新生态系统中相互联系的创新组织及其支持环境，通过一定的机制相互作用、彼此影响，并在这种机制的作用下完成能量的循环和知识、信息的流动。在创新的过程中，创新组织与其相关组织不断地产生联系和资源交换，并向网络化与系统化的新型组织模式不断进化。构建创新生态系统旨在于破解当前创新环境下，技术创新的不确定性、自主组织创新能力的有限性以及创新资源的稀缺性三者之间的突出矛盾，来引导创新组织更好地利用外部创新资源来强化核心技术，以实现创新目标。此外，构建颠覆性创新价值网还可以从整体上提高创新网络的风险抵抗力和竞争力，所有系统成员最终都将从中获益。这一价值网的结构主要指构成创新生态诸要素及其量比关系，各组分在时间、空间上的分布，以及各组分间能量、物质、信息流的途径与传递关系。从组织生态学的角度出发，颠覆性创新价值网可以分为创新组织、创新种群、创新群落和创新生态系统四个层次：第一层，价值网的创新组织是指创新生态系统内的所有创新主体。这些创新组织是创新生态系统存在的基本单位，具有生长和进化的特性，能够对外部环境的变化发生反馈，自主地适应环境变化，不断更新。如前一节所述，价值网的创新组织主要包括政府、企业、大学、科研机构、金融机构和中介机构。第二层，集群创新种群是产业集群内部由同质的一群创新组织构成的集合，创新种群内部的创新组织必须具有相同（或相似）的特征。产业集群创新种群具有一定的空间格局，种群内部的创新组织间通过各种关系有机地结合起来。一般情况下，创新组织的发展总能形成创新种群，以创新种群的形式生存、繁衍和扩张，创新组织以种群的整体形式与生态环境发生各种关系。可将这些创新组织分别归入五个不同的创新种群——原始创新种群、技术创新种群、创新服务种群、创新投入种群和制度创新种群。每个创新种群都由一些主体构成部分种群之间有一定的交叉。第三层，创新群落是指在特定时间空间内，由几个不同类型的创新种群有机结合而成的集合体，是价值网的生物成分总和。创新群落的性质是由组成群落的各创新种群的环境适应性以及这些创新种群彼此之间的相互关系所决定的。创新种群的相互关系和适应性决定了创新群落的结构、功能和多样性，集群创新群落就是各个创新种群彼此适应以及适应外部环境的过程的产物。集群创新群落将形态和功能特征各异的不同创新种群有机地集成在一起，使创新种群间能够共享资源、优势互补，从而提供一个稳定有利的创新环境。产业集群的创新群落是由原始创新种群、技术创新种群、创新服务种群、创新投入种群和制度创新种群这五个种群相互作用、有机构成的。产业集群内有大量的创新群落，每个创新群落都有其各自不同的结构和功能。第四层，价值网是在一定区域范围内，具有创新群落特性的产业集群与其所处的生态环境组成的具有一定结构、层次和功能的生态系统。产业集群的生态环境包括产业集群周围的生物和非生物环境，一般所说的产业集群所处的环境主要是指非生物环境，大致包括经济生态环境、自然生态环境、科技生态环境、文化生态环境等。价值网的框架模型如图 2 – 10 所示。

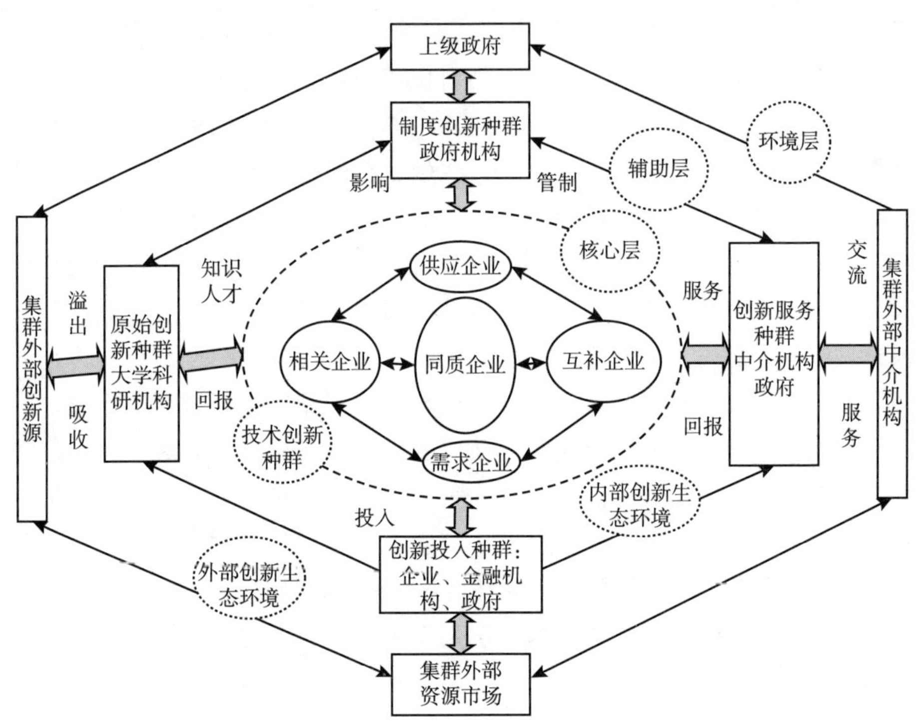

图 2 – 10　价值网的“双钻石”框架模型

从图 2 – 10 中可以看出，该框架模型基于各种创新组织之间在长期的正式或非正式的合作与交流，构建了产业链条上各企业之间及企业和高等学校、科研院所、中介机构、金融机构、政府机构之间相对稳定的联系网络，把创新主体企业和其他各次要参与者的创新活动联系起来，并将各个创新组织的不同功能相互整合，进而实现集群的自主创新和产业升级。原始创新种群、技术创新种群、创新服务种群、创新投入种群和制度创新种群是价值网中的五个种群，它们有各自的生态位和功能。技术创新种群占有市场；原始创新种群拥有大量的人才、知识储备，是新产品、新技术的提供者；而创新服务种群拥有创新技术和产品的扩散渠道，并且是连接其他组织的纽带；创新投入种群占有资金；制度创新种群占有调控权。在价值网中，这几个创新种群的生态位没有发生重叠，每个种群都有各自的特点和优势，它们结合在一起能够实现优势资源的互补。

一些中等偏上国家的产业已经位于或接近全球技术的前沿，为了进一步促进此类产业技术的创新和升级，中等收入国家应该效仿高收入国家的做法，建立一个国家创新体系，为技能开发融合教育资源，为私人部门的研发活动建立激励框架，为基础科学研究提供公共财政支持，加强公共和私人部门之间的合作。并指出芬兰是依托高效的国家创新体系，而成功地从自然资源依赖型产业转移到更高科技的领域（林毅夫，2012）[①]。创新生态体系包括：其一，建立高质量的教育系统，以培养能工作的技术前沿人才。其二，政府财政预算的支持和有利于企业研发的税收体系。其三，政府对基础研究的直接投资。其四，企业还需要专利制度的法律基础和执行，使其创造的新产品或者新工艺能在合理的期限内获得创新带来的租金。其五，政府利用其采购政策去支持这些新产品，使新产品的生产迅速达到规模经济（林毅夫，2012）。尽管存在上述几个层面的内在机理与构成，但这些层面的因素并非完全独立，他们从本质上来讲是相互融通、密切联系的整体，一旦形成合力，能为产业转型升级和产业竞争力提供动力源，因此，他们具有高质量发展驱动的内生合意性，是破解珠三角或者说是粤港澳大湾区产业国际竞争力的核心问题。从另一个角度来看，即为颠覆性技术创新价值网的结构示意图。如上分析，回顾克里斯滕森关于颠覆性创新的三种模式，即低端破坏、新兴市场破坏与混合市场破坏，不难发现，其间有着十分密切的关联。低端破坏模式对应于技术替代的第一种模式，而新兴市场破坏与颠覆性技术替代第二种模式对应。这两种模式恰恰看准了低端市场和新兴市场的非常竞争性与隐藏性，既开辟了新市场，又通过低端市场初始起步，不断提升产品的性能，从而最终吸引更多的消费者，并占领主流市场。进一步将颠覆性技术创新嵌入创新生态进行分析，首先应从产业集群创新生态系统空间结构开始。

---

① 林毅夫：《繁荣的求索——发展中经济如何崛起》，北京大学出版社2012年版，第258页。

二、颠覆性技术创新价值网的运行机制

根据颠覆性创新模式的要求，不是以满足现有市场需求的技术范式而使产品的性能得到改善，通常情况下，有两种不同的技术轨道，存在最小杠杆点和极限杠杆点，图 2 – 11 为颠覆性创新技术创造的基本模式。如图 2 – 11 所示，如果产品性能超过极限杠杆点时，性能带来的市场需求就微乎其微了，而这时，我们认为，此时的技术进步已偏离了市场需求方向。产品的性能为克里斯滕森提出颠覆性创新理论的关键点，它对技术进步的方向与市场需求的方向均有十分重要的影响，因此，颠覆性创新也应重点考虑这方面。基于上述技术创造基本模式的思考，展开如下三种技术创造模式。

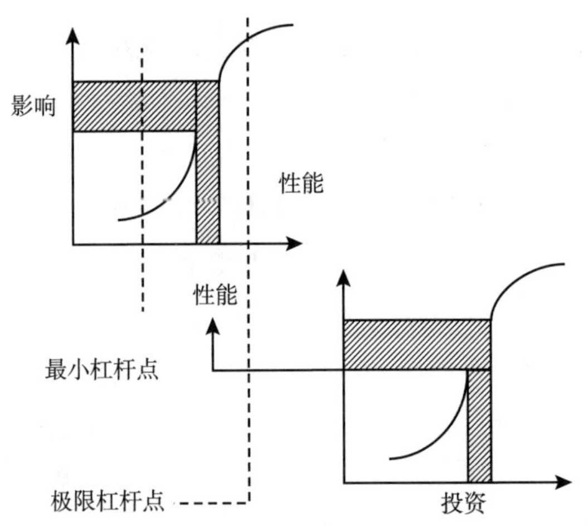

图 2 – 11　颠覆性创新技术创造的基本模式

资料来源：Jay Paap & Ralph Katz. Anticipating Disruptive Innovation [J]. Research Technology Management, 2004, 47 (5): 13.

技术创造模式Ⅰ：当已有主导技术进步日趋成熟，产品性能提升幅度也日渐平稳，而消费者的需求却仍有大量缺口时，此时已有主导技术已不能满足现有的市场需求，新的技术进步呼之欲出，就像彩色电视机与黑白电视机的交替一样，这是一种技术创造，如图 2 – 12 所示。

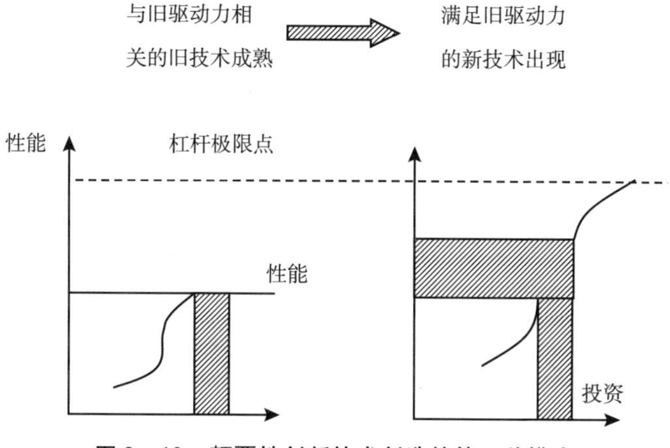

图 2－12　颠覆性创新技术创造的第一种模式

技术创造模式Ⅱ：区别于旧技术的新兴技术出现，使得新产品对消费者的需求发生了转变，而这种新技术是已有旧技术所无法实现的，如胶片相机被数码相机取代一样，这也是一种技术创造，如图 2－13 所示。

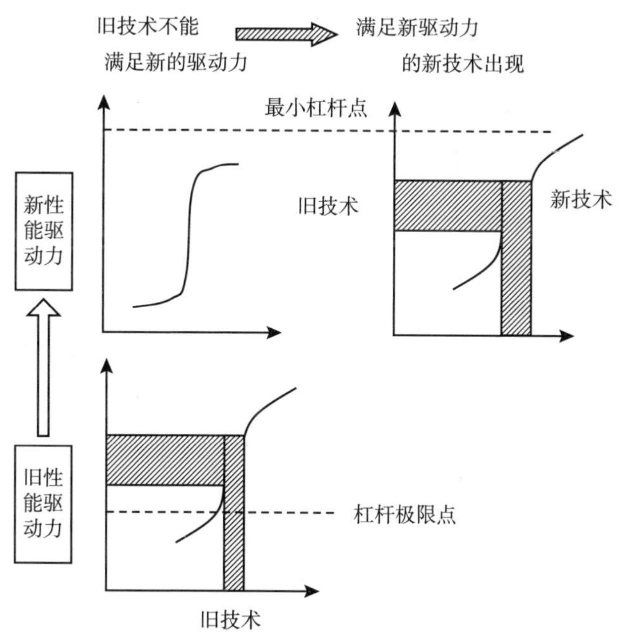

图 2－13　颠覆性创新技术创造的第二种模式

技术创造模式Ⅲ：当环境没能发生重大变化时，也即环境没有改变主流消费者的消费需求时，已有主导技术通常是处于适应环境的，技术创造也不会发生。而当环境的改变影响了消费者的需求时，已有主导技术不得不改变，技术创造此时将会产生。如由于信息时代的到来，个人电脑（PC机）逐渐取代了大型计算机进入主流市场，此种技术创造是由于经济环境发生变化导致的，其技术创造原理如图 2－14 所示。

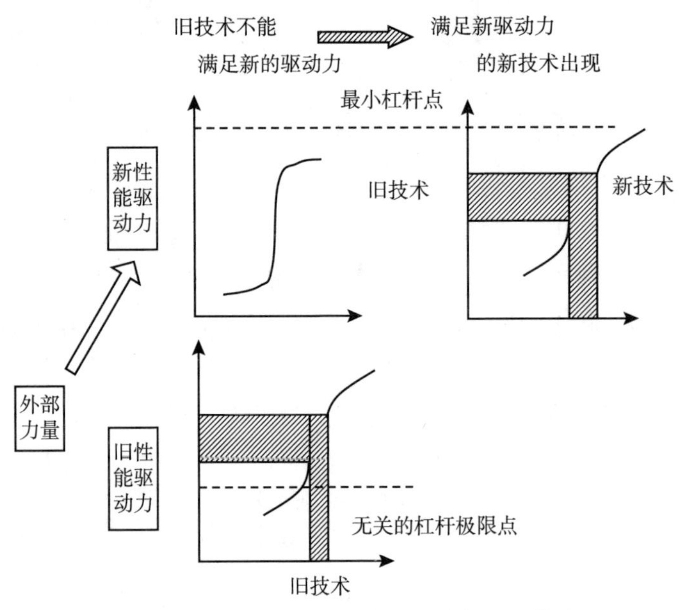

图 2－14　颠覆性创新技术创造的第三种模式

如上分析，三种技术创造模式其实质是对颠覆性创新的“创造性”机制的体现，不难发现，各种技术创造模式间有着十分密切的关联，低端破坏模式对应于技术创造的第一种模式，而新兴市场破坏与颠覆性创新的第二种模式对应。这两种模式恰恰看准了低端市场和新兴市场的非竞争性与隐藏性，既开辟了新市场，通过低端市场初始起步，不断提升产品的性能，从而最终吸引更多的消费者，并占领主流市场，即体现了颠覆性创新技术上的创造性，也蕴含着利润与机会上的创造。

三、非技术颠覆性创新价值网实现机理

（一）价值网运行机理

克里斯滕森认为颠覆性创新中除技术外，另外一个就是市场，因此，围绕市场的创新就是以用户需求为出发点的一种创造，其另一种重要形式就是颠覆性商业模式创新。颠覆性创新价值网体系的整个价值创新过程实际上是以知识创新为基础的一种相互反馈的动态非线性过程，表现为扩散的交织与连续性的创新，扩散过程中存在增量创新，而创新过程又是新观念、新思想的扩散。企业因模块化生产方式下的内生知识而获得“彭罗斯租金”和运用知识创造新知识而获得经济租金。在价值网体系中，实施颠覆性创新的核心企业在对客户需求进行分析后，将其价值创新战略依次传递给模块系统集成商、专用模块生产商和通用模块生产商。需求分析是对需求进行模块化的过程，即对技术和市场分别进行模块化，实现因产品模块化生产而使价值不断增值。专用模块生产商在接受“看得见的规则”下，在充分利用自身内部“隐含信息”的优势对该模块进行创新，使其价值进一步增值。价值再途经通用模块生产商或由专用模块生产商直接进行回路反馈，经过模块系统集成商的集成和实施颠覆性创新的核心企业的整合，实现模块功能升级，相应的价值再次得到增值。

由于价值网体系中各成员企业是通过松散耦合方式进行连接，这时的模块创新有三个特点：一是通过子模块不同的排列组合实现产品创新；二是模块化系统在持续性创新过程中，通过不断试错、允许浪费方式使各子模块之间平行展开工作；三是模块化系统的子模块之间通过“背靠背”式的“淘汰赛”完成创新的基本实现工作。可见，价值创新是一种维系市场主导和领先地位的标准化，表现在产品界面标准化、功能标准化和技术标准化的演进路径。而设计商通过价值网，可以在诸如能力互补、资源共享以及集体学习、降低创新风险、创新积累、知识溢出效应等方面，获得比谈判地位较低的中小模块生产商更大的动态竞争优势，由于实施颠覆性创新的核心企业自身需求创新的价值释放，使价值流向系统集成商和模块生产商，三者间构成了互动的价值创新机制：一条路径是沿着实施颠覆性创

新的核心企业向系统集成商和模块生产商方向的信息流与知识流；另一条路径是沿着模块生产商和系统集成商流向实施颠覆性创新的核心企业方向的信息流与物质流。在信息流、知识流与物质流的互动过程中，导致了产品品种的增加，表现在价值流作为实施颠覆性创新的核心企业的输出要素和系统集成商、模块生产商的输入要素，经模块生产商的再次转换，输出同质性的中间产品，再经系统集成商、实施颠覆性创新的核心企业的转换，实现了实施颠覆性创新的核心企业以知识为主要资源的报酬递增。

在价值创新来源方面，一方面，客户需求导向的价值创新增强了实施颠覆性创新的核心企业内部、与其他规则设计商之间知识创新的竞赛速度；另一方面，实施颠覆性创新的核心企业通过系统集成商与模块生产商建立生产控制关系，实现信息、知识、资源的共享，降低了生产成本。在价值创新释放路径方面，分工使得市场规模扩大、迂回生产链加长，而扩大的市场反过来又促进分工进一步扩大。这种相互作用、自我演进的报酬递增机制创造了两种新的价值源泉：一是产业间分工呈现出社会分工的网络性，再加上供求的交互作用，使产业间分工扩大时报酬互补，从而使整个经济呈现报酬递增；二是对于某一模块生产商而言，进行专业化生产导致生产费用的节约进而实现报酬递增。在价值再整合路径方面，实施颠覆性创新的核心企业和集成商从众多模块生产商中不断选取、放弃价值元素，从而获得生产的外部经济性。而众多的模块生产商为系统规则设计商提供了获得外部经济的可能。因为专业人才、专业机械、原材料提供运输便利以及技术扩散等所造成的外部经济促使了中小企业的聚集。实施颠覆性创新的核心企业又一次实现了价值的创新飞跃。

从整个价值网体系来分析，通过界面规则协同以及竞合商务关系，保证了价值网的灵活性、适应性、协调性、合作性、创新性以及成本的可选择性等特征。一个模块的成功会提升整个价值网的价值；而一个模块的失败不会对整个网络有太大的影响，会很快找到更加优秀的替代模块。利益可以共同分享，而损失则多由单一模块承担。这样，整个价值网的成本将会降低，时间将会节约，风险将会减小，进而产生了整个价值网的网络剩余。而无论是实施颠覆性创新的核心企业、系统集成商还是模块生产商，都可以得到相应的网络剩余。由于网络内既有竞争又有合作，使得整个网络在统一的体系和规则下成为一个自组织。一个成功的价值网体系对成员企业具有一种固化作用，对于外围企业也具有更大吸引力。

实施颠覆性创新的核心企业占据了较大份额的网络剩余，这是由价值网自组织的特征所决定的。从价值网自组织的角度看，实施颠覆性创新的核心企业获得大部分的网络剩余后，就可以构建更为强大的价值网络平台和体系，整合更多外部资源，吸引更多节点企业，从而实现其构建的价值网升级。升级后的价值网对于外围企业的吸引力会更强，入围标准更高，入围竞争更激烈，入围企业也会更优秀，从而实现更高层次的强强联合。随着整个价值网体系能力的不断提升，网络剩余将大大增加，整个系统成本将大幅降低，这也就构成了一个正反馈的良性发展系统。

此外，价值网体系中的生产性服务机构，在各种服务外包频繁的交互中，形成了信息流、物流、资金流和知识流的高度整合，其显著特点是能力和资源互补，各种生产性服务在网络中不断寻找价值增值的环节和结合点。生产性服务外包主要在两个层面上发挥作用：一是战略层面，在服务外包的交互过程中，交互的企业双方频繁接触和相互学习，各种专业性知识和共同知识的交互产生溢出效应，获取隐性知识，成为价值的间接增加者。二是运营层面，作为常规业务，将包含人力资本在内的各种资本要素投入到生产服务过程中，形成了价值创造和增值，成为网络价值的直接增加者；制造企业与生产性服务企业以嵌套的方式耦合在一起，并且后者在整个网络中越来越居于主导地位，成为价值增加的重要来源。

（二）价值网的利润创造机理

在价值网体系中，作为实施颠覆性创新的核心企业，一是通过对系统集成商、模块生产商的选择来降低成本，通过价值网内部的知识流动、资源共享以及创新激励，动态分享系统集成商和模块生产商的创新利益；二是通过制定规则、标准和掌握话语权，进而搭建平台和构筑网络，谋求整个价值网的垄断优势，从整个网络中获取利润；三是通过跨产业的核心能力整合，在多个产业内获取制定规则、标准的话语权，扩大规则、标准的应用范围，从而构建更大的价值网。对于系统集成商而言，借助其所融入价值网的平台优势和垄断优势，充分利用品牌和客户资源，在以客户价值为导向的基础上，始终保持自己对模块生产商的选择权，不断更新产品界面联系规则，通过模块替换和整合与重组，不断实现产品的功能和价值创新，利用其技术的创新和成本的降低，实现自身成本的降低，从模块生产商那里获取利润；同时逐步增加自己在规则、标准设计方面的话语权，提高自己对实施颠覆性创新的核心企业的影响力。这样，系统集成商既可以从模块生产商以及自身获取利润，又可以从整个价值网中获取利润。作为单个的模块生产企业，通过融入价值网，可以整合外部资源，降低成本，获取利润。就大型专用模块生产商而言，通过提高专用模块的技术水平，谋求基于专用模块核心技术的系统集成商地位。就小型专用模块生产商而言，一是通过融入大的价值网，借助外力发展其能力和规模；二是通过与外部资源结合，为专用模块创造一个外壳，寻求在原来设计系统之外的新用途，降低专用模块生产商由于关系资产投入而产生的锁定效应。就通用模块生产商而言，只有融入具有垄断优势的价值网，才能发挥规模和专业化优势，降低成本，获取利润。如此，无论专用模块生产商还是通用模块生产商，既可以从自身获取利润，又可以从整个价值网体系中获取利润。此外，在价值网体系中，各生产性服务企业之间及其与制造企业在服务外包的交互中形成了以价值为纽带关系的网络；生产性服务企业和制造企业是在价值网网络规范和关系契约的共同作用下，通过发挥专业化优势和规模经济，降低边界成本，获得共同收益，同时获取利润。

粤港澳大湾区已经具备了“全球联合创新”的五大优势：人才素质、市场规模、快速制造、资本充足、政策稳定。同时也具备了鼓励创新的制度环境和文化环境。改革开放已经让我们看到了广东地区的成功案例。下一步，我们可能要推进第二次改革开放，从社会制度、金融制度、教育制度、经济制度的层面进行深度创新，并在粤港澳地区先行先试。总之，一方面，粤港澳大湾区颠覆性创新价值网系统结构包含了实施颠覆性创新的核心企业、模块系统集成商、专用模块生产商、通用模块生产商、顾客群、供应商、经销商、替代商和互补商，以及政府机构、科研教育、金融保险、物流、中介等各类生产性服务机构彼此结成的价值网络，是基于信息门户、WEB 界面以及管理应用软件支持，有效地运用新一代使能技术，通过松散耦合链接方式实现信息无障碍沟通，进而搭建基于 WEB 界面的信息、价值和知识共享的虚拟性网络组织，其具有自组织、自反应、开放性、高协同、无边界等网络系统特征，并能够获得和保持快速性合作、敏捷性响应和协同性增值的网络核心能力。在价值网中，实施颠覆性创新的核心企业将其价值创新的战略依次传递给系统集成商、专用模块生产商和通用模块生产商。整个价值创新过程是以知识创新为基础的一种相互反馈的动态非线性过程。实施颠覆性创新的核心企业自身需求创新的价值释放，使价值流向了系统集成商和模块生产商，三者之间构成了一个正反馈的良性发展系统并形成了互动的价值创新机制。当然，值得一提的是，在这一价值网体系中，实施颠覆性创新的企业可以借助新的技术应用达到去中心化的目的，如运用区块链技术，使自己在与集成、生产等环节的企业进行另一种组织模式的创新管理，使其效率增加，这恰恰是本书后面章节要探讨的问题。而另一方面，前面的分析是基于要素流动无障碍的理想状态，但现实是区域间的协同是实现上述合力的关键。换句话说，如在产业升级方面，珠三角地区的制造业会朝着创新驱动的方向发展，在这个发展过程中，深圳有商业化的优势，东莞、广州、佛山等地区有制造网络，但高端的研究活动在短期内还不能形成全球影响，香港的高等教育已达到国际先进水平，“大疆”无人机项目就是香港的科技研究项目，在深圳商业化的成果，如果这样的研究开发商业化链条能在粤港澳地区进行规模复制，把一些在深圳无法完成的基础研究都拿到香港、澳门去做，港澳的优势就能得到充分发挥。

四、粤港澳大湾区产业国际竞争优势构建的总体思路

（一）粤港澳研究领域热点标题聚类图谱

使用中国知网的相关数据，进行期刊高级搜索。从 2010 年开始，以“粤港澳”“协同”“创新”为篇名或主题词进行检索，共得到 301 条结果。每篇文献具体包含作者、机构、关键词、摘要等信息，进行文章筛选，除去报道类、纪录类文章等关联度不大的文章，以 refworks 格式导出，并将文件名称改为“download-xxxx”，最终导入 CiteSpace，进行数据处理得出可视化的知识图谱如图 2－15 所示。以知网核心期刊文献为资料来源，运用 CiteSpace 软件制作知识图谱。首先，将数据导入 CiteSpace 中，时间节点设置为 2010～2020 年，事件分割为 1，类型设置为“Noun Phrasess”，节点类型选择为“Keyword”，其他参数保持不变，点击“Go”进行运算，生成关键词的图谱网络，再选择“Path Finder”对其进行聚类分析，最终得到粤

港澳研究领域的热点聚类视图。接着，调节次数≥2 的关键词，显示节点数 N = 97，相互之间的连线 E = 118，密度 Density = 0.0253。表明 2010 ~ 2020 年间，关于粤港澳的研究方向大概有 97 个，其中的热点主要集中在与粤港澳大湾区相关的城市群、协同发展、科技创新、融合发展等。

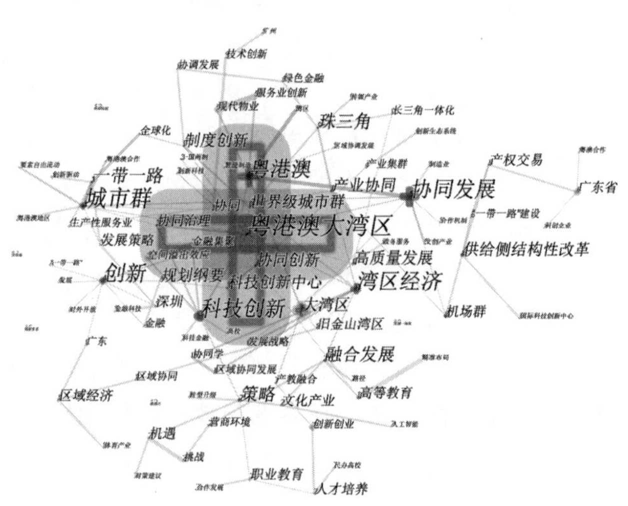

图 2 - 15　粤港澳研究领域热点标题聚类图谱

（二）粤港澳研究领域热点主题聚类图谱

将事件分割设置为 1，选择每个时区前 50 个高频节点为分析对象，其他参数设置不变，点击“GO”生成图谱后，选择前五年进行分析，点击“Time line view”将生成图 2 - 16。2015 ~ 2020 年主要围绕“粤港澳”“协同”“创新”这一主题展开研究（如图 2 - 16 所示），在近五年关于“粤港澳”“协同”“创新”的研究中，2015 ~ 2016 年的研究较少，主要围绕着粤港澳大湾区进行的研究；2017 ~ 2019 年则呈现井喷式的发展，研究的热点较多，2017 年主要有湾区经济、“一带一路”、城市群等；2018 年研究的主题变得更多，主题也更为新颖，主要有制度创新、科技创新、产业协同、世界级城市群以及粤港澳协同创新等；2019 年的主题更加丰富与创新，主要有人才培养、高质量发展、供给侧结构性改革等。

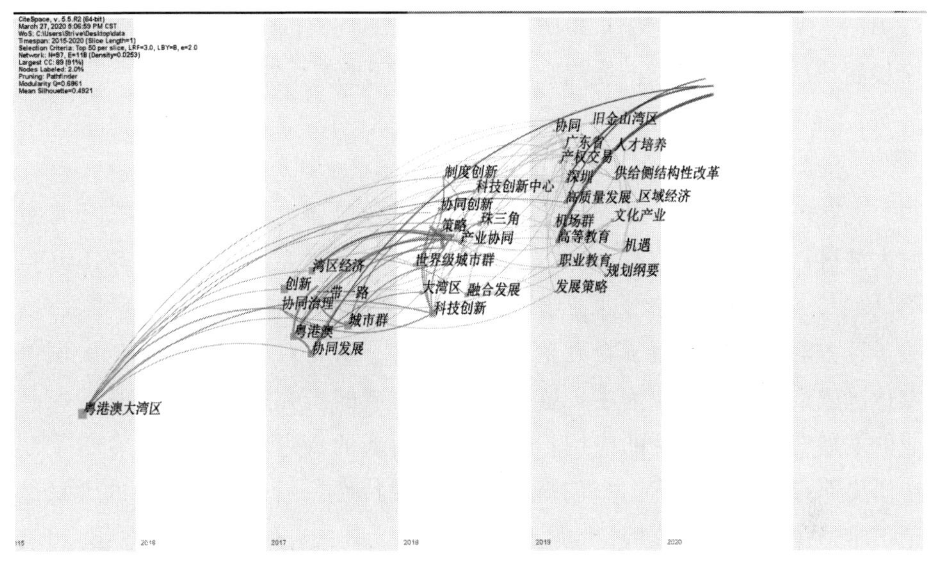

图 2－16　粤港澳研究领域热点主题聚类图谱

综上，不难看出，粤港澳大湾区协同发展与创新协同是近年来学术界关注的焦点，万事万物的发展皆有其自身内在的规律，这需要我们去探求，由此，破解粤港澳大湾区产业与创新协同也便成为本书中迫切需要探讨的核心话题。进一步归纳与分析可以看到，在粤港澳大湾区产业协同发展战略方面，国内一些学者近几年展开了内容丰富的讨论，如：王兴明（2013）对产业协同做出定义：产业协同发展是依托相互之间内部复杂的协同关系进行产业间的互相促进，从而实现产业共生演化。罗捷茹（2013）指出以产业有效互补为方向，以共同提升产业竞争力为目标，正确处理关联产业的相互作用关系，通过方式多样的产业配套互动，推动产业协同发展。孙虎（2015）研究了产业协同发展的作用机理、主要问题、措施保障等。王如忠等（2017）认为以制造业和生产性服务业为核心构成一个地区的第二、三产业具有共生的禀赋，应加快形成第二、三产业之间产业链、价值链与资源链的协同。冷梅等（2001）指出广东和香港都面临产业结构升级的任务，需要协同发展高新科技产业。向晓梅等（2018）认为粤港澳大湾区产业协同发展需要创新产业分工与产业链全面融合机制、协同研发与新业态共育机制以及国际国内市场双向拓展机制。陈燕等

（2018）基于粤港澳大湾区2016年9市2区19个行业数据实证指出要从国家层面顶层规划和建立产业耦合机制，突破同质竞争难题。

（三）现有研究的不足

现有理论对于这方面进行了许多卓有成效的研究，研究成果涉及粤港澳大湾区产业协同的方方面面，但本书认为现有研究仍主要存在以下几点不足：其一，研究对象。西方学者对于理论的提出贡献很大，但不难发现，关于这方面的研究主要来自发达国家的学者，研究对象也主要是以美国等发达国家的产业和企业为主，这就使得该领域的研究过于侧重发达国家企业的发展背景。而理论的应用不仅受制于创新的特定时间和地点，也受制于历史路径，由于发达国家创新经验有其独特性，因此，理论中的大量结论很难适用于我国，该理论也很难照搬过来。其二，研究框架。总结发现，波特的竞争力理论是一个里程碑，但该理论将生产要素资源、需求条件、相关产业和产业链和企业的战略、结构和竞争状况等因素内化于分析框架后，而对于延续而生的知识外溢、颠覆性创新内生于竞争力分析框架的这一问题，现有的国内外研究却没有明确。其三，研究范畴。创新被公认为经济增长的源动力，但长期以来，国内外学者对运用创新理论解决我国经济发展的实际问题时，研究视角往往局限于传统理论范畴，对于颠覆性创新以及价值网方面的研究十分缺乏。没有关于颠覆性创新价值网络内部运行机制的深层次研究，更没有整理出一个系统、完善的理论分析框架；目前没有比较成熟的数据库，实证数据的收集存在一定难度。其四，研究角度。现有研究对于用相关理论解决中国特别是粤港澳大湾区的产业协同竞争力的相关研究，角度单一，观点较分散，缺乏系统全面的研究，多数研究只是将其作为一个整体进行考虑。

总而言之，在以产业融合和价值网为特征的产业生态系统时代，产业互相渗透、延伸和重组，企业联结成价值网平台。从粤港澳大湾区的产业发展角度看，基于产业生态的大湾区产业协同发展已成为新一轮经济增长的新引擎，大湾区产业协同的现实路径选择战略已然成为当前最核心的战略之一。近年，珠三角地区通过自身生产要素比较优势逐渐成为新的全球制造业中心之一。这种以制造业为主导的产业结构虽然显示了珠三角地区工业化加速阶段的发展特征，促进了该地区现阶段的高速增长，但产业结构低端化和低劳动生产率的双低格局对珠三角地区乃至广东和全国的可持续发展提出了严峻挑战。特别是目前呈现的一些难点问题正在阻碍着珠三角地区制造业的转型升级进程。如在全球价值网络中被低端锁定的一些传统产业，近年来一直致力于通过技术创新、市场拓展以及品牌运营等实现价值链的高端升级，虽然一些企业已经努力上升至研发设计、生产运营以及营销服务区段，却发现再次陷入“被俘”的尴尬境地。另外，香港国际创新、科研教育资源对区域经济发展和对创新产业的驱动作用不足，发展动力有待提升以及澳门产业的适度多元化发展等问题也十分突出。尽管经过了30多年的经贸交流，粤港澳三地的产业合作仍未达到理想状态。理论与实践表明，基于颠覆性创新价值网络与产业生态系统的塑造，能够集群多个地区和各成员行业、企业的优势资源，后发地区通过致力于产业生态系统和市场轨道的构建，将各种能力要素协同在一个跨区域甚至跨境的大平台上，企业以知识网络、市场网络、产业链分工、价值协同与信息化网络技术带来的“知识溢出”等效益，通过对低端和新兴市场的破坏、跨界整合式颠覆性创新以及高端颠覆性技术演进和市场扩散等多种方式，在颠覆性创新条件下实现追赶。因此，基于全新的颠覆性创新价值网络视角，研究粤港澳大湾区产业协同竞争优势的构建，破解企业、产业转型升级进程中的难点问题显得尤为迫切。预计本书的研究成果将有可能填补该领域理论研究的一些空白点。

（四）总体思路

结合上述机理分析与理论综述，可以从战略上对粤港澳大湾区产业国际竞争优势构建进行设想。粤港澳大湾区虽然在地理空间上同属一个湾区，但却不在同一个制度空间里，它有三个法制区、三个关税区、三个货币区、三个合约区，所以粤港澳大湾区经济发展的要素不可能完全自由流动。因此，在讨论粤港澳大湾区颠覆性创新价值网时，应考虑上述重要因素，构建粤港澳大湾区产业协同竞争优势机理分析框架，如图2－17所示。

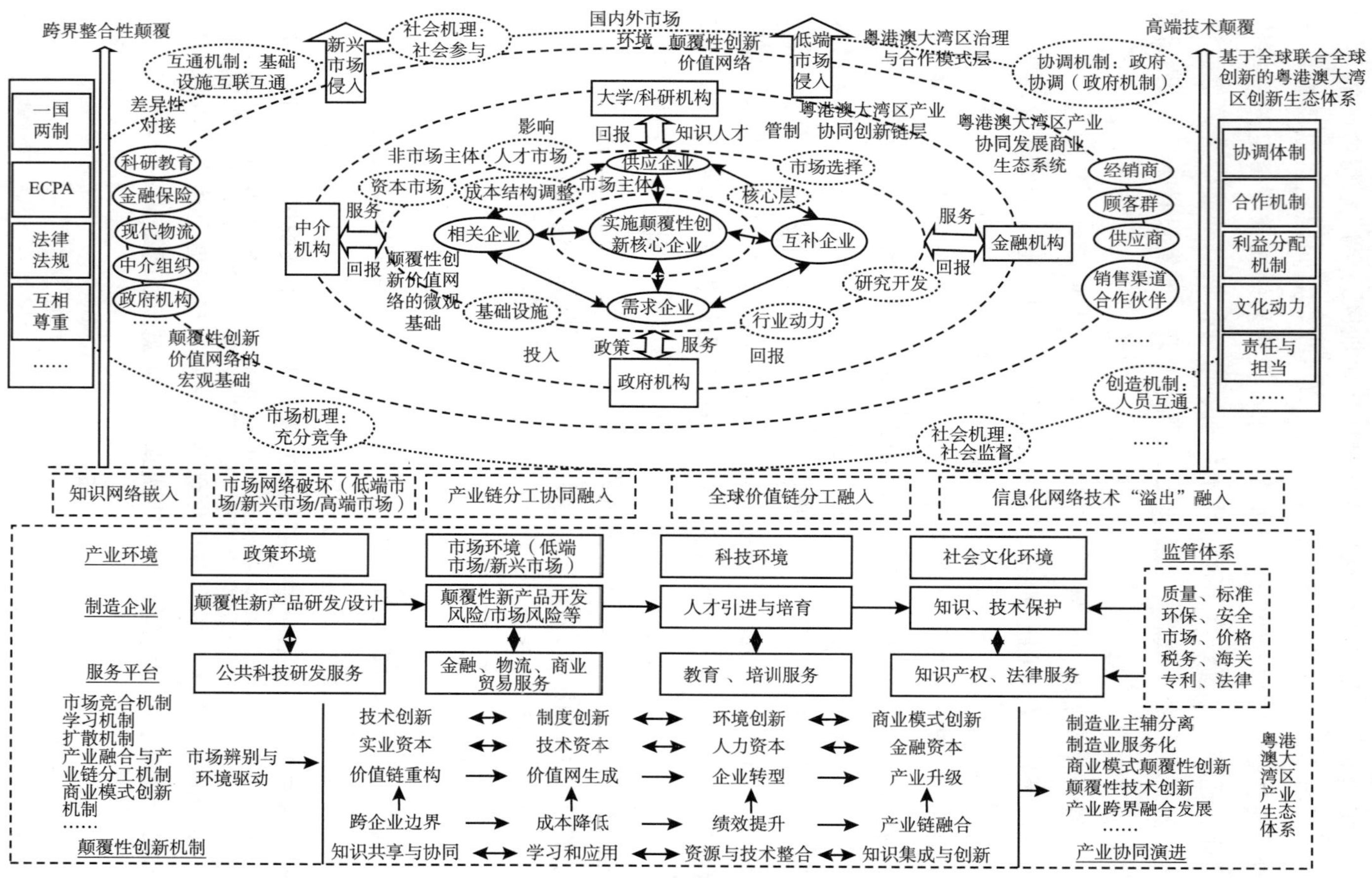

图2-17 粤港澳大湾区产业协同竞争优势机理分析框架

粤港澳大湾区颠覆性创新价值网也应是基于产业与创新生态的价值网，因此，为了更为准确与全面，将其称为“颠覆性创新价值网体系”。理论与实践表明，基于全球联合创新的颠覆性创新价值网络能够集聚各地区和各成员企业优势资源，将各种能力要素协同在一个跨区域甚至跨境的大平台上，企业以知识网络、市场网络、产业链分工、价值协同与信息化网络技术带来的“知识溢出”等效益，融入创新生态体系，能够增强核心竞争力。为此，基于颠覆性创新价值网络的视角，从价值网络、产业与创新生态和企业三个层面展开，对粤港澳大湾区颠覆性创新价值网与产业生态进行构想。

其一，在同体制度异质性条件下，从合作内容、动因分析、差异化机制分析出发，以“互融共兴”为理论核心，从合作前提、联动机理、执行机理以及监督、评估、反馈四个方面，应构建粤港澳大湾区跨界合作一个初步分析范式，从法律、市场、政府和社会四个方面创新协调机制，以结构式强制、契约式和互动式三种方式配套相关政策。

其二，通过价值网构建，基于协同创新的颠覆性创新价值网络能充分发挥跨境、跨区域的联合创新资源比较优势，有效协同的利用高端生产要素，促进专业化、集聚化、系统化的生产性服务业集群发展，从而促进产业协同创新发展，推动珠三角地区传统制产业集群转型升级，珠三角地区传统产业集群低效的分工体系和协同创新效率对产业升级的制约因素以及对高端生产要素供给不足问题能得以解决，是传统产业向高端产业生态体系跃迁的可行路径。

其三，探讨粤港澳大湾区产业集群协同创新的相关机制，以及颠覆性创新价值网络构建的动因和在粤港澳大湾区的培育颠覆性创新价值网络的发展环境，通过对发达国家产业集群颠覆性创新价值网络构建的经验研究，提出粤港澳大湾区颠覆性创新价值网络的构建能促进生产性服务业集群与传统制造业集群协同创新，从协同创新的高端技术颠覆和第二、三产业整合的商业模式颠覆等方面提升大湾区产业协同竞争优势。

其四，针对粤港澳大湾区（珠三角地区）优势传统制造行业集群（如机械制造、建筑材料、纺织服装、五金家具等），通过构建大湾区颠覆性创新价值网络，制订实施方案，发挥颠覆性创新价值网络对制造业集群升级的“拉动”作用，继而实现将传统产业集群打造成创新型产业集群。

上述机理是基于宏观与中观视角的分析与解译，而颠覆性创新价值网体系还有一个更为重要的视角，即微观的视角，进一步说，即颠覆性创新价值网嵌入企业的升级，是在既定的价值链内外部环境中进行的。价值网内外部环境，构成升级的内外约束。升级的压力、动力、战略选择及影响因素等升级内容范畴，都由这种约束限定，可归纳为下述第五条考虑内容。

其五，嵌入颠覆性创新价值网的企业存在一个选择何种战略或是具体来说何种创新战略来适应的问题，对于珠三角普遍存在的劳动密集型企业如何进行转型升级的问题。嵌入网中的企业为以“环境——升级压力——升级战略选择——升级绩效分析——升级动力转换”为内在逻辑在维持现位战略、有保留的进攻战略以及积极的进攻战略（又具体包括颠覆式战略和突围式战略两种）中进行选择，三种战略可以相互转化，即随着外界条件的变化，企业原先选择较高级升级战略的可以转换为选择较低级战略，原先为较低级战略的也可以转换为较高级战略，但最终会以机会型发展选择颠覆式创新的模式进行转型升级。当然这种颠覆性创新战略的选择是具有颠覆性创新的，或是技术或是市场，或是商业模式和管理等。

第五节　颠覆性创新价值网构建下的企业战略选择

一、逻辑框架

既有的颠覆性创新价值网研究中，对企业发展战略分析一直缺乏一个比较成熟的分析框架。因此，我们首先确定一个企业发展分析的内容逻辑框架，以此导引研究的进行。并且，我们也希望今后的颠覆性创新价值网研究中涉及具体产业、企业的发展分析时，这可以成为一个具有普遍应用意义上的分析路线、分析模式约定。针对颠覆性创新价值网内企业的发展，我们构建“发展环境分析——发展压力分析——发展战略与途径分析——发展动力分析——发展绩效分析——发展影响因素分析”内在逻辑的分析框架。嵌入企业的发展分析，第一步需要了解企业发展的内外环境。内外环境的变化，是产生发展需求即形成发展压力的来源所在，推动发展实施的动力、发展顺利进行的影响因素也同样制约于内外环境，因此，我们将发展环境分析作为整个分析的起点。发展战略实施与否，说到底是因为有发展压力的存在。如果压力不足，企业实施发展战略的意愿就会不足，发展的努力程度也就会大打折扣。比如，我国汽车行业的一些企业，多年来满足于既得的利益、既有的地位而不思进取，不追求自主创新，不追求建立自主品牌，这与它们缺少压力有关。发展压力的存在，是企业实施发展的必备前提，我们将发展压力分析作为发展分析的第二步。在发展压力的驱使下企业需要遵照一定的发展战略、选取特定的发展途径去升级。总结颠覆性创新价值网中企业发展的战略与途径是发展分析的第三步内容。由压力驱使而为的企业发展，在选择正确的发展战略和实施途径后，需要有足够的动力推动才能顺利进行，才能按照既定的战略、途径完成预期的目标。不然，企业发展将很难达到理想的效果。上述分析的逻辑框架，可以用图 2－18 来表示，发展环境分析是发展压力、发展动力和发展影响因素分析的前提；发展压力分析包含着发展动力分析的成分；发展绩效分析为发展影响因素分析做准备。

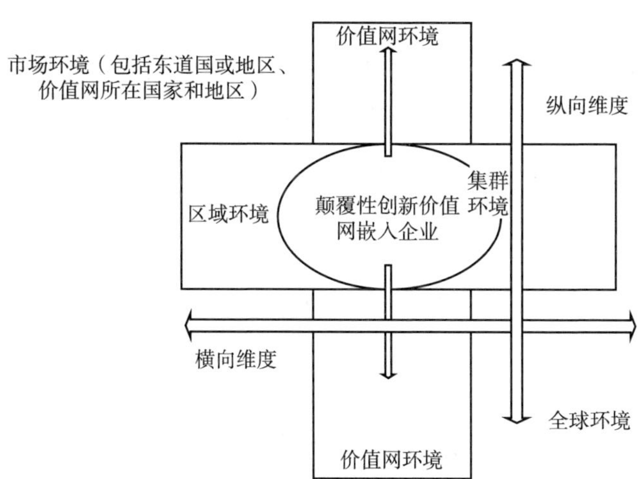

图 2－18　颠覆性创新价值网内企业升级分析的逻辑框架

二、环境分析

对于升级分析的两种传统视角即全球价值链视角和集群视角，都存在着一些缺陷：前者把价值链看成一个封闭的系统，没有综合考虑到地方集群内企业合作以及地方集群治理结构的重要性；后者忽视了在集群外部（更进一步指在价值链内）的参与者的角色作用（Anna C. Laven，2005）。本研究力图克服这种局限性，通过将区域集群、全球价值链纳入升级环境范畴中，将它们有机地结合到对嵌入企业的升级研究中去。尤其是区域集群环境，是分析、探讨企业升级行为研究基础的背景所在。嵌入颠覆性创新价值网的企业，是散布在全球各个地区的价值链网段中的一个个节点。企业所处的外部环境可分为微观环境与宏观环境两种。嵌入颠覆性创新价值网的企业所处的外部环境可分为微观环境与宏观环境两种。其中，微观环境可以由两个维度来描述：第一，纵向维度，即企业所参与价值实现过程中的上下游关系，我们称之为价值链环境；第二，横向维度，即企业所处区域的外部环境，主要包括集群环境。嵌入企业所处的宏观环境主要包括其所在国、价值链上下游企业所在国在内的外部宏观市场环境。竞争、市场需求、技术进步和政策等因素，是市场环境中对嵌入企业的升级发挥着较大影响作用的几类因素。企业在颠覆性创新价值网中，面临着来自价值链内外的产品市场竞争、外部区域集群竞争以及价值链内竞争。消费者需求的快速多变，影响着嵌入企业的各种生产经营活动，迫使企业不断推出、升级自己的产品。市场技术进步的快速进行，新产品出现的增多增快，要求企业必须积极实施技术进步，努力跟上市场技术进步的潮流，其中的关键，是企业应合理选取技术进步的战略。为推动本国走上“高端道路”，需要发展中国家制定和实施相关政策如产业技术政策、贸易政策、财税政策。企业的生产经营，受到这些来自于其母国、价值链上下游环节所在国的宏观政策的影响。价值链环境中的一些因素，主要包括价值链的治理模式、学习、协调机制等因素对企业的升级行为发挥着重要的影响作用。对于较低层次的企业升级而言：企业在价值链中的自主权、话语权越小，领导企业权威越大，价值网越有利于企业升级；反之则不然。对于较高层次的企业升级而言：企业在价值链中自主权、话语权越大，领导企业权威越小，价值网越有利于企业升级；反之则不然。价值网给嵌入企业学习各种先进的生产、经营知识提供了有利的条件，企业在价值链内的学习状况，会影响到企业的升级。价值网内部的合作协调环境对升级的影响是复杂的。合作协调高效、组成企业间的合作顺利和持久，则一方面可能降低企业实施升级的意愿，另一方面可能会有利于促进知识转移、扩散而推动升级的进行；相反，如果价值链的合作协调低效，组成企业间的合作违约多、不持久，则一方面可能会增强企业的升级意愿，另一方面可能阻止知识的转移、扩散而降低升级的可能性。颠覆性创新价值网嵌入企业所依托的集群环境，主要在外部经济、学习有效性、区域创新能力与要素资源引力等因素上发挥对嵌入企业升级的影响。集群发育越完善，集聚效应越强，对企业升级的影响、支持就会越大。各集群内企业组织学习的效率并不相同，学习有效性存在很大差别，这最终影响到企业的升级。企业越能利用集群提供的社会与制度结构环境条件，实现学习的高效，企业升级就越顺利。区域创新系统越完善、区域创新能力越强，就越能够给予企业的自主创新以更多的支持，就越能够给企业更高层次的升级提供更多的支持。区域创新能力状况，影响着企业的升级。集群要素资源引力的大小，决定其吸纳外部资源的多少，从而影响到集群自身的发展、影响到集群内企业的升级。此外，嵌入企业出于在价值链系统中生存和发展的需要，时时刻刻面临着巨大的升级压力。主要是竞争压力、产品升级压力、政策性压力和领导企业压力的存在，迫使价值链嵌入企业不断实施升级。

三、战略选择

简而言之，颠覆性创新价值网意指由不同地点的不同企业实施的包括研发、设计、生产和营销等环节在内的一个以空间散布为特征的产品价值实现活动链。处于这条链条低端链节、以发展中国家企业为主的嵌入企业，为维持、巩固和提升自己的价值链地位，需要不断实施升级。这种升级活动，是在既定的价值链系统环境约束下企业有意识、有目的实施的一种活动。嵌入企业在综合权衡其自身、外界环境的种种因素后，通过制定正确的升级战略、选取合理的升级措施和途径来框定、指引自己的升级行为，实现特定的升级目标。这里我们主要对嵌入颠覆性创新价值网体系中的发展中国家地区集群内企业升级的战略、措施和途径进行探讨。

参与以颠覆性创新价值网为基本组织单位的全球生产、贸易体系，是发展中国家企业进入国际市场、学习外来先进技术和实现升级的重要途径。企业嵌入颠覆性创新价值网系统后，面对的是极不稳定的价值链环境，有各种因素在时刻影响、动摇着企业在价值链中的地位。因此，企业必须实施升级以应对这些风险。然而，由于种种主客观条件限制，企业升级努力的结果并不是非常明朗的。其中一个重要原因，是企业升级意愿与升级结果之间的不一致，企业的升级并不能实现预期目标。这往往与企业缺乏明确的战略以致不能采取合适的升级措施与升级途径有关。对此，企业需要根据实际情况选取合理、切实可行的升级战略，以此引导自己的升级行为。嵌入企业升级的战略选择，是企业综合多维度、多方面因素考虑的结果，主要包括企业本身、价值链与地区集群三个方面维度的因素。企业自身维度是升级战略选择的决定性维度，价值网维度和集群维度是重要的影响维度。下面，我们对这三种战略进行一个说明。

（一）维持现位战略

此战略的实施，主要是通过对既有生产系统和既有产品的改进实现的。维持现位战略的目标非常明显，就是企业将升级的目标定位于维持现有的价值链地位。这是企业结合种种因素，自觉无力推动自己的价值网地位显著提升、退而求其次制定的升级战略。不过，必须明确的地方是，维持现位并不是指企业维持现有生产函数的水准不再提升，而是指维持颠覆性创新价值网中的现有地位，是在价值网总体生产函数水准不断提高的背景下进行的。这意味着嵌入企业也在进行升级。显然，此时企业实现的升级方式一般是工艺流程升级以及低层次的产品升级（此时产品升级的内涵，是通过提升引进新产品或改进已有产品的效率来达到超越竞争对手的目的）。企业通过流程或产品升级，维持自己相对于竞争对手的优势，同时紧跟颠覆性创新价值网系统整体技术进步、市场需求变化的步伐，以此来维持自己既有的价值链环节位置，不至于被竞争对手取代。相对而言，维持现位战略是一个比较保守的升级战略，因为企业的升级不会带来显著的利润增加、显著的技术进步以及竞争力的突破式进展。也正是如此，战略的实施给企业带来有利的一面：一方面，这不至于给企业造成太大的经济压力和风险；另一方面，也会给企业升级带来一些额外的好处，包括价值链的领导企业、上下游环节企业的支持。因为企业相对保守的升级战略，不至于给领导企业、给较高价值增值环节企业的地位带来威胁。结合我国情况来看，发展中国家参与颠覆性创新价值网体系的中小企业，大部分选择的都是这样一个战略。尤其是在一些劳动密集型产业中，以至于企业的技术进步、升级主要依赖于发达国家企业的技术支持和技术转让。这切合发展中国家企业实力普遍弱小的现实，尤其是发展中国家企业缺乏创新能力的现实。

（二）有保留的进攻战略

这个战略主要适用于生产者驱动颠覆性创新价值网中，主要是通过对现有生产系统和现有产品的更新换代实现。有保留的进攻战略积极意味较浓，但它存有一个限度：不会推翻既有价值链领导者的领导地位。企业升级的目标主要是实现对较高增加值环节的跃升，并没有实现对领导企业所在的关键环节的占据，从而没有威胁到领导企业的地位。实施有保留的进攻战略，对嵌入企业升级的实施存在利弊两方面作用：好处是可以在确保价值网地位的基础上获得一定程度的地位提升，可以得到来自领导企业的较多支持；不利之处是企业升级的成果有限，仍然处于价值链中的从属地位，不能实现发展中国家跨越式的产业发展目标。实施这个战略，企业实现的升级方式主要是流程升级和产品升级。一般而言，发展中国家嵌入颠覆性创新价值网的大中型企业、有一定实力的企业最好也选取这种战略。但是，对于中国企业而言这方面做得还很不够。一个典型的例子是我国嵌入全球汽车价值链的企业，现阶段往往满足于处于一个总装环节、一个低档次的零配件生产环节而不思进取，没有实现向较高增加值环节跨越的意愿。至于研发能力的培育就更不用提及了。许多国内汽车企业在和国外公司合作后，甚至将原有的研发设计部门彻底解散或缩减规模或转变为一个纯粹的售后技术服务支持部门，基本上放弃了研发活动，从而排除了实现较高层次升级的可能性。

（三）积极的进攻战略

积极的进攻战略也即企业的积极的进攻战略，意味着企业升级的目标是推翻价值链既有的权力结构，建立由企业自己领导的新价值网系统。战略实施的最终结果，是嵌入企业占据关键的生产性环节和跨越生产环节占领关键的非生产性环节，即占领价值链中的战略性环节。积极的进攻战略在生产者驱动与采购者驱动两种价值网中都可以得以实施。在生产者驱动比如汽车、计算机等价值网中，积极的进攻战略的企业，最终掌握生产链条中的关键、核心环节（一般指生产、研发环节）技术，继而或脱离原有领导企业控制的价值网系统而组建以已为主的新价值网，或完全剥夺原有领导企业的地位取而代之，或与原有领导企业共享既有价值网系统，以此破坏既有的价值网权力系统。在采购者驱动的价值网中（比如服装、鞋等），嵌入企业的积极的升级，主要是实现对设计、产品开发、市场营销等环节的渗透，最终摆脱原有采购者领导企业，建立起以自己为主导的采购体系。这相当于嵌入企业已经摈弃原有的旧价值网体系，将原有采购者领导企业的地位推翻了。

实施这种积极的进攻战略，一般而言要求企业具有较强大的技术进步能力。在生产者驱动价值网中，嵌入企业主要通过自主创新机制推动升级实现。企业既可以通过开发出新的生产技术也可以通过开发出新的产品（关键环节或最终产品），来形成相对原有领导企业的竞争优势，打破原有领导企业的垄断局面。对于采购者驱动价值网，企业积极的进攻战略的实施主要是通过学习和提高品牌经营、市场销售能力来推动的。由此可见，实施积极的进攻战略嵌入企业的升级，实现升级的方式主要是较高层次的功能升级和网络层级的升级。积极的进攻战略的实施对于发展中国家而言，是实现产业升级和产业结构调整与优化、培育具有国际竞争力的产业和企业的必经途径。不过，作为嵌入企业的最高级别的升级战略，积极的进攻战略的顺利实施，会遭遇很多障碍。最大的障碍，当然首先来自于企业固有的技术进步能力水平，主要指创新能力水平；其次，由于嵌入企业的升级行动会威胁到旧价值网的领导企业，因此，企业还必须面对领导企业可能的障碍设置；如此等等。克服这些障碍，要求企业具有足够的实力，只有具备一定能力的中小企业才有可能实施。总体而言，至目前为止发展中国家和地区企业实施这种战略成功的案例还比较少见。就制造业而言，比较成功的是我国台湾地区的计算机企业、韩国的汽车企业以及我国香港地区的一部分服装企业的升级，我们列举中国台湾地区 IT 企业积极进攻升级战略的成功经历来进行说明。在20世纪90年代中期前后，IT产业硬件的中下游和周边产品（CD－ROM、主机板、监视器、扫描仪、笔记本电脑等）在台湾地区已基本成熟。随着这些产品市场竞争的加剧、利润空间的急剧收缩，台湾地区IT产业急需实施更高层次的升级。这时，大多数台湾地区企业所采取的都是积极进攻意义上的升级战略措施：一方面着重拓展IT价值链上的非生产性环节活动功能，另一方面则通过将中下游产品加速外包来组建新的区域价值链。这样，到2000年，台湾地区IT企业已经实现将大部分的生产活动转移到岛外，许多产品的岛外生产比例高居八成，并且，留在台湾岛内的企业本部同时也培育出了一定的研发设计能力、营销能力。最终的结果，是台湾地区IT企业构筑了以台湾地区为中心的IT生产网络，同时逐步实现对价值链研发、品牌服务等高端环节活动的渗透——这不仅使台湾地区IT企业摆脱了原有的单纯代工模式，而且实现了功能升级（当然，就全球IT产业价值链而言，最高端的领导企业仍然还是发达国家的企业，台湾地区企业只是实现对发达国家企业高附加值生产领域的侵蚀，还没能实现对原价值网权利结构的全面颠覆）。对上述三种升级战略进行比较，主要从升级战略的目标、实施手段、实现的升级方式和适用的企业等方面进行。这里，我们应该注意到：第一，三种战略所蕴含的升级内涵的等级大致呈现出一个从低向高的递升过程，维持现位战略最低，积极的进攻战略最高；第二，战略的选择不是维持不变的，三种战略可以相互转化，即随着外界条件的变化，企业原先选择较高级升级战略的可以转换为选择较低级战略，原先为较低级战略的也可以转换为较高级战略。

综上，企业在综合权衡其自身、外界环境的种种因素后，通过制定正确的升级战略、选取合理的升级措施和途径来框定、指引自己的升级行为，实现特定的升级目标。企业制定升级战略，主要考虑价值链、地区集群与企业本身三个维度的因素。企业自身维度是升级战略制定的决定性维度，主要考虑企业的技术进步能力与企业所处的产业部门种类两个因素。从价值网维度来考虑企业升级战略的制定，主要考虑嵌入企业的权力（由价值网治理模式决定）和价值网内部企业合作水平两个因素。对于区域集群维度，与升级战略制定密切相关的是集聚效应的强弱因素与区域创新系统的完善状况因素。价值网内企业的升级战略一般可分为三种：维持现位战略、有保留的进攻战略以及积极的进攻战略（又具体包括颠覆式战略和突围式战略两种)。维持现位战略的目标非常明显，就是将升级的目标定位于维持现有的价值链地位。有保留的进攻战略主要通过对现有生产系统和现有产品的更新换代实现，企业升级的目标是实现对较高附加价值创造环节的跃升，同时不对领导企业的地位造成威胁。积极的进攻战略意味着企业升级的目标是推翻价值网既有的权力结构，建立由企业自己领导下的新价值网系统。战略实施的结果，是企业占据关键的生产性环节和跨越生产环节占领关键的非生产性环节，即占领价值网中的战略性环节。选取正确的升级战略后，企业需采取相应的措施、通过相应的途径来实施升级。维持现位战略的措施主要是设备更新改造、产品改良、维持低成本优势以及增强企业的升级灵活性。有保留的进攻战略，要求企业采用代差性先进设备、转入较高附加价值生产环节和转入非领导企业控制的非生产性活动环节。企业图谋发展的积极的进攻战略，主要应采取的措施包括：发展产品、技术的自主开发能力；积累销售技能；转入非生产性环节，重组价值链；转入新产业部门；等等。根据上述嵌入企业升级的实施措施，可以总结和归纳出全球价值链内企业升级的实现途径：技术努力、从事非生产性环节活动、发展价值网组织以及实施产业部门跨越，从而实现技术或市场的颠覆。这里值得一提的是，积极的进攻战略中的突围式战略，一般只有一定实力和规模的大企业才能具备这种直接抗衡的力量，而对于绝大部分中小企业而言，更多的是选择颠覆性战略，因此此种战略能实现较低成本下的技术或市场颠覆性作用。

综上，颠覆性创新价值网的实质是原价值网体系企业实施颠覆性创新的一种集群与生态，是旧的价值网体系的重构与跃变，是新的产业与创新生态的磨合过程，因其重视技术与市场双重的因素，因此，考虑在低端市场、新兴市场或两者的混合市场实施破坏的成本相对较低，是发展中国家或地区嬗变发展的重点战略选择。在粤港澳大湾区产业协同发展的过程中，不仅要重视传统的劳动力、资本、土地等要素投入，也要重视基于二次吸收的模仿性创新，但更要重视和发挥颠覆性创新的作用。如何培育企业嬗变发展，实证颠覆性创新能力，促进企业知识吸收能力与颠覆性创新的内生互动，构建基于颠覆性创新的创新生态，以制造业与生产性服务业融合以及企业实施颠覆性创新为基础，以知识网络融入、市场体系融入、产业链融入、全球价值链融入以及信息网络融入为机理，全面实施颠覆性创新，从而驱动知识溢出、知识吸收与企业实施颠覆性创新充分耦合的颠覆性创新价值网体系建设，此种模式下所表现出的产业与创新生态的建立，包括数字产业化与产业数字化、智慧型、创新型城市的建设等为平台的现实实施载体建设，应为未来政策制定部门和政府决策部门所要关注的重点问题。

第六节 小　结

本章研究了创新理论、学习理论、竞争力理论和新结构经济学理论的渊源、演化、主要观点与最新进展，进而全面分析了颠覆性创新价值网理论、知识溢出与知识吸收理论等，讨论知识溢出、产业融通与颠覆性创新的互动耦合机理，及其对区域产业国际竞争力作用机理。理论研究从知识溢出、产业融通与颠覆性创新的互动耦合的视角出发，认真分析这一双耦合机理带来的降低生产和研究成本和追求需求的效应，旨在探究这一耦合机理对地区产业国际竞争力提升作用机理，揭示出知识溢出、产业融通、颠覆性创新对区域产业国际竞争力的具体影响，主要结论如下：

（1）颠覆性创新理论是创新基础理论的应用理论，也是一次十分重要的突破，也是本章所论述的关键的理论工具之一。重点从颠覆性创新的发端、特征分析、企业开展颠覆性创新的条件、颠覆性创新的实施以及存在争议等几方面进行论述，本质上还是从企业如何开展颠覆性创新并取得成功这一最基本的问题的围绕，只不过是将研究视角扩展到同一方面来阐述。因此，可以说，颠覆性创新理论是更侧重于应用的理论，它是后发企业如何有效提升竞争力的理论范式或思考框架。

（2）从阿罗（Arrow，1962）最早阐明了知识的累积过程及其经济含义开始，至索洛构建了可以用来对技术进步率和技术进步对经济增长的贡献进行估计的经济计量模型，至新增长理论的“干中学”的思想，再到新制度经济学对制度性知识学习机制的归纳，均反映了知识和学习的重要性。而在学习理论中，伴随着知识溢出和知识收敛的相关论述。可以说，追溯学习理论的发展路径，也是知识溢出、经济增长理论与制度变迁理论的发展路径。因此，讨论基于学习理论中的知识溢出的应用理论显得十分有必要。

（3）竞争力理论研究时间相对悠久，成果较丰富，历经了静态到动态的演变过程，从最开始主张要素规模大小决定论演化到产业内生发展的能力，其间跨越了许多错误的认识。传统的竞争力理论对技术创新没有重视，将其视为外生力量，波特的国家竞争优势理论构建了产业竞争力的分析范式，其新的分析框架和研究思路，以及波特的研究方法和结论给人耳目一新的感觉，具有十分重要的理论和现实意义，但波特的钻石模式对开发中国家或地区的解释力不足。以芮明杰为杰出代表将知识吸收与创新放入了钻石模型的核心，至此，竞争力分析范式的研究呈现出了一个别样的天地。之后的学者又将出口技术复杂度、产品空间等概念融入产业国际竞争力的分析框架，使该理论向动态、结构层面的“质”深入推进。

（4）知识溢出与颠覆性创新存在着互动耦合的关系，并为区域产业国际竞争力提升的关键影响因素；在国际贸易中，知识溢出效应能有效降低颠覆性创新的成本，并使地区在成功实施颠覆性创新过程中，攫取更多的国际贸易福利；随着知识溢出效应的增强以及颠覆性创新的成功实施，知识溢出与颠覆性创新的动力会内生于区域产业国际竞争力提升，这种互动耦合的程度越高，则由这种耦合动力内生出的发展势力越强，就越能提升与国际贸易福利的合意性，发展中地区的这种动力模式越强越好。

基于对现有知识溢出、产业融通、颠覆性创新价值网与区域产业国际竞争力关系在理论与理念上进行逻辑解释的同时，尝试找到他们相互作用的内在作用机理。从波特的分析范式出发，能过理论的演绎与逻辑的融通，推导出基于波特分析范式的新构想，将知识溢出（知识吸收）嵌入分析范式中，并强调产业融通发展对产业国际竞争优势的关键作用，进而构想新的分析式，并通过理论与逻辑推演，得出如下结论：

（1）波特的分析范式在发达国中的运用较为合理，而对于发展中地区产业竞争力而言不适用，构建知识吸收与颠覆性创新为核的理念，并置于波特的传统的分析范式中，发展中地区的产业国际竞争力提升内在动力机理分析因此而成立。

（2）针对颠覆性创新价值网内企业的发展，构建“发展环境分析——发展压力分析——发展战略与途径分析——发展绩效分析——发展动力分析——发展影响因素”内在逻辑的分析框架。并分析了颠覆性创新价值网嵌入企业的环境分析与压力。

（3）进一步，从微观上来看，嵌入颠覆性创新价值网内企业要进行战略选择行为，发展战略一般可分为三种：维持现位战略、有保留的进攻战略以及颠覆性创新战略（又具体包括颠覆式战略和突围式战略两种），三种战略可以相互转化，即随着外界条件的变化，企业原先选择较高级发展战略的可以转换为选择较低级战略，原先为较低级战略的也可以转换为较高级战略。

知识溢出、产业融通、颠覆性创新价值网与区域产业国际竞争力是否存在必然联系？本章给出了如下解释：在完全竞争和贸易自由的条件下，区域产业国际竞争力提升的核心为知识溢出、产业融通与颠覆性创新的“双耦合”。这种“双耦合”效应在未来特别是发展中地区而言，是长期并合理存在的，以至于此，发展中地区的产业国际化发展策略应运而生。当然，到本章为止，还是基于粤港澳大湾区要素完全自由流动的基础上理论的推演，而且还待后续章节的实证检验。此外，大湾区内部区域间的协同机理也是本研究的一个重点内容。

第三章　粤港澳大湾区产业国际竞争力驱动特征经验分析

知识溢出、产业融通与颠覆性创新的双耦合有着内生的合意性，这种内生的合意是区域产业国际竞争力的驱动关键因素。目前，粤港澳大湾区的制造业主要集中在珠三角地区，并以传统制造业为主，并整体受制于国际经济形势的影响，长期以来，包括珠三角在内的我国各个地区推行的“以技术换市场”的战略思维，推崇引进—消化—吸收的创新模式，使得我们长期陷入低水平技术的陷阱，这些技术待我们吸收后，往往没有多长时间的生命力，这从某种程度上延误了国内各地区产业国际竞争力的崛起。国内有许多学者、官员在“纯粹”的技术中不断地尝试探索内地各地区产业后发优势的路径。而“市场”这一关键要素却没有得以正视或是足够的重视。“以技术换市场”发展模式使珠三角在国际产业链条中处于“微笑曲线”的底端，这是我们不能回避的问题。

第一节　指标体系设计与测度

一、实证对象说明

为了便于对珠三角产业颠覆性技术创新、知识溢出效应以及国际竞争力等进行定量分析及综合阐述，本书将统计指标体系中的44个行业分别归类为“一产”“二产”“工业”“三产”四大类产业，其中表3－1中序号1为第一产业；序号2～26为第二产业，其中序号2～25为工业，序号6～22为制造业；序号27～44为第三产业。接下各章节的实证中，考虑数据的可得性，在本章中进行颠覆性技术创新对珠三角产业国际竞争力影响时所取的数据均为全口径的产业，在本章中第五节中的分行业颠覆性技术创新的驱动特征计量分析的产业则是用工业口径的数据为代表进行探究。

表 3－1　　产业分类表

<table>
<tr><th>序号</th><th colspan="2">产业大类</th><th colspan="2">统计口径行业分类</th></tr>
<tr><td>1</td><td>一产</td><td colspan="3">农、林、牧、渔业</td></tr>
<tr><td>2</td><td rowspan="25">二产</td><td rowspan="24">工业</td><td colspan="2">煤炭开采和洗选业</td></tr>
<tr><td>3</td><td colspan="2">石油和天然气开采业</td></tr>
<tr><td>4</td><td colspan="2">金属矿采选业</td></tr>
<tr><td>5</td><td colspan="2">非金属矿及其他矿采选业</td></tr>
<tr><td>6</td><td rowspan="17">制造业</td><td>食品制造及烟草加工业</td></tr>
<tr><td>7</td><td>纺织业[1]</td></tr>
<tr><td>8</td><td>纺织服装鞋帽皮革羽绒及其制品业</td></tr>
<tr><td>9</td><td>木材加工及家具制造业</td></tr>
<tr><td>10</td><td>造纸印刷及文教体育用品制造业</td></tr>
<tr><td>11</td><td>石油加工、炼焦及核燃料加工业</td></tr>
<tr><td>12</td><td>化学工业</td></tr>
<tr><td>13</td><td>非金属矿物制品业</td></tr>
<tr><td>14</td><td>金属冶炼及压延加工业</td></tr>
<tr><td>15</td><td>金属制品业</td></tr>
<tr><td>16</td><td>通用、专用设备制造业</td></tr>
<tr><td>17</td><td>交通运输设备制造业</td></tr>
<tr><td>18</td><td>电气机械及器材制造业</td></tr>
<tr><td>19</td><td>通信设备、计算机及其他电子设备制造业[2]</td></tr>
<tr><td>20</td><td>仪器仪表及文化办公用机械制造业[3]</td></tr>
<tr><td>21</td><td>工艺品及其他制造业</td></tr>
<tr><td>22</td><td>废品废料</td></tr>
<tr><td>23</td><td colspan="2">电力、热力的生产和供应业</td></tr>
<tr><td>24</td><td colspan="2">燃气生产和供应业</td></tr>
<tr><td>25</td><td colspan="2">水的生产和供应业</td></tr>
<tr><td>26</td><td colspan="3">建筑业</td></tr>
</table>

续表

序号	产业大类	统计口径行业分类
27	三产	交通运输及仓储业
28		邮政业
29		信息传输、计算机服务和软件业
30		批发和零售业
31		住宿和餐饮业
32		金融业
33		房地产业
34		租赁和商务服务业
35		研究与试验发展业
36		综合技术服务业
37		水利、环境和公共设施管理业
38		居民服务和其他服务业
39		教育
40		卫生、社会保障和社会福利业
41		文化、体育和娱乐业
42		公共管理和社会组织

注：下面章节的实证研究均照此产业分类标准。
①该行业主要是与服装配套的生产工序。
②不含软件、通信服务行业；大部分为消费类电子产品。
③含钟表、眼镜等轻工业。
资料来源：作者研究整理。

二、指标体系建立

（一）测度的可行性分析

理论的可行性主要表现在评价体系的建立是否有可靠的理论作为支撑。经过文献查找、梳理和整合，归纳总结出颠覆性技术创新、知识溢出和珠三角产业国际竞争力评价体系建立的应用理论基础是颠覆性技术创新理论、知识溢出理论和产业竞争力理论。紧紧围绕前面章节的关于这三个概念的范围界定，构建出具有代表性的评价指标体系，理论上是可行的。

技术的可行性主要表现在评价方法的科学性、指标数据的可获得性和可比性。在评价方法方面，现行的综合评价方法包括主观评价法和客观评价法，本研究将选择熵值法的评价方法，并对评价结果与实际情况进行拟合，选取最能反映实际和科学性的方法作用最终评价法。在指标数据可获得性和可比性方面，各项评价指标及其相应的计算方法都力求标准化、规范化，有明确的释义，指标数据在相关统计年鉴上均可查询，具有年度的可持续性。因此，构建评价指标体系在技术上是可行的。

（二）产业国际竞争力特征指标选取

国外学者沃拉桑德·沃（Vollrathand Vo，1988）、巴拉萨（Balassa，1989）、波特（1990）以及国内学者金碚等对于产业国际竞争力的指标进行研究，归纳起来分为显性和分析性两大类评价指标体系，对绝对与相对的产业竞争力进行了评价。显示性指标是基于进出口数据计算的指标，而在开放经济条件下，一国/地区的国际贸易方式和产品结构直接反映了该国/地区的产业在全球价值链中的分工地位以及竞争力水平。

本书研究的产业国际竞争力指数（NTB）主要涵盖了贸易方式和贸易产品结构两大类进行评价。其中，贸易方式包括：一般贸易占比（GDA）、加工贸易增值率（PTR）；贸易产品结构包括：服务贸易与货物贸易比值（SGR）、高技术产品出口额占比（HTE），共4个特征性指标。这样设计有别于传统的国际贸易指数的优势体现为：这样特征指标不仅反映了珠三角产业国际贸易的量的竞争力，而且还从贸易方式和贸易产品结构体现了珠三角产业国际竞争力“质”的情况。

（三）知识溢出特征指标选择

帕希、尤塞（Raffaele Paci，Emanuela Marrocu Stefano Usai，2014）通过欧洲276个地区的数据进行实证，验证知识生产函数模型中的创新能力，指出R&D和人力资本是知识生产的主要内部输入。齐、赖和刘（Yih – Luan Chyi，Yee – Man Lai & Wen – Hsien Liu，2012）则通过实证揭示了R&D是知识溢出对集聚效益有潜在影响，它在解释新竹的高科技集群企业销售净溢出效应是显著的。巴塔雅尔和比拉迪（Amitrajeet A. Batabyal &

Hamid Beladi，2013）指出基于人力资本，使知识溢出对企业的股票绩效有增长，并指出存在一个人力资本而引发知识溢出的规模效应。常和麦克利尔（Chia - Lin Chang & Sung - Pochen Michael Mcaleer，2013）的研究结果表明：FDI、增加出口和 OFDI 能够刺激授权专利的增长。斯坦科和奥勒罗斯（Michael A. Stanko & Xavier Olleros，2013）的相关研究就指出，创新活动劳动力的外包、企业集群以及劳动力的地域移动性使知识在行业内流通。巴里奥斯、赫内（Salvador Barrios，Luisito Bertinelli Andreas Heinen，2012）的研究也指出，学术知识溢出与区域创新之间存在正的相关关系，并支持区域创新大学研究存在对真正的知识溢出效应产生正的影响。吉希纳莫和曼罗（Ghinamo & Mauro L.，2012）也通过实证研究支持大学研究对区域创新真正外溢效应的存在。

普拉默和贾科斯（Lawrence A. Plummer & Zoltan Jacs，2012）主张局部竞争减少，以激励利用新知识，并减少阻碍创业的活动，并指出新的知识和创业活动，与本地化竞争呈负面的正相关关系。他们还发现，更大的集聚抵消了对基于本地化竞争的新知识和创业活动之间的调节作用。因此，我们不将集聚指标纳入知识溢出的考察。钱和贾科斯（Haifeng Qian & Zoltan Jacs，2013）基于美国都市地区的数据进行实证指出，创业的知识溢出理论认定的新知识，创业机会的来源，并建议创业者在商业化的大企业或研究机构开发新的知识要发挥重要的作用。他们认为，知识溢出创业不仅取决于新的知识，但更重要的是对企业的吸收能力，使企业家们了解新知识，认识到它的价值，并因此创建一个坚定的商业化企业。

在借鉴上述理论论证的基础上，将知识溢出效应（SE）特征指标项为：技术市场活跃度（RMA）、R&D 人员占比（RES）、在校大学生人数与就业人员比例（EDU）、工业劳动生产率（IPR）、服务业劳动生产率（SPR）和外商投资（FDI）。

（四）颠覆性技术创新特征指标选择

颠覆性技术创新的界定是基于创新对市场的影响，而受制于技术创新测度的难度，人们无法直接衡量技术创新的准确情况，而产业内的颠覆性技术创新的数量与质量更是无法直接通过数据进行测量。但我们可以通过表征反映产业发展的一些指标项，来间接测度颠覆性技术创新程度，这好比诊断一个人的肠胃是否有疾病，并不需要动手术来了解，而是通过化验一些指标项来判断。根据克里斯滕森（2004）对于颠覆性技术创新的定义，颠覆性技术创新实质上反映在技术与市场两个方面。

借鉴克里斯滕森（2004）、格里利奇斯（Griliches，1979）、贾菲（Jaffe，1989）、弗里德曼（Feldman，1994）、安赛林、瓦加和阿克斯（Anselin，Varga & Acs，1997）、格瑞兹（Greunz，2003）以及克里斯滕森（1997），克里斯滕森、约翰逊和里格白（Clayton M. Christensen，Mark W. Johnson & Darrell K. Rigby，2002），索蒙德和莱蒂斯（Pete Thomond & Fiona Lettice，2002），肯吉（John W. Kenagy，2001）等学者对于颠覆性创新的定义，一方面，克里斯滕森认为产品性能反映技术方面的情况，消费者对产品性能的利用能力反映了需求方面的状况，而根据颠覆性创新的定义，由于颠覆性创新采用了不同于现有主流的技术，因此会影响竞争规则的改变，势必会影响主流市场的主导企业，从而引起市场结构发生变化，这会体现在产业组织结构的指标变动；另一方面，项和林（Xi－Yao Xiang & Hong Cai Shui Lam，2013）研究结果证实表明专利引文不是知识流动的一个适当的指标，因为它反映了很少的知识交流渠道，因此，我们将专利数量列入了颠覆性技术创新的指标。

依据上述思路，颠覆性技术创新能力（DA）特征指标项为：研发经费支出占比（RD）、高技术产品生产强度（PSG）、高技术产品生产强度（NPR）、开发新产品经费强度（NPS）、专利产出率（NP）和上市公司企业数量（NME）。

综上，以指标体系设计的总体思路和基本原则为指导，以前面篇章对核心概念的分析为基础，进行逻辑整合，并与理论分析相结合，综合出珠三角产业国际竞争力、知识溢出效应和颠覆性技术创新能力的关键性影响因素，根据这些主要影响因素选择相应的特征指标，共16个特征指标，构建珠三角知识溢出效应、颠覆性技术创新能力和产业国际竞争力的测度体系。

三、资料来源

本书所有资料来源，包括 2000 ~ 2013 年珠三角产业类相关数据[①]以及前后章节的相关数据分析来源：一是中国统计数据应用支持系统：http：//info. acmr. cn/和 http：//yearbook. acmr. cn/；二是中国行业研究报告库：http：//firstreport. acmr. com. cn：8000；三是中国统计年鉴数据库（挖掘版）：http：//19. 16. 29. 12/csydkns/navi/NaviDefault. aspx"；四是历年《广东省统计年鉴》《广东省科技统计年鉴》《长江和珠江三角洲及港澳台统计年鉴》《港澳经济年鉴》《香港经济年鉴》《澳门年鉴》及各市统计年鉴；五是 1997 年、2002 年、2005 年、2007 年、2010 年、2012 年 42 部门的投入产出表、延长表。

第二节　实证模型的选择

一、实证模型构建的理论背景

格里利奇斯（Griliches，1979）借鉴柯布—道格拉斯生产函数，在分析研究与知识溢出对劳动生产率的增长影响的基础上提出了知识生产函数，并得出随着研发投入的增加，产出也会增加。贾菲（Jaffe，1989）和弗里德曼（1994）也先后对采用这一知识函数框架中加入其他投入变量进行分析，得出了一些十分有用的结论。上述分析提醒我们，在研究知识溢出、颠覆性技术创新与区域产业国际竞争力之间的关系时，也可以借鉴这种分析思路与框架，正如前人成果借鉴柯布—道格拉斯生产函数的表现形式一样，本节也借此研究了知识溢出、颠覆性技术创新与区域产业国际竞争力

① 2003 年为第一次全国经济普查后，对历史数据修订后的结果数据，2005 ~ 2007 年为第二次全国经济普查后，对历史数据修订后的结果数据，本节采用从 2000 年开始的数据。此外，因投入产出表的数据获取受到制约，因此，本节有些数据分析到 2013 年止。

之间的均衡关系。把知识溢出作为一种知识因素的投入，颠覆性技术创新作为一种科技因素和市场因素的投入，而区域产业国际竞争力则是一种投入后的产出。在考虑上述要素多投入来源和多产出的特点及其相互关系的基础上，结合 Griliches - Jaffe 知识生产函数①②、Romer - Jones 思想生产函数和 Furman - Porter - Stern 创新能力模型的特点③④，为了更好地模拟和描述知识溢出、颠覆性技术创新的投入与区域国际竞争力产出之间的内在规律，可采用通常的柯布—道格拉斯（Cobb - Douglas）生产函数（Jaffe，1989；Griliches，1990；Rome，1990；Jone，1995）的理论模型：

$$NTB_{it} = A_{it} KS^{\alpha} DI^{\beta} IN^{\gamma} \tag{3-1}$$

式（3-1）两边取对数得模型：

$$\ln NTB_{it} = \ln A_{it} + \beta_1 \ln KS_{it} + \beta_2 \ln DI_{it} + \beta_3 \ln IN_{it} + \beta_4 \ln X + \mu \tag{3-2}$$

式（3-2）是一个经过扩展和修改的双对数型区域产业国际竞争力生产函数（NTB）。其中，$\ln A_{it}$为常数项，KS_{it}代表知识溢出效应，DI_{it}代表颠覆性技术创新效应，IN_{it}代表资本、劳动力等其他投入变量，X 代表控制变量或环境变量，i 代表行业，t 代表时间，误差项 μ 代表其他未观察到的影响因素。再进一步扩展，将区域产业国际竞争力衍生出知识溢出效应和颠覆性技术创新效应为产出，其他影响因素为投入，代入不同的形式的扩展理论模型组：

$$\begin{aligned} NTB_t = {} & C(1) + C(2) \times RMA_t + C(3) \times RES_t + C(4) \times EDU_t + \\ & C(5) \times IPR_t + C(6) \times SPR_t + C(7) \times FDI_t + C(8) \times IC_t + \\ & C(9) \times NME_t + C(10) \times EGRD_t + \mu_t \end{aligned} \tag{3-3}$$

$$\begin{aligned} NTB_t = {} & C(11) + C(12) \times RD_t + C(13) \times PSG_t + C(14) \times NPR_t + \\ & C(15) \times NPS_t + C(16) \times NP_t + C(17) \times FDI_t + C(18) \times \\ & IC_t + C(19) \times NME_t + C(20) \times EGRD_t + \mu_t \end{aligned} \tag{3-4}$$

---

① Jaffe, A. B. Technological opportunity and spillovers of R & D: evidence from firms' patents, profits and market value [J]. American Economic Review, 1986 (76): 984 - 1001.

② Griliches, Z. Patent statistics as economic indicators: a survey [J]. Journal of Economic Literature, 1990 (28): 1661 - 1707.

③ Romer, P. M. Endogenous Technological Change [J]. Journal of Political Economy, 1990, 98 (5): 71 - 102.

④ Jones, C. I. Time Series Test of Endogenous Growth Models [J]. Quarterly Journal of Economics, 1995 (10): 495 - 525.

$$NTB_t = C(21) + C(22) \times LAB_t + C(23) \times CP_t + C(24) \times FDI_t + C(25) \times IC_t + C(26) \times NME_t + C(27) \times EGRD_t + \mu_t \quad (3-5)$$

$$SE_t = C(28) + C(29) \times RD_t + C(30) \times NPR_t + C(31) \times NPS_t + C(32) \times PSG_t + C(33) NP_t + C(34) \times NME_t + \mu_t \quad (3-6)$$

$$DA_t = C(35) + C(36) \times RMA_t + C(37) \times RES_t + C(38) \times EDU_t + C(39) \times IPR_t + C(40) \times SPR_t + C(41) \times FDI_t + \mu_t \quad (3-7)$$

上述方程组是一个经过扩展和修改的区域产业国际竞争力（NTB）的影响因素方程，以及知识溢出效应与颠覆性技术创新指数互动影响方程。其中，方程中的自变量与解释变量的定义第1节中综合测评的定义是相同的。另外，t代表时间，误差项μ代表其他未观察到的影响因素。

二、变量序列的统计描述性分析

国际贸易竞争指数NTB（index of normalized trade balance），即选用第二节中珠三角国际贸易竞争指标的相关指标作为自变量；解释变量主要选用测评体系中的知识溢出与颠覆性技术创新的特征性指标。由于区域产业国际竞争力受到诸多复杂因素的影响，生产要素和制度因素应为不得不考虑的因素。尽管生产要素的种类比较多，但是在实证研究里通常主要考虑劳动力、资本资源。劳动力（LAB）价格往往用职工的工资高低来加以反映，而资本（CP）则可选用总资产贡献率，用政府对企业研发的支持（EGRD），以政府科技经费拨款占政府财政支出的比重来衡量。综上，所有变量的经济含义、计算方法如表3-2所示。

表3-2　　变量定义表

变量分类	变量名称	经济含义	计算方法	变量类型
产业国际竞争力	NTB	国际贸易竞争指数	该指数主要涵盖了贸易方式（一般贸易占比、加工贸易增值率）、贸易产品结构（服务贸易与货物贸易比值、高技术产品出口额占比）两大类，共4个指标	自变量

续表

变量分类	变量名称	经济含义	计算方法	变量类型
知识溢出	RMA	技术市场活跃度	万人从业人员技术合同成交额	因变量
	RES	R&D 人员占比	采用从业人员年末总数万人中 R&D 人员数来表示	因变量
	EDU	在校大学生人数与就业人员比例	采用从业人员年末总数万人中高等学校在校学生数来表示	因变量
	IPR	工业劳动生产率	以工业从业人员年末总数的人均工业增加值来表示	因变量
	SPR	服务业劳动生产率	以服务业从业人员年末总数的人均服务业增加值来表示	因变量
	FDI	外商投资	以实际利用外商直接投资金额这一统计指标来衡量	因变量
颠覆性技术创新度	RD	研发经费支出占比	由 R&D 支出占 GDP 比重这一指标来衡量	因变量
	PSG	高技术制造业强度	高技术制造业增加值占工业增加值比重	因变量
	NPR	高技术产品生产强度	高技术产品产值占工业总产值比重	因变量
	NPS	开发新产品经费强度	开发新产品经费强度 = 开发新产品经费 / 产品总销售收入	因变量
	NP	专利产出率	万人从业人员专利发明申请数	因变量
	NME	上市公司企业数量	上市公司数量占企业总数比重	因变量
生产要素	LAB	劳动力投入	用职工平均工资高低来加以反映	因变量
	CP	总资产贡献率	(利润总额 + 税金总额 + 利息支出)/平均资产总额	因变量

续表

变量分类	变量名称	经济含义	计算方法	变量类型
其他因素	IC	产业集中度	大中型工业企业增加值占工业增加值比重	控制变量
	EGRD	政府对企业研发的支持度	用政府科技经费占比来反映，它是指：政府科技经费拨款占政府财政支出的比重	控制变量

资料来源：作者整理。

运用 ADF 检验法对上述变量进行单位根检验，并进行协整分析，从时间序列的平衡性检验可知，上述变量的一阶差分都为平稳数据，所以，各变量均为一阶单整，即 I（1），以此基础上进行多元线性回归分析。各变量统计特征如表 3－3 所示。

表 3－3　变量统计分析

变量名	样本数	最大值（Minimum）	最小值（Maximum）	均值（Mean）	标准差（Std. Deviation）	方差（Variance）
RND	14	1.11	2.32	1.47	0.43	0.18
RES	14	17.80	82.50	41.13	23.62	558.03
RMA	14	120.80	875.90	326.38	220.09	48440.93
NP	14	0.40	11.30	4.61	3.61	13.04
NPR	14	22.80	41.00	33.12	5.45	29.70
NPS	14	12.50	16.90	14.56	1.59	2.54
NME	14	10.80	14.80	12.47	1.53	2.33
IC	14	41.60	70.80	58.93	9.59	91.98
PSG	14	20.10	27.30	23.03	2.29	5.23
IPR	14	6.00	16.00	9.71	2.94	8.63
SPR	14	3.70	9.20	6.36	1.71	2.93
CP	14	8.70	15.60	12.31	2.43	5.91
LAB	14	1.38	5.36	3.05	1.30	1.70
FDI	14	78.23	249.52	161.17	54.86	3009.62

续表

变量名	样本数	最大值 (Minimum)	最小值 (Maximum)	均值 (Mean)	标准差 (Std. Deviation)	方差 (Variance)
EDU	14	30. 60	171. 00	102. 19	47. 37	2244. 10
EGRD	14	3. 00	4. 10	3. 62	0. 36	0. 13
NTB	14	17. 30	34. 50	26. 04	6. 50	42. 23

资料来源：Eviews 6. 0 软件计量而得。

三、实证方案的选择

(一) Box – Cox 变量转换检验

我们运用 Box – Cox 变量转换进行模型形式的选择①。

假设 NTB 和诸变量之间存在如下的关系：

$$NTB^{(\theta)} = \alpha_0 + \alpha_1 RMA^{\lambda} + \alpha_2 RES^{\lambda} + \alpha_3 EDU^{\lambda} + \alpha_4 IPR^{\lambda} + \alpha_5 SPR^{\lambda} + \alpha_6 RD^{\lambda} + \alpha_7 PSG^{\lambda} + \alpha_8 NPR^{\lambda} + \alpha_9 NPS^{\lambda} + \alpha_{10} NP^{\lambda} + \alpha_{11} LAB^{\lambda} + \alpha_{12} CP^{\lambda} + \alpha_{13} FDI^{\lambda} + \alpha_{14} IC^{\lambda} + \alpha_{15} NME^{\lambda} + \alpha_{16} EGRD^{\lambda} \quad (3-8)$$

为了检验实证框架中所提出的回归模型的确切性或选出 NTB 回归方程的最确切的函数形式，需要估计和检验几种不同的 Box – Cox 转换，Box – Cox 转换的形式如表 3 – 4 所示，它们代表不同的模型特征。

表 3 – 4　七种不同的 Box – Cox 转换的函数形式

1	$\theta -> 0$	$\ln(M) = \alpha_0 + \alpha_1 R^{(\lambda)} + \alpha_2 Y^{(\lambda)} + \varepsilon$
2	$\theta = 1$	$M = \alpha_0 + \alpha_1 R^{(\lambda)} + \alpha_2 Y^{(\lambda)} + \varepsilon$
3	$\lambda -> 0$	$M(\theta) = \alpha_0 + \alpha_1 \ln(R) + \alpha_2 \ln(Y) + \varepsilon$
4	$\lambda = 1$	$M(\theta) = \alpha_0 + \alpha_1 R + \alpha_2 Y + \varepsilon$

① 一个非线性回归方程可同时包括参数和变量的非线性。Box – Cox 变量转换是计量经济学中非线性模型的一个经典的转换，它能够判断哪种模型形式对当前数据序列是最合适的选择。

续表

5	θ = λ	$M(\lambda)=\alpha_0+\alpha_1 R^{(\lambda)}+\alpha_2 Y^{(\lambda)}+\varepsilon$
6	θ，λ - >0	$\ln(M)=\alpha_0+\alpha_1\ln(R)+\alpha_2\ln(Y)+\varepsilon$
7	θ，λ = 1	$M=\alpha_0+\alpha_1 R+\alpha_2 Y+\varepsilon$

资料来源：Hayek，F. A. Economics and Knowledge. Economics，1937（4）：33 - 55.

对任意的 θ 和 λ，对假设的实证框架进行 Box - Cox 变量转换。编写 Box - Cox 转换程序，代入珠三角的相关数据进行运算，得到珠三角各个变量弹性系数。可以看出，θ≠1 和 λ≠1，但 θ 和 λ 值相差比较大或者不可能相等，而且 θ 和 λ 值都不为 0。根据资料[①]所提供的七种选择（见表 3 - 4），本节中的所有数据序列都难以满足，在我们的分析中，也尝试用两边都是对数的模型形式进行各个市的数据回归，结果发现，在几乎所有的解释变量都表现为不显著，而且对对数模型形式进行运算时，产生了幂转换溢出。这就是说，将所有的变量进行在实证中进行的形式不适合本研究，因此，我们只能考虑分段进行实证的方案，并进行统计分析与检验，这也与我们在模型构建的理论背景分析中的结论相符合，如下所示。

$$\begin{aligned}NTB=&C(1)+C(2)\times RMA+C(3)\times RES+C(4)\times EDU+\\&C(5)\times IPR+C(6)\times SPR+C(7)\times FDI+C(8)\times IC+\\&C(9)\times NME+C(10)\times EGRD\end{aligned}\qquad(3-9)$$

$$\begin{aligned}NTB=&C(11)+C(12)\times RD+C(13)\times PSG+C(14)\times NPR+\\&C(15)\times NPS+C(16)\times NP+C(17)\times FDI+C(18)\times IC+\\&C(19)\times NME+C(20)\times EGRD\end{aligned}\qquad(3-10)$$

$$\begin{aligned}NTB=&C(21)+C(22)\times LAB+C(23)\times CP+C(24)\times FDI+\\&C(25)\times IC+C(26)\times NME+C(27)\times EGRD\end{aligned}\qquad(3-11)$$

$$\begin{aligned}SE=&C(28)+C(29)\times RD+C(30)\times NPR+C(31)\times NPS+\\&C(32)\times PSG+C(33)\times NP+C(34)\times NME\end{aligned}\qquad(3-12)$$

$$\begin{aligned}DA=&C(35)+C(36)\times RMA+C(37)\times RES+C(38)\times EDU+\\&C(39)\times IPR+C(40)\times SPR+C(41)\times FDI\end{aligned}\qquad(3-13)$$

① Hayek，F. A. Economics and Knowledge. Economics，1937（4）：33 - 55.

（二）数据序列自相关检测

自相关是一个与时间序列数据最可能相关联的问题。在一个回归模型中，它涉及前期与本期误差项之间的关系。在最简单的情形下，序列相关为一阶，其当前误差项与其前一期的误差项的相关性为非零。更为复杂的误差结构还包括自回归和移动平均项。具有自相关误差结构的普通最小二乘法（OLS）将导致效率丧失。由于使用了因变量的滞后项，样本范围发生了改变。因此，必须对数据序列进行自相关的检测，以提高数据的质量和回归的有效性。最常用的是 Durbin - Watson 界限检验，这是一种检测一阶序列自相关的检验，使用回归估计残差统计量输出结果的一部分，可以由下面的表达式得到：

$$\_rstat = 1$$

高阶自相关则用 Breusch - Godfrey LM 方法进行检验，检验自相关和部分自相关系数能够揭示自相关误差的一个复杂的自回归移动平均结构，这由 Box - Pierce 和 Liung - Box Q 检验统计量来完成，各模型珠三角数据序列的自相关检验结果如 3 - 5 所示。

表 3 - 5　各模型珠三角数据序列的自相关检验结果

模型	D. W. 检验		Breusch - Godfrey LM 检验一阶滞后统计量	是否存在自相关
	一阶 Rho 统计量	D. W. 检验统计量		
模型 1	-0. 002435	1. 92345	0. 000367	否
模型 2	-0. 273525	2. 19876	1. 041377	否
模型 3	-0. 656667	2. 09809	1. 526254	否
模型 4	-0. 234563	2. 16466	1. 934625	否
模型 5	-0. 034567	2. 00677	0. 140346	否

资料来源：Eviews 6. 0 软件计量而得。

从表 3 - 5 中，可以看出，一阶 Rho 值为 -0. 002435，非常小。一阶 Rho 是一阶序列相关系数（ρ）的估计，其范围在 -1 ~ 1 之间。为了检验 ρ = 0 在统计上的显著性，在这儿使用了 Durbin - Watson 界限检验和 Breusch - Godfrey LM 统计量检验。

取 a = 5%，k = 10，n = 24，查 D. W. 检验表，得 d[，u] = 2.21，d[，1] = 0.56，由计算结果可知，计算的 D. W. 检验统计量为 1.9742，处于 24 个观察值和 10 个解释变量（不包括常数项），在 5% 的显著性水平上回归的临界值上界 2.21 之下，即 D. W = 1.9742 < d[，u] = 2.21，说明不能判断回归方程存在的序列相关性。但是 Breusch - Godfrey LM 一阶滞后统计量为 0.000381，远远小于在 5% 的显著性水平上 χ^2 分布分位数 6.751，所以，一阶不存在自相关，而一阶不存在自相关时，高阶更不存在自相关。因此，我们断定：模型 1 的数据序列不存在自相关问题。

同样对模型 2 至模型 5 来说，虽然它们的 D. W. 检验统计量都小于在 5% 的显著性水平上回归的临界值上界 2.21，但它们的 Breusch - Godfrey LM 一阶滞后统计量都远小于在 5% 的显著性水平上回归的临界值上界 2.21，所以，这五个模型的珠三角序列数据不存在自相关。

（三）多重共线性检验

多重共线性是由回归方程中使用的解释变量高度相关而引起的数据问题，它会带来加大估计系数标准差的后果。因此，对我们所要进行回归的数据序列进行多重共线性分析，是保证变量的独立性。首先，我们根据偏回归系数、解释变量条件数、解释变量和因变量关系矩阵来分析解释变量之间是否存在多重共线性。

判定多重共线性的度量方法较多：一是，偏相关系数，指定变量的边际或局部贡献。偏相关系数越小，其在回归方程中所起的作用就越小；二是，相关系数矩阵，如果解释变量间的相关系数很大，则可能存在多重共线性问题，另外，标准化的解释变量数据矩阵的条件数也能说明问题，如果条件数很大，则可能存在多重共线性。其中，比较方便的方法是计算 Theil 值。Theil 的多重共线性衡量方法采用多元偏回归的 R^2 来检验回归方程中是否存在多重共线性。本节将运用回归方程，编程分析各个市的数据，判断是否存在多重共线性问题，Theil 多重共线性的计算公式为：

$$R^2 = \sum_{j=2,\cdots,k}(R^2 - R_j^2) \tag{3-14}$$

式中，R^2 是全模型（包括所有解释变量）的 R 平方，R_j^2 是同一个模型，但是扣除了第 j 个解释变量以后的 R 平方。因此，$R^2 - R_j^2$ 衡量了第 i

个解释变量在 R 平方上所做的净贡献。K 是全回归模型中解释变量的个数，其第一项是常数项。

以 NTB 为因变量，劳动生产率（IPR）、服务业劳动生产率（SPR）和专利产出率（NP）三个自变量的去留对多重共线性的检验结果影响较大，因此从模型 1～3 中去掉这三个变量。则模型 1 保留的解释变量为 RMA、RES、EDU、EGRD；模型 2 保留解释变量为 RD、NPR、EGRD；模型 3 保留解释变量为 LAB、CP、EGRD。

而以 SE 和 DA 为因变量时，劳动生产率（IPR）、服务业劳动生产率（SPR）和政府对企业研发的支持度（EGRP）三个自变量的去留对多重共线性的检验结果影响较大，因此从模型 4 和模型 5 中去掉这三个变量。模型 4 保留解释变量 RD、NPS、NP 和 NME；模型 5 保留解释变量 RES、EDU，即每个方程对应去掉若干个解释变量的偏回归方程。然后重新进行回归，所计算出的各个模型的 Theil 统计量如表 3－6 所示。

表 3－6　多重共线性的 Theil 统计量检验结果

模型	去除相关性强的解释变量前的 Theil 统计量	去除相关性强的解释变量后的 Theil 统计量	去除相关性强的解释变量后是否存在多重共线性
模型 1	0.9234	0.4345	可能存在
模型 2	0.9824	0.4056	可能存在
模型 3	0.8677	0.1345	否
模型 4	0.7456	0.4234	否
模型 5	0.7331	0.3464	否

资料来源：Eviews 6.0 软件计量而得。

没有多重共线性的理想情况是 Theil 统计量接近于 0。但是由于变量数较多，所以通常 Theil 统计量比较大，多数在 0.8 以上，而且模型 1 和模型 2 的 Theil 统计量接近 0.5，可见，多数的时间序列数据存在多重共线性。

（四）相关性分析

鉴于上述多重共线性的分析结果，本节认为必须对解释变量两两之间的相关关系进行分析，如果发现对于九个市所共有的两两之间的相关性特别高的部分变量，剔除其中的一个，进而保持解释变量之间的相关性比较小。所以，我们把各个市的因变量和解释变量系数矩阵分别计算出来进行对比和分析，以便发现共性的相关性高的变量。

本节通过分析可以看出（数据不一一列出），几乎工业劳动生产率（IPR）、服务业劳动生产率（SPR）和专利产出率（NP）三个解释变量都与模型其他解释变量的相关性最高，因此，首先应该剔除解释变量，对剩余的解释变量与因变量再次进行多重共线性检验，其 Theil 值如表 3 - 6 所示。可以看出，所有模型的 Theil 值都下降了，有的下降幅度还很大，统计量多重共线性问题得了较有效的抑制。因此，应剔除 IPR、SPR、NP、EGRP 四个解释变量进行构建回归模型体系。

综上，通过统计检验分析，对上述 36 个变量进行综合权衡考虑，分作五个方案进行分析，方案一：考虑 RMA、RES、EDU、FDI、IC、NME 和 EGRD 七个变量的多元线性回归；方案二：考虑 RD、NPR、NPS、PSG、NP、FDI、IC、NME 和 EGRD 九个变量的多元线性回归；方案三：考虑各变量对 LAB、CP、FDI、IC、NME 和 EGRD 六个变量的多元线性回归；方案四：考虑 RD、NPS、NME、PSG、NP、NPR 六个变量的多元线性回归；方案五：考虑 RMA、RES、EDU、IPR、SPR、FDI 六个变量的多元线性回归；方案六：在上述各方案并结合调试其他可能性的基础上考虑最优的五个联立方程模型进行分析。

结合前面模型构建的理论背景，以及构建的理念分析，我们可以从知识溢出与珠三角产业国际竞争力提升；颠覆性技术创新与珠三角产业国际竞争力；要素类因素以及企业组织因素与珠三角产业国际竞争力；知识溢出效应与颠覆性技术创新的特征指标；颠覆性技术创新指数与知识溢出的特征指标五个方面构建实证模型，其中要素类因素以及企业组织和政府政策等作为控制性指标列入模型，具体如下：

$$NTB = C(1) + C(2) \times RMA + C(3) \times RES + C(4) \times EDU + C(5) \times EGRD \quad (3-15)$$

$$NTB = C(6) + C(7) \times RD + C(8) \times NPR + C(9) \times EGRD \quad (3-16)$$

$$NTB = C(10) + C(11) \times LAB + C(12) \times CP + C(13) \times EGRD \quad (3-17)$$

$$SE = C(14) + C(15) \times RD + C(16) \times NPS + C(17) \times NP + C(18) \times NME \quad (3-18)$$

$$DA = C(19) \times RMA + C(20) \times RES + C(21) \times EDU + C(22) \times IPR + C(23) \times SPR + C(24) \times FDI \qquad (3-19)$$

第三节　计量分析与实证结论

一、计量分析过程

分别对方案Ⅰ～Ⅵ进行多元线性回归和联立方程分析：

（一）知识溢出效应对珠三角产业国际竞争力的影响

方案Ⅰ：对 RMA、RES 和 EDU 三个变量进行多元线性回归分析，实证选择二阶模型如下，段最小二乘法（two-stage least squares）进行回归，方案Ⅰ的残差序列趋势图如图 3－1 所示。从结果和残差趋势图看，该方程的形式选择较好，不存在明显的自相关和异方差，不需要进行修改。

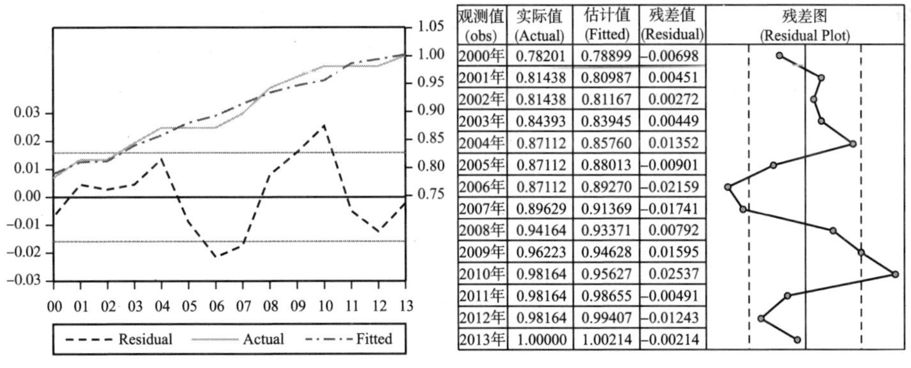

观测值 (obs)	实际值 (Actual)	估计值 (Fitted)	残差值 (Residual)	残差图 (Residual Plot)
2000年	0.78201	0.78899	−0.00698	
2001年	0.81438	0.80987	0.00451	
2002年	0.81438	0.81167	0.00272	
2003年	0.84393	0.83945	0.00449	
2004年	0.87112	0.85760	0.01352	
2005年	0.87112	0.88013	−0.00901	
2006年	0.87112	0.89270	−0.02159	
2007年	0.89629	0.91369	−0.01741	
2008年	0.94164	0.93371	0.00792	
2009年	0.96223	0.94628	0.01595	
2010年	0.98164	0.95627	0.02537	
2011年	0.98164	0.98655	−0.00491	
2012年	0.98164	0.99407	−0.01243	
2013年	1.00000	1.00214	−0.00214	

图 3－1　方案Ⅰ的残差趋势图

实证结果见表 3－7。

表 3-7　　方案Ⅰ的方程表达式及检验结果

Variable	Coefficient	Std. Error	t-Statistic	Prob.
C	0.806504	0.060809	13.26296	0.0000
RMA	0.021161	0.067895	0.311674	0.7624
RES	-0.031359	0.085850	-0.365278	0.7233
EDU	0.278093	0.052796	5.267296	0.0005
EGRD	-0.072445	0.071480	-1.013496	0.3373
R-squared	0.967443	Mean dependent var		0.900937
Adjusted R-squared	0.952973	S.D. dependent var		0.073291
S.E. of regression	0.015894	Akaike info criterion		-5.173336
Sum squared resid	0.002273	Schwarz criterion		-4.945101
Log likelihood	41.21335	Hannan-Quinn criter		-5.194463
F-statistic	66.85859	Durbin-Watson stat		1.221514
Prob (F-statistic)	0.000001			

资料来源：Eviews 6.0 软件计量而得。

RMA、RES、EGRD 三个变量未通过 t 值检验，故舍去。方案Ⅰ的判定系数达到 0.953，且 t 值均通过 5% 的显著性水平检验，拟合程度较好。容忍度（Toleran Ce = 0.775）及膨胀因子（VIF = l.291）均表明不存在多重共线性，但 DW 值表明存在自相关，残差 Q 统计量检验表明存在自相关。并且从残差散点图和 white 异方差检验来看，存在异方差。上述实证的含义为在校大学生人数与就业人员比例这一知识溢出的特征性指标对珠三角产业国际竞争力有着正向的影响。

（二）颠覆性技术创新对珠三角产业国际竞争力的影响

方案Ⅱ：对 RD、NPR 和 EGRD 三个变量进行多元回归分析。实证模型如下，选择二阶段最小二乘法（two-stage least squares）进行回归，方案Ⅱ的残差序列趋势图如图 3-2 所示。从结果和残差趋势图看，该方程的形式选择较好，不存在明显的自相关和异方差，不需要进行修改。

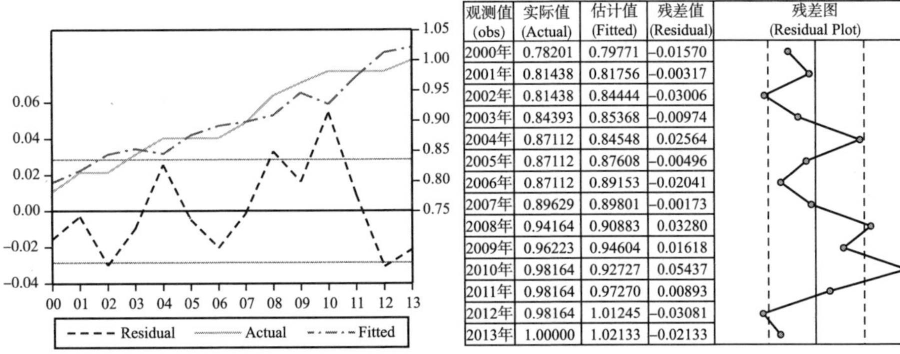

观测值 (obs)	实际值 (Actual)	估计值 (Fitted)	残差值 (Residual)	残差图 (Residual Plot)
2000年	0.78201	0.79771	-0.01570	
2001年	0.81438	0.81756	-0.00317	
2002年	0.81438	0.84444	-0.03006	
2003年	0.84393	0.85368	-0.00974	
2004年	0.87112	0.84548	0.02564	
2005年	0.87112	0.87608	-0.00496	
2006年	0.87112	0.89153	-0.02041	
2007年	0.89629	0.89801	-0.00173	
2008年	0.94164	0.90883	0.03280	
2009年	0.96223	0.94604	0.01618	
2010年	0.98164	0.92727	0.05437	
2011年	0.98164	0.97270	0.00893	
2012年	0.98164	1.01245	-0.03081	
2013年	1.00000	1.02133	-0.02133	

图 3－2　方案Ⅱ的残差趋势图

实证结果见表 3－8。

表 3－8　　方案Ⅱ的方程表达式及检验结果

Variable	Coefficient	Std. Error	t－Statistic	Prob.
C	0. 559932	0. 089259	6. 273136	0. 0001
RD	0. 173702	0. 076797	2. 261821	0. 0472
NPR	0. 304349	0. 110001	2. 766784	0. 0099
EGRD	－0. 016648	0. 102319	－0. 162703	0. 8740
R－squared	0. 883512	Mean dependent var		0. 900937
Adjusted R－squared	0. 848566	S. D. dependent var		0. 073291
S. E. of regression	0. 028521	Akaike info criterion		－4. 041415
Sum squared resid	0. 008134	Schwarz criterion		－3. 858827
Log likelihood	32. 28990	Hannan－Quinn criter		－4. 058317
F－statistic	25. 28202	Durbin－Watson stat		1. 318881
Prob（F－statistic）	0. 000055			

资料来源：Eviews 6. 0 软件计量而得。

EGRD 未通过 t 值检验，RD 的 t 值未通过显著性水平检验。方案Ⅱ判定系数为 0. 849。但经过 white 异方差检验，在 1% 显著性水平下拒绝原假设，即仍存在异方差。上述实证的含义为高技术产品生产强度这一颠覆性技术创新的特征指标对珠三角产业国际竞争力有着正向的影响。

（三）生产要素对珠三角产业国际竞争力的影响

方案Ⅲ：对 LAB、CP 和 EGRD 三个变量进行多元线性回归分析，方案Ⅲ的差序列趋势图如图 3－3 所示，从结果和残差趋势图看，该方程的形式选择较好，不存在明显的自相关和异方差，不需要进行修改。

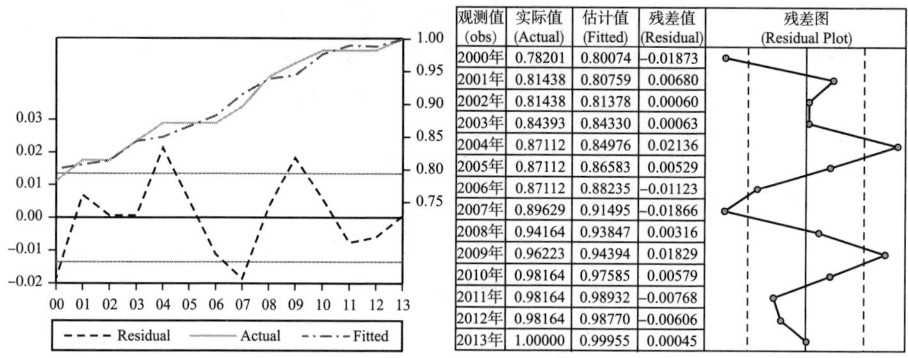

观测值 (obs)	实际值 (Actual)	估计值 (Fitted)	残差值 (Residual)
2000年	0.78201	0.80074	-0.01873
2001年	0.81438	0.80759	0.00680
2002年	0.81438	0.81378	0.00060
2003年	0.84393	0.84330	0.00063
2004年	0.87112	0.84976	0.02136
2005年	0.87112	0.86583	0.00529
2006年	0.87112	0.88235	-0.01123
2007年	0.89629	0.91495	-0.01866
2008年	0.94164	0.93847	0.00316
2009年	0.96223	0.94394	0.01829
2010年	0.98164	0.97585	0.00579
2011年	0.98164	0.98932	-0.00768
2012年	0.98164	0.98770	-0.00606
2013年	1.00000	0.99955	0.00045

图 3－3　方案Ⅲ的残差趋势图

实证结果如表 3－9 所示，方案Ⅲ的 EGRD 未通过 t 值检验，方案Ⅲ判定系数为 0.974。但经过 white 异方差检验，在 1% 显著性水平下拒绝原假设，即仍存在异方差。上述实证的含义为劳动力投入以及总资产贡献率这两个生产要素的特征指标对珠三角产业国际竞争力有着正向的影响。这也与珠三角产业发展的劳动密集型和资金密集型的现状特征相吻合。

表 3－9　　方案Ⅲ的方程表达式及检验结果

Variable	Coefficient	Std. Error	t－Statistic	Prob.
C	0.658828	0.042905	15.35555	0.0000
LAB	0.164600	0.033148	4.965644	0.0006
CP	0.224960	0.052846	4.256929	0.0017
EGRD	－0.032971	0.047719	－0.690949	0.5053
R－squared	0.973792	Mean dependent var		0.900937

续表

Variable	Coefficient	Std. Error	t – Statistic	Prob.
Adjusted R – squared	0. 965929	S. D. dependent var		0. 073291
S. E. of regression	0. 013528	Akaike info criterion		–5. 533120
Sum squared resid	0. 001830	Schwarz criterion		–5. 350532
Log likelihood	42. 73184	Hannan – Quinn criter		–5. 550022
F – statistic	123. 8524	Durbin – Watson stat		1. 526503
Prob（F – statistic）	0. 000000			

资料来源：Eviews 6. 0 软件计量而得。

（四）颠覆性技术创新对知识溢出的影响

方案Ⅳ：以 SE 为因变量，对 RD、NPS、NP 和 NME 四个自变量进行多元线性回归分析，方案Ⅳ的差序列趋势图如图 3 –4 所示。从结果和残差趋势图看，该方程的形式选择较好，不存在明显的自相关和异方差，不需要进行修改。

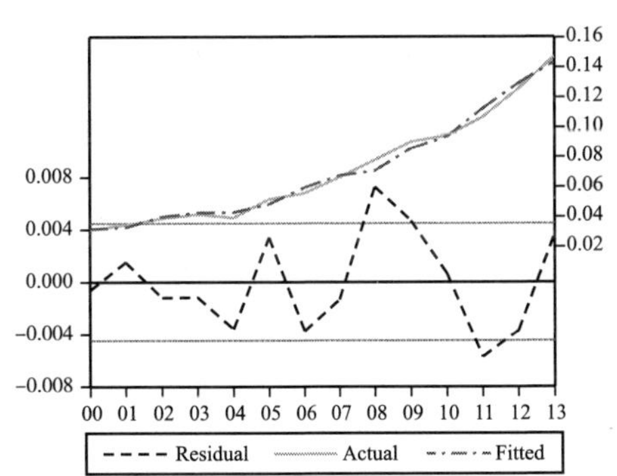

观测值 (obs)	实际值 (Actual)	估计值 (Fitted)	残差值 (Residual)	残差图 (Residual Plot)
2000年	0.03106	0.03168	-0.00062	
2001年	0.03438	0.03286	0.00152	
2002年	0.03884	0.04003	-0.00119	
2003年	0.04148	0.04264	-0.00117	
2004年	0.03928	0.04289	-0.00360	
2005年	0.05171	0.04831	0.00340	
2006年	0.05565	0.05941	-0.00376	
2007年	0.06610	0.06743	-0.00133	
2008年	0.07786	0.07061	0.00726	
2009年	0.09018	0.08551	0.00467	
2010年	0.09426	0.09361	0.00064	
2011年	0.10657	0.11233	-0.00576	
2012年	0.12551	0.12924	-0.00372	
2013年	0.14711	0.14344	0.00367	

图 3 –4　方案Ⅳ的残差趋势图

如表 3 –10 所示，NPS、NME 两个变量未通过 t 值检验，故舍去。方案Ⅳ的判定系数达到 0. 983，且 t 值均通过 5% 的显著性水平检验，拟合程度较好。但经过 white 异方差检验，在 1% 显著性水平下接受原假设，即不存在异方差。上述实证的含义为研发经费支出占比以及专利产出率两项颠覆性技术创新的特征性指标对珠三角的知识溢出效应有着正向的影响。

表 3 – 10　　方案Ⅳ的方程表达式及检验结果

Variable	Coefficient	Std. Error	t – Statistic	Prob.
C	0. 023024	0. 027463	0. 838359	0. 4235
RD	0. 049757	0. 015598	3. 189932	0. 0093
NPS	– 0. 000542	0. 000960	– 0. 564431	0. 5863
NP	0. 005802	0. 001286	4. 513618	0. 0015
NME	– 0. 003489	0. 002738	– 1. 274352	0. 2345
R – squared	0. 989617	Mean dependent var		0. 071429
Adjusted R – squared	0. 985002	S. D. dependent var		0. 036651
S. E. of regression	0. 004489	Akaike info criterion		– 7. 702134
Sum squared resid	0. 000181	Schwarz criterion		– 7. 473899
Log likelihood	58. 91494	Hannan – Quinn criter		– 7. 723261
F – statistic	214. 4475	Durbin – Watson stat		1. 767598
Prob（F – statistic）	0. 000000			

资料来源：Eviews 6. 0 软件计量而得。

（五）知识溢出对颠覆性技术创新的影响

方案Ⅴ：以 DA 为因变量，对 RES 和 EDU 两个自变量进行多元线性回归分析，方案Ⅴ的残差序列趋势图如图 3 – 5 所示。从结果和残差趋势图看，该方程的形式选择较好，不存在明显的自相关和异方差，不需要进行修改。

如表 3 – 11 所示，RES、EDU 两个变量均通过 t 值检验，且通过 5% 的显著性水平检验。方案Ⅴ的判定系数达到 0. 985，拟合程度较好。通过 white 异方差检验，在 1% 显著性水平下接受原假设，即不存在异方差。上述实证的含义为 R&D 人员占比以及在校大学生人数与就业人员比例两项知识溢出效应的特征性指标对珠三角产业颠覆性技术创新能力有着正向的影响。

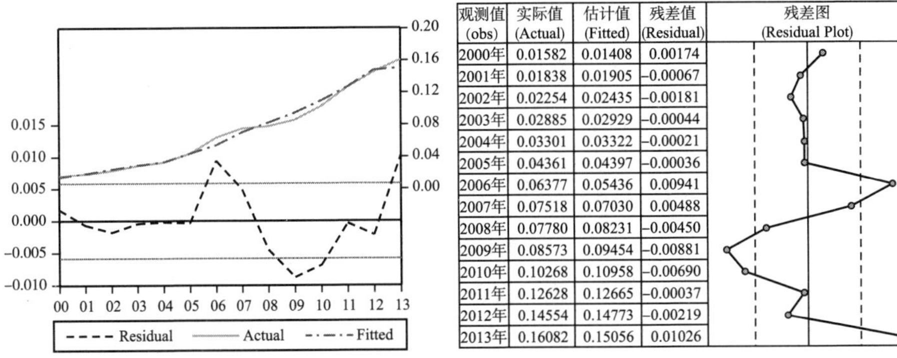

观测值 (obs)	实际值 (Actual)	估计值 (Fitted)	残差值 (Residual)	残差图 (Residual Plot)
2000年	0.01582	0.01408	0.00174	
2001年	0.01838	0.01905	-0.00067	
2002年	0.02254	0.02435	-0.00181	
2003年	0.02885	0.02929	-0.00044	
2004年	0.03301	0.03322	-0.00021	
2005年	0.04361	0.04397	-0.00036	
2006年	0.06377	0.05436	0.00941	
2007年	0.07518	0.07030	0.00488	
2008年	0.07780	0.08231	-0.00450	
2009年	0.08573	0.09454	-0.00881	
2010年	0.10268	0.10958	-0.00690	
2011年	0.12628	0.12665	-0.00037	
2012年	0.14554	0.14773	-0.00219	
2013年	0.16082	0.15056	0.01026	

图 3-5　方案Ⅴ的残差趋势图

表 3-11　　方案Ⅴ的方程表达式及检验结果

Variable	Coefficient	Std. Error	t - Statistic	Prob.
C	-0.020654	0.004021	-5.136964	0.0003
RES	0.001302	0.000192	6.767578	0.0000
EDU	0.000377	9.59E-05	3.933525	0.0023
R - squared	0.987562	Mean dependent var		0.071429
Adjusted R - squared	0.985301	S. D. dependent var		0.048156
S. E. of regression	0.005838	Akaike info criterion		-7.261311
Sum squared resid	0.000375	Schwarz criterion		-7.124370
Log likelihood	53.82918	Hannan - Quinn criter		-7.273987
F - statistic	436.7075	Durbin - Watson stat		1.162856
Prob（F - statistic）	0.000000			

资料来源：Eviews 6.0 软件计量而得。

二、联立方程模型

方案Ⅵ：联立方程模型。以上通过多元回归或全回归的方法虽然能解释一些问题，但对问题实质的把握还不够理想，在上述回归的基础上将拟合度高的几个方程进行联立，system 如下：

$$NTB = C(1) + C(2) \times RMA + C(3) \times RES + C(4) \times EDU + C(5) \times IPR + C(6) \times SPR + C(7) \times EGRD + C(8) \times FDI + C(9) \times$$

$$IC + C(10) \times NME \tag{3-20}$$

$$NTB = C(11) + C(12) \times RD + C(13) \times NPR + C(14) \times NPS + C(15) \times PSG + C(16) \times NP + C(17) \times EGRD + C(18) \times FDI + C(19) \times IC + C(20) \times NME \tag{3-21}$$

$$NTB = C(21) + C(22) \times LAB + C(23) \times CP + C(24) \times EGRD + C(25) \times FDI + C(26) \times IC + C(27) \times NME \tag{3-22}$$

$$SE = C(28) + C(29) \times RD + C(30) \times NPS + C(31) \times NP + C(32) \times NME \tag{3-23}$$

$$DA = C(33) + C(34) \times RES + C(35) \times EDU \tag{3-24}$$

因变量为 NTB、SE、DS，外生自变量为 RMA、RES、EDU、IPR、SPR、EGRD、LAB、CP、FDI、RD、NPR、NPS、PSG、NP。选择二阶段最小二乘法（two-stage least squares）进行估计，残差结果如图 3-6 所示，从结果和残差趋势图看，五个方程的形式选择较好，不存在明显的自相关和异方差，不需要进行修改。

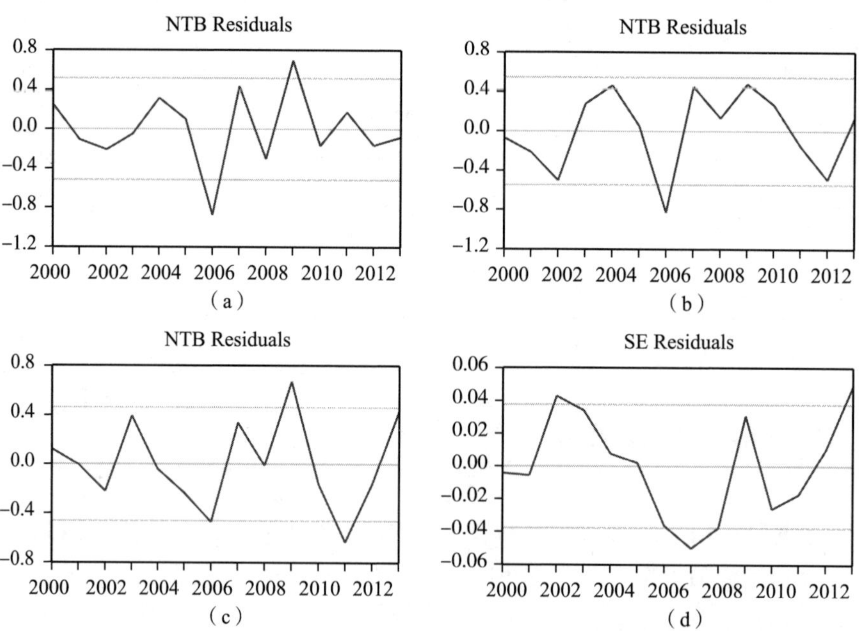

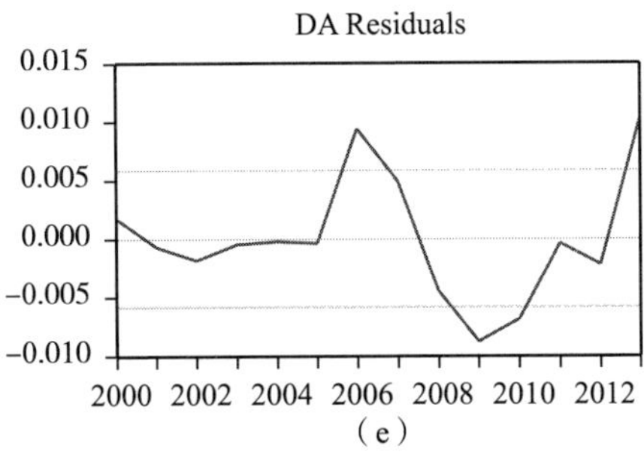

图 3-6　方案Ⅵ的各联立方程残差趋势图

联立方程的各项系数的检验结果如表 3-12 所示。

表 3-12　　方案Ⅵ的联立方程各项系数的检验结果

系数项	Coefficient	Std. Error	t-Statistic	Prob.
C(1)	-10.43366	23.73910	-0.439514	0.6628
C(2)	0.001234 *	0.015270	5.080817	0.0650
C(3)	-0.115156	0.255641	-0.450460	0.9962
C(4)	0.010693 **	0.143398	5.004832	0.0049
C(5)	0.277831	1.929197	0.144014	0.8863
C(6)	2.128789	5.242339	0.406076	0.6870
C(7)	-0.109667	1.540601	-0.071185	0.9436
C(8)	2.38E-06	7.09E-06	0.335522	0.7391
C(9)	0.125101 **	0.198421	13.630483	0.0322
C(10)	0.776527 **	1.333001	2.582541	0.0236
C(11)	0.602163 **	29.68823	8.745091	0.0000
C(12)	0.074823 **	8.579595	3.117656	0.0035
C(13)	3.818592 **	0.393820	9.696298	0.0000
C(14)	3.889114 **	0.355260	10.94723	0.0000
C(15)	2.642538 *	0.506653	5.215676	0.0000
C(16)	-0.615117	0.889246	-0.691729	0.4933
C(17)	0.000241	7.16E-05	3.014571	0.002
C(18)	5.52E-05 **	5.71E-06	9.666455	0.0000

续表

系数项	Coefficient	Std. Error	t - Statistic	Prob.
C(19)	-0. 293907	0. 133650	-2. 199076	0. 0340
C(20)	18. 54554 **	1. 975600	9. 387295	0. 0000
C(21)	4. 919688	12. 58653	0. 390869	0. 6981
C(22)	0. 000308 **	0. 000178	4. 727658	0. 0122
C(23)	0. 715130 *	0. 937228	2. 763027	0. 0502
C(24)	0. 418242	1. 229834	0. 340080	0. 7357
C(25)	-2. 40E-07	3. 24E-06	-0. 074066	0. 9413
C(26)	0. 223634 **	0. 257085	8. 869883	0. 0389
C(27)	-0. 314614	0. 914900	-0. 343878	0. 7328
C(28)	0. 005631	0. 200625	0. 028067	0. 9778
C(29)	0. 028259 **	0. 138916	0. 203425	0. 8399
C(30)	0. 043602	0. 270757	0. 161038	0. 8729
C(31)	-0. 020654	0. 855595	-0. 024140	0. 9809
C(32)	0. 001302 **	0. 040928	0. 031803	0. 0274
C(33)	0. 000377 **	0. 020401	0. 018485	0. 0153
C(34)	0. 003241 **	0. 958565	4. 057225	0. 0007
C(35)	0. 005429 **	5. 330577	3. 479086	0. 0027
剩余协方差行列式		2. 09E-10		

注：* 表示双尾检验的显著性水平为5%；** 表示双尾检验的显著性水平为1%。
资料来源：Eviews 6. 0 软件计量而得。

经二阶段最小二乘法进行估计的方程组与之前用 OLS 估计的模型稍有差别，但并不十分明显，其中方案Ⅰ、方案Ⅲ和方案Ⅴ和原方案几乎一样。其他两个模型的方程判定系数小一点，偏回归系数也相应变化，这与考虑了各指标之间的相互影响有关，方案Ⅵ各联立方程表达式及检验结果如表 3-13 所示。

表 3-13　　方案Ⅵ各联立方程表达式及检验结果

<table>
<tr><td colspan="4">方程Ⅰ</td></tr>
<tr><td colspan="4">Equation：NTB = C(1) + C(2) × RMA + C(3) × RES + C(4) × EDU + C(5) × IPR + C(6) × SPR + C(7) × EGRD + C(8) × FDI + C(9) × IC + C(10) × NME</td></tr>
<tr><td>R - squared</td><td>0. 993254</td><td>Mean dependent var</td><td>7. 142857</td></tr>
<tr><td>Adjusted R - squared</td><td>0. 978077</td><td>S. D. dependent var</td><td>3. 240345</td></tr>
<tr><td>S. E. of regression</td><td>0. 479779</td><td>Sum squared resid</td><td>0. 920751</td></tr>
<tr><td>Durbin - Watson stat</td><td colspan="3">2. 505878</td></tr>
<tr><td colspan="4">方程Ⅱ</td></tr>
<tr><td colspan="4">Equation：NTB = C(11) + C(12) × RD + C(13) × NPR + C(14) × NPS + C(15) × PSG + C(16) × NP + C(17) × EGRD + C(18) × FDI + C(19) × IC + C(20) × NME</td></tr>
<tr><td>R - squared</td><td>0. 588363</td><td>Mean dependent var</td><td>7. 142857</td></tr>
<tr><td>Adjusted R - squared</td><td>-0. 070256</td><td>S. D. dependent var</td><td>3. 240345</td></tr>
<tr><td>S. E. of regression</td><td>3. 352239</td><td>Sum squared resid</td><td>56. 18755</td></tr>
<tr><td>Durbin - Watson stat</td><td colspan="3">3. 265476</td></tr>
<tr><td colspan="4">方程Ⅲ</td></tr>
<tr><td colspan="4">Equation：NTB = C(21) + C(22) × LAB + C(23) × CP + C(24) × EGRD + C(25) × FDI + C(26) × IC + C(27) × NME</td></tr>
<tr><td>R - squared</td><td>0. 988755</td><td>Mean dependent var</td><td>7. 142857</td></tr>
<tr><td>Adjusted R - squared</td><td>0. 979117</td><td>S. D. dependent var</td><td>3. 240345</td></tr>
<tr><td>S. E. of regression</td><td>0. 468263</td><td>Sum squared resid</td><td>1. 534891</td></tr>
<tr><td>Durbin - Watson stat</td><td colspan="3">2. 101954</td></tr>
<tr><td colspan="4">方程Ⅳ</td></tr>
<tr><td colspan="4">Equation：SE = C(28) + C(29) × RD + C(30) × NPS + C(31) × NP + C(32) × NME</td></tr>
<tr><td>R - squared</td><td>0. 359957</td><td>Mean dependent var</td><td>0. 071429</td></tr>
<tr><td>Adjusted R - squared</td><td>0. 075494</td><td>S. D. dependent var</td><td>0. 036651</td></tr>
<tr><td>S. E. of regression</td><td>0. 035241</td><td>Sum squared resid</td><td>0. 011177</td></tr>
<tr><td>Durbin - Watson stat</td><td colspan="3">1. 294242</td></tr>
</table>

续表

方程Ⅴ			
Equation：DA = C(33) + C(34) × RES + C(35) × EDU			
R - squared	0.987562	Mean dependent var	0.071429
Adjusted R - squared	0.985301	S. D. dependent var	0.048156
S. E. of regression	0.005838	Sum squared resid	0.000375
Durbin - Watson stat	1.162856		

资料来源：Eviews 6.0 软件计量而得。

将联立方程的回归系数进行排名①，探索各因素对因变量的影响大小，如表 3 - 14 所示。

表 3 - 14　　方案Ⅵ联立方程各自变量对因变量的影响程度

因变量	自变量	系数项	标准回归系数	标准回归系数排名
NTB	NME	C(20)	18.54554	1
	NPS	C(14)	3.889114	2
	NPR	C(13)	3.818592	3
	PSG	C(15)	2.642538	4
	CP	C(23)	0.71513	5
	IC	C(26)	0.223634	6
	RD	C(12)	0.074823	7
	EDU	C(4)	0.010693	8
	RMA	C(2)	0.001234	9
	LAB	C(22)	0.000308	10
	FDI	C(18)	5.52E - 05	11
SE	RD	C(29)	0.028259	1
	NME	C(32)	0.001302	2

① 这里的变量均是通过了 t 检验和显著性水平 5% 或 10% 的检验后保留的变量。

续表

因变量	自变量	系数项	标准回归系数	标准回归系数排名
DA	EDU	C(35)	0.005429	1
	RES	C(34)	0.003241	2

资料来源：Eviews 6.0 软件计算结果整理而得。

如上表所示，综合考虑标准回归系数，按标准回归系数排名来看，这些变量对产业国际竞争力（NTB）和知识溢出效应（SE）、颠覆性技术创新能力（DA）的影响程度是不同的。依照多元回归的计量理论，通过 T 检验，当按标准回归系数来定的话，各自变量对 NTB 的影响程度较大的指标归类为：上市公司企业数量（NME）、开发新产品经费强度（NPS）、高技术产品生产强度（NPR）、高技术制造业强度（PSG）、研发经费支出占比（RD）五项颠覆性技术创新的特征指标对 NTB 的影响较大，且排名较前，技术市场活跃度（RMA）、在校大学生人数与就业人员比例（EDU）、外商投资（FDI）三项知识溢出效应的特征指标对 NTB 的影响较大，劳动力投入（LAB）、总资产贡献率（CP）两项反映生产要素的特征指标以及产业集中度（IC）一项反映企业组织的特征指标均对 NTB 有一定的影响；另外，R&D 人员占比（RD）、上市公司企业数量（NME）两项颠覆性技术创新的特征指标对知识溢出效应（SE）的影响较大；在校大学生人数与就业人员比例（EDU）、R&D 人员占比（RES）两项知识溢出的特征性指标对 DA 的影响较大。综上，对于珠三角的产业国际竞争力而言颠覆性技术创新的能力对其影响最为明显，知识溢出效应对竞争力的影响也较为显著，而知识溢出效应与产业颠覆性技术创新之间存在互动耦合的内在机制。

三、实证结论

综合上述两个实证，我们可以得出实证结论：如表 3 - 15 所示，本节所采用解释变量经过数据序列自相关检测、多重共线性检验、回归估计、每个解释变量的 t 检验以及整体回归方程的 F 检验，支持了第二章关于珠三角产业国际竞争力二元耦合动力的相关假设 $H_{2-1} - H_{2-4}$，支持政府介入对珠三角产业国际竞争力提升的影响不明显的假设 H_{2-5}。

表 3-15　五个假设支持拒绝情况总结表

假设	假设内容	对应变量	实证结果
H_{2-1}	知识溢出对珠三角产业国际竞争力提升有显著的正向影响	RMA/EDU/FDI	显著
H_{2-2}	颠覆性技术创新对珠三角产业国际竞争力提升有显著的正向影响	NME/NPS/NPR/PSG/RD	显著
H_{2-3}	知识溢出效应对颠覆性技术创新能力提升有显著的正向影响	EDU/RES	显著
H_{2-4}	颠覆性技术创新能力对知识溢出效应提升有显著的正向影响	RD/NME	显著
H_{2-5}	政府介入对珠三角产业国际竞争力提升的影响不明显	EGRD	不显著

资料来源：作者整理。

第四节　小　　结

本章基于“中国统计数据应用支持系统”和“中国行业研究报告库”等数据库的分省的产业数据，整理出珠三角 280 个 2000～2013 年的产业数据，分 6 个方案对样本进行分组，并构建联立方程进行回归分析。主要结论如下：

（1）选择珠三角知识溢出效应、颠覆性技术创新能力以及产业国际竞争力特征性指标，并构建评价体系，实证显示：珠三角 2000～2013 年，知识溢出效应、颠覆性技术创新能力与产业国际竞争力均呈现出较为明显的上升趋势。

（2）依照多元回归的计量理论，通过 T 检验，并按标准回归系数来定的话，各自变量及所有变量对产业国际竞争力（NTB）和知识溢出效应（SE）、颠覆性技术创新能力（DA）的影响程度是不同的。

（3）对珠三角产业国际竞争力影响程度最大的因素为：以上市公司企

业数量（NME）、开发新产品经费强度（NPS）、高技术产品生产强度（NPR）、高技术制造业强度（PSG）、研发经费支出占比（RD）五项颠覆性技术创新的特征性指标。

（4）以技术市场活跃度（RMA）、在校大学生人数与就业人员比例（EDU）、外商投资（FDI）三项知识溢出效应的特征性指标对珠三角产业国际竞争力的影响较大。

（5）劳动力投入（LAB）、总资产贡献率（CP）两项反映生产要素的特征性指标仍然影响着珠三角产业国际竞争力，但影响系数较为靠后。

（6）产业集中度（IC）一项反映企业组织的特征指标均对珠三角产业国际竞争力产生一定正向影响。

（7）知识溢出与颠覆性技术创新呈现出互动耦合的关系，具体表现为：以 R&D 人员占比（RD）、上市公司企业数量（NME）两项颠覆性技术创新的特征性指标对知识溢出效应（SE）的影响较大；以在校大学生人数与就业人员比例（EDU）、R&D 人员占比（RES）两项知识溢出的特征性指标对颠覆性技术创新 DA 的影响较大。

本章的实证结论证明了上一章的部分理论假设较符合珠三角产业国际竞争力的客观现实。

第四章　区域、行业异质性与颠覆性创新特征实证分析

颠覆性创新对产业国际竞争力的影响不止于珠三角的宏观经济，它还会对珠三角内部的区域以及不同行业的国际竞争力产生不一样的重要影响，呈现出较明显的异质性。因为区域间与行业间的差异性，使得创新驱动的特征会呈现明显的不同。此外，珠三角毗邻港澳，CEPA《内地与香港关于建立更紧密经贸关系的安排》的实施对于粤港澳合作，特别是为服务业自由贸易创造了十分有利的背景。有鉴于此，珠三角区域间、行业间颠覆性创新驱动效应的差异性以及粤港澳紧密合作对颠覆性创新效应的具体影响值得我们去关注。

第一节　实证背景分析

一、广东分区域生产要素投入产出与市场需求比较

由前面章节的分析中可知，生产要素的投入与有效配置是颠覆性创新特征的十分关键的表征。为了更为细致地表征珠三角颠覆性创新特征的区域差异性，本节将广东省区域划分为珠三角核心区、珠三角边缘区、粤东、粤西和粤北五个区域[①]进行比较分析，考虑颠覆性创新特征最终物化为投入

① 广东分区域划分说明：珠三角核心区包括广州、深圳、东莞、佛山、中山、珠海；珠三角边缘区包括惠州和江门；粤东包括潮州、汕头、揭阳、汕尾；粤西包括湛江、阳江和茂名；粤北包括肇庆、清远、韶关、河源、梅州和云浮。由于地理的靠近和经济发展水平的因素，我们将原本珠三角的肇庆划至粤北分析更为准确和科学。

生产要素类资源配置以及市场考虑两个方面，有鉴于此，选取投资率、投资产出率、资产利润率、投资增长率为资本投入产出的特征性指标，选择全员劳动生产率增长为科技投入与产出特征性指标，选取出口依存度为市场需求类特征性指标，以期分析广东省区域的投入产出情况，为下一步实证分析广东区域间的颠覆性创新驱动效应奠定基础。

如表4-1所示，从出口依存度来看，珠三角核心区以及珠三角边缘区的该项指标较高，表示这两个区域的经济的外向程度较高，市场受外需的影响较大。而其次分别为粤东、粤北和粤西。从投资率来看，珠三角核心区该项指标较低，粤北该项指标较高，且两个区域均呈微下降趋势。其他三个区域呈较明显的上升趋势。从投资产出率来看，除粤北地区外，其他四个区域均呈较明显的下降趋势。从资产利润率来看，粤北上升较快，粤西呈下降趋势，其他地区呈微上升趋势。从全员劳动生产率的增长率来分析，粤东、粤西和粤北三个区域均较珠三角核心和边缘区增长要快。从投资增长率来分析，粤北2011年出现负数，其他各年份，均呈现边缘区比核心区增长速度快的趋势。

表4-1 广东分区域生产要素投入产出与市场需求比较

地区	年份	出口依存度（%）	投资产出率（%）	平均投资产出率增长（%）	平均投资增长率（资本形成）（%）	规模以上工业企业资产利润率（%）	全员劳动生产率（万元/人）	平均劳动生产率增长率（%）	平均从业人员增长率（%）
珠三角核心区	2013	0.77	0.29	-7.72	9.74	8.21	15.26	7.74	4.46
	2012	0.76	0.31			8.32	14.57		
	2011	0.79	0.29			8.05	13.29		
	2010	0.81	0.34			9.37	12.21		
	2009	0.75	0.29			8.11	11.41		
	2008	0.93	0.36			8.12	10.98		
	2007	1.09	0.40			7.72	10.21		
	2006	1.10	—			—	9.16		

续表

地区	年份	出口依存度（%）	投资产出率（%）	平均投资产出率增长（%）	平均投资增长率（资本形成）（%）	规模以上工业企业资产利润率（%）	全员劳动生产率（万元/人）	平均劳动生产率增长率（%）	平均从业人员增长率（%）
珠三角边缘区	2013	0.66	0.26	-6.20	18.55	9.21	8.57	10.47	3.02
	2012	0.61	0.27			8.94	8.13		
	2011	0.58	0.24			9.19	7.53		
	2010	0.63	0.29			8.84	6.76		
	2009	0.62	0.20			6.06	5.98		
	2008	0.75	0.24			4.44	5.58		
	2007	0.80	0.31			6.18	5.13		
	2006	0.84	—			—	4.58		
粤东	2013	0.24	0.31	-5.91	18.57	12.35	5.03	12.01	2.10
	2012	0.25	0.30			11.06	4.91		
	2011	0.24	0.29			12.58	4.82		
	2010	0.24	0.33			14.76	4.26		
	2009	0.23	0.3			10.8	3.76		
	2008	0.26	0.31			7.35	3.41		
	2007	0.31	0.37			8.24	3.05		
	2006	0.32	—			—	2.72		
粤西	2013	0.08	0.35	-6.35	15.45	15.31	7.34	13.15	-0.56
	2012	0.07	0.39			14.67	6.12		
	2011	0.07	0.31			12.16	5.67		
	2010	0.07	0.37			18.05	5.17		
	2009	0.07	0.32			16.9	4.51		
	2008	0.08	0.31			9.89	4.12		
	2007	0.1	0.39			12.47	3.68		
	2006	0.1	—			—	3.06		

续表

地区	年份	出口依存度（%）	投资产出率（%）	平均投资产出率增长（%）	平均投资增长率（资本形成）（%）	规模以上工业企业资产利润率（%）	全员劳动生产率（万元/人）	平均劳动生产率增长率（%）	平均从业人员增长率（%）
粤北	2013	0.14	0.25	-2.90	11.04	11.03	5.63	13.24	0.36
	2012	0.13	0.27			10.65	5.02		
	2011	0.14	0.24			10.78	4.76		
	2010	0.14	0.22			10.88	4.27		
	2009	0.13	0.17			8.06	3.76		
	2008	0.15	0.20			6.45	3.4		
	2007	0.17	0.27			7.41	3.03		
	2006	0.18	—			—	2.55		

资料来源：广东省各市统计年鉴。

二、广东 21 个城市全要素生产率分布特征

生产力水平的衡量依靠的是全要素生产率，全要素生产率是指产出的增长率和投入要素的增长率的加权平均之间的差①。保罗·克鲁格曼在《亚洲奇迹的神话》一文中指出，“东亚奇迹”并非奇迹的主要原因是东亚经济的增长主要来自于要素的投入，从回归上看，没有实现全要素生产率，也就没有索洛剩余式的技术进步，所以东亚的增长不可持续。其实，很多经济学家都有过于迷信全要素生产率的倾向②。全要素生产率是一种剩余，剩余不是天上掉下的馅饼，而是要一定的成本才可以得到。发达国家的技术进步要靠自主研发实现，而研发成本没有被计算在标准的生产函数中的投入要素之内，因此就表现为剩余。反过来看，发展中国家在增长中之所以看不到剩余，是因为发展中国家以引进技术为主，引进技术主要表现为资本品进口，也就是说技术进步的成本已经包含在资本投入当中，因此在

① 林毅夫：《解读中国经济》，北京大学出版社 2012 年版，第 91 页。

② P. Krugman. The Myth of Asia's Miracle [J]. Foreign Affairs, 1994, 73 (6): 62-78.

统计数据中显示不出来。但没有剩余并不代表没有技术进步，因为新增资本就意味着生产率的提高①。如今美国已经是全世界最发达的国家，各项技术都走在世界前沿，这些技术为美国带来了强大的生产力，但是巨额的研发成本却不会被计入生产要素中去，因此就表现出大量的剩余②。这里，我们就以全要素生产率作为颠覆性创新的一项关键指标分地区进行研究。

广东省21个城市2000～2017年期间的全要素生产率的均值变化如表4－2所示，考察期内广东省21个样本城市的全要素生产率（TFPCH）的动态变化平均值为1（Tfpch = effch × tech，保留五位小数后为1.00089）。这说明广东经济发展状况整体是在不断提高的，且主要是由于技术变化，侧面反映了广东进行技术革新和引进的效果。与此同时，我们也发现城市之间全要素生产率存在的差异，大多数城市该值的降低，且伴随技术效率大部分年份呈现恶化的现象出现，导致广东全要素生产率年平均值的增长率较低。广东省21个城市全要素生产率改善的贡献来源为技术变化（TECHCH），在2000～2017年间，技术进步指数为1.011，改善上升1.1%；而技术效率动态平均值下降0.01%，其中纯技术效率变化（PECH）动态平均值下降0.009%，规模效率（SECH）动态平均约下降0.001%，这在一定程度上说明，广东省尚未最大程度利用现有技术资源。

表4－2　　广东各市历年 Malmquist 生产力指数变化统计值

年份	Effch	Techch	Pech	Sech	Tfpch
2000～2001年	0.985	1.029	0.989	0.996	1.014
2001～2002年	1.17	0.825	1.033	1.133	0.965
2002～2003年	1.02	0.885	1.016	1.004	0.903
2003～2004年	1.05	0.927	1.095	0.959	0.973
2004～2005年	0.978	1.01	1.005	0.973	0.988
2005～2006年	0.978	1.06	0.934	1.048	1.037
2006～2007年	0.867	1.205	0.964	0.899	1.044

① 林毅夫：《解读中国经济》，北京大学出版社2012年版，第137页。

② 林毅夫：《解读中国经济》，北京大学出版社2012年版，第137～138页。

续表

年份	Effch	Techch	Pech	Sech	Tfpch
2007～2008年	0.99	1.079	1.007	0.983	1.068
2008～2009年	0.977	0.948	0.971	1.007	0.926
2009～2010年	0.979	1.048	0.948	1.033	1.026
2010～2011年	0.976	1.154	1.049	0.931	1.127
2011～2012年	1.016	0.999	1.009	1.008	1.016
2012～2013年	0.951	1.044	0.957	0.994	0.993
2013～2014年	0.957	1.038	0.973	0.984	0.994
2014～2015年	0.994	1.003	0.997	0.997	0.997
2015～2016年	1.032	1.008	1.025	1.006	1.04
2016～2017年	0.93	0.983	0.892	1.043	0.915
平均值	0.99	1.011	0.991	0.999	1

资料来源：Eviews 6.0 软件计量而得。

广东21个城市的平均全要素生产率指数如表4－3所示，2000～2017年，广东有10个城市的全要素生产率有所改善，占全省地区的47.62%。而从分解指标来看，有16个城市技术进步得到改善，而有8个城市技术效率得到改善，其中，全要素生产率改善最大的城市达到8.9%，下降最大的则为－1.01%。

表4－3　　　　广东21个市 Malmquist 生产力指数统计值

变量	均值	最大值	最小值	大于1的城市个数	占比（%）
Effch	0.99	1.038	0.859	8	38.10
Techch	1.011	1.057	0.98	16	76.19
Pech	0.991	1.047	0.866	6	28.57
Sech	0.999	1.038	0.953	6	28.57
Tfpch	1	1.089	0.87	10	47.62

资料来源：Eviews 6.0 软件计量而得。

如表4－4所示，可将这21个城市划分为四个等级：以深圳、广州、珠海为代表的这三个城市，全要素生产率高，为第一梯队，其产业转型升级取得突破进展，产业结构趋于合理化和高级化；中山、佛山、惠州、肇庆、阳江为第二梯队，全要素生产率>1，产业创新能力有了一定提升，但还有很大的进步空间；江门、汕尾、河源、揭阳、汕头为第三梯队，虽然技术进步指数大于1，但技术效率指标偏低，技术效率或规模效率对其有着“拖累”作用，导致全要素生产率小于1，这说明整体技术水平有待提高，应当警惕纯技术效率的下降。潮州、茂名、云浮为第三梯队，无论是技术效率还是技术进步，皆小于1，侧面说明了这些城市产业转型升级总体水平较低，创新动力缺乏，产业趋同现象明显。

表4-4　　　　广东各市Malmquist生产力指数统计值

城市	Effch	Techch	Pech	Sech	Tfpch
广州市	1.030	1.057	1.000	1.030	1.089
深圳市	1.035	1.014	1.000	1.035	1.050
珠海市	1.038	1.040	1.000	1.038	1.079
佛山市	1.016	1.028	0.992	1.024	1.044
惠州市	0.983	1.018	0.984	0.999	1.001
东莞市	1.000	0.980	1.000	1.000	0.980
中山市	1.032	1.026	1.047	0.986	1.059
江门市	0.859	1.012	0.866	0.993	0.870
肇庆市	1.001	1.018	1.012	0.989	1.018
汕头市	0.986	1.011	0.988	0.998	0.996
汕尾市	0.976	1.023	1.025	0.953	0.998
潮州市	0.980	0.987	1.000	0.980	0.968
揭阳市	0.962	1.014	0.968	0.995	0.976
茂名市	0.978	0.995	0.983	0.995	0.974
阳江市	1.009	1.009	1.026	0.983	1.017
湛江市	0.974	1.001	0.977	0.997	0.975
韶关市	0.998	1.013	1.019	0.979	1.010
河源市	0.978	1.005	0.961	1.018	0.983

续表

城市	Effch	Techch	Pech	Sech	Tfpch
梅州市	0.975	0.98	0.979	0.996	0.955
清远市	1.020	0.986	1.034	0.987	1.005
云浮市	0.966	1.01	0.963	1.004	0.976
mean	0.990	1.011	0.991	0.999	1.000

资料来源：Eviews 6.0 软件计量而得。

三、广东分区域全要素生产率分布特征

广东四大经济区域 Malmquist 生产力指数统计值测算情况如表 4－5 所示，珠三角地区在 2000～2017 年期间，全要素生产率的动态变化平均值为 1.043，这意味着全要素生产率改善了 4.3%；其来源主要为技术变化贡献，上升了 4.3%；其中，东莞、江门全要素生产率出现了下降；除东莞外，其他地区全部都呈现了技术变化的上升。粤东地区全要素生产率动态变化平均值为 0.956，下降了 4.4%，低于广东整体全要素生产率，其主要是由于技术效率恶化，对全要素生产率不但没有促进作用，反而起了拖累的效果；粤西地区全要素生产率动态变化均值为 0.955；粤北全要素生产率变化均值为 0.977，恶化了 2.3%；粤东、粤西、粤北地区的技术效率包括纯技术效率和规模效率都处于下降状态。

表 4－5　　广东四大区域 Malmquist 生产力指数统计值

区域	Effch	Techch	Pech	Sech	Tfpch
珠三角	1.000	1.043	1.000	1.000	1.043
粤东	0.957	0.999	0.992	0.964	0.956
粤西	0.976	0.979	1.000	0.976	0.955
粤北	0.984	0.993	1.020	0.964	0.977

资料来源：Eviews 6.0 软件计量而得。

综上，从生产要素的角度来分析，广东四大区域的产业发展存在十分

大的差异性，且粤东西北传统生产要素的增长势头要快过珠三角地区，但就全要素生产率来说，粤东西北与珠三角仍有相当大的差距。这从一个角度说明，珠三角更具备实施颠覆性的基础要素。因此，有必要在前面理论与实证研究的基础上，结合要素驱动，进一步深入对珠三角地区与粤东西北地区的颠覆性创新的驱动效应进行区域结构性分析，以期为策略选择与政策建议提供更为可靠的实证基础。

第二节 区域差异、粤港澳合作与珠三角地区特征分析

一、模型构建与变量定义

（一）模型Ⅰ

模型Ⅰ为广东四大区域颠覆性创新驱动效应分析模型。

1. 被解释变量

考虑数据的可得性，解释变量仍采用第三章第二节实证分析中的贸易竞争指数，即可比净出口指数 NTB（index of normalized trade balance）指数，定义同前面章节所述。

2. 解释变量

鉴于前面的理论分析，考虑广东四大区域产业国竞争力的驱动因素分析，本节将驱动因素归纳为生产要素因素以及颠覆性创新因素两大类：

第一，颠覆性创新的特征性指标选取。专利生产是创新的主要形式，其生产能力反映了产业创新能力，由于颠覆性技术创新与维持性技术创新的技术轨道不同，一旦破坏发生和发展，所涌现的专利将会增多。因此可以用专利生产的创新效应代替颠覆性技术创新的能力。开发新产品经费以及开发新产品经费强度代表了颠覆性技术创新能力，显示珠三角以及粤东西北、广东四大区域产业的颠覆性创新能力。由于过去广东产业在国际上的市场力量不强，在进行颠覆性技术创新后，将会导致四大区域产业新产

品在国际市场上的竞争力增强，开发新产品经费以及开发新产品经费强度就应出现逐年增长的趋势。基于上述分析，结合前面章节的实证分析结论，由于以专利申请量和开发新产品经费以及开发新产品经费强度这三个核心指标能够较为全面地反映一个地区“颠覆性技术创新”的情况，因此，本节选择专利申请量和开发新产品经费以及开发新产品经费强度为颠覆性创新的被解释变量特征性指标。

第二，生产要素类特征指标选取。尽管生产要素的种类比较多，考虑数据的可得性、指标的相关性以及广东各区域的实际情况，本节主要考虑资本、劳动力与原材料。劳动力（LAB）、资本（CP）、原材料价格指数（RAW）采用指标数值如前面章节所述。

（二）模型Ⅱ

模型Ⅱ为粤港澳合作对珠三角颠覆性创新效应的影响模型。

1. 被解释变量

专利生产是创新的主要形式，其生产能力反映了产业创新能力，由于颠覆性技术创新与维持性技术创新的技术轨道不同，一旦破坏发生和发展，所涌现的专利将会增多。特别值得一提的是，以珠三角为代表的广东每年的专利申请量授权量多年居全国首位，其中，外观型专利和实用新型专利数量仍占大头，而根据外观型专利和实用型专利的特点，未来这些专利产业化的产品会主要集中在低端市场和新兴市场的可能性较大，基于前面对于颠覆性创新的机理分析，由此，用专利申请数来作为颠覆性技术创新的能力表征较为合适。

开发新产品经费以及新产品销售收入强度代表了颠覆性技术创新能力，显示珠三角以及粤东西北、广东四大区域产业的颠覆性创新能力。由于过去珠三角产业在国际上的市场力量不强，在进行颠覆性技术创新后，将会导致四大区域产业新产品在国际市场上的竞争力增强，开发新产品经费以及新产品销售收入强度就应出现逐年增长的趋势。

基于上述分析，结合前面章节的实证分析结论，由于以专利申请量和开发新产品经费以及新产品销售收入强度这三个核心指标能够较为全面地反映一个地区颠覆性技术创新的情况，因此，本节选择专利申请量和开发新产品经费以及新产品销售收入强度为颠覆性创新的被解释变量特征性指标。

2. 解释变量

长期以来，珠三角经济发展和改革开放最显著的特色与优势是毗邻港澳，建立和发展主要面向港澳台侨的外向型经济，因此，珠三角的产业发展要考虑粤港澳合作的影响。粤港澳之间通过投资、人员流动、物资流动、贸易往来以及科技互助等方式，对于珠三角产业国际化发展十分重要。基于这种考虑，本节将进一步探求粤港澳合作对珠三角颠覆性创新效应的影响。实证前，将粤港澳合作的特征进行量化指标化，考虑数据的可得性，用粤港澳进出口总额（HMPO）以及港澳对粤直接投资额（HMFDI）作为合作的特征表述，来实证探求粤港澳合作对珠三角颠覆性创新效应的影响。

（三）模型变量定义综合

模型Ⅰ和Ⅱ因变量与自变量的相关定义具体见表4－6。

表4－6　　变量定义表

变量类型		变量名称	变量符号	模型Ⅰ	模型Ⅱ
模型Ⅰ被解释变量		贸易竞争指数	NTB	Y_{NTB}	Y_{NTB}
模型Ⅱ被解释变量		专利申请数	NP		Y_{NP}
		出口新产品	NEX		Y_{NEX}
模型Ⅰ解释变量	颠覆性创新类解释变量	发明专利申请	NP	X_1	
		开发新产品经费	NPR	X_2	
		新产品销售收入强度	NPS	X_3	
	生产要素类解释变量	劳动力投入	LAB	X_4	
		资本投资强度	CP	X_5	
		原材料投入	RAW	X_6	
模型Ⅱ解释变量与控制变量	区域合作类解释变量	粤港澳进出口贸易总额	HMPO		X_7
		港澳对粤直接投资总额	HMFDI		X_8
	政策类控制变量	CEPA的制定	CEPA		X_9

资料来源：作者设计整理。

（四）模型构建

首先对以上数据进行无量纲化，然后对解释变量进行相关性分析，根据指标相关关系分析，原解释变量均可保留进行实证分析。

面板数据的常用预测模型主要是随机效应模型和固定效应模型进行分析，为了确定所适合的模型，首先进行豪斯曼检验（即 Hausman 检验），检验结果如表 4－7 与表 4－8 所示，结果表明两个模型都适合采用固定效应回归模型：

$$Y_{NTB} = \alpha_1 + \alpha_i X_i + \varepsilon \qquad \text{模型 I}$$

$$\begin{cases} Y_{NP} = \beta_1 + \beta_i X_i + C_{II} D + \mu \\ Y_{NEX} = \xi_1 + \xi_i X_i + C_{II} D + \mu \end{cases} \qquad \text{模型 II}$$

其中 Y_{NTB}——区域产业国际竞争力指数。

Y_{NP}——表示广东专利申请数量的颠覆性创新能力特征性指标。

Y_{NEX}——表示广东出口新产品总额的颠覆性创新能力特征性指标。

X_i——两个模型的选择不同，详见表 4－6 所示。

C_{II}——模型Ⅱ中对应于虚拟变量的固定效应。

CEPA 制定与实施与否作为虚拟变量 D 的定义为：

$$D = \begin{cases} 1, & \text{CEPA 制定并实施} \\ 0, & \text{CEPA 没有制定实施} \end{cases}$$

（五）资料来源

在本章第一节中广东四大区域颠覆性创新驱动效应实证分析中的产业也是用工业口径的数据为代表进行研究，在本章第二节中粤港澳合作对颠覆性创新效应的影响中，采用的是全口径的产业数据，其分类方法与第四章的分类方法相同。

贸易竞争指数（NTB）、粤港澳进出口贸易总额（HMPO）和港澳对粤直接投资总额（HMFDI）主要来源于 2000～2013 年的《广东统计年鉴》，广东四大区域的发明专利申请（NP）、开发新产品经费（NPR）、新产品销售收入强度（NPS）、劳动力投入（LAB）、资本投资强度（CP）主要来源于 2000～2013 年的《广东统计年鉴》以及各市的统计年鉴。考虑原材料价格全省差异性不大，因而四大区域原材料投入（RAW）均以全省的数据为替代。

二、分区域颠覆性创新驱动效应特征分析

（一）珠三角地区

按照上述实证设计方案，因变量为 NTB，外生自变量为 NP、NPR、NPS、LAB、CP、RAM。选择二阶段最小二乘法（two-stage least squares）分行业进行估计①。

珠三角地区产业实证的各项系数的检验结果如表 4－7 所示。

表 4－7　　珠三角地区产业联立方程各项系数的检验结果

系数项	Coefficient	Std. Error	t－Statistic	Prob.
C(1)	1.15E－08	2.61E－05	2.014862	0.0201
C(2)	2.14E－09	7.37E－10	3.781034	0.0701
C(3)	－1.49E－09	6.12E－09	1.875819	0.0195
C(4)	6.17E－11	1.08E－09	2.381225	0.0857
C(5)	5.76E－10	6.77E－11	3.911653	0.4038
C(6)	－5.27E－05	1.96E－13	5.11E＋12	0.3241
C(7)	－1.16E－13	1.64E－13	－0.705145	0.5122
剩余协方差行列式		0.042132		

注：* 表示双尾检验的显著性水平为 5%；** 表示双尾检验的显著性水平为 1%。
资料来源：Eviews 6.0 软件计量而得。

经二阶段最小二乘法进行估计的方程组表达式及检验结果如表 4－8 所示，模型 I 的拟合性系数较高，DW 系数为 2.405898，通过 DW 检验。

---

① 以下的五类实证模型均进行了残差结果检验，通过对各类产业的实证结果和残差趋势图进行了判断，去除了明显的自相关和异方差，保留了较好的方程形式。

表 4-8　　珠三角地区产业模型 I 表达式及检验结果

Equation：NTB = C(1) + C(2) × NP + C(3) × NPR + C(4) × NPS + C(5) × LAB + C(6) × CP + C(7) × RAW

R - squared	0.93726	Mean dependent var	43.39443
Adjusted R - squared	0.91635	S. D. dependent var	19.38362
S. E. of regression	1.18E-06	Sum squared resid	6.98E-12
Durbin - Watson stat	2.405898		

资料来源：Eviews 6.0 软件计量而得。

将珠三角地区产业方程的回归系数进行排名，探索各因素对因变量的影响大小，如表 4-9 所示。

表 4-9　　珠三角地区产业方程各自变量对因变量的影响程度

因变量	自变量	系数项	标准回归系数	标准回归系数排名
NTB	NP	C(1)**	1.15E-08	1
	NPR	C(2)*	2.14E-09	2
	CP	C(5)**	5.76E-10	3
	LAB	C(4)*	6.17E-11	4
	NPS	C(3)	-1.49E-09	5
	RAM	C(6)	-5.27E-05	6

注：* 表示双尾检验的显著性水平为 5%；** 表示双尾检验的显著性水平为 1%。
资料来源：Eviews 6.0 软件计量而得。

如上表所示，综合考虑标准回归系数，按标准回归系数排名来看，这些变量对产业国际竞争力（NTB）的影响程度是不同的。依照多元回归的计量理论，通过 T 检验，当按标准回归系数来定的话，各自变量对 NTB 的影响程度较大的指标归类为：专利数量（NP）、开发新产品经费（NPR）、资本投资强度（CP）、劳动力投入（LAB）四项。综上，对于珠三角地区产业国际竞争力而言，颠覆性创新能力对其影响最为明显，而生产要素中的资本和劳动力对竞争力的影响也较为显著。

（二）粤东西北地区

1. 粤东地区

粤东地区产业方程的各项系数的检验结果如表 4－10 所示。

表 4－10　　粤东地区产业方程各项系数的检验结果

系数项	Coefficient	Std. Error	t－Statistic	Prob.
C(1)	－9.10E－12	9.03E－06	－1.475303	0.2001
C(2)	－1.91E－08	1.40E－09	2.201792	0.0789
C(3)	7.14E－09	5.78E－09	2.235408	0.0716
C(4)	3.09E－09	8.60E－09	3.219069	0.0472
C(5)	－1.33E－05	2.22E－11	－0.410189	0.6987
C(6)	1.05E－09	4.91E－13	2.04E＋12	0.0000
C(7)	1.01E－12	7.45E－13	1.353874	0.2338
剩余协方差行列式		2.013E－08		

注：＊表示双尾检验的显著性水平为 5%；＊＊表示双尾检验的显著性水平为 1%。
资料来源：Eviews 6.0 软件计量而得。

经二阶段最小二乘法进行估计的方程组表达式及检验结果如表 4－11 所示，模型 I 的拟合性系数较高，DW 系数为 2.043201，通过 DW 检验。

表 4－11　　粤东地区产业方程表达式及检验结果

Equation：NTB = C(1) + C(2) × NP + C(3) × NPR + C(4) × NPS + C(5) × LAB + C(6) × CP + C(7) × RAW			
R－squared	0.943237	Mean dependent var	1115474.3
Adjusted R－squared	0.910764	S. D. dependent var	449205.5
S. E. of regression	1.97E－07	Sum squared resid	1.93E－13
Durbin－Watson stat	2.043201		

资料来源：Eviews 6.0 软件计量而得。

将粤东地区产业的方程的回归系数进行排名，探索各因素对因变量的影响大小，如表4－12所示。

表4－12　　粤东地区产业方程各自变量对因变量的影响程度

因变量	自变量	系数项	标准回归系数	标准回归系数排名
NTB	NPS	C(3)*	7.14E－09	1
	LAB	C(4)**	3.09E－09	2
	RAM	C(6)	1.05E－09	3
	CP	C(5)	－1.33E－05	4
	NP	C(1)	－9.10E－12	5
	NPR	C(2)	－1.91E－08	6

注：*表示双尾检验的显著性水平为5%；**表示双尾检验的显著性水平为1%。
资料来源：Eviews 6.0软件计量而得。

综合考虑标准回归系数，按标准回归系数排名来看，这些变量对产业国际竞争力（NTB）的影响程度是不同的。依照多元回归的计量理论，通过T检验，当按标准回归系数来定的话，各自变量对NTB的影响程度较大的指标归类为：新产品销售收入强度（NPS）和劳动力投入（LAB）。综上，对于粤东地区产业国际竞争力而言，表征颠覆性创新能力的一项指标对其影响较为明显，而劳动力对竞争力的影响也较为显著。

2. 粤西地区

粤西地区产业方程的各项系数的检验结果如表4－13所示。

表4－13　　粤西地区产业方程各项系数的检验结果

系数项	Coefficient	Std. Error	t－Statistic	Prob.
C(1)	－3.11E－12	1.59E－06	2.094239	0.0904
C(2)	－1.03E－07	2.81E－10	－2.224059	0.0767
C(3)	2.65E－09	1.01E－09	－1.998450	0.1021
C(4)	3.32E－06	1.83E－09	2.223769	0.0368
C(5)	4.07E－09	5.10E－12	4.609219	0.0690

续表

系数项	Coefficient	Std. Error	t - Statistic	Prob.
C(6)	2.65E-09	3.07E-13	3.26E+12	0.0201
C(7)	-6.25E-10	1.95E-13	0.340214	0.3762
剩余协方差行列式		0.02012		

注：* 表示双尾检验的显著性水平为 5%；** 表示双尾检验的显著性水平为 1%。
资料来源：Eviews 6.0 软件计量而得。

经二阶段最小二乘法进行估计的方程组表达式及检验结果如表 4-14 所示，模型Ⅰ的拟合性系数较低，DW 系数为 3.265476，通过 DW 检验。

表 4-14　　粤西地区产业方程表达式及检验结果

Equation：TB = C(1) + C(2) × NP + C(3) × NPR + C(4) × NPS + C(5) × LAB + C(6) × CP + C(7) × RAW

R - squared	0.874242	Mean dependent var	430118.7
Adjusted R - squared	0.764523	S. D. dependent var	149995.7
S. E. of regression	3.73E-08	Sum squared resid	6.96E-15
Durbin - Watson stat	1.483386		

资料来源：Eviews 6.0 软件计量而得。

将粤西地区产业方程的回归系数进行排名，探索各因素对因变量的影响大小，如表 4-15 所示。

综合考虑标准回归系数，按标准回归系数排名来看，这些变量对产业国际竞争力（NTB）的影响程度是不同的。依照多元回归的计量理论，通过 T 检验，当按标准回归系数来定的话，各自变量对 NTB 的影响程度较大的指标归类为：劳动力投入（LAB）和资本投资强度（CP）和原材料（RAW）。综上，对于粤西地区产业国际竞争力而言，颠覆性创新能力对其影响不显著，而生产要素的投入中的劳动力和资本投入以及原材料投入对粤西地区产业竞争力的影响则较为显著。

表 4 – 15　　粤西地区产业方程各自变量对因变量的影响程度

因变量	自变量	系数项	标准回归系数	标准回归系数排名
NTB	LAB	C(4)**	3.32E – 06	1
	CP	C(5)**	4.07E – 09	2
	RAM	C(6)*	2.65E – 09	3
	NP	C(1)	– 3.11E – 12	4
	NPS	C(3)	– 2.02E – 09	5
	NPR	C(2)	– 1.03E – 07	6

注：* 表示双尾检验的显著性水平为 5%；** 表示双尾检验的显著性水平为 1%。
资料来源：Eviews 6.0 软件计量而得。

3. 粤北地区

粤北地区产业方程的各项系数的检验结果如表 4 – 16 所示。

表 4 – 16　　粤北地区产业方程各项系数的检验结果

系数项	Coefficient	Std. Error	t – Statistic	Prob.
C(1)	7.17E – 12	3.17E – 05	– 2.163317	0.1828
C(2)	– 9.66E – 08	6.93E – 09	1.124039	0.2871
C(3)	4.02E – 10	1.94E – 08	1.164443	0.3827
C(4)	1.47E – 08	4.47E – 08	2.160169	0.0732
C(5)	4.21E – 08	4.09E – 11	4.175218	0.0378
C(6)	– 6.86E – 05	1.87E – 14	5.364331	0.2461
C(7)	3.18E – 12	1.96E – 12	1.619179	0.1663
剩余协方差行列式		2.16E – 08		

注：* 表示双尾检验的显著性水平为 5%；** 表示双尾检验的显著性水平为 1%。
资料来源：Eviews 6.0 软件计量而得。

经二阶段最小二乘法进行估计的方程组表达式及检验结果如表 4 – 17 所示，模型 I 的拟合性系数较高，DW 系数为 2.892381，通过 DW 检验。

表4-17　　粤北地区产业方程表达式及检验结果

Equation：NTB = C(1) + C(2) × NP + C(3) × NPR + C(4) × NPS + C(5) × LAB + C(6) × CP + C(7) × RAW

R - squared	0.865643	Mean dependent var	8235511.2
Adjusted R - squared	0.813243	S. D. dependent var	265057.1
S. E. of regression	7.78E-07	Sum squared resid	3.03E-12
Durbin - Watson stat	2.892381		

资料来源：Eviews 6.0 软件计量而得。

将粤北地区产业方程的回归系数进行排名，探索各因素对因变量的影响大小，如表4-18所示。

表4-18　　粤北地区产业方程各自变量对因变量的影响程度

因变量	自变量	系数项	标准回归系数	标准回归系数排名
NTB	CP	C(5)**	4.21E-08	1
	LAB	C(4)*	1.47E-08	2
	NPS	C(3)	4.02E-10	3
	NP	C(1)	7.17E-12	4
	NPR	C(2)	-9.66E-08	5
	RAM	C(6)	-6.86E-05	6

注：* 表示双尾检验的显著性水平为5%；** 表示双尾检验的显著性水平为1%。
资料来源：Eviews 6.0 软件计量而得。

综合考虑标准回归系数，按标准回归系数排名来看，这些变量对产业国际竞争力（NTB）的影响程度是不同的。依照多元回归的计量理论，通过T检验，当按标准回归系数来定的话，各自变量对NTB的影响程度较大的指标归类为：资本投资强度（CP）和劳动力投入（LAB）对NTB的影响也较为显著。综上，对于粤北地区产业国际竞争力而言，资本投资强度和劳动力投入对其影响较为明显，而颠覆性创新能力的影响不显著。

三、粤港澳合作对珠三角颠覆性创新效应的影响分析

长期以来，珠三角经济发展和改革开放最显著特色与优势是毗邻港澳，建立和发展主要面向港澳台侨的外向型经济。广东自贸试验区的一个重要定位，仍是突出港澳特色。但与过去跟港澳的合作主要是出口加工、货物贸易和旅游、物流运输等传统服务业的互补性合作不同，广东自贸试验区建立后所拓展的主要是离岸贸易、离岸金融、互联网经济、社会管理合作和投资便利化、服务贸易自由化等高水平、开放型的对接性、融合性深层次合作。广东与港澳地区的经济合作从发展阶段看，20世纪80年代初经济特区建立开启了以跨境加工贸易合作为主要标志的粤港澳合作1.0时代；2003年及随后签订的CEPA及其10个补充协议，则进入了以货物贸易零关税、投资便利化等传统服务业合作为主要特征的粤港澳合作2.0时代。而以广东自由贸易试验区为主要标志，则使粤港澳合作进入以经贸制度、法律对接，技术、标准一体化和离岸贸易、跨境金融、互联网经济等高端服务业和服务贸易自由化为主导的粤港澳合作3.0阶段。实际上，随着广东自贸试验区的建立，既是粤港澳合作的升级版，同时也是CEPA框架下扩大对港澳地区的高水平、深层次开放，是CEPA及其补充协议的机制创新与“先行先试”综合试验。广东自贸试验区的一项重要功能，是创新CEPA的实施机制，推进粤港澳技术标准、服务规制与营商环境的深度融合与对接，通过推动三地人员、资金、技术和信息等服务要素便捷流动等举措，切实解决CEPA落地中碰到的体制壁垒与机制障碍问题。这无疑对珠三角产业颠覆性创新的效应有着十分重要的影响，而这种影响本节想通过一种实证来检验，旨在为后面的策略提出奠定基础。粤港澳合作对珠三角颠覆性创新效应的影响的模型Ⅱ的各项系数的检验结果如表4－19所示。

表 4－19　　粤港澳合作对珠三角颠覆性创新效应的影响的各项系数的检验结果

系数项	Coefficient	Std. Error	t－Statistic	Prob.
C(7)	0. 536240	99027457	0. 541507	0. 6029
C(8)	0. 772737 *	23791. 26	4. 324789	0. 0537
C(9)	0. 267987	0. 80812	1. 269271	0. 2400
C(10)	－0. 187932	404. 2539	－0. 464295	0. 6548
C(11)	0. 536201	99027457	0. 541507	0. 6029
C(12)	0. 772137 **	23791. 26	3. 324789	0. 0537
C(13)	0. 0267987 *	0. 211008	2. 269271	0. 0603
C(14)	－0. 187932	404. 2539	－0. 464295	0. 6548
剩余协方差行列式		2. 15E－7		

注：* 表示双尾检验的显著性水平为 5%；** 表示双尾检验的显著性水平为 1%。
资料来源：Eviews 6. 0 软件计量而得。

经二阶段最小二乘法进行估计的方程组表达式及检验结果如表 4－20 所示，方程Ⅰ的拟合性系数较高，DW 系数为 3. 542537，通过 DW 检验。

表 4－20　　粤港澳合作的影响模型Ⅱ表达式及检验结果

方程Ⅰ			
Equation：NEX = C(14) + C(11) × HMPO + C(12) × HMFDI + C(13) × CEPA			
R－squared	0. 881135	Mean dependent var	433944. 8
Adjusted R－squared	0. 836561	S. D. dependent var	193836. 6
S. E. of regression	7836341. 3	Sum squared resid	3. 567356
Durbin－Watson stat	3. 542537		
方程Ⅱ			
Equation：NTB = C(10) + C(7) × HMPO + C(8) × HMFDI + C(9) × CEPA			
R－squared	0. 788363	Mean dependent var	6. 125397
Adjusted R－squared	0. 670256	S. D. dependent var	3. 226345
S. E. of regression	3. 275919	Sum squared resid	45. 15475
Durbin－Watson stat	3. 265476		

资料来源：Eviews 6. 0 软件计量而得。

将粤港澳合作对珠三角颠覆性创新效应的影响模型Ⅱ方程的回归系数进行排名，探索各因素对因变量的影响大小，如表4－21所示。

表4－21　　模型Ⅱ方程各自变量对因变量的影响程度

因变量	自变量	系数项	标准回归系数	标准回归系数排名
NP	HMPO	C(8)	0.772737*	1
	HMFDI	C(9)	0.267987	2
	CEPA	C(10)	－0.187932	3
NEX	HMFDI	C(12)	0.772137**	1
	HMPO	C(11)	0.536201	2
	CEPA	C(13)	0.0267987*	3

注：*表示双尾检验的显著性水平为5%；**表示双尾检验的显著性水平为1%。
资料来源：Eviews 6.0软件计量而得。

如上表所示，综合考虑标准回归系数，按标准回归系数排名来看，这些变量对珠三角颠覆性创新效应表征指标专科申请量（NP）的影响程度是不同的。依照多元回归的计量理论，通过T检验，当按标准回归系数来定的话，各自变量对NP的影响程度较大的指标归类为：粤港澳进出口总额（HMPO）对NP的影响较为显著。对于珠三角颠覆性创新表征指标出口新产品总额的影响程度较大的指标归类为粤港澳进出口总额（HMPO）以及控制变量CEPA对NEX的影响较为显著。综上，粤港澳合作对于珠三角产业颠覆性创新效应的影响较为显著，在后续的策略分析和政策建议方面应予以考虑。

第三节 行业结构与珠三角颠覆性技术创新的驱动特征

一、实证设计

（一）解释变量与被解释变量的分析

1. 自变量

考虑数据的可得性和简易性，自变量采取贸易竞争指数 NTB（index of normalized trade balance），如第三章所定义，即 $NTB_{it} = (X_{ij} - M_{it})/(X_{it} + M_{it})$，式中，X 表示出口额，M 表示进口额，i 表示产业，j 表示出口国，k 表示进口国，t 表示年，X_{it}和 M_{it}分别代表一国 i 产业的出口总额①。

2. 解释变量

在借鉴前面理论分析与实证结论的基础上，颠覆性技术创新类因变量指标项为：专利数量（NP）、产品销售收入增长率（PSG）、开发新产品经费（NPR）、开发新产品经费强度（NPS）、产业集中度（IC）、大中型企业数量（NME）。

3. 控制变量

由于区域产业国际竞争力受到诸多复杂因素的影响，生产要素和制度因素应为不得不考虑的因素。尽管生产要素的种类比较多，但是在实证研究里通常主要考虑劳动力、原材料和资本资源。本节实证过程中以职工平均工资来反映劳动力（LAB）；用资本形成反映资本（CP）；用年末原材料价格指数来反映原材料投入（RAW）。从政府角度来考量，国内外许多研究认为政府的作用不可缺失，但在现实中政府作用的效果并不

① 由于涉及分行业指标的可得性，因此，此处的国际贸易指数有别于上一节中的整体国际贸易指数的计算方法，综合各种国际贸易指数的计算方法，结合数据的可得性，我们最终采用国际上比较认可的贸易指数法进行计算。从实际计算和使用效果来看，该方法基本满足本书的研究需要，得出了较为理想的实证结果。

理想，为探讨这一变量的影响，此处，将政府科技经费投入反映政府的作用（EGRD）。

综上，我们选取贸易竞争指数（NTB）作为被解释变量；选取专利数量（NP）、开发新产品经费（NPR）、开发新产品经费强度（NPS）、产业集中度（IC）、大中型企业数量（NME）为颠覆性技术创新类因变量指标项；选取劳动力投入（LAB）、资本投资强度（CP）、原材料投入（RAW）为生产要素类因变量指标项；选取政府对企业研发的支持度（EGRD）为制度类控制变量。

所有变量的经济含义、计算方法如表4-22所示。

表4-22　变量定义表

变量分类	变量名称	经济含义	计算方法	变量类型
产业国际竞争力	NTB	贸易竞争指数	进出口贸易的差额占进出口总额的比重	自变量
颠覆性技术创新度	NP	专利数量	发明专利授权数	因变量
	NPR	开发新产品经费	开发新产品经费	因变量
	NPS	开发新产品经费强度	开发新产品经费强度=开发新产品经费/产品总销售收入	因变量
	IC	产业集中度	规模以上工业增加值占工业增加值比重的年度方差	因变量
	NME	大中型企业数量	每年大中型企业数量年度方差	因变量
生产要素	LAB	劳动力投入	用年末职工平均工资来反映	控制变量
	CP	资本投入	用资本形成来反映	控制变量
	RAW	原材料投入	每年的原材料价格指数	控制变量
制度变量	EGRD	政府作用	工业研发投入中的政府经费	控制变量

资料来源：作者设计整理。

4. 资料来源

分行业贸易竞争指数（NTB）主要来源于投入产出表，分行业开发新产品经费（NPR）、开发新产品经费强度（NPS）、产业集中度（IC）、大中型企业数量（NME）、劳动力投入（LAB）、资本投资强度（CP）、原材料投入（RAW）主要来源于2000～2013年的《广东科技统计年鉴》《广东统计年鉴》《广东工业统计年鉴》，分行业专利数量（NP）主要来源于SOOPAT网站（http：//www. soopat. com/）①。

（二）行业分类说明

结合投入产出表以及《广东统计年鉴》中的规模以上分行业的相关分类标准，充分考虑数据可得性，将珠三角的制造业产业依次分类为追赶型产业、领先型产业、转移型产业、弯道超车型产业以及战略型产业五大类，具体包含行业如表4－23所示。

表4－23 珠三角制造业行业分类表

行业分类	行业名称
追赶型产业①	化学原料和化学制品制造业
	医药制造业
	电气机械和器材制造业
领先型产业②	计算机、通信和其他电子设备制造业
	铁路、船舶、航空航天和其他运输设备制造业
	专用设备制造业
转移型产业③	农副食品加工业
	食品制造业
	酒、饮料和精制茶制造业
	烟草制品业
	纺织业
	纺织服装、服饰业
	皮革、毛皮、羽毛及其制品和制鞋业
	木材加工和木、竹、藤、棕、草制品业

① 其中有个别年份以及个别变量的数据暂缺，为不影响实证分析，本书一般针对此种数据的处理方式为：根据近几年的增长率进行估算或预测，由于数量相对较少，故以不影响实证结果为宜。

续表

行业分类	行业名称
转移型产业[③]	家具制造业
	造纸和纸制品业
	印刷和记录媒介复制业
	文教、工美、体育和娱乐用品制造业
	化学纤维制造业
	金属制品业
弯道超车型产业[④]	汽车制造业
	通用设备制造业
	仪器仪表制造业
战略型产业[⑤]	石油加工、炼焦和核燃料加工业
	橡胶和塑料制品业
	非金属矿物制品业
	黑色金属冶炼和压延加工业
	有色金属冶炼和压延加工业

注：以下的研究将涉及表中的有关概念和领域，并按此口径定量分析。

①2014 年，广东省人均地区生产总值为 10300 多美元，美国国内人均生产总值为 54000 多美元，德国为 47000 多美元，日本为 36000 多美元，韩国为 28000 多美元。人均 GDP 的差距反映的是劳动生产率的差距，表明珠三角产业的技术和附加值水平比发达国家同类产业的水平低，处于追赶阶段。珠三角的汽车、高端装备制造、高端材料产业即属于这种类型。

②珠三角有些产业，像白色家电、核电装备、造船等，其产品和技术已经处于国际领先或接近国际最高水平的地位。领先型产业只有依靠自主研发新产品、新技术，才能继续保持国际领先地位。自主研发包括两种不同性质的活动：新产品、新技术的开发和新产品、新技术开发所需基础科研的突破。企业开发的新产品、新技术可以申请专利，这类活动理当由企业自己进行。但是，基础科研投入大、风险高，属于社会公共知识，企业没有从事基础科研的积极性。美国的大多数产业属于领先型产业，技术创新和产业升级所需的基础研究，绝大多数是由美国国家科学基金会资助高校或是由美国国家健康研究院等政府支持的科研机构来进行，欧洲、日本等发达国家也以政府的资金支持这方面的基础研究。珠三角也应采取同样的方式。

③这类产业有两种类型，一类是丧失比较优势的产业，另一类是在我国还有比较优势但产能有富余的产业。

④这类新兴产业的特征是人力资本需求高、研发周期短，例如信息、通信产业的软件、手机等。

⑤这类产业通常资本非常密集，研发周期长，投入巨大，我国尚不具备比较优势，但其发展关系国家安全和长远发展，大飞机、航天、超级计算机产业即属于这种类型。

资料来源：作者设计整理。

（三）模型构建

本节考虑到多年的数据获取有一定难度，特别是投入产出表的相关数据获取，因此，本节不采用面板数据进行分析，而采用单个方程分别来做判断。在充分检验的基础上，其得出的结论的可信度也是可观的，而数据采集成本却大大下降。实证方程分别如下：

$$NTB = C(1) + C(2) \times NP + C(3) \times NPR + C(4) \times NPS + C(5) \times IC + C(6) \times NME \quad (4-1)$$

$$NTB = C(7) + C(8) \times LAB + c(9) \times CP + C(10) \times RAW + C(11) \times EGRD \quad (4-2)$$

按照上述方程，因变量为 NTB，外生自变量为 NP、NPR、NPS、IC、NME、LAB、CP、RAM、EGRD。选择二阶段最小二乘法（two-stage least squares）分行业分别进行估计①。

二、颠覆性创新因子影响的行业

（一）领先型产业

领先型产业方程的各项系数的检验结果如表 4 – 24 所示。

表 4 – 24　　领先型产业方程各项系数的检验结果

系数项	Coefficient	Std. Error	t – Statistic	Prob.
C(1)	–20. 45114	14. 13349	–2. 134474	0. 2752
C(2)	0. 504331 **	0. 435617	0. 894361	0. 0095
C(3)	0. 193301	0. 171084	1. 134865	0. 2742
C(4)	0. 133930 **	0. 169222	0. 203404	0. 0035
C(5)	–0. 013071	0. 034335	–0. 2493831	0. 7617
C(6)	0. 035015	0. 130320	1. 741635	0. 1927
C(7)	1. 265284	2. 340157	1. 545186	0. 1291
C(8)	0. 000182	1. 43E – 05	3. 080264	0. 0008

① 以下的五类实证模型均进行了残差结果检验，通过对各类产业的实证结果和残差趋势图进行了判断，去除了明显的自相关和异方差，保留了较好的方程形式。

续表

系数项	Coefficient	Std. Error	t - Statistic	Prob.
C(9)	0.023678 **	0.153788	-0.144394	0.0129
C(10)	1.89E-06	3.03E-06	2.439831	0.0774
C(11)	0.340466 **	0.333193	-1.013204	0.0247
剩余协方差行列式		1.09E-10		

注：* 表示双尾检验的显著性水平为 5%；** 表示双尾检验的显著性水平为 1%。
资料来源：Eviews 6.0 软件计量而得。

经二阶段最小二乘法进行估计的方程组表达式及检验结果如表 4-25 所示，方程 I 的拟合性系数较高，DW 系数为 2.505878，通过 DW 检验；方程 II 的拟合性系数较低，DW 系数为 3.265476，通过 DW 检验。

表 4-25　　领先型产业方程表达式及检验结果

方程 I			
Equation: NTB = C(1) + C(2) × NP + C(3) × NPR + C(4) × NPS + C(5) × IC + C(6) × NME			
R - squared	0.993254	Mean dependent var	7.142857
Adjusted R - squared	0.978077	S. D. dependent var	3.240345
S. E. of regression	0.479779	Sum squared resid	0.920751
Durbin - Watson stat	2.505878		
方程 II			
Equation: NTB = C(7) + C(8) × LAB + C(9) × CP + C(10) × FDI + C(11) × EGRD			
R - squared	0.588363	Mean dependent var	7.142857
Adjusted R - squared	0.510237	S. D. dependent var	3.240345
S. E. of regression	3.352239	Sum squared resid	56.18755
Durbin - Watson stat	3.265476		

资料来源：Eviews 6.0 软件计量而得。

将领先型产业的方程的回归系数进行排名，探索各因素对因变量的影响大小，如表 4-26 所示。

表 4-26　　领先型产业各方程自变量对因变量的影响程度

因变量	自变量	系数项	标准回归系数	标准回归系数排名
NTB	NP	C(2) **	0.504331	1
	EGRD	C(11) **	0.340466	2
	NPR	C(3)	0.193301	3
	NPS	C(4) **	0.13393	4
	NME	C(6)	0.035015	5
	CP	C(9) **	0.023678	6
	LAB	C(8)	0.000182	7
	RAM	C(10)	1.89E-06	8
	IC	C(5)	-0.013071	9

注：* 表示双尾检验的显著性水平为 5%；** 表示双尾检验的显著性水平为 1%。
资料来源：Eviews 6.0 软件计量而得。

如上表所示，综合考虑标准回归系数，按标准回归系数排名来看，这些变量对产业国际竞争力（NTB）的影响程度是不同的。依照多元回归的计量理论，通过 T 检验，当按标准回归系数来定的话，各自变量对 NTB 的影响程度较大的指标归类为：专利数量（NP）、政府对企业研发的支持度（EGRD）、开发新产品经费强度（NPS）、资本投资强度（CP）。综上，对于珠三角追赶型产业国际竞争力而言，颠覆性技术创新能力对其影响较为明显，而政府支持对竞争力的影响也较为显著。

（二）弯道超车型产业

弯道超车型产业方程的各项系数的检验结果如表 4-27 所示。

表 4-27　　弯道超车型产业方程各项系数的检验结果

系数项	Coefficient	Std. Error	t-Statistic	Prob.
C(1)	-18.36557	16.38732	-1.120719	0.2780
C(2)	0.304331 *	0.436717	2.696861	0.0953

续表

系数项	Coefficient	Std. Error	t - Statistic	Prob.
C(3)	0. 193301	0. 171084	1. 129865	0. 1742
C(4)	0. 033930 *	0. 169222	3. 200504	0. 0835
C(5)	-0. 013071	0. 044335	-0. 294831	0. 7717
C(6)	0. 945015	0. 530420	1. 781635	0. 0927
C(7)	4. 928087	3. 436166	1. 434182	0. 1697
C(8)	0. 000182	4. 46E -05	4. 080264	0. 0008
C(9)	0. 023678 **	0. 158388	3. 149494	0. 0329
C(10)	1. 89E -06	1. 01E -06	1. 879831	0. 0774
C(11)	-0. 540766	0. 533193	-1. 014204	0. 3247
剩余协方差行列式		2. 02E -10		

注：* 表示双尾检验的显著性水平为 5%；** 表示双尾检验的显著性水平为 1%。
资料来源：Eviews 6. 0 软件计量而得。

经二阶段最小二乘法进行估计的方程组表达式及检验结果如表 4 -28 所示，方程Ⅰ的拟合性系数较高，DW 系数为 2. 452433，通过 DW 检验；方程Ⅱ的拟合性系数也较高，DW 系数为 3. 674674，通过 DW 检验。

表 4 -28　　弯道超车型产业各方程表达式及检验结果

方程Ⅰ			
Equation：NTB = C(1) + C(2) × NP + C(3) × NPR + C(4) × NPS + C(5) × IC + C(6) × ME			
R - squared	0. 974346	Mean dependent var	8. 752243
Adjusted R - squared	0. 958558	S. D. dependent var	3. 255663
S. E. of regression	0. 425653	Sum squared resid	3. 567356
Durbin - Watson stat	2. 452433		

续表

方程Ⅱ			
Equation：NTB = C(7) + C(8) × LAB + C(9) × CP + C(10) × FDI + C(11) × EGRD			
R - squared	0.945412	Mean dependent var	8.265452
Adjusted R - squared	0.914456	S. D. dependent var	3.134654
S. E. of regression	0.542134	Sum squared resid	3.241455
Durbin - Watson stat	3.674674		

资料来源：Eviews 6.0 软件计量而得。

将弯道超车型产业方程的回归系数进行排名，探索各因素对因变量的影响大小，如表 4 - 29 所示。

表 4 - 29　弯道超车型产业方程各自变量对因变量的影响程度

因变量	自变量	系数项	标准回归系数	标准回归系数排名
NTB	NME	C(6)	0.945015	1
	NP	C(2)*	0.304331	2
	NPR	C(3)	0.193301	3
	NPS	C(4)*	0.03393	4
	CP	C(9)**	0.023678	5
	LAB	C(8)	0.000182	6
	RAM	C(10)	1.89E - 06	7
	IC	C(5)	-0.013071	8
	EGRD	C(11)	-0.540766	9

注：* 表示双尾检验的显著性水平为 5%；** 表示双尾检验的显著性水平为 1%。
资料来源：Eviews 6.0 软件计量而得。

如上表所示，综合考虑标准回归系数，按标准回归系数排名来看，这些变量对产业国际竞争力（NTB）的影响程度是不同的。依照多元回归的计量理论，通过 T 检验，当按标准回归系数来定的话，各自变量对 NTB 的影响程度较大的指标归类为：资本投资强度（CP）；另外，专利数量（NP）和开发新产品经费强度（NPS）对 NTB 的影响也较为显著。综上，对于珠三角追赶型产业国际竞争力而言，资本投资强度对其影响较为明显，而颠覆性技术创新能力的影响也较为显著。

三、传统生产要素驱动的行业

（一）追赶型产业

追赶型产业方程的各项系数的检验结果如表4-30所示。

表4-30　追赶型产业方程各项系数的检验结果

系数项	Coefficient	Std. Error	t-Statistic	Prob.
C(1)	-10.10884	11.18830	-0.903519	0.3789
C(2)	0.304331 **	0.436717	0.696861	0.0053
C(3)	0.193301 **	0.171084	1.129865	0.0142
C(4)	0.033930	0.169222	0.200504	0.8435
C(5)	-0.013071	0.044335	-0.294831	0.7717
C(6)	0.005015 *	0.530420	1.781635	0.0927
C(7)	-2.856495	1.956741	1.459823	0.1626
C(8)	0.081182 **	4.46E-05	4.080264	0.0008
C(9)	-0.023678	0.158388	-0.149494	0.8829
C(10)	1.89E-06 *	1.01E-06	1.879831	0.0774
C(11)	-0.540766	0.533193	-1.014204	0.3247
剩余协方差行列式		0.019032		

注：* 表示双尾检验的显著性水平为5%；** 表示双尾检验的显著性水平为1%。
资料来源：Eviews 6.0 软件计量而得。

经二阶段最小二乘法进行估计的方程组表达式及检验结果如表4-31所示，方程Ⅰ的拟合性系数较高，DW系数为2.947281，通过DW检验；方程Ⅱ的拟合性系数也较高，DW系数为3.298847，通过DW检验。

表4-31　追赶型产业各方程表达式及检验结果

方程Ⅰ			
Equation：NTB = C(1) + C(2) × NP + C(3) × NPR + C(4) × NPS + C(5) × IC + C(6) × NME			
R - squared	0.974497	Mean dependent var	11.21429
Adjusted R - squared	0.958558	S. D. dependent var	3.335598
S. E. of regression	0.679042	Sum squared resid	3.688781
Durbin - Watson stat	2.947281		
方程Ⅱ			
Equation：NTB = C(7) + C(8) × LAB + C(9) × CP + C(10) × FDI + C(11) × EGRD			
R - squared	0.976253	Mean dependent var	11.21429
Adjusted R - squared	0.965699	S. D. dependent var	3.335598
S. E. of regression	0.617766	Sum squared resid	3.434717
Durbin - Watson stat	3.298847		

资料来源：Eviews 6.0 软件计量而得。

将追赶型产业方程的回归系数进行排名，探索各因素对因变量的影响大小，如表4-32所示。

表4-32　追赶型产业各方程自变量对因变量的影响程度

因变量	自变量	系数项	标准回归系数	标准回归系数排名
NTB	NP	C(2) **	0.304331	1
	NPR	C(3) **	0.193301	2
	LAB	C(8) **	0.081182	3
	NPS	C(4)	0.03393	4
	NME	C(6) *	0.0005015	5
	RAM	C(10) *	1.89E-06	6
	IC	C(5)	-0.013071	7
	CP	C(9)	-0.023678	8
	EGRD	C(11)	-0.540766	9

注：* 表示双尾检验的显著性水平为5%；** 表示双尾检验的显著性水平为1%。
资料来源：Eviews 6.0 软件计量而得。

如上表所示，综合考虑标准回归系数，按标准回归系数排名来看，这些变量对产业国际竞争力（NTB）的影响程度是不同的。依照多元回归的计量理论，通过T检验，当按标准回归系数来定的话，各自变量对NTB的影响程度较大的指标归类为：专利数量（NP）、开发新产品经费（NPR）、劳动力投入（LAB）三项。另外，上市公司企业数量（NME）和原材料投入（RAM）对NTB也有一定的影响。综上，对于珠三角追赶型产业国际竞争力而言，颠覆性技术创新能力对其影响最为明显，而生产要素中的劳动力对竞争力的影响也较为显著。

（二）转移型产业

转移型产业方程的各项系数的检验结果如表4-33所示。

表4-33　　转移型产业方程各项系数的检验结果

系数项	Coefficient	Std. Error	t-Statistic	Prob.
C(1)	-11.10884	9.18830	-0.992898	0.3347
C(2)	0.301231	0.446417	0.686761	0.4953
C(3)	0.193301	0.171084	1.129865	0.1742
C(4)	0.012530	0.169452	0.200504	0.2035
C(5)	0.945015	0.530420	1.781635	0.0927
C(6)	0.013071 **	0.044335	-0.294831	0.0017
C(7)	1.845495	1.956741	0.245569	0.3560
C(8)	0.030182 **	4.46E-05	4.043264	0.0008
C(9)	-0.023678	0.155688	-0.144534	0.8657
C(10)	1.89E-06 **	1.01E-06	1.834531	0.0424
C(11)	-0.345766	0.245193	-1.014204	0.3247
剩余协方差行列式		0.017302		

注：*表示双尾检验的显著性水平为5%；**表示双尾检验的显著性水平为1%。
资料来源：Eviews 6.0软件计量而得。

经二阶段最小二乘法进行估计的方程组表达式及检验结果如表4-34

所示，方程Ⅰ的拟合性系数较低，DW 系数为 3.265476，通过 DW 检验；方程Ⅱ的拟合性系数较高，DW 系数为 3.436544，通过 DW 检验。

表 4－34　　转移型产业方程表达式及检验结果

方程Ⅰ			
Equation：NTB = C(1) + C(2) × NP + C(3) × NPR + C(4) × NPS + C(5) × IC + C(6) × NME			
R－squared	0.588363	Mean dependent var	7.142857
Adjusted R－squared	0.510237	S. D. dependent var	3.240345
S. E. of regression	3.352239	Sum squared resid	56.18755
Durbin－Watson stat	3.265476		
方程Ⅱ			
Equation：NTB = C(7) + C(8) × LAB + C(9) × CP + C(10) × FDI + C(11) × EGRD			
R－squared	0.976253	Mean dependent var	8.214286
Adjusted R－squared	0.965699	S. D. dependent var	3.675475
S. E. of regression	0.617766	Sum squared resid	3.343454
Durbin－Watson stat	3.436544		

资料来源：Eviews 6.0 软件计量而得。

将转移型产业方程的回归系数进行排名，探索各因素对因变量的影响大小，如表 4－35 所示。

表 4－35　　转移型产业各方程自变量对因变量的影响程度

因变量	自变量	系数项	标准回归系数	标准回归系数排名
NTB	NME	C(5)**	0.013071	1
	NP	C(2)	0.301231	2
	NPR	C(3)	0.193301	3
	LAB	C(8)**	0.030182	4
	IC	C(6)	0.945015	5
	NPS	C(4)	0.01253	6

续表

因变量	自变量	系数项	标准回归系数	标准回归系数排名
NTB	RAM	C(10)**	1.89E-06	7
	CP	C(9)	-0.023678	8
	EGRD	C(11)	-0.345766	9

注：* 表示双尾检验的显著性水平为5%；** 表示双尾检验的显著性水平为1%。
资料来源：Eviews 6.0 软件计量而得。

如上表所示，综合考虑标准回归系数，按标准回归系数排名来看，这些变量对产业国际竞争力（NTB）的影响程度是不同的。依照多元回归的计量理论，通过T检验，当按标准回归系数来定的话，各自变量对NTB的影响程度较大的指标归类为：大中型企业数量（NME）、劳动力投入（LAB）、原材料投入（RAW）。综上，对于珠三角追赶型产业国际竞争力而言，颠覆性技术创新能力对其影响不显著，而生产要素的投入和企业的规模与集中度对珠三角转移型产业竞争力的影响则较为显著。

（三）战略型产业

战略型产业方程的各项系数的检验结果如表4-36所示。

表4-36　战略型产业方程各项系数的检验结果

系数项	Coefficient	Std. Error	t-Statistic	Prob.
C(1)	-11.60527	10.55490	-1.099515	0.2869
C(2)	0.292928*	0.411993	3.711002	0.0867
C(3)	0.191202	0.161398	1.184661	0.2524
C(4)	0.028988**	0.159642	2.181582	0.0481
C(5)	-0.007177	0.041825	-0.171588	0.8658
C(6)	0.886646*	0.500392	1.771905	0.0943
C(7)	-0.349934	1.779830	-0.196611	0.8465
C(8)	0.000182	4.06E-05	4.486225	0.0003

续表

系数项	Coefficient	Std. Error	t - Statistic	Prob.
C(9)	-0.075290	0.144068	-0.522598	0.6080
C(10)	1.89E-06	9.15E-07	2.064725	0.0545
C(11)	0.051319**	0.484987	3.105816	0.0170
剩余协方差行列式		0.012802		

注：* 表示双尾检验的显著性水平为5%；** 表示双尾检验的显著性水平为1%。
资料来源：Eviews 6.0 软件计量而得。

经二阶段最小二乘法进行估计的方程组表达式及检验结果如表 4-37 所示，方程Ⅰ的拟合性系数较高，DW 系数为 2.382805，通过 DW 检验；方程Ⅱ的拟合性系数也较高，DW 系数为 2.893752，通过 DW 检验。

表 4-37　　战略型产业各方程表达式及检验结果

方程Ⅰ			
Equation：NTB = C(1) + C(2) × NP + C(3) × NPR + C(4) × NPS + C(5) × IC + C(6) × NME			
R - squared	0.975949	Mean dependent var	7.142857
Adjusted R - squared	0.960917	S. D. dependent var	3.240345
S. E. of regression	0.640599	Sum squared resid	3.282938
Durbin - Watson stat	2.382805		
方程Ⅱ			
Equation：NTB = C(7) + C(8) × LAB + C(9) × CP + C(10) × FDI + C(11) × EGRD			
R - squared	0.979181	Mean dependent var	7.142857
Adjusted R - squared	0.969928	S. D. dependent var	3.240345
S. E. of regression	0.561914	Sum squared resid	2.841722
Durbin - Watson stat	2.893752		

资料来源：Eviews 6.0 软件计量而得。

将战略型产业各方程的回归系数进行排名，探索各因素对因变量的影响大小，如表 4-38 所示。

表 4-38 战略型产业各方程自变量对因变量的影响程度

因变量	自变量	系数项	标准回归系数	标准回归系数排名
NTB	NME	C(6)*	0.886646	1
	NP	C(2)*	0.292928	2
	NPR	C(3)	0.191202	3
	EGRD	C(11)**	0.051319	4
	NPS	C(4)**	0.028988	5
	LAB	C(8)	0.000182	6
	RAM	C(10)	1.89E-06	7
	IC	C(5)	-0.007177	8
	CP	C(9)	-0.07529	9

注：*表示双尾检验的显著性水平为5%；**表示双尾检验的显著性水平为1%。
资料来源：Eviews 6.0 软件计量而得。

如上表所示，综合考虑标准回归系数，按标准回归系数排名来看，这些变量对产业国际竞争力（NTB）的影响程度是不同的。依照多元回归的计量理论，通过T检验，当按标准回归系数来定的话，各自变量对NTB的影响程度较大的指标归类为：政府对企业研发的支持度（EGRD）、开发新产品经费强度（NPS）；另外，选取专利数量（NP）、大中型企业数量（NME）对NTB的影响也较为显著。综上，对于珠三角追赶型产业国际竞争力而言，颠覆性技术创新能力与政府支持对珠三角战略型产业国际竞争力的影响也较为显著。

第四节 小 结

本章基于“中国统计数据应用支持系统”和“中国行业研究报告库”等数据库的分区域产业数据，整理出广东及珠三角分区域1120个2000～2013年的产业数据，分6个方案对样本进行分组，并最终构建联立方程进行回归分析，主要结论如下：

（1）从生产要素的角度来分析，广东四大区域的产业发展存在十分大的差异性，且粤东西北传统生产要素的增长势头要快过珠三角地区，但就全要素生产率来说，粤东西北与珠三角仍有相当大的差距。这从一个角度说明，珠三角更具备实施颠覆性的基础要素。

（2）对于珠三角地区产业国际竞争力而言，颠覆性创新能力对其影响呈正向显著，且弹性系数较高；而生产要素中的资本和劳动力对竞争力的影响也呈正向显著；对于粤东地区产业国际竞争力而言，表征颠覆性创新能力的一项指标对其影响呈正向显著，但弹性系数较低；而劳动力对竞争力的影响也为正向显著；对于粤西地区产业国际竞争力而言，颠覆性创新能力对其影响不显著；而劳动力与资本的投入和原材料投入对粤西地区产业竞争力的影响则为正向显著；对于粤北地区产业国际竞争力而言，资本投资强度和劳动力投入对其影响呈正向显著；而颠覆性创新能力的影响不显著。

（3）粤港澳合作对于珠三角产业颠覆性创新效应的影响较为正向显著。本章的实证结论证明了珠三角分区域的颠覆性创新对产业国际竞争力驱动的差异性特征，以及粤港澳合作对珠三角产业颠覆性创新的影响。

（4）本章对珠三角制造业细分行业的实证发现：生产要素因素对转移型产业、追赶型产业的驱动力较大；颠覆性技术创新因素对领先型产业的驱动力较强；资本要素投入与颠覆性技术创新对于弯道超车型产业的影响作用较强；颠覆性技术创新因素与政府作用对战略型产业驱动力较强。

第五章　粤港澳大湾区非技术颠覆性创新特征分析

港澳经济是金融服务与科技创新深度融合发展的经济形态。回顾过去几十年的世界发展，美国、日本等国的湾区经济都为本国的科技发展提供了强大的创新动力和完善的生态支撑。打造粤港澳大湾区，推动珠三角加快建设成世界级城市群，已成为国家战略的重要组成部分，因此，非技术颠覆性创新价值网的构建对于大湾区意义重大。前面章节基于非技术颠覆性创新的形成机理进行了详细的描述，但就实证而言，还是要从更为宏观的角度或是大数据样本的角度进行论证，这里可打一个比方，如像一个人身高、体重等外部的特征是可以用数量来表达的，但身体内部的问题有时无法测量，如心脏是否有问题等，这些无法通过直接度量的因素，是可以通过其他表向的数据来间接判断，如心跳、血压等。由此，作为非技术颠覆性创新价值网中的具体情况，会通过其参与的企业，以宏观的数据，如股市数据、产业数据、金融数据和人力资源数据来表征，换个思路，可以从较为宏观的行业数据或金融证券数据来间接讨论这一难点问题。因此，基于金融、人力资源等高端服务业与制造业融合的角度，通过与上海比较实证分析，探讨以深圳为代表的珠三角地区金融、智力等高端现代服务业与制造业融合发展的现状与特征，以期讨论非技术颠覆性创新价值网的构建机理。

第一节　分析案例选择说明

纵观深圳发展的历程，可以看出，深圳之所以一枝独秀是因为它不是追赶思维的产物，而是突围思维的产物，当时国家经济发展遇到瓶颈，只有奋力一搏，才有希望。深圳的发展不是按照制订好的计划进行的，而是独辟路径，让解决问题的办法、人才主动冒出来。随着2019年8月18日国家主席习近平对深圳工作做出了重要指示，赋予了深圳崇高的使命：“努力建设具有中国特色社会主义特色的先行示范区，创建社会主义现代化城市典范”，深圳成为更是引起今天世人瞩目的城市。从深圳发展来看，目前，深圳常住人口超过1300万；如图5-1所示，2016年，深圳市生产总值19492.60亿元，同比增长9.0%，增速广东省各地市第一，经济总量在内地大中城市排名第四；2017年，全市GDP 22438.39亿元，同比增长8.8%，全市GDP总量在全国大中城市排名第三；2018年，深圳市生产总值24221.98万亿元，同比增长7.6%，人均GDP排名全国第一，经济总量位居亚洲城市前五名。

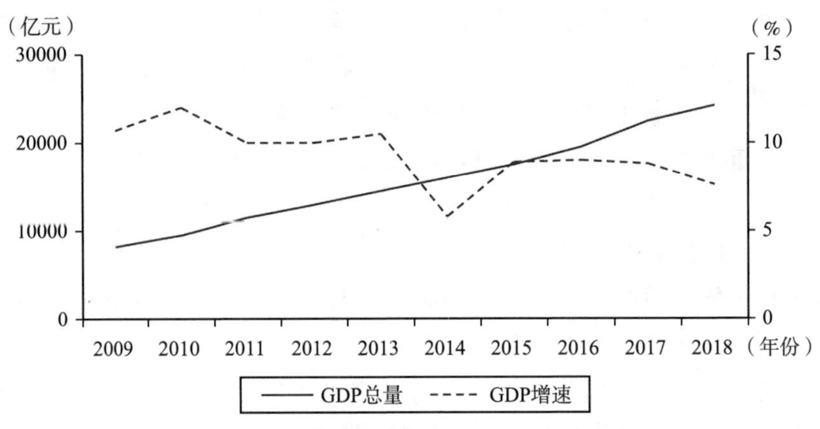

图5-1　深圳市GDP总量及增速（2009~2018年）

资料来源：广东省统计局。

以全世界权威的金融中心指数GFCI（global financial centers index）的指标来衡量，根据城市声誉、基础设施、金融体系、安全指数、人力资源、营商环境等综合排名，深圳排名第九。深圳的创新主力在企业，涌现出一批优秀高新技术企业，如表5-1所示。

表 5－1 2018 年深圳代表公司营业收入

公司	营业收入（亿元）	公司	营业收入（亿元）
华为（电子信息）	7311	腾讯（互联网）	3217
中兴（电子信息）	855	迈瑞（生物医疗）	138
金蝶（互联网）	28	华大基因（生物医疗）	25

资料来源：各公司年报。

与此同时，在深圳，90%以上的装备制造业关键零部件以及90%以上电子信息产业芯片同样依赖进口，关键技术壁垒有待突破，以 WFC（weighted fractional count）指数来衡量，深圳没有一家大学或者科研院所在全国榜上有名。而以美国硅谷为例，其能够长期引领世界的技术创新潮流的一个极其原因，是因为该地聚集着大量的一流学府、科研机构、研究合作中心，其中有 34 所公立大学、49 所私立大学，然而深圳只有 12 所普通高校，近年引进的研究合作机构还需时日发展壮大。如表 5－2 所示，深圳基础科研投入依然不足，R&D 经费比重为 3.13%，比北京和上海低了不少。

表 5－2 深圳与北京、上海科研指标比较

指标	深圳	北京	上海
R&D 经费支出（%）	3.13	5.7	4.1
发明专利授权量（万）	2.13	4.8	2.62

资料来源：恒大研究院。

上述对深圳的分析表明，从技术上来看，深圳作为未来粤港澳大湾区创新中心的发展仍存许多困境，但其他优势也是十分明显的。能否换个思路，基于前面章节的理论与实证分析，以深圳为代表的珠三角产业发展，可以在技术协同突破的路径外，寻找非技术颠覆性创新的实施路径，这也即以产业融通发展，构建非技术颠覆性创新价值网，提升产业国际竞争力。

基于前面对颠覆性技术创新与非技术颠覆性创新的分析，其实质是对克里斯腾森的颠覆性创新概念而言，主要包括技术层面和市场层面。换句

话说，如果换个角度，从用户拉动的方向来思考创新，那么中国企业完全可以使用以下三种不同于西方的创新策略：坚定地站在用户立场上；把非技术的创新系统化，比如生产、物流、分销、金融、人力资源、服务等，使其联结成颠覆性创新价值网；捕捉本地的机会，通过粤港澳大湾区这一世界性平台，在全球范围内整合创意与资源。这些正是深圳试图做的事情，在某种意义上，这也是中国特色的非技术颠覆性创新之路，可以让企业在花费较少的情况下取得较大的成效。这正如《创客：新工业革命》的作者克里斯·安德森在做无人机时，就是从中国淘宝购买元器件，在美国可能需要三个月的时间搞定很多电子元件，但如果在深圳华强北一天就能搞定，这就是产业链的效率。因此，深圳开始让自己逐步往生产智能硬件的大本营方向前进。现在各种智能家居、3D 打印、智能手机、手机、手环、无人机、机器人等都来到深圳。有一个统计，如果从整个硬件行业投资的分布来看，深圳占比达到 16%，而全国比例仅为 6%。而这物流方面的优势，便可以转化为深圳企业产品的颠覆性创新的优势。

由上可知，粤港澳大湾区颠覆性创新价值网可从两个视角考虑，其一，如何利用港澳广深的高端要素资源共享，促进大湾区整体原始创新发展，从而实现技术上的颠覆性创新，以颠覆性产品从新兴市场或低端市场，尔后完成对主流市场的颠覆；其二，如何利用港澳广深的高端现代服务业拉动珠三角传统制造业转型升级，实现产业间融通发展，如：以港澳广深现代金融业和智力资本为代表的高端现代服务业与珠三角传统制造业融合发展等，实现以商业模式或管理等颠覆性创新，从而实现对主流市场的颠覆。第一层关系已在前面章节进行了实证，而第二层关系，如直接掌握粤港澳大湾区的金融、智力资本与制造业融合的程度有一定难度，体现为数据的获取方面等。但并不意味着无法去探索除了颠覆性创新要素外的颠覆性影响因素的考虑。而港澳的金融等高端现代服务业与珠三角制造业的融合颠覆性程度应能有一个可能的方式来了解。一方面，通过职业经理人指数对 A 股市场的收益率和波动性进行实证研究，以期从侧面获得以深圳证券交易所为代表的珠三角金融行业与制造业的相关联系机理与作用。另一方面，通过智力资本与高新技术制造业企业绩效的影响作用，通过上海与深圳的比较，从侧面获得以深圳为代表的珠三角人力资源行业与制造业的相关联系机理与作用。从而延展至粤港澳大湾区如何构建港澳广深金融、智力服务等高端现代服务业如何与制造业融合实现产业颠覆性创新，这种创新非技术层面的创新而是商业模式或协同模式的颠覆性创新。这从港澳广深高端服务业与制造业融合发展的角度，再次讨论并诠释了颠覆性创新的丰富内涵。由此，以深圳为典型案例进行非技术颠覆性创新的实证，较为有代表性，对粤港澳大湾区颠覆性创新价值网的构建具有参照与借鉴意义。

第二节　PMI 指数与股市收益影响效应比较分析

一、实证设计与检验

（一）数据、变量定义与模型选择

1. 数据与变量

PMI 指数的应用率逐年加深，其中包括国家 GDP 发展趋势分析，股市行情预测，国内行业成长分析，就业市场预测，等等。采购经理指数 PMI（purchase management index）指数对股市影响的研究中，如何选取合适的变量来合理量化是本研究首先要解决的问题。通过查阅相关资料，本研究选取制造业 PMI、非制造业 PMI、制造业 PMI 月度涨幅、非制造业 PMI 月度涨幅这四个指标来进行衡量。

第一，制造业 PMI 指数。通过集中整理、有序排列企业采购经理的月度调查数据形成采购经理指数。在制造业发展中采购经理基于对市场的预期，或者根据企业基于市场波动形势预期做出的增减存货的活动是周期中的领先指标。国际上通常把 50% 的数值作为 PMI 表现股市行情升降的分界线。

第二，非制造业 PMI 指数。非制造业 PMI 指标体系由商务活动指数、新订单指数等 10 个分类指数构成。非制造业 PMI 不发布合成的综合指数，一般用商务活动指数代表非制造业经济发展的总体变化情况。有些国家或地区以非制造业商务活动指数作为非制造业 PMI 指数来使用，在经济市场中同样具有预测效果。

第三，制造业 PMI 月度涨幅指数。制造业月度涨幅指数顾名思义就是制造业每月数据变动的总和，涨幅的变动最能反映股市股指的走向。市场经济的行情在稳定发展，股市的收益与波动通过制造业指数月度涨幅变化来预测是可行的。

第四，非制造业 PMI 月度涨幅指数。非制造业 PMI 月度涨幅指数是由当月的每笔数据变动构成的。2019 年 12 月非制造业商务活动指数有所回落，不到 1 个百分点，依旧可以看出非制造业整体保持扩张态势，在增长速度方面稍微放缓。本书也是采用非制造业指数的涨幅数据在进一步实证股市的收益性与波动性的影响关系，更加有说服力。

本节将代表 PMI 指数对股市收益性与波动性的指标作为自变量，主要选了 RSH、RSZ 这两个指标。实证分析的数据主要是上证、深证的股价指数。两个股价指数的时间跨度从 2008 ~ 2019 年，每个月一笔数据。对于因变量而言，本节采用了两市 A 股的指数收益率的相关数据来计算。由于自变量的数据频率不一致，而为了使数据处理更加完善，误差更小，所以打算在探讨它们对收益率和波动性的影响时，分别用三个指标进行 GARCH 建模分析，来反映它们与股市收益性和波动性的关系。而在探讨 RSH、RSZ 对股市收益率及波动性影响时，由于自变量都是月度数据，所以收益率只需要用月度数据即可。数据跨越时间从 2008 年 1 月到 2019 年 9 月。实证分析涉及的变量如表 5 - 3 所示，用 PMI 指数表征股市变动指标，用来研究股市收益与波动的关系，在跑数据实证时更有说服力。通过表格的分类可以更加清晰地了解实证分析的思路和顺序。实证分析的意义在于对研究内容提供可信的证据，由于 PMI 指数是以月度为单位进行记录的，因此所选择的指标也以月度变化为主要数据对象。

表 5 - 3　变量定义

变量符号	ZPMI	FZPMI	RZPMI	RFZPMI	SH	SZ
变量说明	制造业采购经理人指数	非制造业采购经理人指数	制造业采购经理人指数月度涨幅	非制造业采购经理人指数月度涨幅	上证月度收盘指数	深证月度收盘指数

2. 模型的选择

建立 GARCH 模型①，探讨 PMI 对股市收益率时，套用 GARCH 模型的均值形式即式（5－1），对于股市波动的关系研究，套用 GARCH 模型的方差形式即式（5－2）。

$$Y_t = X_t\gamma + \varepsilon_t \tag{5-1}$$

$$\sigma_t^2 = \omega + \alpha \times \varepsilon_{t-1}^2 + \beta \times \sigma_{t-1}^2 \tag{5-2}$$

（二）描述性统计

计算上证、深证月收益率，分别记为 RSH、RSZ，计算公式如下：

$$RSH = (SH - SH(-1))/SH(-1)$$

$$RSZ = (SH - SH(-1))/SH(-1)$$

公式中的（－1）表示一阶滞后变换。

如图 5－2 与图 5－3 所示，RSH、RSZ 都围绕 0 轴上下小幅波动，且走势具有随机性，与证券市场的随机性波动相适应。同时，RSH、RSZ 的走

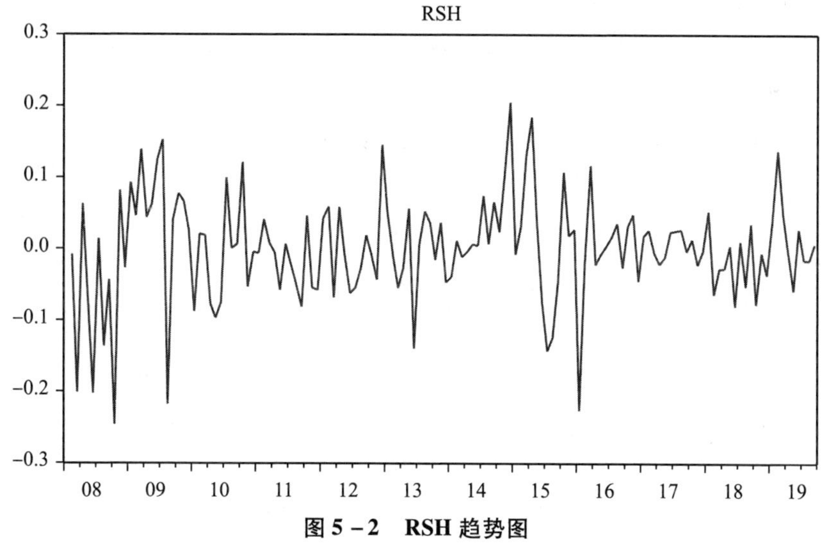

图 5－2　RSH 趋势图

① 在参考了前人的相关实证研究后，发现大多学者在研究 PMI 指数对股市收益率和波动性的影响时，ARCH 模型的使用率比较高，或者结合相关方式进行实证。查阅相关资料后，普遍做法是通过扩展 ARCH 模型，建立 GARCH 模型进行数据分析。GARCH 模型的数据结构更加简单，操作难度不高，并且在引入变量实证时相对通俗易懂。

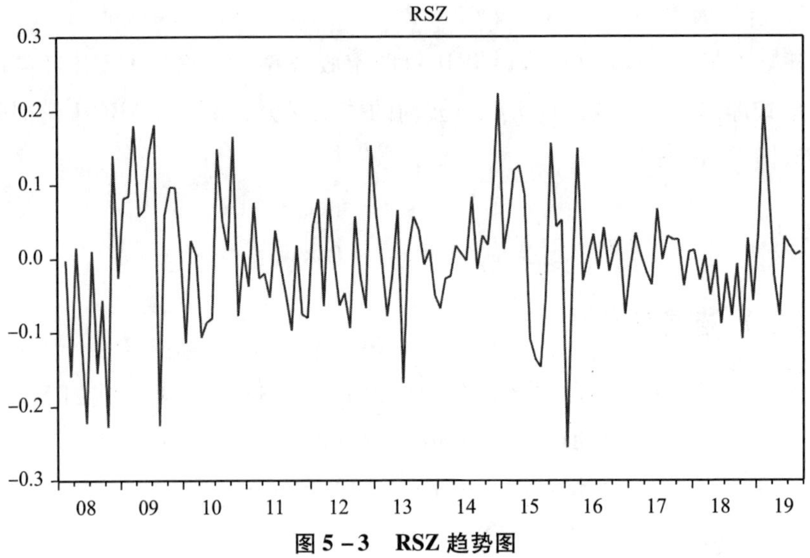

图 5－3　RSZ 趋势图

势具有较高程度的同步性，在上涨、下跌方面具有一致性，表明 RSH、RSZ 具有较强的相关性，在长期走势中波动趋于一致。另外，在 RSH、RSZ 的走势中可以观察到，在某些时间段，两个变量都具有明显的大幅波动，在图 5－3 中可以观察到短期的脉冲情况，由此提示我们，条件异方差现象在变量中可以被体现。各变量的技术性统计分析结果见表 5－4。

表 5－4　　各变量的描述性统计分析结果

指标	ZPMI	FZPMI	RZPMI	RFZPMI	RSH	RSZ
Mean	51.087	55.22000	－0.0004	－0.0008	－2.58E－05	3.92E－05
Median	50.900	54.800	0.000	0.000	0.004	0.003
Maximum	59.200	59.500	0.094	0.058	0.205	0.223
Minimum	38.800	50.800	－0.139	－0.06	－0.246	－0.256
Std. Dev.	2.398	1.810	0.029	0.018	0.075	0.085
Skewness	－0.828	0.531	－1.186	0.056	－0.466	－0.174
Kurtosis	10.179	2.690	11.187	4.093	4.593	3.726
Jarque－Bera	316.669	7.138	423.86	7.052	19.87	3.793

续表

指标	ZPMI	FZPMI	RZPMI	RFZPMI	RSH	RSZ
Probability	0. 000	0. 028	0. 000	0. 029	0. 00004	0. 150
Sum	7152. 2	7730. 80	-0. 062	-0. 114	-0. 003	0. 005
Sum Sq. Dev.	799. 596	455. 724	0. 120	0. 049	0. 785	1. 022
Observations	140	140	140	140	140	140

资料来源：Eviews 6. 0 软件计量而得。

（三）平稳性检验

如表 5 - 5 所示，RSH（上证）、RSZ（深证）检验结果如下：

表 5 - 5　　RSH 与 RSZ A 股月收益率序列平稳性的 ADF 检验结果

RSH			
Augmented Dickey - Fuller test statistic		t - Statistic	Prob. *
		- 10. 71222	0. 0000
Test critical values：	1% level	- 2. 581705	
	5% level	- 1. 943140	
	10% level	- 1. 615189	
RSZ			
Augmented Dickey - Fuller test statistic		t - Statistic	Prob. *
		- 10. 51522	0. 0000
Test critical values：	1% level	- 2. 581705	
	5% level	- 1. 943140	
	10% level	- 1. 615189	

资料来源：Eviews 6. 0 软件计量而得。

平稳性检验结果显示：RSH 的 ADF 统计量的伴随概率为 P = 0. 0000 < 1%，表明 RSH 为平稳变量；RSZ 的 ADF 统计量的伴随概率为 P = 0. 0000 < 1%，表明 RSZ 为平稳变量。

(四) ARCH 效应检验

1. 自相关分析

对上证 A 股月度收益率进行检验，结果如图 5 -4 所示，通过观察表中的 P 值大小，可以发现上证指数月度收益率的 9 阶偏自相关系数超出虚线之外，由此，9 阶自相关在 RSH 中存在。

Autocorrelation	Partial Correlation		AC	PAC	Q-Stat	Prob
		1	0.092	0.092	1.2102	0.271
		2	0.041	0.032	1.4466	0.485
		3	0.026	0.020	1.5447	0.672
		4	0.136	0.132	4.2446	0.374
		5	0.032	0.007	4.3920	0.494
		6	-0.058	-0.072	4.8877	0.558
		7	-0.012	-0.006	4.9078	0.671
		8	-0.040	-0.054	5.1452	0.742
		9	-0.211	-0.213	11.883	0.220
		10	-0.032	0.024	12.037	0.283
		11	-0.057	-0.037	12.533	0.325
		12	-0.061	-0.047	13.120	0.360
		13	-0.193	-0.132	18.969	0.124
		14	-0.113	-0.083	20.989	0.102
		15	0.085	0.102	22.127	0.105
		16	-0.065	-0.068	22.814	0.119
		17	-0.010	0.020	22.830	0.155
		18	0.011	0.002	22.849	0.196
		19	0.144	0.115	26.238	0.124
		20	0.035	-0.008	26.437	0.152

图 5 -4 上证 A 股月收益率序列自相关检验结果

如图 5 -5 所示，通过深证月度收益率进行自相关检验分析可知，越过虚线外的是 RSZ 的 9 阶偏自相关系数，可以看出 9 阶自相关能够作为一种联系出现在 RSZ 中。

2. ARCH 效应检验

GARCH 模型拟合的前提是 ARCH 效应的序列是否存在①。首先对 RSH 检测 ARCH 效应，结果如下。

① ARCH 检验的具体检验方法是由恩格（Engle）在 1982 年提出的，并且他成功地将这一检验方法投放于英国通货膨胀指数波动相关的研究当中去。这一检验在金融分析中被广泛运用。后来由这一检验延伸产生的模型包括 ARCH 族模型。

Autocorrelation	Partial Correlation		AC	PAC	Q-Stat	Prob
		1	0.110	0.110	1.7403	0.187
		2	0.045	0.033	2.0348	0.362
		3	0.017	0.008	2.0749	0.557
		4	0.092	0.089	3.3045	0.508
		5	0.034	0.015	3.4787	0.627
		6	-0.131	-0.145	6.0065	0.422
		7	-0.009	0.018	6.0176	0.538
		8	-0.004	-0.002	6.0199	0.645
		9	-0.245	-0.259	15.107	0.088
		10	-0.014	0.072	15.138	0.127
		11	-0.054	-0.031	15.580	0.157
		12	-0.053	-0.084	16.021	0.190
		13	-0.236	-0.186	24.761	0.025
		14	-0.175	-0.124	29.618	0.009
		15	0.108	0.101	31.485	0.008
		16	-0.004	-0.003	31.488	0.012
		17	0.022	0.044	31.565	0.017
		18	0.052	0.019	32.001	0.022
		19	0.160	0.122	36.187	0.010
		20	0.043	-0.056	36.492	0.013

图 5－5　深证 A 股月收益率序列自相关检验结果

表 5－6　　两大股指 A 股月收益率的 ARCH 效应检验结果

上证 A 股月收益率的 ARCH 效应检验结果			
F－statistic	3. 164726	Prob. F（2，122）	0. 0457
Obs * R－squared	10. 54621	Prob. Chi－Square（2）	0. 0463
深证 A 股月收益率的 ARCH 效应检验结果			
F－statistic	2. 918574	Prob. F（3，120）	0. 0370
Obs * R－squared	8. 432320	Prob. Chi－Square（3）	0. 0379

资料来源：Eviews 6. 0 软件计量而得。

如表 5－6 所示，每个检验中相应的 P 值都小于显著性水平，则表明存在 ARCH 效应，符合 GARCH 模型的拟合条件。

二、实证分析

根据以上的自相关分析和 ARCH 效应检验，根据不同变量构建 GARCH

模型，分析 PMI 对收益率的影响和股市波动分析。在有关收益性和波动性影响的实证中，将通过 GARCH 模型的均值方式，来探讨上证、深证两个指数对股市的影响。

（一）上证分析

如表 5 -7 所示，根据 RSH 建模分析，GARCH 项与 ARCH 项的系数之和小于 1，符合 GARCH 模型的束缚条件。

表 5 -7　　上证 A 股月收益率的 G 模型估计

Variable	Coefficient	Std. Error	z - Statistic	Prob.
AR(9)	-0.165431	0.067206	-2.461563	0.0138
Variance Equation				
C	0.000418	0.000258	1.616646	0.1060
RESID(-1)^2	0.222083	0.083259	2.667362	0.0076
GARCH(-1)	0.691593	0.102038	6.777803	0.0000
R - squared	0.047369	Mean dependent var		0.006313
Adjusted R - squared	0.047369	S. D. dependent var		0.068416
S. E. of regression	0.066776	Akaike info criterion		-2.635179
Sum squared resid	0.579671	Schwarz criterion		-2.547387
Log likelihood	176.6042	Hannan - Quinn criter		-2.599505
Durbin - Watson stat	1.731962			

资料来源：Eviews 6.0 软件计量而得。

引入 ZPMI 变量，探讨 ZPMI 对上证指数收益率的影响。如表 5 -8 所示，ZPMI 上涨对上证指数收益率具有正向作用，但并不显著。

表 5 -8　　制造业 PMI 对上证指数月收益率的影响

Variable	Coefficient	Std. Error	z - Statistic	Prob.
AR(9)	-0.164855	0.068516	-2.406075	0.0161
ZPMI	7.91E -06	0.000103	0.076545	0.9390

续表

Variance Equation				
C	0. 000415	0. 000280	1. 480768	0. 1387
RESID(-1)^2	0. 222484	0. 086565	2. 570131	0. 0102
GARCH(-1)	0. 692189	0. 101962	6. 788718	0. 0000
R - squared	0. 048310	Mean dependent var		0. 006313
Adjusted R - squared	0. 040933	S. D. dependent var		0. 068416
S. E. of regression	0. 067001	Akaike info criterion		-2. 619965
Sum squared resid	0. 579098	Schwarz criterion		-2. 510225
Log likelihood	176. 6077	Hannan - Quinn criter		-2. 575373
Durbin - Watson stat	1. 733759			

资料来源：Eviews 6. 0 软件计量而得。

引入 FZPMI 变量，以探讨 FZPMI 对上证指数收益率的影响。如表 5 -9 所示，FZPMI 上涨对上证指数收益率具有负向作用，但并不显著。

表 5 -9　　非制造业 PMI 对上证指数月收益率的影响

Variable	Coefficient	Std. Error	z - Statistic	Prob.
AR(9)	-0. 164921	0. 068530	-2. 406569	0. 0161
FZPMI	-6. 36E -06	9. 53E -05	-0. 066744	0. 9468
Variance Equation				
C	0. 000415	0. 000281	1. 477037	0. 1397
RESID(-1)^2	0. 222429	0. 086467	2. 572420	0. 0101
GARCH(-1)	0. 692128	0. 102133	6. 776734	0. 0000
R - squared	0. 048177	Mean dependent var		0. 006313
Adjusted R - squared	0. 040799	S. D. dependent var		0. 068416
S. E. of regression	0. 067006	Akaike info criterion		-2. 619952
Sum squared resid	0. 579179	Schwarz criterion		-2. 510211
Log likelihood	176. 6068	Hannan - Quinn criter		-2. 575359
Durbin - Watson stat	1. 733506			

资料来源：Eviews 6. 0 软件计量而得。

引入 ZPMI 变量以探讨 ZPMI 对上证指数波动性的影响，如表 5－10 所示，ZPMI 的系数小于 0，其 t 统计量为－3. 122529，概率为 0. 0000，因而 ZPMI 的系数在 1% 水平上明显，由此表明 ZPMI 对上证指数的波动性具有显著负向影响。由此看出，制造业 PMI 指数在预测上证指数收益性与波动性的影响上是有参考意义的。制造业 PMI 上升代表上证指数月收益率上涨，而波动性下降，在股市中对于大盘的短期预测往往可以通过 PMI 指数来初步判断，有实际意义。

表 5－10　　造业 PMI 对上证指数月波动性的影响

Variable	Coefficient	Std. Error	z－Statistic	Prob.
AR(9)	－0. 149401	0. 073009	－2. 046326	0. 0407
Variance Equation				
C	0. 005854	0. 004858	1. 205026	0. 2282
RESID(－1)^2	0. 217663	0. 082911	2. 625249	0. 0087
GARCH(－1)	0. 713455	0. 095714	7. 454035	0. 0000
ZPMI	－0. 000108	3. 60E－05	－3. 122529	0. 0000
R－squared	0. 044931	Mean dependent var		0. 006313
Adjusted R－squared	0. 044931	S. D. dependent var		0. 068416
S. E. of regression	0. 066861	Akaike info criterion		－2. 629372
Sum squared resid	0. 581154	Schwarz criterion		－2. 519631
Log likelihood	177. 2238	Hannan－Quinn criter		－2. 584779
Durbin－Watson stat	1. 730491			

资料来源：Eviews 6. 0 软件计量而得。

继续引入 RZPMI 变量以探讨 RZPMI 对上证指数收益率的影响。如表 5－11 所示，RZPMI 上涨对上证指数收益率具有正向作用，且在 5% 水平显著。可以看出，上证指数的收益情况主要受制造业 PMI 的涨幅的影响，这也是大部分金融机构或个体户把制造业 PMI 的浮动作为宏观经济走向的指标。由此可见，非制造业的稳步扩张会对地区整体经济带来正面的促进作用，进而影响到股市股价的上涨。

表 5-11　　制造业 PMI 月度涨幅对上证指数收益率的影响

Variable	Coefficient	Std. Error	z - Statistic	Prob.
AR(9)	-0. 146360	0. 071310	-2. 052448	0. 0401
RZPMI	0. 476780	0. 199494	2. 389946	0. 0172
Variance Equation				
C	0. 000441	0. 000259	1. 701629	0. 0888
RESID(-1)^2	0. 244515	0. 089342	2. 736848	0. 0062
GARCH(-1)	0. 662487	0. 108180	6. 123943	0. 0000
R - squared	0. 054900	Mean dependent var		0. 006313
Adjusted R - squared	0. 047573	S. D. dependent var		0. 068416
S. E. of regression	0. 066769	Akaike info criterion		-2. 642649
Sum squared resid	0. 575088	Schwarz criterion		-2. 532909
Log likelihood	178. 0935	Hannan - Quinn criter		-2. 598057
Durbin - Watson stat	1. 800872			

资料来源：Eviews 6. 0 软件计量而得。

通过引入 RFZPMI 变量以探讨 RFZPMI 对上证指数收益率的影响。如表 5-12 所示，RFZPMI 上涨对上证指数收益率具有正向作用，但并不显著。对比制造业 PMI 月度涨幅，非制造业月度涨幅指标的借鉴意义不是很大，在预测上证指数收益率时效果不会很准确。

表 5-12　　非制造业 PMI 月度涨幅对上证指数收益率的影响

Variable	Coefficient	Std. Error	z - Statistic	Prob.
AR(9)	-0. 156463	0. 068750	-2. 275837	0. 0229
RFZPMI	0. 225901	0. 308534	0. 732177	0. 4641
Variance Equation				
C	0. 000402	0. 000254	1. 578517	0. 1144
RESID(-1)^2	0. 225737	0. 084420	2. 673982	0. 0075
GARCH(-1)	0. 692436	0. 101345	6. 832464	0. 0000

续表

Variance Equation			
R - squared	0. 052945	Mean dependent var	0. 006313
Adjusted R - squared	0. 045603	S. D. dependent var	0. 068416
S. E. of regression	0. 066838	Akaike info criterion	-2. 625821
Sum squared resid	0. 576278	Schwarz criterion	-2. 516081
Log likelihood	176. 9913	Hannan - Quinn criter	-2. 581229
Durbin - Watson stat	1. 740289		

资料来源：Eviews 6. 0 软件计量而得。

引入其他变量非制造业 PMI 月度涨幅指数，研究 RFZPMI 变量与上证指数波动性之间的影响，如表 5 - 13 所示，RFZPMI 的系数大于 0，其 t 统计量为 0. 368074，概率为 0. 7128 > 5%，因此 RFZPMI 的系数不显著，由此表明 RFZPMI 对上证指数的波动性具有正向影响，但并不显著。

表 5 - 13　　非制造业 PMI 月度涨幅对上证指数波动性的影响

Variable	Coefficient	Std. Error	z - Statistic	Prob.
AR(9)	-0. 169431	0. 067646	-2. 504666	0. 0123
Variance Equation				
C	0. 000450	0. 000267	1. 681868	0. 0926
RESID(-1)^2	0. 219212	0. 084817	2. 584516	0. 0098
GARCH(-1)	0. 685747	0. 103944	6. 597276	0. 0000
RFZPMI	0. 010459	0. 028417	0. 368074	0. 7128
R - squared	0. 047877	Mean dependent var		0. 006313
Adjusted R - squared	0. 047877	S. D. dependent var		0. 068416
S. E. of regression	0. 066758	Akaike info criterion		-2. 620494
Sum squared resid	0. 579361	Schwarz criterion		-2. 510753
Log likelihood	176. 6423	Hannan - Quinn criter		-2. 575901
Durbin - Watson stat	1. 732340			

资料来源：Eviews 6. 0 软件计量而得。

（二）深证分析

构建 RSZ 的 GARCH 模型，如表 5 – 14 所示，GARCH 项和 ARCH 项系数和低于 1，符合 GARCH 模型的约束条件。

表 5 – 14　　深证 A 股月收益率及其滞后项回归结果

Variable	Coefficient	Std. Error	z – Statistic	Prob.
AR(9)	–0. 201787	0. 081397	–2. 479037	0. 0132
Variance Equation				
C	0. 000703	0. 000466	1. 509167	0. 1313
RESID(–1)^2	0. 193853	0. 066454	2. 917100	0. 0004
GARCH(–1)	0. 693611	0. 154636	4. 485454	0. 0000
R – squared	0. 065278	Mean dependent var		0. 006940
Adjusted R – squared	0. 065278	S. D. dependent var		0. 080869
S. E. of regression	0. 078185	Akaike info criterion		–2. 275189
Sum squared resid	0. 794678	Schwarz criterion		–2. 187397
Log likelihood	153. 0249	Hannan – Quinn criter		–2. 239515
Durbin – Watson stat	1. 706187			

资料来源：Eviews 6. 0 软件计量而得。

引入变量 ZPMI，在模型基础上讨论 ZPMI 与深证指数收益率的影响关系。如表 5 – 15 所示，ZPMI 上涨对深证指数收益率具有正向作用，但并不显著。

表 5 – 15　　制造业 PMI 对深证指数月收益率的影响

Variable	Coefficient	Std. Error	z – Statistic	Prob.
AR(9)	–0. 202095	0. 081270	–2. 486730	0. 0129
ZPMI	8. 31E –06	0. 000121	0. 068921	0. 9451

续表

Variance Equation				
C	0. 000701	0. 000468	1. 498391	0. 1340
RESID(−1)^2	0. 192855	0. 071141	2. 710884	0. 0076
GARCH(−1)	0. 694785	0. 156247	4. 446713	0. 0000
R − squared	0. 066128	Mean dependent var		0. 006940
Adjusted R − squared	0. 058889	S. D. dependent var		0. 080869
S. E. of regression	0. 078452	Akaike info criterion		−2. 259960
Sum squared resid	0. 793955	Schwarz criterion		−2. 150220
Log likelihood	153. 0274	Hannan − Quinn criter		−2. 215368
Durbin − Watson stat	1. 707648			

资料来源：Eviews 6. 0 软件计量而得。

引入变量 FZPMI，以探讨 FZPMI 对深证指数收益率的影响。如表 5 − 16 所示，FZPMI 上涨对深证指数收益率具有正向作用，但并不显著。有上面两个表可以看出：制造业和非制造业指数的上涨趋势对深证指数的变动是有正向影响的，但其指导意义还不够充足。因此要使深证指数月收益率的影响关系更有说服力，我们需要再引入其他变量进行实证。

表 5 − 16　　非制造业 PMI 对深证指数月收益率的影响

Variable	Coefficient	Std. Error	z − Statistic	Prob.
AR(9)	−0. 202070	0. 081274	−2. 486267	0. 0129
FZPMI	7. 39E −06	0. 000111	0. 066420	0. 9470
Variance Equation				
C	0. 000701	0. 000468	1. 497509	0. 1343
RESID(−1)^2	0. 192925	0. 061006	3. 162393	0. 0000
GARCH(−1)	0. 694729	0. 156123	4. 449891	0. 0000
R − squared	0. 066128	Mean dependent var		0. 006940
R − squared	0. 066095	Mean dependent var		0. 006940
Adjusted R − squared	0. 058856	S. D. dependent var		0. 080869

续表

Variance Equation			
S. E. of regression	0. 078453	Akaike info criterion	-2. 259957
Sum squared resid	0. 793983	Schwarz criterion	-2. 150217
Durbin - Watson stat	1. 707604		

资料来源：Eviews 6. 0 软件计量而得。

引入 RZPMI 变量探讨 RZPMI 对深证指数收益率的影响。如表 5 - 17 所示，RZPMI 上涨对深证指数收益率具有正向作用，且在 1% 水平显著。引入变量后从数据上可以看出：制造业 PMI 月度涨幅对深证指数收益率是有明显的预测作用的，1% 相对于上证指数的正向影响是相当明显的。因此制造业 PMI 月度涨幅指数对深证指数收益率的影响更有说服力。

表 5 - 17　　制造业 PMI 月度涨幅对深证指数收益率的影响

Variable	Coefficient	Std. Error	z - Statistic	Prob.
AR(9)	-0. 183877	0. 086470	-2. 126488	0. 0335
RZPMI	0. 529126	0. 176705	2. 994403	0. 0016
Variance Equation				
C	0. 000715	0. 000421	1. 696427	0. 0898
RESID(-1)^2	0. 195950	0. 110889	1. 767078	0. 0772
GARCH(-1)	0. 683755	0. 135960	5. 029074	0. 0000
R - squared	0. 068415	Mean dependent var		0. 006940
Adjusted R - squared	0. 061193	S. D. dependent var		0. 080869
S. E. of regression	0. 078356	Akaike info criterion		-2. 277143
Sum squared resid	0. 792011	Schwarz criterion		-2. 167403
Log likelihood	154. 1529	Hannan - Quinn criter		-2. 232551
Durbin - Watson stat	1. 777220			

资料来源：Eviews 6. 0 软件计量而得。

分析了深证指数收益性，在此基础上进一步研究深证指数的波动是否受到变量 ZPMI 影响，如表 5 - 18 所示，ZPMI 的系数小于 0，其 t 统计量为

-4.674418，概率为0.0000<1%，因此ZPMI的系数显著，由此表明ZPMI对深证指数的波动性具有显著的负向影响。

表5-18　　制造业PMI对深证指数波动性的影响

Variable	Coefficient	Std. Error	z-Statistic	Prob.
AR(9)	-0.185274	0.072247	-2.564450	0.0103
Variance Equation				
C	0.010797	0.007267	1.485756	0.1373
RESID(-1)^2	0.229280	0.124150	1.846803	0.0648
GARCH(-1)	0.697266	0.128972	5.406317	0.0000
ZPMI	-0.000201	0.000043	-4.674418	0.0000
R-squared	0.062786	Mean dependent var		0.006940
Adjusted R-squared	0.062786	S. D. dependent var		0.080869
S. E. of regression	0.078289	Akaike info criterion		-2.274087
Sum squared resid	0.796797	Schwarz criterion		-2.164346
Log likelihood	153.9527	Hannan-Quinn criter		-2.229494
Durbin-Watson stat	1.707606			

资料来源：Eviews 6.0软件计量而得。

引入变量RFZPMI，以探讨RFZPMI对深证指数收益率的影响。如表5-19所示，RFZPMI上涨对深证指数收益率具有正向作用，但并不显著。

表5-19　　非制造业PMI月度涨幅对深证指数收益率的影响

Variable	Coefficient	Std. Error	z-Statistic	Prob.
AR(9)	-0.185274	0.072247	-2.564450	0.0103
RFZPMI	0.098186	0.400666	0.245057	0.8064
Variance Equation				
C	0.000691	0.000459	1.505664	0.1322
RESID(-1)^2	0.194071	0.126101	1.539005	0.1238
GARCH(-1)	0.695321	0.154162	4.510323	0.0000

续表

Variance Equation			
R – squared	0. 066032	Mean dependent var	0. 006940
Adjusted R – squared	0. 058792	S. D. dependent var	0. 080869
S. E. of regression	0. 078456	Akaike info criterion	–2. 260664
Sum squared resid	0. 794037	Schwarz criterion	–2. 150924
Log likelihood	153. 0735	Hannan – Quinn criter	–2. 216072
Durbin – Watson stat	1. 713248		

资料来源：Eviews 6. 0 软件计量而得。

引入变量非制造业 PMI 月度涨幅指数，分析 RFZPMI 变量对深证指数波动性的影响，如表 5 – 20 所示，RFZPMI 的系数小于 0，其 t 统计量为 –3. 533654，概率为 0. 0004 < 1%，可以得出 RFZPMI 的系数在 1% 的水平上表现明显，由此表明 RFZPMI 对深证指数的波动性具有显著的负向影响。

表 5 – 20　　非制造业 PMI 月度涨幅对深证指数波动性的影响

Variable	Coefficient	Std. Error	z – Statistic	Prob.
AR(9)	–0. 158581	0. 071313	–2. 223715	0. 0262
Variance Equation				
C	0. 000534	0. 000316	1. 691029	0. 0908
RESID(–1)^2	0. 347221	0. 134891	2. 574084	0. 0101
GARCH(–1)	0. 632684	0. 111682	5. 665042	0. 0000
RFZPMI	–0. 102242	0. 034409	–2. 971394	0. 0030
R – squared	0. 057454	Mean dependent var		0. 006940
Adjusted R – squared	0. 057454	S. D. dependent var		0. 080869
S. E. of regression	0. 078512	Akaike info criterion		–2. 272207
Sum squared resid	0. 801329	Schwarz criterion		–2. 162467
Log likelihood	153. 8296	Hannan – Quinn criter		–2. 227615
Durbin – Watson stat	1. 710023			

资料来源：Eviews 6. 0 软件计量而得。

三、实证结论

综合上述各项PMI指数对两市A股市场收益性与波动性影响的实证研究结果，如5－21所示，制造业PMI、非制造业PMI月度涨幅都与A股市场收益率呈正相关关系，而制造业PMI月度涨幅与A股市场中的上证指数、深证指数收益率有显著正向关系。由于这三个变量都代表PMI指数，可以说明在大多情况下，正相关的关系在PMI指数与A股市场收益率之间是相互作用的。而非制造业PMI指数对于上证、深证两股市股指都呈现不显著关系，因此在预测股市收益与波动影响中，典型代表是制造业PMI月度涨幅指数。

表5－21　各项变量对A股市场收益率影响的比较

因素	上证指数	深证指数
制造业PMI指数	不显著正向	不显著正向
非制造业PMI指数	不显著负向	不显著正向
制造业PMI月度涨幅	显著正向	显著正向
非制造业PMI月度涨幅	不显著正向	不显著正向

资料来源：作者整理。

而对于各项PMI变量对两地A股市场波动性的影响，如表5－22所示，制造业PMI指数对A股市场波动性都呈负向影响，对上证0是正向关系，但不显著；对深证指数呈现负向显著。除了制造业PMI指数、非制造业PMI月度涨幅对深证指数的影响一致外，对另外两个指数的影响都不一致。这表明，存在着不同的股市大环境，PMI指数对股市波动性的作用并不是对称的，它会因环境而异。

表 5-22　　各项变量对 A 股市场波动性影响的比较

因素	上证指数	深证指数
制造业 PMI 指数	显著负向	显著负向
非制造业 PMI 月度涨幅	不显著正向	显著负向

资料来源：作者整理。

实证结论如下：

（1）PMI 指数对股市收益率是正相关作用，即 PMI 指数显著提高时，两大股指基本呈上升形势。这说明，两地 PMI 指数的上升有助于提高当地市场参与者的投资欲望，并形成积极的投资心态，从而加大金融投资对制造业的作用，从而反映出来的是生产效率，抢占各行业的市场份额，在股票市场的反映自然是形势利好。

（2）PMI 指数的负向作用表现在对股市波动性方面。PMI 指数对股市波动性的作用表现在负向影响方面。即制造业 PMI 上涨影响两大股指收益上升，波动性随着减少；反之则影响收益率下降，进而影响波动性上升。在波动方面，深证指数受影响较为明显，这主要是深证视为中小盘股的天地，每只股票的市值较小，资金流动和加持远不及上证的股票，因此市值越小，其波动性越大。

综合比较来看，制造业采购经理指数无论在对深证 A 股的收益性还是波动性方面均较上证 A 股要明显，这从另一角度说明，由于深证的中小盘股为多，市值小，而这些投资可能与制造业关系更为密切，因此，会出现更大的收益性影响和显著的波动性影响，即以深证为代表的珠三角地区金融业与制造业的这一密切关系，是非技术颠覆性创新特征明显的表现，这为以粤港澳大湾区建设为契机，构建颠覆性创新价值网已具有先天的优势。

第三节　智力资本与高技术企业生产绩效比较研究

一、实证背景分析

非技术颠覆性创新价值网的构建，其核心是区域间智力资本服务的共享与作用，因此，智力资本作为非技术颠覆性创新的关键，体现出技术颠覆性创新的本质特征。基于深圳与上海的比较，能很好地把握以深圳为代表的珠三角地区智力资本这一非颠覆性创新价值网的特征。

已有理论表明：微观经济学通常用一种可变生产要素的生产函数研究短期生产理论，数学表达式为：$Q=f(K, L)$，其中，K 表示资本量固定不变，总产量的变化只取决于劳动量 L。长期平均成本曲线的形状呈现“U”形，其中所有的要素是可变的。经典理论指出，影响长期平均成本变动的因素更多地取决于规模经济、学习效应和范围经济等因素。其一，在理论上，经济学家常常把规模经济定义为由于生产规模的扩大而导致长期平均成本降低的情况。具体地说，就是以规模经济解释长期平均成本曲线的下降部分，而以规模不经济来解释其上升的部分。其二，“学习效应”指在长期的生产过程中，企业的工人、技术人员和经理可以积累起有关商品的生产、技术设计和管理方面的有益经验，从而导致长期平均成本的下降。其三，范围经济是针对关联产品的生产而言的，指一个厂商同时生产多种关联产品的单位成本支出小于分别生产这些产品时的成本的情形。

研究企业智能资本与企业智能生产绩效之间的关系，侧重于长期稳定均衡的关系，应更多地从长期的生产函数影响因素来考虑。这里所指的企业智能资本实质上是学习效应的产物，而企业规模也影响着企业智能生产绩效。根据柯布—道格拉斯生产函数的表现形式，可以借此研究企业智能资本与企业智能生产绩效的均衡关系。在考虑企业智能资本过程多投入来源和多产出的特点及其相互关系的基础上，结合 Griliches – Jaffe 知识生产函数[①][②]、Romer – Jones 思想生产函数和 Furman – Porter – Stern 创新能力模型的特点[③][④]，为了更好地模拟和描述企业智能资本投入与产出之间的内在规律，可采用通常的柯布—道格拉斯（Cobb – Douglas）生产函数（Jaffe，1989；Griliches，1990；Rome，1990；Jone，1995）的理论模型：

$$PF_{it} = A_{it}IC_{it}IN_{it}X_{it} \quad (5-3)$$

上式两边取对数得：

$$lnPF_{it} = lnA_{it} + lnIC_{it} + lnIN_{it} + lnX_{it} + \varepsilon_{it} \quad (5-4)$$

式（5 – 4）是一个经过扩展和修改的双对数型智力资本转化的生产函数（PPF）。其中，PF 代表企业的绩效，lnA 为常数项，IC 代表企业的知识资本变量，IN 代表企业资本等其他投入变量，X 代表控制变量或环境变量（这里的控制变量在后续实证的企业规模等四个控制变量中有所体现），i 代表企业，t 代表时间，误差项 ε 代表其他未观察到的影响因素。

二、研究假设与实证设计

（一）研究假设

智力资本只有通过企业转化，实施才能物化，转化为现实的生产力，创造相应的技术、经济和社会效益，体验到“智慧之火添上利益之油”的动人滋味。现有智力资本的研究大多集中在对科技创新，把科技进步的表现形式应用到经济增长模型中，而往往忽略了智力资本这一关键问题。企业的智力资本往往是企业创造与发明的出发点和落脚点，这不仅是企业生存与发展的无形资本，而且也是企业进行技术创新的基本动力和激励源泉。在企业相关制度的激励下，企业智力资本转化到生产中，以新技术从其创

① Jaffe，A. B. Technological opportunity and spillovers of R&D：evidence from firms' patents，profits and market value [J]. American Economic Review，1986（76）：984 – 1001.

② Griliches，Z. Patent statistics as economic indicators：a survey [J]. Journal of Economic Literature，1990（28）：1661 – 1707.

③ Romer，P. M. Endogenous Technological Change [J]. Journal of Political Economy，1990，98（5）：71 – 102.

④ Jones，C. I. Time Series Test of Endogenous Growth Models [J]. Quarterly Journal of Economics，1995（10）：495 – 525.

造的效益中获取较高的回报，这一作用在极大程度上促进了技术创新活动的良性循环，这也是企业智力资本的根本价值之所在。智力资本的积累、投入与转化的主体是企业，其运行的动力来源于智力资本的财富创造能力以及预期的经济回报；智力资本行为的客体对象一般是具有商业价值和现实可行性的发明创新成果或高端人力资本以及社会知识资本等。另一方面，泽格哈尔和玛罗（Daniel Zeghal & Anis Maalou，2010）指出，企业智能生产绩效包括经济绩效、创新绩效和成本绩效。他们认为，如果企业有好的经济效益，它在财务上就会表现出健康且盈利的状态，进而使得企业在创新上拥有良好的状态，这三大绩效之间存在内在的联系。而本节所指的企业智能生产绩效借鉴此种观点，结合对德国工业 4.0 的理解，进行扩充，选择的企业智能生产绩效指标包括经济绩效、创新绩效和成本绩效三个方面。基于此，本节提出如下假设：

假设 H_1：智力资本与企业经济绩效存在正相关关系。

假设 H_2：智力资本与企业创新绩效存在正相关关系。

假设 H_3：智力资本与企业成本绩效存在正相关关系。

（二）研究设计

1. 因变量

安特·普利克（Ashton，R. H.，2005）提出的智力资本评价方法（value added intellectual coefficient，VAIC），该方法具有指标计算简便、数据容易取得、可信度高等优点。在借鉴这种方法的基础上，企业智能生产绩效取决于企业运用财务资本和智力资本的能力，而财务资本和智力资本的高低可以从企业 R&D 投入、专利拥有数量的增长以及生产成本的减少量来衡量。进而，本节选取营业利润率（OM）、专利拥有数量（PA）以及企业生产成本（PC）三个变量作为分别衡量企业经济绩效、创新绩效和成本绩效的自变量。

2. 自变量

借鉴泽格哈尔和玛罗（2010）的观点，企业经营绩效是一个包括经济绩效和成本绩效的多元化概念。由于企业智能生产绩效基本与企业价值呈现正的相关性，因此，本节以企业价值增加值的增量大小来衡量企业智能生产绩效价值大小。有鉴于此，本节也借鉴 VAIC 法来衡量企业智能生产绩效的价值，选取企业智能生产增值系数（intelligent production management value added，IPVA）作为自变量，公式为：IPVA = 企业价值增值（VA）/专利授权数量（PL）。

3. 控制变量

首先，由于企业智能资本会影响企业资本成本和企业价值，会导致企业智能生产绩效出现极大的差异。其次，规模不同的企业所处的竞争环境和市场地位不同，获利能力是不一样的。再次，企业效率的不同将影响企业的竞争力，导致绩效方面的差异。最后，处在生命周期不同阶段的企业，其成长能力不同，也会对绩效产生较大的影响。因此，本节选用资产负债率（Lev）、企业规模（Size）、企业总资产周转率（TAT）和成长能力（GR）作为控制变量。其中，企业规模（Size）取年末总资产的自然对数，成长能力 GR 用营业收入增长率衡量。

所有变量的经济含义、计算方法如表 5 - 23 所示。

表 5 - 23　变量定义表

变量名称	经济含义	计算方法	变量类型
IPVA	企业智能资本价值	企业价值增值（VA）/专利授权数量（PL）	自变量
OM	营业利润率	营业利润/营业收入	因变量
PA	专利拥有数量	数据来自上市公司年报	因变量
PC	企业生产成本	企业毛利润 - 企业净利润	因变量
Lev	资产负债率	负债/总资产	控制变量
Size	企业规模	年末总资产的自然对数	控制变量
TAT	总资产周转率	总资产周转率 = 营业收入净额/平均资产总额 × 100%	控制变量
GR	营业收入增长率	营业收入增长率 = 本年营业收入增长额/上年营业收入总额 × 100%	控制变量

资料来源：作者整理。

4. 样本选择与数据筛选

由于不同地区的高新技术企业拥有的资源各不相同，因此，本节选取了两个特色鲜明的城市深圳与上海的高技术行业进行研究，分别从信息技术业、生物医药、装备制造等产业收集相关数据，以此来探索不同地区的专利政策对高新技术企业智能生产绩效的影响。高技术产业属于知识密集型行业，竞争激烈，员工的质量需求相对较高。

本节选取了2006~2017年在沪、深交易所A股市场上市且行业类别属于高技术产业的1034家企业作为研究样本①，其中包括：信息技术907家企业，生物医药95家企业，装备制造业32家企业。考虑到缺失值和异常值对统计结果的不利影响，本节剔除了数据缺失和在2006~2017年被ST过的公司。在此基础上又剔除了人力、结构资本价值以及所有者权益账面价值为负的公司。此外，由于部分高技术行业上市公司属于传统的劳动力密集型企业，其价值增值对高知识、高技能水平的智力资本依靠较少，为避免对研究结果产生不良影响，因此剔除了高技术行业中属于劳动力密集型的企业。经过筛选后，最终确定的样本公司总数为726家，具体为信息技术667家，生物医药38家，装备制造21家。

5. 实证研究模型

构建实证模型如下式所示，针对以下模型进行实证研究：

$$OM = \beta_0 + \beta_1 IPVA + \beta_2 Lev + \beta_3 Size + \beta_4 TAT + \beta_5 GR + \mu \qquad \text{（模型 1）}$$

$$PA = \beta_0 + \beta_1 VAPI + \beta_2 Lev + \beta_3 Size + \beta_4 TAT + \beta_5 GR + \mu \qquad \text{（模型 2）}$$

$$PC = \beta_0 + \beta_1 VAPI + \beta_2 Lev + \beta_3 Size + \beta_4 TAT + \beta_5 GR + \mu \qquad \text{（模型 3）}$$

三、实证分析与结论

（一）描述性统计分析

本节基于2006~2017年两市的面板数据，运用Stata 9.0统计软件对拟研究的各变量作了一个描述性统计分析，具体信息如表5-24所示。

① 行业类别划分参照中国证监会的行业分类标准，样本数据均来源于锐思（RESSET）金融研究数据库和企业公开披露的2006~2013年度财务报告。

表 5 - 24　　各变量的描述性统计分析（均值分析）

变量	深沪两市	深圳市	上海市
IPVA	3. 659735	4. 658376	2. 758466
Lev	0. 442789	0. 374656	0. 786578
Size	21. 496785	21. 486894	25. 769779
TAT	0. 846452	0. 895745	0. 124354
GR	16. 475866	19. 347579	59. 465676
OM	0. 1083984	0. 113244	0. 486576
PA	0. 1254497	0. 127457	0. 235466
PC	2. 153465	2. 475466	2. 867554

资料来源：Stata 9. 0 软件计量而得。

从表 5 - 24 中可以看出，深沪两市的 IPVA 均值为 3. 659735，这说明深圳企业智能资本增值率为每使用 1 元将产生 3. 659735 元的价值；而深圳市和上海市的 VAIC 均值分别为 4. 658376 和 2. 758466。显然，深圳市的 VAIC 均值 > 深沪两市的 VAIC 均值 > 上海市的 VAIC 均值，这与我们一般意义上认为上海的企业智能资本效率一般高于深圳的企业智能资本效率的观念存在着差异，然而这就是事实。

（二）相关性分析

本节利用皮尔逊（Pearson）相关分析法对各行业的相关性作了分析。表 5 - 25 反映深沪两市高新技术企业中，企业智能资本价值（IPVA）与营业利润率（OM）和企业专利拥有量（PA）显著正相关，但与企业生产成本（PC）正相关性不显著。

表 5 - 25　　深沪两市高新技术企业相关性检验表

变量	OM	PA	PC
IPVA	0. 259 **	0. 1751 **	0. 0562
Lev	- 0. 3940 **	- 0. 0099	0. 0193

续表

变量	OM	PA	PC
Size	-0.0485	0.2532**	-0.1366**
TAT	-0.2488**	0.1898**	-0.0645
GR	0.1531**	0.3933**	0.1212**

注：** 表示双尾检验的显著性水平为1%。
资料来源：Stata 9.0 软件计量而得。

因此，对于深沪两市的高技术产业企业而言，这一发现完全支持了 H_{5-1}和 H_{5-2}假设，部分拒绝了 H_{5-3}假设。

表5-26反映出深圳市高新技术企业中，企业智能资本价值（IPVA）只与营业利润率（OM）显著正相关，与企业专利拥有量（PA）不显著正相关，与企业生产成本（PC）不显著负相关。因此，对于深圳市高新技术企业而言，这一发现完全支持了与营业利润率（OM）显著正相关，与企业专利拥有量（PA）不显著正相关，与企业生产成本（PC）不显著负相关。因此，对于深圳高新技术企业而言，这一发现完全支持了 H_{5-1}假设，部分拒绝了 H_{5-2}假设，完全拒绝了 H_{5-3}假设。

表5-26　　深圳高新技术企业相关性检验表

变量	OM	PA	PC
IPVA	0.3522**	0.1468	-0.1122
Lev	0.3840**	0.2162*	-0.0178
Size	0.7131**	-0.2303*	-0.2850**
TAT	-0.4283**	-0.0625	-0.0808
GR	-0.4893**	-0.0688	-0.0796

注：** 表示双尾检验的显著性水平为1%；* 表示双尾检验的显著性水平为5%。
资料来源：Stata 9.0 软件计量而得。

表5-27反映了上海高新技术企业中，企业智能资本价值（IPVA）与企业专利拥有量（PA）显著正相关，与营业利润率（OM）、企业生产成本（PC）不显著负相关。因此，对于上海高新技术企业而言，这一发现完全

支持 H_{5-2}假设，完全拒绝了 H_{5-1}、H_{5-3}假设。

表 5－27　　　　上海高新技术企业相关性检验表

变量	OM	PA	PC
IPVA	-0.0767	0.3943 **	-0.2407
Lev	-0.2910 *	-0.0262	-0.3251 *
Size	-0.2986 *	-0.0675	-0.5041 **
TAT	-0.2935 *	0.1298	-0.0476
GR	0.1997	0.3133 *	-0.1159

注：** 表示双尾检验的显著性水平为 1%；* 表示双尾检验的显著性水平为 5%。
资料来源：Stata 9.0 软件计量而得。

（三）面板数据多元线性回归分析

相关分析构成了检验我们提出三个假设的第一步骤，在此基础上，本节基于 2006～2017 年深沪两市总的和分别两市的面板数据，通过三个多元线性回归模型来继续检验我们提出的三个假设。四个可以影响企业智能生产绩效的控制变量（资产负债率、企业规模、总资产周转率、成长能力）也包含在模型之中。

本节使用 STATA 软件中固定效应模型对数据进行处理①。

1. 经济绩效多元线性回归模型

表 5－28 反映了当经济绩效指标营业利润率（OM）作为因变量时深沪两市自变量的回归系数结果。其一，对深沪两市高新技术企业的总体数据而言，模型 1 的 R^2 为 0.2908，这表明在营业利润率（OM）的变化中有 29.08% 可归因于企业智能资本价值（IPVA）、资产负债率（Lev）的影响，该模型的拟合优度较为良好。其中，企业智能资本价值（IPVA）对营业利润率（OM）有正的影响且都达到了 $P<0.05$ 的显著性水平，该模型完全支持了假设 H1。其二，对深圳高技术产业企业而言，模型 1 的 R^2 为 0.5924，这表明在营业利润率（OM）的变化中有 59.24% 可归因于企业智能资本价

① 本节已经通过共线性分析、异方差分析和自相关分析来对自变量进行了诊断，结果显示自变量基本符合假设要求；固定效应模型通过了 LM 检验和豪斯曼检验。

值（IPVA）、资产负债率（Lev）、企业规模（Size）、总资产周转率（TAT）和成长能力（GR）的影响，该模型的拟合优度较为良好。其中，企业智能资本价值（IPVA）对营业利润率（OM）有正的影响且都达到了 $P<0.01$ 的显著性水平。该模型完全支持了假设 H_{5-2}、H_{5-3}，部分拒绝了假设 H1。其三，对上海高新技术企业而言，模型 1 的 R^2 为 0.7463，这表明在营业利润率（OM）的变化中有 74.63% 可归因于企业智能资本价值（IPVA）、资产负债率（Lev）、企业规模（Size）、总资产周转率（TAT）和成长能力（GR）的影响，该模型的拟合优度较为良好。其中，企业智能资本价值（IPVA）对营业利润率（OM）有正的影响且都达到 $P<0.01$ 的显著性水平。该模型完全支持了假设 H_{5-1}、H_{5-2}，部分拒绝了假设 H_{5-3}。

表 5-28　　经济绩效多元线性回归模型

模型：$OM = \beta_0 + \beta_1 IPVA + \beta_2 Lev + \beta_3 Size + \beta_4 TAT + \beta_5 GR + \mu$

城市	R^2	β_0	IPVA	Lev	Size	TAT	GR
深沪两市	0.2908	-0.508384 (-1.70)	0.000596* (-2.41)	-0.164134** (-3.32)	0.022348 (1.61)	-0.02577 (-1.11)	0.000118 (1.04)
深圳市	0.5924	-0.549855 (-1.48)	0.013585** (3.21)	0.011845 (0.14)	0.025844 (1.44)	-0.043211* (-2.36)	-0.000086 (-0.88)
上海市	0.7463	-0.794752 (-0.47)	-0.045583* (-2.34)	-0.023445 (-0.06)	0.016844 (0.25)	-0.022484 (-0.03)	0.000156 (0.57)

注：** 表示双尾检验的显著性水平为 1%；* 表示双尾检验的显著性水平为 5%。
资料来源：Stata 9.0 软件计量而得。

2. 创新绩效多元线性回归模型

表 5-29 反映了当创新绩效指标企业专利拥有量（PA）作为因变量时深沪两市自变量的回归系数结果。对深沪两市高新技术企业的总体数据而言，模型 2 的 R^2 为 0.4314，这表明在营业利润率（OM）的变化中有 29.08% 可归因于企业智能资本价值（IPVA）、资产负债率（Lev）、企业规模（Size）、总资产周转率（TAT）和成长能力（GR）的影响，该模型的拟合优度较为良好。其中，企业智能资本价值（IPVA）对营业利润率

（OM）有正的影响且都达到了 $P<0.01$ 的显著性水平，该模型完全支持了假设 H_{5-2}。

表 5－29　　创新绩效多元线性回归模型

模型：$PA=\beta_0+\beta_1 IPVA+\beta_2 Lev+\beta_3 Size+\beta_4 TAT+\beta_5 GR+\mu$

城市	R^2	β_0	IPVA	Lev	Size	TAT	GR
深沪两市	0.4314	－0.692424 （－2.48）	0.0004352** （2.71）	－0.1193442** （－2.69）	0.026481* （2.03）	0.069623** （3.21）	0.0003213** （2.99）
深圳市	0.4709	－0.524313 （－0.88）	－0.008331 （－1.36）	0.000354 （0.00）	0.022389 （0.83）	0.011142 （0.40）	0.0005234** （3.46）
上海市	0.6334	－0.401343 （－0.11）	0.1094823** （2.79）	0.229321 （0.29）	0.006342 （0.04）	－6.109624** （－4.17）	0.001237 （2.19）

注：** 表示双尾检验的显著性水平为 1%；* 表示双尾检验的显著性水平为 5%。
资料来源：Stata 9.0 软件计量而得。

对深圳高新技术企业而言，模型 2 的 R^2 为 0.4709，这表明在企业专利拥有量（PA）的变化中有 47.09% 可归因于企业智能资本价值（IPVA）、资产负债率（Lev）、企业规模（Size）、总资产周转率（TAT）和成长能力（GR）的影响，该模型的拟合优度较为良好。其中，企业智能资本价值（IPVA）对企业专利拥有量（PA）有正的影响且都达到了 $P<0.01$ 的显著性水平。该模型支持了假设 H_{5-2}、H_{5-3}，部分拒绝了假设 H_{5-1}。

对上海高新技术企业而言，模型 2 的 R^2 为 0.6334，这表明在企业专利拥有量（PA）的变化中有 63.34% 可归因于企业智能资本价值（IPVA）、资产负债率（Lev）、企业规模（Size）、总资产周转率（TAT）和成长能力（GR）的影响，该模型的拟合优度较为良好。其中，企业智能资本价值（IPVA）对企业专利拥有量（PA）有正的影响且达到了 $P<0.01$ 的显著性水平。该模型支持了假设 H2，完全拒绝了假设 H_{5-1}、H_{5-3}。

3. 成本市场绩效多元线性回归模型

表 5－30 反映了当成本绩效指标企业生产成本（PC）作为因变量时深沪两市高新技术企业自变量的回归系数结果。

表 5-30　成本市场绩效多元线性回归模型

模型：$PC = \beta_0 + \beta_1 IPVA + \beta_2 Lev + \beta_3 Size + \beta_4 TAT + \beta_5 GR + \mu$							
城市	R^2	β_0	IPVA	Lev	Size	TAT	GR
深沪两市	0.3021	5.713133 (1.52)	-0.004193 (-0.78)	1.664724** (2.77)	-0.224328 (-1.27)	-0.176484 (-0.61)	-0.00023 (-0.22)
深圳市	0.2528	-24.1134* (-2.56)	0.057238 (0.46)	3.987472 (1.85)	1.164734* (2.61)	0.027472 (0.06)	-0.009934** (-3.97)
上海市	0.1308	6.752344 (0.24)	0.164872 (0.51)	14.084824* (2.17)	-0.576264 (-0.49)	4.657582 (0.39)	-0.001839 (-0.44)

注：** 表示双尾检验的显著性水平为 1%；* 表示双尾检验的显著性水平为 5%。
资料来源：Stata 9.0 软件计量而得。

对深沪两市高新技术企业的总体数据而言，模型 2 的 R^2 为 0.3021，这表明在营业利润率（OM）的变化中有 30.21% 可归因于资产负债率（Lev）的影响，该模型的拟合优度不理想。其中，企业智能资本价值（IPVA）对营业利润率（OM）有正的影响且都达到了 $P<0.05$ 的显著性水平，该模型完全支持了假设 H_{5-3}。

对深圳高新技术企业而言，模型 2 的 R^2 为 0.2528，这表明在企业生产成本（PC）的变化中有 25.28% 可归因于企业智能资本价值（IPVA）、资产负债率（Lev）、企业规模（Size）、总资产周转率（TAT）和成长能力（GR）的影响，由于 R^2 较小，该模型拟合情况不理想。其中，企业智能资本价值（IPVA）对企业生产成本（PC）有正的影响且达到了 $P<0.01$ 的显著性水平。该模型完全支持了假设 H_{5-2}，部分拒绝了假设 H_{5-3}，完全拒绝了假设 H_{5-1}。

对上海高新技术企业而言，模型 2 的 R^2 为 0.1308，这表明在企业生产成本（PC）的变化中有 13.08% 可归因于企业智能资本价值（IPVA）、资产负债率（Lev）、企业规模（Size）、总资产周转率（TAT）和成长能力（GR）的影响，该模型拟合情况也很不理想。其中，企业智能资本价值（IPVA）在控制了其他变量的影响之后与企业生产成本（PC）虽然正相关但系数并不显著。该模型部分拒绝了假设 H_{5-1}、H_{5-3}，完全拒绝了假设 H_{5-2}。

（四）实证研究结果

综合皮尔逊相关分析法和多元线性回归分析得出的结果，若两种分析方法得出的系数均为显著正相关，则认为最终结果为正相关，支持原假设；若两种分析方法得出的系数均为显著负相关，则认为最终结果为负相关，拒绝原假设；若其中一种得出的系数为显著正相关，而另一种得出的系数为显著负相关，综合考虑，我们可以认为最终结果为负相关，拒绝原假设；若其中一种得出的系数为正相关，而另一种为负相关，或虽然同为正/负相关但都不显著，则认为最终结果为不能确定。根据以上标准，将三个假设的支持拒绝情况总结如表 5 – 31 所示。

表 5 – 31　深沪两市高新技术产业企业三个假设支持拒绝情况总结表

假设	深沪两市	深圳	上海
H_{5-1}	支持	支持	拒绝
H_{5-2}	支持	不能确定	支持
H_{5-3}	不能确定	不能确定	不能确定

资料来源：作者整理。

对于深沪两市企业而言，实证分析的最终结果可以认为企业智能资本价值（IPVA）对营业利润率（OM）、企业专利拥有量（PA）有正的影响，对企业生产成本（PC）影响不明显。这说明深沪两市的专利授权与资助政策虽然相对稳定，但并没有达到最佳状态。

对深圳高新技术企业而言，实证分析的最终结果可以认为，企业智能资本价值（IPVA）对营业利润率（OM）有正的影响，对企业专利拥有量（PA）、企业生产成本（PC）影响不明显。对上海高新技术企业而言，实证分析的最终结果可以认为，企业智能资本价值（IPVA）对企业专利拥有量（PA）有正的影响，对企业生产成本（PC）影响不明显，而实证分析的结果否认了其对营业利润率（OM）有正的影响。

（五）结论

综上，通过对深沪两市高新技术企业的面板数据分析可看出，现阶段，深沪两市企业智能资本前后的效率存在着一定的差异，相比较而言，深圳的企业智能资本增值效率较高，而上海的企业智能资本的增值率还没有完全发挥。在未来，深沪两市高新技术企业要提高效率，就必须要注意企业智能资本的价值。对于深圳而言，企业智能资本的发展还有很大的空间，要想成为名副其实的创新性城市，就要加大企业智能资本积累，尽快尽好地将智力资本转化为现实生产力，尽快提高企业智能资本对创新和成本绩效的影响。要在保持现有企业智能资本的水平上，进一步加强专利相关环节对企业智能生产绩效的渗透作用力，促进产业的发展。

本章采用 VAPC 法衡量企业智能资本的效率，自然不能避免 VAPC 法的局限，未来期待能够找出更加有效的方法来衡量企业智能资本对企业智能生产绩效的影响。本章将企业智能生产绩效分为经济绩效、创新绩效和成本绩效，是为了更全面地考察企业的业绩状况，未来可以对多个指标用因子分析法进行综合，提炼出一个能较全面地反映企业智能生产绩效的因子作为企业智能生产绩效因变量。此外，本章只对两者与企业智能生产绩效之间的关系进行了实证分析，而企业智能资本在某种程度上需要依附于其他方方面面的工作来支撑。企业智能资本从积累、转化到变成生产力，必须投入一定的技术力量、资金、设备进行反复试验，解决许多繁杂而具体的实际问题，如果某一环节出现问题，实施都是难以顺利进行下去的。企业智能资本的基本过程可以划分为基于专利技术的产品创意或概念化、可行性论证以及相关专利产品的试验开发、批量生产、营销等几个阶段①，因此，要深入分析企业智能资本的价值转化，更要深入其实施的每一个相关环节进行研究。企业智能资本能发挥更大的作用，企业智能资本的相关阶段是否存在相互促进的作用，仍有待于未来的后续跟进。

上述实证结论提醒着我们，大湾区的高端现代服务业以及服务贸易的发展对于产业国际竞争力显得十分重要。从大环境来看，我国的服务贸易起步晚、发展快，大体跟上了全球服务贸易发展势头，2018 年进出口总量达 7594 亿美元，居世界第二位。但对比发达国家的服务贸易高附加值的行业结构，对比我国 40 年来货物贸易的发展速度，仍然存在着五个基础性、结构性问题。一是我国服务贸易逆差很大。2018 年 7594 亿美元的服务贸

① 王玉民、马维野等：《专利商用化的策略与运用》，科学出版社 2007 年版，第 126 ~ 129 页。

易进出口总量中，逆差达到2922亿美元，居世界首位，占全球服务贸易逆差的40%。二是结构效益不好。我国服务贸易主要集中在人力密集型行业，而知识密集型、资本密集型、资源环境密集型的服务贸易能力很弱，均表现为大幅度的逆差。三是巨量的货物贸易对服务贸易发展理应具有的带动优势没有发挥出来。我国是世界第一大货物进出口贸易国，每年4万多亿美元的货物贸易必然伴随生产性服务业，比如与货物贸易紧密相关的跨国运输、货物保险和贸易清算结算的竞争优势未发挥出来。四是跨国公司一方面在中国境内形成了全球产业链、供应链最为齐全的制造业，另一方面这些制造业企业产业链标准、供应链纽带、价值链枢纽的掌控企业都注册在海外，由此形成的服务贸易业务量以及清算、结算后形成跨国的专利版税、企业所得税也都算在海外。五是服务贸易营商环境制度存在一定问题。对服务贸易领域的相关行业，比如金融、保险、生产性服务业、教育、卫生、文化创意等行业限制较多，准入门槛较高，全方位、宽领域、多渠道的开放体系还未形成。这使得粤港澳大湾区的发展应更为注重自身的高端现代服务业与其他行业的融合发展，也要注意服务贸易的提升发展，进入新时代，中国开放出现了新格局、新特征、新高度，为粤港澳大湾区服务贸易发展带来良好的机遇。这种新格局表现在两个方面。一方面是中国开放出现了五个新特征：一是从引进外资为主，转变为引进外资和对外投资并举。二是从扩大出口为主，转变为鼓励出口和增加进口并重。三是从沿海地区开放为主，转变为沿海沿边与内陆协同开放、整体开放。四是开放领域从过去以工业、房地产等工商产业为主转变为工业、服务业共同开放，形成了全方位、宽领域、多渠道开放局势。五是从融入和适应全球经济规则体系为主，转变为积极参与甚至引领国际投资和贸易规则的制定修订。“风起扬帆正当时”，粤港澳大湾区应充分运用自身高端现代服务业发展的优势以及加快国际服务贸易的发展，促进与各行各业融通共进，加快构建大湾区非技术颠覆性创新价值网。

第四节　小　　结

基于前面章节的理论分析，颠覆性创新有两种实现方式：一种是技术颠覆性创新推动式，另一种是用户拉动式非技术颠覆性创新。从颠覆性创新的另一角度，即非技术颠覆性创新，通过比较分析，对以深圳为代表的珠三角地区金融、智力资源服务等高端现代服务业与制造业融通发展进行实证，主要结论如下：

（1）综合比较来看，以深证为代表的珠三角地区金融业与制造业的这一密切关系，是非技术颠覆性创新特征明显的表现，这为粤港澳大湾区颠覆性创新价值网创造了先天性的条件。

（2）深沪两市相比较而言，深圳的企业智能资本增值效率较高，而上海的企业智能资本的增值率还没有完全发挥；对于深圳而言，企业智能资本的发展还有很大的空间，要想成为名副其实的创新性城市，就要加大企业智能资本积累，尽快尽好地将智力资本转化为现实生产力，尽快提高企业智能资本对创新和成本绩效的影响。要在保持现有企业智能资本的水平上，进一步加强专利相关环节对企业智能生产绩效的渗透作用力，促进产业的发展，而建设大湾区颠覆性创新价值网无疑是路径选择。

（3）如果换个角度，从用户拉动的方向来思考创新，把非技术的创新系统化，比如生产、物流、分销、金融、人力资源、服务等，使其联结成非技术颠覆性创新价值网。

第六章　粤港澳大湾区企业国际竞争力驱动特征分析

由于数据的选择限制，前面章节的实证研究在精准度和解释度等方面存在一些不足，如能从微观来想办法，从企业的调查出发，可以弥补这一不足，可以从耦合的角度进行实证。目前，从持续的统计数据看，我们可以发现一批批企业因创业低效而死亡，其中有大企业，也有中小企业和小微企业。企业是我国组织的重要部分之一，也是国家经济的主要创造团体，控制和遏制企业因为创业低效而死亡，对于我国经济的稳定持续发展有重要意义。时至今日，在知识溢出效应客观存在的条件下，积极引入颠覆性创新是推动本土产业升级和技术跨越的有效途径。“是一种能激发巨大想象力的商业逻辑”（王志玮，2010），“对产业竞争版图有着决定性影响”（向吉英、黄韦华，2012），甚至被认作是“导致产业发展重新洗牌的一类创新”（张洪石、付玉秀，2005）。

对于微观层面的企业国际竞争力，知识溢出与颠覆性创新又是怎样互动耦合而影响企业的呢？这一“黑匣子”只能有待进一步的分析与探索。理论界有关知识吸收、颠覆性创新和企业国际竞争力单方面的研究较多，但鲜有讨论两两关系的研究，而有关知识吸收与颠覆性创新互动耦合的研究更显得相对薄弱。特别是知识吸收与颠覆性商业模式创新是很难在宏观数据下进行验证的，因此，关于企业范畴的知识吸收和颠覆性技术与商业模式创新的实证研究是少之又少。另外，人们也经常会有一些关于企业国际竞争力提升模式的论断和猜测，却很少去学习从微观进行取证。有鉴于此，从知识吸收、颠覆性创新和企业国际竞争力三个因素的分解，从分解能力项中，进行系统量化，并探究知识吸收与颠覆性创新的互动耦合机理，从而弄清以双元动力为基础的企业国际竞争力的形成机理。用知识吸收和颠覆性创新的互动耦合来解释企业国际竞争力提升，进而对珠三角产业国际竞争力提升的研究框架进行修正。进一步，为考察珠三角企业国际竞争力提升的策略选择奠定基础，以期为政府制定相应的产业创新政策提供微观层面的理论依据。

第一节　微观扩展模型构建与实证假设

为什么诸多学者对国内地区产业国际竞争力提升研究，总脱离不了与自主创新之间关系的考察？这主要是因为自主创新与否是产业国际竞争力提升的最佳路径一直是西方国际经济理论研究始终探讨的焦点之一。而另一方面，能用一个更为实用，特别是适合发展中国家和地区的产业国际竞争力的分析范式，研究企业知识吸收与颠覆性创新，从商业模式和技术创新两个维度对区域企业国际竞争力进行较好的整合，是我们亟待探索的问题。有鉴于此，从知识吸收、颠覆性创新和企业国际竞争力三个因素的分解，从分解能力项中，进行系统量化，并探究知识吸收与颠覆性创新的互动耦合机理，从而弄清以双元动力为基础的企业国际竞争力的形成机理。用知识吸收和颠覆性创新的互动耦合来解释企业国际竞争力提升，进而对国内地区产业国际竞争力提升的相关研究进行修正。

一、基本命题推论

（一）基本假设

基于上述的考量，我们将建立一系列函数模型，来论证知识吸收和颠覆性创新能力是如何促进企业国际竞争力提升的。假定市场上某种产品只有两家企业竞争，企业 X_1 和企业 X_2，而且两家厂商销售的产品相同，每个厂商都追求使自己的利润最大化；产品的生产成本为零；两个厂商都清楚市场需求，面临相同的需求曲线；每个厂商在作产量和价格决策时都将竞争对手的产量看成给定不变的，认为不管自己生产的产量如何，竞争对手的产量都保持不变，也就是说双方无勾结行为，进行产量而非价格竞争。假设仅有两种生产技术（ϕ）存在，一种是新技术（$\phi = N$），另外一种是既有技术（$\phi = E$）；消费者假定仅存在于两个不同的市场（i），即主流市场（i=1）和次要市场（i=2）。

基于经济管理学领域的颠覆性创新定义，这里从产品技术进化角度对颠覆性创新进行定义：颠覆性创新是发生在产品技术进化路线上的分支，这一分支点位于产品生命周期的成熟期，由于这一进化分支的形成，使得产品具有吸引低端用户和新市场用户的性能，从而使得创新产品很快形成市场规模并获利。这一定义可将颠覆性创新分解为两个基本要素：其一为产品技术进化，或进一步抽象为技术创新特征；其二为市场的破坏性，即产品技术的有效商业化过程，或进一步抽象为商业模式创新特征，这样便于下面开展模型化分析。

（二）企业国际竞争力形成的双元扩展

借鉴 Lotka－Volterra 竞争模型①，按照前面的假设，假定某种产品只有两家企业竞争，那么两家企业的 Lotka－Volterra 竞争模型分别表示如下：

$$\frac{dx_i}{dt} = r_i\left[x_i - \frac{x_i^2}{k_i}\sum_{j\neq 1} k_{ij}x_iy_j\right] \quad (6-1)$$

$$\frac{dx_1}{dt} = r_1x_1\left(1 - \frac{x_1}{k_1} - k_{12}x_2\right) \quad (6-2)$$

$$\frac{dx_2}{dt} = r_2x_2\left(1 - \frac{x_2}{k_2} - k_{21}x_1\right) \quad (6-3)$$

x_i 是指产品销售额，k_i 是指某种产品的市场容量，$x_i \leqslant k_i$；r_i 是指产品开发能力系数，体现为增长速度；k_{ij}是核心竞争力系数，表示产品 i 对产品 j 的影响和限制，$k_{ij}>0$ 这里，$k_1=k_2=k$。

对数学函数（6－2）和（6－3）求解，求出不动点，做稳定性分析，可以看出竞争的各种不同结果。此函数有四个不动点：

$$x_1=0,\ x_2=0$$

$$x_1=k_1,\ x_2=0$$

$$x_1=0,\ x_2=k_2$$

① 本模型转引自林祥：《企业核心资源理论与战略》，人民出版社 2004 年版，第 146～148 页，部分做了改动。并参考了 Sheng qiang Liu & Lan sun Chen. “Profitless delays for extinction innonautonomous Lotka－Volterra system”. Communications in Nonlinear Science and Numerical Simulation，2001，6（4）：210－216.

$$x_1 = \frac{k_1(1-k_{12}k_2)}{(1-k_1k_2k_{12}k_{21})}, \quad x_2 = \frac{k_2(1-k_{21}k_1)}{(1-k_1k_2k_{12}k_{21})}$$

当 $k_{21}k_1 < 1$，$k_{12}k_2 < 1$ 时，只有一个稳定点，即 $\left(\frac{k_1(1-k_{12}k_2)}{(1-k_1k_2k_{12}k_{21})}\right)$，$\left(\frac{k_2(1-k_{21}k_1)}{(1-k_1k_2k_{12}k_{21})}\right)$，表示两个竞争者共存。

当 $k_{21}k_1 > 1$，$k_{12}k_2 < 1$ 时，有两个稳定的不动点，即（k_1，0）和（0，k_2）。它表示只有一个获胜者，至于哪个获胜，则取决于初始状态。

现讨论当 $k_{21}k_1 < 1$，$k_{12}k_2 < 1$ 时，只有一个稳定点的情况。这时两个竞争企业可以共存，稳定点就是它们的市场占有份额。两个竞争企业的市场份额之比是：

$$\frac{x_1}{x_2} = \frac{k_1(1-k_{12}k_2)}{k_2(1-k_{21}k_1)} = \frac{1-k_{12}k}{1-k_{21}k} \tag{6-4}$$

竞争结果表明：竞争企业的最终市场份额只包括核心生产能力和核心营销能力的国际竞争力有关。如果企业 1 的国际竞争力系数 k_{12} 大于企业 2 的国际竞争力系数 k_{21}，那么竞争结果是 $x_1 > x_2$。同样推理得出：在竞争企业共存的条件下，企业持续竞争优势取决于国际竞争力的大小。根据产品价值链的不同特点，可以把产品价值链大体划分为产品开发环节、生产制造环节和营销环节。与这三个价值链环节相对应，公司的能力可以划分为产品开发能力、生产能力和营销能力。对于某一种产品来说，产品开发能力是一次性的，生产能力和营销能力是持续的，因此，可以将生产能力和营销能力概括为国际竞争力。可见，在企业竞争过程中，企业应努力提高产品质量，增强营销能力，提高产品的顾客忠诚度，从而增强国际竞争力。因此，通过上述模型的演绎，我们可以得出命题 6－1：

命题 6－1：核心生产能力和核心市场营销能力与企业国际竞争力正相关，是企业国际竞争力的核心能力。

（三）"双元耦合"与企业国际竞争力

根据经济学原理，企业的生产函数取决于两个变量：直接投入生产的要素量和投入要素的生产率。这样，企业的生产函数可以表示为：

$$Y = E_p \times F_p \tag{6-5}$$

其中，E_p 为要素生产率，F_p 为用于直接生产的要素投入量。显然，在要素生产率 E_p 不变，即假定技术条件不变的情况下，企业的生产效率由要素投入量唯一决定。但事实上，企业的要素生产率不可能与要素投入截然分开。因为不同的生产要素其性质是不同的，比如知识要素投入就与知识生产率密不可分。

为了简化分析，我们假定知识要素是企业的唯一投入要素。不难得知，知识吸收能力和知识创新能力的提升会导致知识要素生产率的提高。我们进一步假定，投入企业的知识存量，一部分用于直接生产产品，一部分用于企业研发。在企业投入的知识要素总量一定的情况下，企业显然面临着如何分配用于直接生产和用于研发创新的知识分配问题。

在我们的分析中，知识吸收是必须要考虑的一个变量，所以我们把投入企业的知识要素分为两部分：一部分是企业自身拥有的知识存量，称为内源知识；另一部分是企业从外部吸收的那部分知识，简称为吸收知识。由此，我们进一步假定：

$$E_p = E(k_c, k_1; \gamma, \theta) = ak_c^{\gamma}k_1^{\theta} \quad (6-6)$$

其中，k_c 表示企业从外部吸收的溢出知识，k_1 代表企业的内源知识。这里的 γ 和 θ 分别表示企业溢出知识和内源知识的产出弹性，$\gamma, \theta \in (0, 1)$ 且 $\gamma \leqslant \theta$，即企业内源知识的产出弹性高于企业溢出知识的产出弹性，否则，单个企业的创新动力将完全丧失。

现在，我们进一步假设有 x 家企业聚集在一起，k_1 表示一家企业的内源知识，k_2 表示从一家企业那里吸收的溢出知识。这样，一家企业从 x 家企业集群中吸收的溢出知识为：

$$K_c = \int_0^x k_2 dt = xk_2 \quad (6-7)$$

因此，企业的知识吸收率为：

$$\prod = k_2/k \quad (6-8)$$

进一步假设企业用于知识创新的知识要素投入为 F_I，σ 表示企业吸收知识对内源知识开发的贡献弹性，因而企业的知识总量可以表示为：

$$k = k_c^{\delta}F_I \quad (6-9)$$

由企业知识存量的来源可知，$k = k_1 + k_2$，所以，我们可以得到：

$$k_c = xk_2 = x\prod kx\prod k_c^{\delta}F_I \quad (6-10)$$

整理式（6－8），可得：

$$k_c = (x\prod F_I)^{1/(1-\delta)} \tag{6-11}$$

根据上式，可得：

$$K_c^{\gamma} = (x\prod F_I)^{\gamma/(1-\delta)} \tag{6-12}$$

由于 $k_1 = k - k_2$，$k_2 = \prod k$，所以得：

$$k_1^{\theta} = (k - k_2)^{\theta} = (k - \prod k)^{\theta} = (1 - \prod)^{\theta} k^{\theta} \tag{6-13}$$

将式（6－9）代入式（6－7），可得：

$$k = k_c^{\delta} F_I = (x\prod F_I)^{\delta/(1-\delta)} F_I \tag{6-14}$$

进一步得：

$$k^{\theta} = (x\prod F_I)^{\theta\delta/(1-\delta)} \tag{6-15}$$

将式（6－15）代入式（6－13），得：

$$k_1^{\theta} = (1 - \prod)^{\theta} k^{\theta} = (1 - \prod)^{\theta} (x\prod F_I)^{\theta\delta/(1-\delta)} \tag{6-16}$$

将式（6－12）和式（6－16）代入式（6－6），得：

$$E_p = a(1 - \prod)^{\theta} (x\prod F_I)^{\gamma} \tag{6-17}$$

其中，$\lambda = (\gamma + \delta\theta)/(1 - \delta)$。

由于一家企业的要素投入量是一定的，分别配置于生产性要素投入和知识开发性要素投入两种用途，即：

$$F = F_p + F_I \tag{6-18}$$

将式（6－17）代入式（6－5），可得：

$$y = a(1 - \prod)^{\theta} (x\prod F_I)^{\lambda} F_p \tag{6-19}$$

因此，企业的选择将是最大化式（6－19），约束条件是式（6－18）。构建拉格朗日函数：

$$L = y - \lambda[(F_p + F_I) - F] \tag{6-20}$$

分别对 F_p 和 F_I 求导，得：

$$\partial L/\partial F_I = \lambda a(1 - \prod)^{\theta} (x\prod)^{\lambda} F_I^{\lambda-1} F_p - \lambda = 0 \tag{6-21}$$

$$\partial L/\partial F_p = a(1 - \prod)^{\theta} (x\prod)^{\lambda} F_I^{\lambda} - \lambda = 0 \tag{6-22}$$

解得：

$$\lambda F_p = F_I \tag{6-23}$$

又因为：$F = F_p + F_I$。

所以有：$F_I = F/(1+\lambda)$。

$$F_p = \lambda F/(1+\lambda) \quad (6-24)$$

代入式（6-19），得：

$$y = A(1-\prod)^{\theta}\prod^{\lambda}x^{\lambda}F^{1+\lambda} \quad (6-25)$$

其中，$A = a\lambda^{\lambda}(1+\lambda)^{-(1+\lambda)}$。

为了分析方便，假定：$F_p + F_I = F = 1$。

则有：

$$y = f(\prod, x) = A\varphi(\prod)\phi(x) \quad (6-26)$$

其中，$\varphi(\prod) = (1-\prod)^{\theta}\prod^{\lambda}$，$\phi(x) = x^{\lambda}$。

由于Ⅱ为企业的知识吸收率，x为聚集企业数目，因此，式（6-26）表示，企业的产出是企业知识溢出率和聚集企业数目的增函数，而且在给定的产业技术特征和知识特征条件下，企业的产出是企业家数目的单增函数，但增幅取决于产业技术和知识特征，因为 $\partial y/\partial x = A\varphi(\prod\lambda)x^{\lambda-1} > 0$。

以上说明，企业的知识吸收和知识创新能力能够提高企业的产出水平，从而提高产业的国际竞争力。按照克里斯腾森的理论，颠覆性创新首先是种技术创新，不难得知，知识吸收能力和知识创新能力的提升会导致知识要素生产率的提高，也会直接造成技术创新能力的提升，因此，此处的知识创新能力当作颠覆性创新能力的技术创新能力。

命题6-2：知识吸收与颠覆性创新的技术创新能力对企业国际竞争力影响呈正相关性①。

① 夏清华（2002）指出战略的实质是在企业的资源、能力与环境之间保持均衡。寻求竞争优势是企业在发展过程中战略定位的关键，并认为企业的持续优势和增长的动力越来越依赖于无形的能力优势。陈苡、吴奕湖（2009）也指出应从知识管理、企业文化、技术创新等方面来培育和提升企业核心竞争力。蒋和希瑞（Liping Jiang，Erik Bastiansen Siri P.，2013）以中国造船业企业为例，认为企业竞争力源于生产成本，并开发了一个模型来确定竞争因素和它们的相对重要性。研究结果表明，中国的竞争力，从生产成本派生，而合同价格的偏差是驱动与日本和韩国竞争力的比拼。佩纳-维斯、温尼（Jesús C. Peña-Vinces，Gabriel Cepeda-Carrión Wynne W.，2012）研究发现，允许或有条件使用INTB的企业，加强人力资源管理，与其他工业部门的合作，融入当地的环境等均有助于企业的国际竞争力提升。该文还通过对100个发展中国家大中型企业（SME）的实证研究检验，调查结果表明，中小企业发展中国家遵循同构的方法，这是因为它们往往模仿或借鉴发达国家经验，复制或改进其方法。企业利用INTB来管理自己的库存，可为制造商和供应商之间的沟通，以及为支付账单、销售和市场营销的管理、企业网络化管理等采取的各项措施均有利于企业国际竞争力的提升。

借鉴阿德纳－泽姆斯基（2005）模型，假设仅有两种生产技术（ϕ）存在，一种是新技术（$\phi = N$），另外一种是既有技术（$\phi = E$），区分这两种技术的指标是相关产品的边际生产成本（C），新产品为 C_N，$C_N \geqslant 0$，既有技术为 C_K，$C_K \geqslant 0$。不同技术对产品的贡献随着技术的变迁而改变，且这种改进是沿着一条固定的技术轨迹推进的，技术轨迹决定相关的贡献水平。消费者假定仅存在于两个不同的市场（i），即主流市场（$i = 1$）和次要市场（$i = 2$），消费者对产品质量的判断（v）依赖于他们对技术贡献的估计，主流市场和次要市场分别具有不同的 ν，θ 为消费者愿意为该质量支付的价格，$\theta \in [0, 1]$。

新技术首先进入次要市场，当其成熟时再进入主流市场。判断新技术是否具有破坏性主要在于主流市场与次要市场顾客的偏好类似程度、技术轨迹、产品改进后边际效用的降低程度。此外，还取决于每个市场的规模、技术的边际成本以及采用新技术/既有技术的企业数量。

在直觉上可以对采用新技术企业的需求函数进行理解。对一个特别高的价格（即很低的产量）而言，企业生产只能去顺从次要市场的消费者，因为只有次要市场上，新技术具有最高价值；对一个特别低的价格（即很高的产量）而言，企业生产产品不依赖市场，新技术将不具有破坏性，这是因为，主流市场上的消费者不愿将低价格与质量进行交易（低端消费者）。因此企业采用新技术破坏主流市场可以采用一个高的价格策略等。

当新技术的边际成本越低，大规模生产市场策略越具有吸引力，新技术也越具有破坏性。另外，既有技术的边际成本越低，采用既有技术企业的数量也就越多，运用新技术破坏主流市场也就越少。因此，既有技术边际成本越低导致破坏性技术越少。

消费者的收益为 $\theta V - P$（p 为价格），每个市场的规模 $S_i > 0$，主流市场上消费者对新产品的质量判断为 V_1，对次要市场上新产品的质量判断为 V_2，主流市场对既有技术生产的产品为 V_E（在次要市场为 0）。按照克里斯滕森（1995）的观点，新产品在主流市场上质量较低，因此可以推出：$V_E > V_1$，$V_2 > V_1$（新技术在次要市场上更受欢迎）。

考虑市场因素，将 V_1，V_2 改写成 $V_1(\xi)$，$V_2(\xi)$，$\xi > t_N$，$V_2(\xi_N) = C_N$ 为消费者选择新产品的分界点。$V_k^T(\xi) > 0$ 且 $V_K(\xi_N) > C_k$ 表示既有技术

有正的产出（当新技术可行时），n 为采用新技术或既有技术的企业数量，$n_E \geqslant 1$，$n_N \geqslant 1$，q 为企业的产量，$q_{N,k}(k=1,2,\cdots,n_K)$ 为采用新技术企业的产出，$q_{E,k}(k=1,2,\cdots,n_K)$ 表示采用既有技术企业的产出。假定 $Q_\varphi = \sum_{k=1}^{n_\varphi} q_{\phi,k}$（$\phi = N, E$）为采用不同生产技术企业的产量。

在古诺均衡下，每个企业产量满足：

$$q_{\phi,k}^* \in \operatorname{argmax} q[P_\phi(\theta_\phi^* - q_{\phi,k}^* + q, \theta_\phi^*) - c_\phi]$$

即 $Q_\phi^* = \sum_{k=1}^{n_\phi} q_{\phi,k}^*$ $\phi = N, E, \theta = 1, \cdots, n_\phi$。

现对新产品需求进行分析。对次要市场的消费者而言，要么选择购买新产品，要么选择不买。买新产品者 $\theta V_2 - P_N > 0$，即 $\theta > P_N/V_2$。假设主流市场消费者数量为 S_1，次要市场消费者数量为 S_2，则需要新产品的数量为 $\max\{S_2[1 - p_N/V_2], 0\}$。

现在再考虑主流市场对新产品的需求，主流市场消费者有可能选择不买或购买现有产品（$\theta V_E - P_E$），因此只有当 $\theta V_1 - P_N > \max\{\theta V_E - P_E, 0\}$，才能导致主流市场消费者购买新产品，因为 $\theta V_1 - P_N - \max\{\theta V_E - P_E, 0\}$ 中 θ 增加到$\frac{P_E}{V_E}$时再下降。主流市场上新产品有正的需求，当且仅当 $(P_E/V_E)V_1 - P_N > 0 \Leftrightarrow P_N < V_1(P_E/V_E)$，即只有 P_N 远低于既有的价格 P_E时，新产品价格在主流市场上才有正的需求。

因此，可以证明，当 $0 < \theta_E < S_1$（既有产品的数量低于主流市场消费者数量）；$\theta_N > \bar{\theta}_N(\theta_K) > 0$（新产品需求大于新产品均衡需求）；$0 < P_E < V_E$（既有产品价格低于消费者认可的质量）；$P_N < \bar{P}_N(P_E)$（新产品价格远低于新产品均衡价格），以及当 $0 < \theta_1 < \theta_2 < 1$，低端消费者 $\theta \in (\theta_1, \theta_2)$，购买新产品，新技术才显示突破性。克里斯滕森（1997）早期认为破坏性技术更简单、更便宜、更方便，这是破坏性技术形成的初始特征，破坏性技术带来的变化是原有技术基础上的所有客户几乎随着破坏性技术的逐渐成熟而被其所吸引（克里斯滕森，1997），而新技术显示突破性恰恰是企业国际竞争力形成的本源，即要使新产品在次要市场和主流市场上有正的需求，这恰恰验证了克里斯滕森（1996）和塔希曼（1996）所指出的那样，企业发展的主要问题并非颠覆性创新本身的过程问题，而在于颠覆性创新能否

有效的商业化问题。这里也不难得之，颠覆性创新的商业化能力，能直接提升企业国际竞争力水平。破坏性技术的便利性和低成本，使企业通过颠覆性创新获得主流和次要市场的份额，完成颠覆性创新技术的有效的商业化。

命题6－3：颠覆性创新商业模式创新能力对企业国际竞争力影响呈正相关性。

命题6－4：知识吸收能有效降低颠覆性创新的创新成本，从而对颠覆性创新影响呈正相关性。

命题6－5：颠覆性创新的技术简单、实用和低成本的特征便于企业吸收，从而对企业的知识吸收能力影响呈正相关性。

创新是实现企业竞争优势的重要来源，颠覆性创新能力重点体现在机会能力、市场定位识别能力，两者可视为企业开展颠覆性创新的主导能力。尽管学者们从各个侧面对影响颠覆性创新的内部组织因素进行了探索，但至今仍然没有统一的框架来解释组织影响颠覆性创新的因素。企业开展颠覆性创新需要不同组织内部因素的支撑，这与维持性创新环境下是不同的。前面分析章节中，我们分析了克里斯滕森提出的企业开展颠覆性创新的方式主要有低端破坏、新市场破坏及混合市场破坏几种模式，可以看出，颠覆性创新主要在技术和市场两个维度进行，强调颠覆性创新是技术与市场的有机结合。因此在颠覆性创新能力的识别中主要考虑这两方面的内容，同时结合前面模型推演，我们认为技术和市场是区域产业国际竞争力至关重要的两个因素。对于行业在位企业，维持性创新是创新的主要内容，组织的主要形态，是适应企业在长期发展过程中形成的组织惯例，并按照惯例行事，以形成组织的核心能力。而这种核心能力在面对新兴技术机会时反而有可能成为企业的核心刚性。颠覆性创新强调组织的柔性、战略柔性、适宜变化而调整的动态的组织结构。企业开展颠覆性创新需要不同组织内部因素的支撑，这与维持性创新环境下是不同的，同时结合前面模型推演，我们认为技术和市场是区域产业国际竞争力至关重要的两个因素。结合前面章节的理论与实证分析结论，综合上述推算，我们可以这样大胆假设，企业国际竞争力与技术创新和市场开拓能力高度相关，而知识吸收能力能有效降低技术创新的成本，使创新成果产业化成为可能，而颠覆性创新的特征又表明低成本的技术创新与市场的破坏是其两个主要维度，因此综合起来下述两个推论命题成立：

推论命题6－1：知识吸收、颠覆性创新存在互动耦合的关系[①]；

推论命题6－2：知识吸收与颠覆性创新均构成企业国际竞争力提升的动力机制[②]。

很显然，上述假设是基于第二章中理论模型分析得出的假设基础上的，但侧重于经济现象分析的微观主体——企业，也更进一步深入地将颠覆性创新的技术与商业两个维度对企业国际竞争力的推进影响进行了细化，也弥补宏观理论与实证分析所涉及不深的领域“颠覆性商业模式创新”对竞争力的影响分析。

二、基本假设拓展

（一）知识吸收能力与颠覆性创新[③]互动耦合的假设关系

在对颠覆性创新能力的机会识别之后，如何保障颠覆性创新能力的有效实施，分析影响企业实施颠覆性创新的内部资源因素是十分必要的。鉴于上述分析，结合理论模型的命题推演，可以得出如下假设 H_0 及其扩展假设：

假设 H_0：知识吸收与企业颠覆性创新有着互动耦合的关系。

H_{0a}：知识吸收有利于企业颠覆性创新战略的实施。

H_{0b}：企业颠覆性创新战略的实施有利于知识吸收。

（二）知识吸收、颠覆性创新与企业国际竞争力的假设关系

拉格诺（Ragnoe，1999），梅尔纳德和尤特布雷克（Myeernad & Utte-

① 研究者对企业开展颠覆性创新的影响因素进行了大量研究：对于成熟在位企业而言，影响颠覆性创新的因素主要包括组织知识分享（Hansen，1999；野中郁次郎，1999；余光胜，2000；芮明杰，2003；等等）、企业社会资本（Dyer & Singh，1998；Lane & Lubatkin，1998；Lawson & Samson，2001；等等）、企业创业精神（Miller，1983；Covin & Slevin，1991；Stewart & Roth，2001；Moorman，1995；等等）以及组织的信息流动和组织记忆对新产品创造性水平（Moorman & Miner，1997；等等）强调的影响。赵明剑、司春林（2004）强调颠覆性创新需要提高企业的知识学习能力，通过跳出现有的经验模式，质疑现有的行为的准确性，不断修改现有规范与目标。

②③ 这里的颠覆性创新包括颠覆性商业模式创新和颠覆性技术创新。

brack，1992），夏清华（2002），郭斌（2002），史东明（2002），黄继刚（2002），范宪（2003），陈勇、刘涣淋（2003），吴晓波（2013），魏江（2012，2014），陈子凤、官建成（2014），吴航、陈劲、梁靓（2014），许召元（2014），王益民等（2014）等学者指出企业竞争力与生产制造、技术创新和市场营销息息相关，并认为可用市场绩效来表示企业国际竞争力[①]。市场绩效的评价指标主要包括产业生产的相对效率、资源配置效率、技术进步程度、销售费用水平、利润指标、生产率指标等[②]。结合上述分析，我们将企业国际竞争力分解为技术机会能力、知识创造能力升级、资源整合能力升级、技术创新能力升级、国际市场吸引力升级五个层面。鉴于上述分析，结合理论模型的命题推演，本节根据需要将其概括为假设 H_1 和假设 H_2 及其扩展假设：

H_1：知识吸收能力对企业国际竞争力存在正向影响。

H_{1a}：知识吸收能力对技术机会能力存在正向影响，并由此促进国际竞争力提升。

H_{1b}：知识吸收能力对知识创造能力存在正向影响，并由此促进国际竞争力提升。

H_{1c}：知识吸收能力对资源整合能力存在正向影响，并由此促进国际竞争力提升。

H_{1d}：知识吸收能力对技术创新能力存在正向影响，并由此促进国际竞争力提升。

H_{1e}：知识吸收能力对国际市场吸引力存在正向影响，并由此促进国际竞争力提升。

H_2：企业颠覆性创新能力对企业国际竞争力存在正向影响。

H_{2a}：企业颠覆性创新能力对技术机会能力存在正向影响，并由此促进国际竞争力提升。

H_{2b}：企业颠覆性创新能力对知识创造能力存在正向影响，并由此促进国际竞争力提升。

H_{2c}：企业颠覆性创新能力对资源整合能力存在正向影响，并由此促进

---

① 苏东水：《产业经济学》，高等教育出版社 2004 年版，第 152 页。

② 周新生：《产业分析与产业策划方法及应用》，经济管理出版社 2005 年版，第 151 页。

国际竞争力提升。

H_{2d}：企业颠覆性创新能力对技术创新能力存在正向影响，并由此促进国际竞争力提升。

H_{2e}：企业颠覆性创新能力对国际市场吸引力存在正向影响，并由此促进国际竞争力提升。

“因素—能力—国际竞争力”模型理论假设如图 6-1 所示。

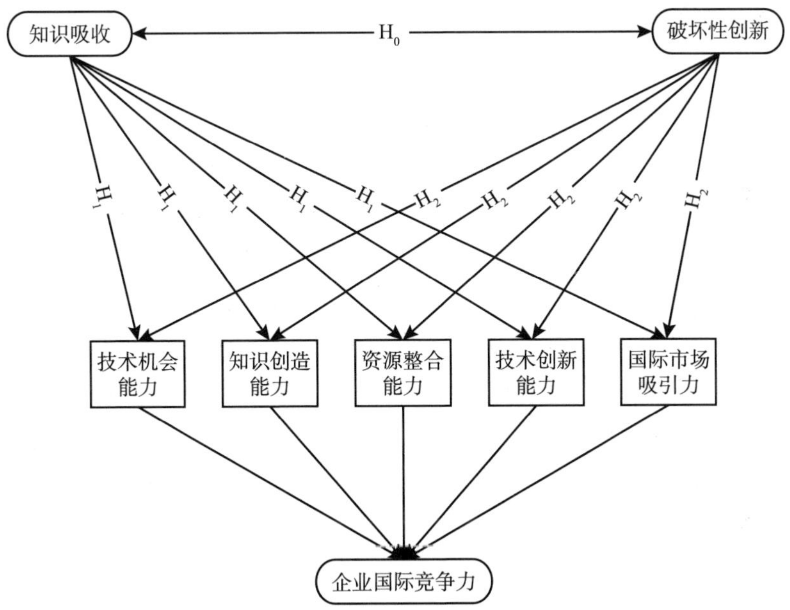

图 6-1 基本研究模型及拓展假设归纳

第二节 研究设计

一、数据采集与问卷设计

本研究主要借用广东省经济监测分析联席会议企业成员单位这一平台，采取问卷调查的方式对在联的 400 家企业进行纸制问卷调查，并采集相关调查数据①。问卷主要是通过电子邮件发放的，本次问卷历时约 3 个月，共发出 400 份问卷，收到 335 份有效回答问卷，有效回收率 83.8%。

本节数据收集方法分为两个阶段。在第一阶段，对以珠三角为主的重点企业进行了访谈，并根据相关访谈记录，在正式调研之前，本节借助相关平台，对 52 家重点联系企业进行座谈和预调研。企业分布为：从总部所在地来看，主要分布在珠三角，其中，珠三角 43 家，粤东 4 家，粤西 3 家，粤北 5 家；从企业规模看，大型企业 42 家，中型企业 6 家，小型企业 4 家。本节采用李克特七点量表来测试，并进行结构方程的拟合指标检验。

二、样本与变量的描述统计

本次调查回应公司数目为 335 家。平均员工数目分别为：991 人。从企业的投资方式来看，被调查回应企业共计 335 家，其中，民营企业占 60.60%，国企占 17.50%，合资占 39.40%，其他占 0.60%②。从企业所从事的行业来看，涉及 18 个大类，主要集中在生物医药（13.1%）、新材料（11.3%）、半导体照明（10.7%）、电子信息（11.3%）和装备制造（11.3%）等战略性新兴产业和先进制造业。

（一）企业基本状况统计

1. 企业的年限分布

被调查企业投资年期分布如表 6 - 1 所示，其中最早的一批的是在 1980 年之前，最晚的一批是 2005 年以后，分别占比为 4.40% 和 5.10%。

表 6 - 1　　珠三角被调查企业的年限分布

投资年期	1980 年之前	1980 ~ 1984 年	1985 ~ 1989 年	1990 ~ 1994 年	1995 ~ 1999 年	2000 ~ 2004 年	2005 年或以后
占比（%）	4.40	12.70	25.90	32.30	7.00	12.70	5.10

注：作答的回应公司数目为 335 家。
资料来源：作者根据企业调查问卷相关数据整理而得。

① 所有数据来源的调查问题具有一对一的可查性，并随时提供原样。
② 因回应公司可选择多项答案，故所有项目百分比的总和可能大于 100%。

2. 企业销售分布

表6-2依照每个地区市场占回应公司营业额的比重列出区间分布，除了美国市场的分布较为均匀之外，每个地区市场大致上都呈现出上窄下宽的“金字塔”形状。以内地市场为例，102家有内销业务的回应公司中，超过60%属于“轻量型”，即销往国内的产品占公司整体业务的20%以下，占20%~40%、40%~60%、60%~80%的分别有16.7%、8.9%和7.8%。

表6-2　各地区市场占销售额比重之区间分布

地区	20%以下（%）	21%~40%（%）	41%~60%（%）	61%~80%（%）	81%~100%（%）	企业总数（家）
中国	61.8	16.7	8.9	7.8	5.6	125
中国香港	58.6	9.2	9.2	9.2	13.8	37
美国	26.7	18.1	25.9	25.0	4.3	56
欧洲	50.4	28.1	12.4	5.8	3.3	21
其他亚洲地区	75.3	14.8	7.4	2.5	—	55
其他地区	75.0	15.6	6.3	—	3.1	41

资料来源：作者根据企业调查问卷相关数据整理而得。

3. 企业的性质和行业情况分析

表6-3对335家被调查企业的性质和行业情况进行了描述。

表6-3　被调查企业的性质和行业情况分析

地区	企业数（家）	所占比例（%）	累积比例（%）
广州	45	13.4	13.4
深圳	42	12.5	25.9
珠海	31	9.3	35.2
佛山	32	9.6	44.8
江门	21	6.3	51.1
东莞	47	14.0	65.1
中山	38	11.3	76.4
惠州	32	9.6	86.0

续表

地区	企业数（家）	所占比例（%）	累积比例（%）
肇庆	24	7.2	93.2
粤东	8	2.4	95.6
粤西	10	3.0	98.6
粤北	5	1.5	100

资料来源：根据被调查企业问卷调查的相关资料整理得出。

从主营收入方面，珠三角被调查企业全部335家总规模达到4.3万亿元，最高为3074.54亿元，最低为0.37亿元，平均规模为54.38亿元。从地区分布来看，珠三角被调查企业主要集中在珠三角地区的东莞、深圳、中山、广州、佛山和珠海6个市，总体分布较为均衡。

4. 珠三角企业总资产分布

我国国家统计部门以销售收入和资产总额两个指标为标准，将企业划分为特大型（50亿元以上）、大型（5亿元以上）、中型（5000万元以上）和小型（5000万元以下）四种类型；规模以上的门槛为500万元。我们分别以总资产和主营业务收入为标准对335家被调查企业司的规模进行了统计，结果如表6－4所示。

表6－4　珠三角被调查企业规模比较（总资产）

类别	企业数（家）	所占比例（%）
特大型	10	3.0
大型	60	17.9
中型	95	28.4
小型	170	50.7
总计	335	100
规模以上	335	100

注：这里的被调查企业中，珠三角地区企业占95%，考虑该企业调查为两个项目提供数据，因此，还调查了粤东西北一部分企业。这些调查数据除支持本项目的实证分析，还对“广东经济增长方式转变研究”这一项目提供了相关数据，即两个项目用的是同一企业调查对象。

资料来源：根据被调查企业问卷调查的相关资料整理得出。

表6－4是按总资产对珠三角被调查企业的规模进行了统计，可以发现，珠三角被调查企业中规模以上企业达到百分之百。特大型企业为10家，占被调查数的3.0%，大型企业60家，占17.9%，中型和小型的企业较多，共计265家，占被调查企业的79.1%。这与我们选择的主要是高技术企业有关，大多数高技术企业为技术密集型，其规模不大的占多数。

（二）问卷企业被访者的个人情况统计

表6－5为被访者的个人情况统计，从表中可以看出，生产部门和技术/研发两个部门在此次调查问卷受访者中占主要部分，而从被调查的职务来看，主要集中在项目经理和项目成员，从而确保被调查企业对企业整个运行情况的了解和掌握，增加调查的可信度。

表6－5　被访者的个人情况统计

被访者背景资料		有效问卷（份）	百分比（%）	累计百分比（%）
部门	技术/研发部门	76	24.4	24.4
	市场/销售部门	35	11.2	35.6
	生产部门	133	42.6	78.2
	行政部门	55	17.6	95.8
	其他部门	13	4.2	100
	项目经理	119	38.1	38.1
	企业高管	25	8.0	46.1
	项目成员	87	27.9	74.0
	其他职能部门经理	81	26.0	100

资料来源：根据被调查企业问卷调查的相关资料整理得出。

三、要素体系变量分解与假设推演

由于考虑到在无法准确地通过调查问卷获得数据，所以本节采用李克特七分量表法来测量要素体系变量，在前面的研究成果的基础上，设计题项来对知识吸收、颠覆性创新与企业国际竞争力要素体系变量进行分解和测量。

（一）知识吸收要素体系分解与假设

科恩和利文索尔（1990）认为，正是企业的知识吸收能力让企业具备认知和利用周围知识的能力。刘常勇、谢洪明（2003）通过研究表明，企业的吸收能力主要受到先验知识的存量与内涵、研发投入的程度、学习强度与学习方法、组织学习的机制四项因素的影响。陈子凤、官建成（2014）指出专利合作对创新数量和质量均具有显著促进作用，专利引用对创新数量无显著影响，但对创新质量具有促进作用，吸收能力对创新数量和质量均具有促进作用。宋建元、陈劲（2005）强调隐性知识更需要共享，其共享效率受学习能力等多种因素影响。科恩（Cohen，1990）认为吸收能力指公司能够识别新信息的价值、吸收新知识并将之应用于商业方面的能力。公司的吸收能力（学习、发现和获取新知识的能力、效率与渴望）也与同层次的现有相关知识相联系（Cohen & Levinthal，1989）。科恩和利文索尔（1989）认为产业内的活动也有助于培育吸收能力，即融合其他产业的外溢信息。吸收与学习新知识都需要有方法与投入，因此，形成良好的学习机制十分重要。吸收能力变量的测量参考了科恩和利文索尔（1990）、扎拉和乔治（Zahra & George，2000）对吸收能力的定义，从企业研究开发投入、积累行业知识和经验、重视学习、仿效标杆公司做法或实践等方面进行设计。

内梅特和格利高里（Nemet & Gregory F.，2012）研究发现能源技术的重要进展都建立在利用知识源而影响于其他技术领域，并确定外部知识源对能源技术专利正向影响。自法国社会学家皮埃尔·布迪厄在20世纪80年代正式提出“社会资本”概念之后，西方学术界掀起了一股从各个学科、各个角度研究社会资本的理论之风。图坎和布库（Turkcan & Burcu，2014）指出，由于社会交往与外部直接关联，这种关系被认为通过提供尤其是知识流动创造了网络成员的机会，他们研究表明显示知识外部的社会网络对知识流动的作用。缪根红、薛利、陈万明、万青（2014）通过研究发现，正式和非正式交流两种知识扩散路径所传播的知识存在一定差异，对于知识扩散路径的选择策略，要与员工自身的知识吸收能力相匹配。戴宏伟、丁建军（2013）认为社会资本越丰富的地区产业集聚程度越高，从而有助于地区产业的自我发展能力提升。万陆（2009）认为集群在开展创新活动时既可以依靠内生知识，也可以依靠外部知识。将集群创新放在一个开放的系统中，考虑外部知识源的作用。另外，韦内菲尔特（Birger Wernerfelt，1984）、巴尼（Jay B. Barney，1991）、施恩德尔（Dan E. Schendel，1989）、考利斯（Colis，1995）、潘罗斯（Penrose，1959）、普拉哈拉德和哈梅尔（Prahalad C. K. & Hamel G.，1990）、提斯（Teece，D. J.，1997）、斯塔克（Stalk G.，1992）、阿密特和休梅克（Amit & Schoemaker，1993）、巴特尼（Batney，1992）、奥德里什和弗尔德曼（Audretsch & Feldman，1996，2004）、阿布拉莫维茨（1986）、考克布恩和亨德森（Cockburn & Henderson，1998）、斯图亚特和索伦森（Stuart & Sorensen，2003，2005）、阿杰（Ajay）、伊恩（Iain）和约翰（John）、何永清、张庆普（2013）等也从外部知识源、企业的学习能力、企业研究活动强度、企业的人力资本水平和企业的社会资本等方面进行论述，并指出这些因素是影响企业知识吸收能力的因素。

基于上述分析，知识吸收分解为外部知识源、企业社会资本、企业人力资本水平、企业研究活动强度以及企业学习能力五个方面。结合对知识溢出体系的分解因素，研究命题的扩展假设体系如表6－6所示。

表6－6　知识溢出分解因素体系扩展假设

假设序号	假设内容
假设 H_{3a}	外部知识源对知识溢出具有正向影响
假设 H_{3b}	企业社会资本对知识溢出具有正向影响
假设 H_{3c}	知识共享对知识溢出具有正向影响
假设 H_{3d}	知识吸收对知识溢出具有正向影响
假设 H_{3e}	知识生成对知识溢出具有正向影响

资料来源：作者设计整理。

（二）颠覆性创新要素体系变量分解与测量

张芸婷（2010），卢锐、吴云、王军（2012），林春培、张振刚、薛捷（2012）等学者归纳出颠覆性创新的动态过程概念、主要特征以及低端破坏和新市场破坏的三种不同的市场侵蚀模式。林春培、张振刚（2011）研究指出，企业既有知识资产对持续性创新和以外部市场为目标的颠覆性创新具有推动作用；环境动荡性和独占性以及企业吸收能力对上述影响关系具有调节作用。

科伦内尔、多灵（Philip Klenner，Stefan Hüsig Michael Dowling，2013）通过两个案例研究结果表明，建立的价值网络的颠覆性敏感性是十分重要的内容，它使得潜在的颠覆性创新可以成功地引入价值网络。萨莫（Summer，L.，2012）提出和讨论具体空间领域的颠覆性创新的组织机制，并提出在技术变革的加速环境，以解决非核心技术的发展趋势和潜在的颠覆性的方法显得尤为重要。李娜、李瑞雪、王春梅（2012）对颠覆性创新及企业竞争力的分析，并分析了基于颠覆性创新的提升企业竞争力的方法，包括颠覆性创新、颠覆性产品创新和商业模式创新等。

另外，韦特斯和库比（Fontes & Coombe，1999）、马克丹尼尔和科拉里（McDaniel & Kolari，1987）、贝特曼和克兰特（Bateman & Crant，1993）、米利和图弗斯（Milie & Toufouse，1998）、迈尔斯和斯诺（Miles & Snow，1978）、希恩克斯（Heunks，1998）、宝贡敏（2006）等也从企业技术开拓能力的角度，对企业实施颠覆性创新进行了研究，并认为企业的这种技术开拓能力对实施颠覆性创新有着正向的影响。库帕（Cooper，1979，1980a，1980b）、马迪奎和兹格（Maidique & Ziger，1984）、库帕和克雷恩赛米特（Cooper & Kleinsehmidt，1987）、安格（Angle，1989）、哈斯（Haas，2000）、辛尼希亚·哈迪（Cynihia Hardy，1996）、安德鲁和范得文（Andrew & Vandeven，1986）等学者指出创新资源对技术创新十分关键。张承友、王淑华（1999）、克里斯滕森（Christensen，1997）、宋建元（2005）、阿马比尔（Amabile，1988）、李维特和利普曼（Leavitt & Lipman，1995）、海涛、唐元虎（2007）、田晋（2003）、曾驭然（2005）、宋建元（2005）、亨德森和克拉克（Henderson & Clark，1990）、穆恩和苏赞尼（Moon & Suzanne，2004）、维里泽（Veryzer，Jr.，1998）、杜达斯（Dundas，2000）等人研究表明，企业内部的激励制度，即是否能构造出一套有效诱发员工持续创新的激励制度对技术创新十分重要，而组织柔性则会对企业的颠覆性创新产生正向影响。

新的内容甚多，对企业影响深远而给企业持续运营和企业执行力带来最大冲击的恰恰是克里斯滕森（1995）强调的颠覆性创新。因而在企业的运营管理中，基于颠覆性创新的企业执行力变化内容的识别就成为企业持续发展的基础。基于克里斯滕森给颠覆性创新下的定义，结合上述研究，我们将颠覆性创新要素体系分解为企业技术开拓能力、企业市场定位识别能力、企业家颠覆性创新意愿、创新资源配置、创新激励制度和组织战略柔性六个方面。结合对颠覆性创新体系的分解因素，研究命题的扩展假设体系如表 6－7 所示。

表 6－7　　颠覆性创新分解因素体系扩展假设

假设序号	假设内容
假设 H_{4a}	环境动荡对企业颠覆性创新能力具有正向影响
假设 H_{4b}	政府支持对企业颠覆性创新能力具有正向影响
假设 H_{4c}	企业家颠覆性创新意愿对企业颠覆性创新能力具有正向影响
假设 H_{4d}	创新资源配置对企业颠覆性创新能力具有正向影响
假设 H_{4e}	创新激励制度对企业颠覆性创新能力具有正向影响
假设 H_{4f}	创新组织独立性对企业颠覆性创新能力具有正向影响

资料来源：作者设计整理。

结合前面的假设，如图 6－2 所示，综合研究模型假设如下：

在基础性研究框架的平台上，根据知识吸收、颠覆性创新与企业国际竞争力的要素分解和变量解释的基础上，可以得到扩展性结构模型及假设推演综合如图 6－3 所示。

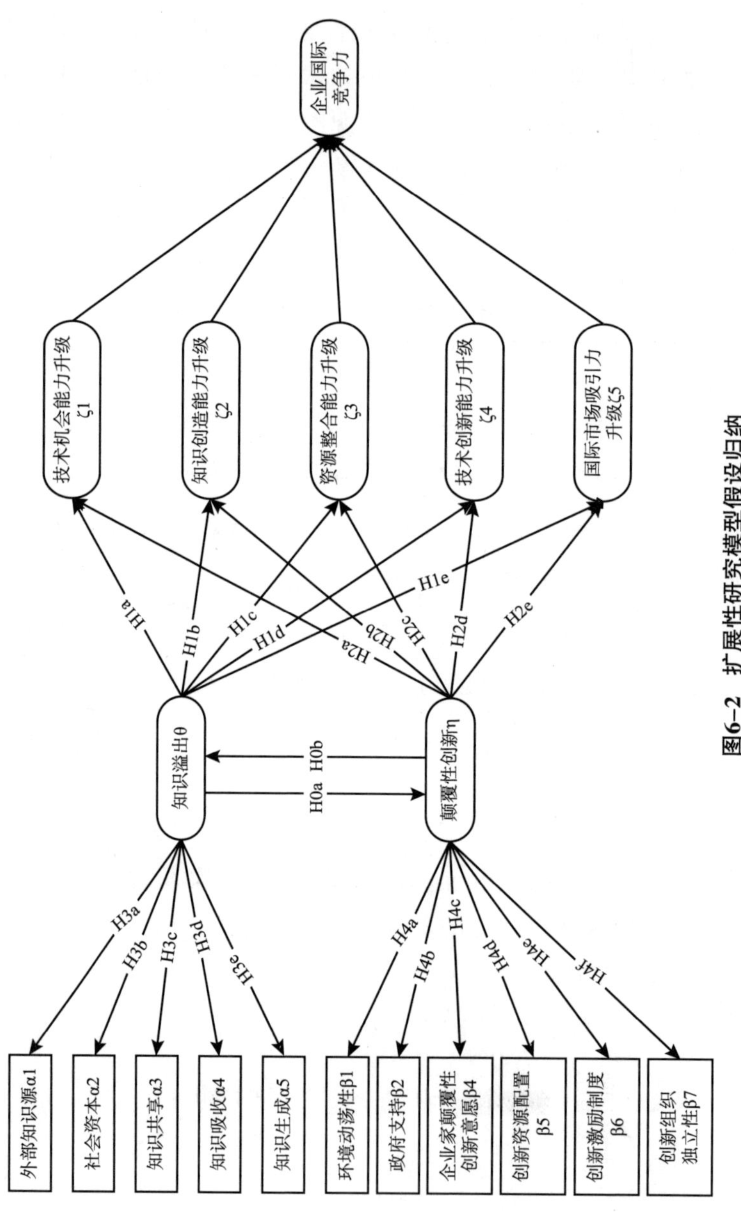

图6-2 扩展性研究模型假设归纳

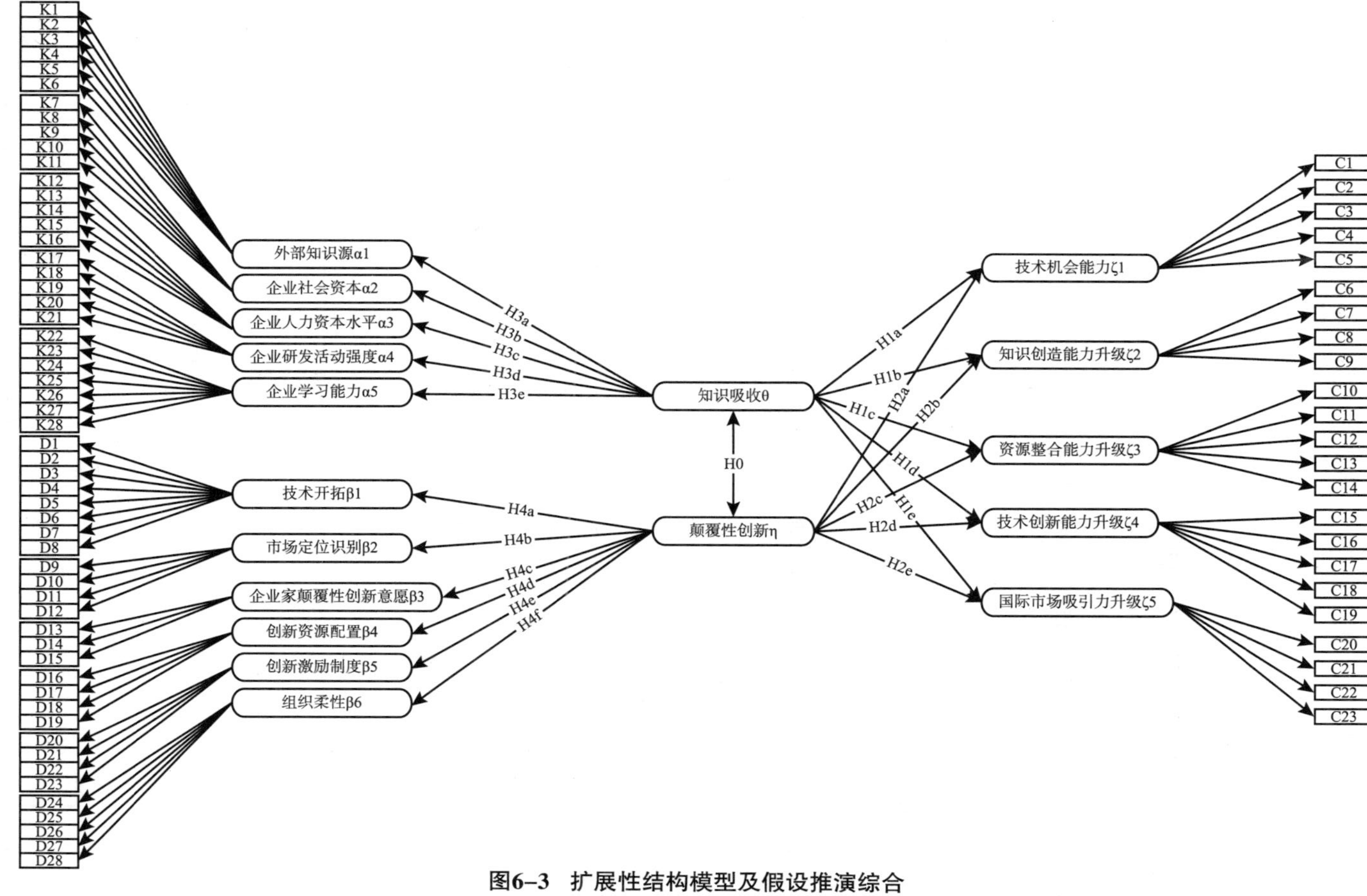

图6–3　扩展性结构模型及假设推演综合

第三节 模型实证分析

一、检验性因子分析

（一）知识吸收探索性因子分析

采用软件 SPSS 15.0 对有效调查问卷的相关数据进行克龙巴赫 α 系数的检验，如表 6-8 所示，α 系数大于 0.7 的变量占一部分，其余变量的 α 系数则处于 0.6 和 0.7 之间，本调查信度为中等。

表 6-8 知识吸收探索性因子分析结论

题项	外部知识源	社会资本	知识共享	知识吸收	知识生成	解释方差	克龙巴赫 α 系数
深入科技合作	0.714					0.536	0.724
广泛科技合作	0.559						
信息收集	0.662						
供应商合作	0.826						
用户合作	0.653						
竞争对手合作	0.575						
合作关系		0.648				0.538	0.766
政府关系		0.723					
一致利益		0.734					
公关能力		0.799					
相互扶持		0.662					
模仿领悟			0.681			0.577	0.811
吸收经验			0.716				
知识交流			0.748				
知识收集			0.673				

续表

题项	外部知识源	社会资本	知识共享	知识吸收	知识生成	解释方差	克龙巴赫α系数
知识推广			0.754				
岗位轮换				0.758		0.547	0.855
建议制度				0.682			
内部网络				0.743			
员工交流				0.648			
知识流转				0.766			
领悟执行					0.731	0.623	0.643
总结归纳					0.667		
制订方案					0.742		
总结员工经验					0.623		
市场反馈					0.658		
行业会展					0.711		
知识交流会					0.679		

资料来源：通过 SPSS 15.0 对回收的样本作克龙巴赫 α 系数测试。

（二）颠覆性创新探索性因子分析

如表 6－9 所示，α 系数大于 0.7 的变量占一部分，其余变量的 α 系数则处于 0.6 和 0.7 之间，本调查信度为中等。

表 6－9　　颠覆性创新探索性因子分析

题项	企业技术开拓能力	企业市场定位识别能力	企业家颠覆性创新意愿	创新资源配置	创新激励制度	组织柔性	解释方差（VE）	克龙巴赫α系数
消费者意愿变化	0.551						0.538	0.740
需求偏好变化	0.714							
新老消费者不同	0.647							
消费群变化	0.632							
产品更新速度快	0.771							

续表

题项	企业技术开拓能力	企业市场定位识别能力	企业家颠覆性创新意愿	创新资源配置	创新激励制度	组织柔性	解释方差（VE）	克龙巴赫α系数
产品更新换代	0.799							
把握未来技术趋势	0.523							
新产品技术突破性	0.655							
新产品与新服务		0.817					0.764	0.688
消费者需求偏好		0.723						
新老消费需求		0.687						
消费群体变化		0.784						
跟踪技术变革			0.752				0.655	0.741
鼓励发展新业务			0.701					
喜欢冒险			0.618					
获取资源				0.622			0.568	0.621
资金保障				0.683				
硬件保障				0.714				
高素质人员				0.739				
员工考核					0.636		0.552	0.729
企业分红					0.758			
期权激励					0.645			
规划员工发展					0.708			
市场化动作						0.652	0.583	0.623
专项资金支持						0.649		
管理手段和方法						0.691		
扁平管理结构						0.714		
调整组织结构						0.601		

资料来源：通过 SPSS 15.0 对回收的样本作克龙巴赫 α 系数测试。

（三）企业国际竞争力探索性因子分析

如表 6－10 所示，α 系数大于 0.7 的变量占一部分，其余变量的 α 系数则处于 0.6 和 0.7 之间，本调查信度为中等。

表 6－10　　　　　　　　企业国际竞争力探索性因子分析

项目	技术机会能力	知识创新能力	资源整合能力	技术创新能力	国际市场吸引力	解释方差（VE）	克龙巴赫 α 系数
感知技术	0.798					0.538	0.740
技术评价	0.766						
主动搜寻	0.625						
做出响应	0.874						
快速反应	0.874						
改造革新		0.831				0.764	0.688
新知识获取		0.803					
改善优化		0.685					
专利研发		0.824					
融资顺畅			0.717			0.568	0.621
引进人才			0.715				
获取信息			0.816				
获取设备			0.755				
项目开发			0.752				
引入服务				0.613		0.544	0.717
技术简化				0.748			
性能增强				0.646			
技术层次				0.702			
成功实施				0.761			
市场占有率					0.726	0.669	0.724
产品利润率					0.692		
销售增长率					0.754		
开发非消费者					0.803		

资料来源：通过 SPSS 15.0 对回收的样本作克龙巴赫 α 系数测试。

综上，所有题项对应变量在因子载荷量和方差解释（VE）两项指标大致符合中等信度的品质要求。

（四）同源方差检验

本节运用软件 SPSS 15.0，采用 Harman'sone – Factor Test 单因子测量法，结果如表 6 – 11 所示，特征值大于 1 的因子有 5 个，集中了总方差的 68.12%，各主成分解释的方差范围在 9% ~18% 之间，显示同源方差问题并不严重。

表 6 – 11　　总方差解释表

因子	初始特征值			提取的平方和载荷量			旋转平方和载荷量		
	总体	方差解释（%）	方差解释（%）	总体	方差解释（%）	方差解释（%）	总体	方差解释（%）	方差解释（%）
1	3.457	24.152	24.018	2.457	23.458	26.179	2.841	18.421	18.745
2	2.104	15.124	35.268	2.146	12.457	39.421	2.354	14.102	34.012
3	1.025	11.042	49.574	1.645	11.276	53.145	1.842	11.498	47.845
4	1.341	7.0215	56.258	1.102	7.462	56.487	1.642	11.269	59.402
5	1.078	5.745	68.562	1.249	5.421	65.412	1.379	8.542	68.124

资料来源：软件 SPSS 15.0 采用主成分分析法计算而得。

二、实证结论与建议

（一）实证结论

前面采用软件 Lisrel 8.70 对 16 个观测变量和 3 个潜在变量的结构方程模型进行检验，检验结果为：$\chi^2/df < 3$，RMSEA 值为 0.074，CFI 值为 0.92，GFI 值为 0.91，NFI 值为 0.86，NNFI 值为 0.91，检验结果接受程度为中度，即尚可接受，其路径图如图 6 – 4 所示。

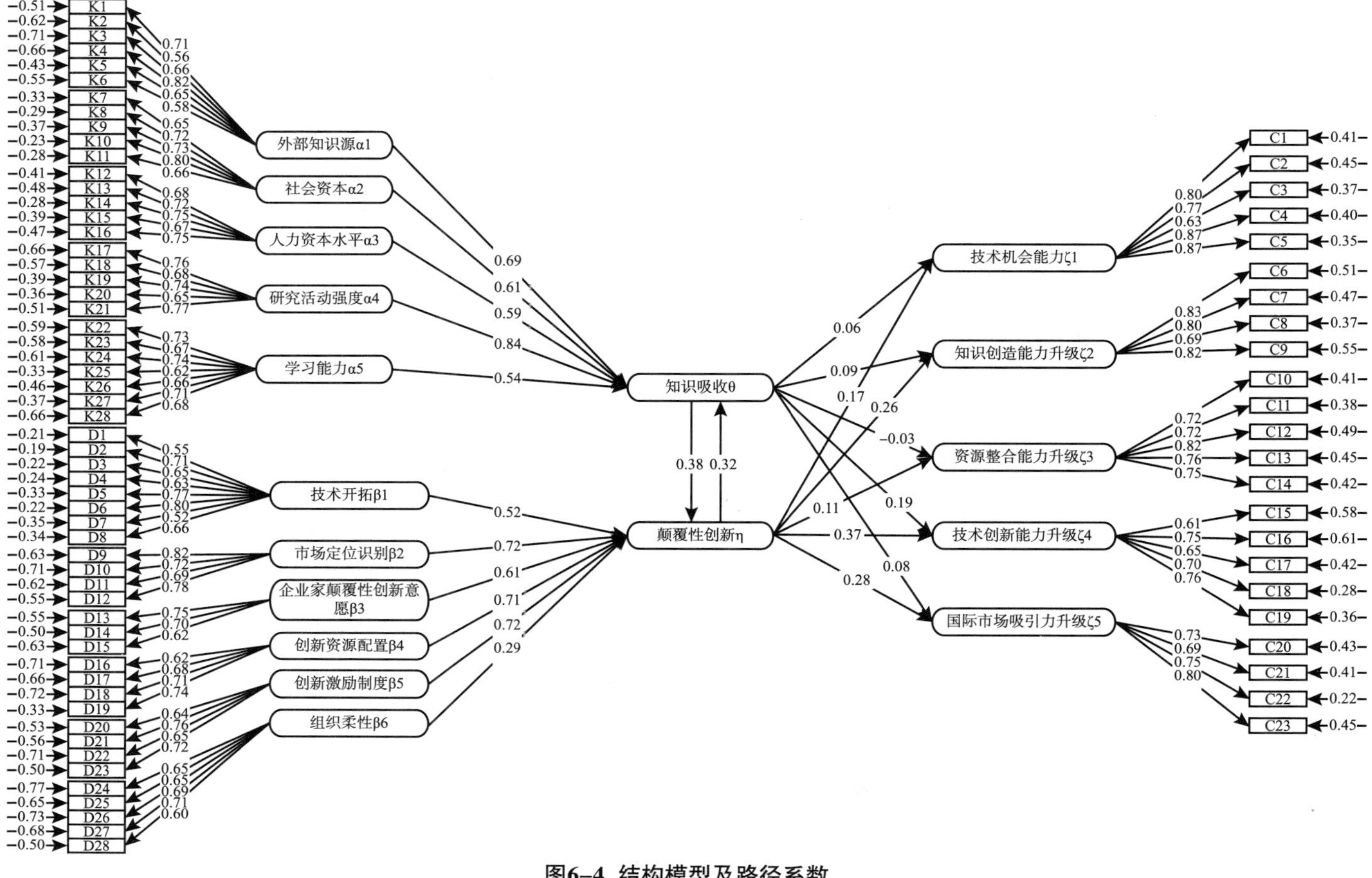

图6-4 结构模型及路径系数

（二）研究结果归纳

结构方程模型各变量的路径关系系数如表 6－12 所示，表中给出模型各变量的标准化的路径系数、T 值、显著性以及是否支持假设等项内容，以便清晰地观察检验结果，并给出相应的结论解释。

表 6－12　　路径系数与检验结果

假设	关系	标准化的路径系数	T 值	显著性	是否支持假设
H_{0a}	知识吸收→颠覆性创新	0.38	5.24	**	支持
H_{0b}	颠覆性创新→知识吸收	0.32	3.17	*	支持
H_{1a}	知识吸收→技术机会能力	0.06	2.34	*	支持
H_{1b}	知识吸收→知识创新能力升级	0.09	3.02	**	支持
H_{1c}	知识吸收→资源整合能力升级	-0.03	-3.14	*	不支持
H_{1d}	知识吸收→技术创新能力升级	0.19	-1.62	*	支持
H_{1e}	知识吸收→国际市场吸引力升级	0.08	-1.34	n. s.	不支持
H_{2a}	颠覆性创新→技术机会能力	0.17	-2.47	*	支持
H_{2b}	颠覆性创新→知识创新能力升级	0.26	-3.21	*	支持
H_{2c}	颠覆性创新→资源整合能力升级	0.11	0.89	n. s.	不支持
H_{2d}	颠覆性创新→技术创新能力升级	0.37	3.12	*	支持
H_{2e}	颠覆性创新→国际市场吸引力升级	0.28	4.32	**	支持
H_{3a}	外部知识源→知识吸收	0.69	3.07	*	支持
H_{3b}	企业社会资本→知识吸收	0.61	-1.09	n. s.	不支持
H_{3c}	企业人力资本→知识吸收	0.59	3.17	*	支持
H_{3d}	企业研究活动强度→知识吸收	0.84	1.75	**	支持
H_{3e}	企业学习能力→知识吸收	0.54	-1.24	n. s.	不支持
H_{4a}	企业技术开拓能力→颠覆性创新	0.52	2.42	*	支持
H_{4b}	企业市场定位识别能力→颠覆性创新	0.72	0.71	n. s.	不支持
H_{4c}	企业家颠覆性创新意愿→颠覆性创新	0.61	3.18	**	支持
H_{4d}	创新资源配置→颠覆性创新	0.71	0.06	n. s.	不支持

续表

假设	关系	标准化的路径系数	T值	显著性	是否支持假设
H_{4e}	创新激励制度→颠覆性创新	0.72	3.20	*	支持
H_{4f}	组织柔性→颠覆性创新	0.29	-1.18	n. s.	不支持

注：* 表示双尾检验的显著性水平为5%；** 表示双尾检验的显著性水平为1%。
资料来源：通过 Lisrel 8.0 软件生成的结果。

（三）检验结果解释

结合上述实证结果，本节初步可以得出如下结论：

一是，验证知识吸收与颠覆性创新间的内生互动耦合的关系。知识吸收能力对颠覆性创新呈显著的正向影响（路径系数为0.38，t值为5.24，在0.05的水平上显著），H_{0a}假设成立。颠覆性创新的实施对知识吸收能力有显著的正向影响（路径系数为0.32，t值为3.17，在0.10的水平上显著），H_{0b}假设成立。

二是，企业知识吸收能力对企业识别并抢抓技术机会能力有着显著的正向影响（路径系数为0.06，t值为2.34，在0.1的水平上显著）；知识吸收能力对企业知识创新能力有着显著的正向影响（路径系数为0.09，t值为3.02，在0.05的水平上显著）；知识吸收对资源整合能力升级具有负向影响，而且这种影响在0.01的水平上是显著的（路径系数为-0.03，t值为-3.14），假设H_{1c}没有得到支持；知识吸收对企业技术创新能力有着显著的正向影响（路径系数为0.19，t值为-1.62，在0.1的水平上显著）；知识吸收对企业生产产品的国际市场吸引力有着显著的正向影响，但没通过检验（路径系数为0.08，t值为-1.34，没有通过显著性检验）。由此，结果验证了假设H_{1a}、H_{1b}和H_{1d}，但H_{1e}没有通过检验，这一结果与吴建祖、宣慧玉和陈玉娟的结论是一致的。

三是，企业实施颠覆性创新对企业识别及抢抓技术机会能力有着显著的正向影响（路径系数为0.17，t值为-2.47，在0.1的水平上显著）；企业实施颠覆性创新战略对企业知识创造能力有着显著的正向影响（路径系数为0.26，t值为-3.21，在0.1的水平上显著）；企业实施颠覆性创新战略对企业资源整合能力有着显著的正向影响，但没通过检验（路径系数为0.11，t值为0.89，没有通过显著性检验）；企业实施颠覆性创新战略对企业自身的技术创新能力有着显著的正向影响（路径系数为0.37，t值为3.12，在0.1的水平上显著）；企业实施颠覆性创新战略对企业生产产品的国际市场吸引力有着显著的正向影响（路径系数为0.28，t值为4.32，在0.05的水平上显著）。由此，这些结果验证了 H_{2a}、H_{2b}、H_{2d}和 H_{2e}，但 H_{2c} 没有通过检验。

四是，外部知识源对企业的知识吸收能力有着显著的正向影响（路径系数为0.69，t值为3.07，在0.1的水平上显著）；社会资本对企业知识吸收能力有着显著的正向影响，但没通过检验（路径系数为0.61，t值为-1.09，没有通过显著性检验）；企业人力资源规模对企业知识吸收能力有着显著的正向影响（路径系数为0.59，t值为3.17，在0.1的水平上显著）；企业技术开拓能力对企业知识吸收能力有着显著的正向影响（路径系数为0.84，t值为1.75，在0.05的水平上显著）；企业技术开拓能力对企业知识吸收能力有着显著的正向影响，但没通过检验（路径系数为0.54，t值为-1.24，没有通过显著性检验）。由此，实证结果验证了假设 H_{3a}、H_{3c}和 H_{3d}，但 H_{3b}、H_{3e}没有通过检验。

五是，企业技术开拓能力对企业实施颠覆性创新战略有着显著的正向影响（路径系数为0.52，t值为2.42，在0.1的水平上显著）；企业市场定位识别能力对企业实施颠覆性战略有着显著的正向影响，但没通过检验（路径系数为0.72，t值为0.71，没有通过显著性检验）；企业家的颠覆性创新意愿强度对企业实施颠覆性创新战略有着显著的正向影响（路径系数为0.61，t值为3.18，在0.05的水平上显著）；企业对创新资源配置能力对企业实施颠覆性创新战略有着显著的正向影响，但没通过检验（路径系数为0.71，t值为0.06，没有通过显著性检验）；企业实施创新激励制度对颠覆性创新战略的实施有着显著的正向影响（路径系数为0.72，t值为3.20，在0.1的水平上显著）；企业组织柔性对企业实施颠覆性创新战略有着显著的正向影响，但没通过检验（路径系数为0.29，t值为-1.18，没有通过显著性检验）。由此，实施结果验证了假设 H_{4a}、H_{4c}和 H_{4e}，但 H_{4b}、H_{4d}、H_{4f}没有通过检验。

综上，实证结果表明：（1）企业吸收能力大小对企业实施颠覆性创新战略有着正向影响；（2）颠覆性创新能力对知识吸收能力也有着正向影响；（3）知识吸收对于技术机会的把握和知识创新、技术创新有着正向的影响，从而促进企业国际竞争力提升；（4）颠覆性创新的实施对于技术机会的把握、知识创新、技术创新和国际市场吸引力有着正向的影响，从而促进企业国际竞争力提升；（5）企业外部知识源、人力资本、企业研究活动强度等要素对于知识吸收能力的提升有着正向的影响；（6）企业技术开拓、企业家颠覆性创新的实施意愿、创新激励制度对于颠覆性创新能力的提升有着正向的影响。

第四节　小　　结

单从宏观的角度，很难解释知识溢出、产业融通、颠覆性创新与产业国际竞争力的双耦合内在机理，有些现象似乎也难以阐明。本章本研究利用问卷调查、结构化面谈、信息编码等工具，构建结构方程实证模型，并进行验证，研究知识吸收与颠覆性创新的双耦合关系，并构成企业国际竞争力的驱动因素，试图从更为微观的亚微观角度，用企业产品国际化的演进过程检验知识吸收与颠覆性创新对企业国际竞争力的影响，对颠覆性创新内涵进行再讨论，主要结论如下：

（1）知识吸收对于技术机会的把握和知识创新、技术创新有着正向的影响，从而促进企业国际竞争力提升。

（2）颠覆性创新的实施对于技术机会的把握、知识创新、技术创新和国际市场吸引力有着正向的影响，从而促进企业国际竞争力提升。

（3）企业外部知识源、人力资本、企业研究活动强度等要素对于知识吸收能力的提升有着正向的影响。

（4）企业技术开拓、企业家颠覆性创新的实施意愿、创新激励制度对于颠覆性创新能力的提升有着正向的影响。

（5）知识溢出与颠覆性创新有着内生互动的双耦合关系。

（6）颠覆性创新取得成功的关键在于知识积累后的二次创新模式的运用，是在知识吸收的状态下，颠覆性创新技术动力的成功实施的过程。

（7）网络位置、学习模式与颠覆性创新实施是一种有效的系统模式。

因此，我国在不断追求向全球制造网络的靠近、加快建设依托我国优势的全球制造网络的同时，保持开放性、包容性，这恰恰是对知识溢出效应的吸收以及实施颠覆性创新战略的最好诠释。

（8）基于新概念或新技术应用的颠覆性商业模式创新的实施，颠覆传统产业的商业准则，通过重构价值链，引起销售渠道、收益方式、消费习惯等彻底的改变，由此改变产业格局，引领产业创新，进而引发本行业甚至其他相关行业产业生态系统的巨变。

本章从微观企业出发，构建结构方程模型，并进行案例实证的分析，进一步打开了知识吸收与颠覆性创新对企业国际竞争力影响的微观机理这一“黑箱”。结合前面章节的实证分析，本章更倾向于企业的实操层面。知识吸收与颠覆性创新双耦合，驱动企业国际竞争力提升的机理再次得以检验，其中，基于知识吸收、积累和二次创新模式的运用，是企业成功实施颠覆性创新的关键所在，以及企业生产和知识网络位置、学习模式的运用与成功实施颠覆性创新的有机融合，最终将知识吸收与颠覆性创新双耦合，推进至较完美的境界，这是前面两章实证所涉及不到的细节内容。因此，我们可以说，知识吸收与颠覆性创新对企业国际竞争力的影响无处不在。

第七章　策略分析与政策建议

知识吸收、产业融合发展与企业实施颠覆性创新是构建颠覆性创新价值网的核心，当前，技术发展日新月异，行业创新层出不穷，继大数据、云计算等新兴技术之后，区块链技术在全球范围内又掀起了新一轮的研究热潮。区块链的出现实现了从传递信息的信息互联网向传递价值的价值互联网的进化，提供了一种新的信用创造机制。区块链本身便是一项颠覆性技术，是真正能实现价值的互联互通的新兴技术，当然这还需要解决底层技术、业务以及数据的标准化等问题。这项技术正在引领全球新一轮技术变革和产业变革，有望成为全球技术创新和模式创新的“策源地”，推动“信息互联网”向“价值互联网”变迁。因此，许多学者、专家认为区块链在未来很有可能会成为推动经济、社会与生活变革的重要技术。因其具有去中心化、开放性、自治性、信息不可篡改、匿名性等特征，使其有着十分广阔的应用前景，对于颠覆性创新价值网的构建有着十分重要推动作用。区块链技术对于颠覆性创新价值网的作用也吸引了包括重要经济体、大型科技公司、专业咨询服务机构、学术研究机构在内的各行各业的广泛关注。此外，加快粤港澳三地经济集聚和融合以及以数字经济平台战略促产业与创新生态建设，是粤港澳大湾区颠覆性创新价值网构建的基础内容。以往研究发现，在区域经济合作发展过程中，往往欠发达地区如何融入发展是一个难点，解决了区域合作中欠发达地区的融入问题，也即解决了区域合作中的短板问题，而上述策略分析有利于解决此矛盾，最后，提出相关政策建议，供政府部门决策参考。

第一节 区块链技术应用与颠覆性创新价值网构建

区块链在一定程度上解决了价值传输过程中完整性、真实性、唯一性的问题，降低了价值传输的风险，提高了传输的效率，实现了企业协作环节的信息化，这将催生大量创新合作场景，构建创新创业新生态。区块链技术将带动新一轮的创业创新浪潮，无论何种规模的公司，在区块链领域都有创新和突破的机会。2017 年中国独角兽企业共 164 家，其中有 32 家企业正研发或已经上线区块链的项目。随着区块链技术和市场的快速成熟，涉足区块链技术的独角兽公司将会越来越多，逐渐形成清晰的战略思路，制定战略并积极开展投资布局和实验探索，更好地适应行业发展趋势。

相关数据表明，截至 2018 年 3 月底，我国以区块链业务为主营业务的区块链公司数量已经达到了 456 家，产业初步形成规模。从中国区块链产业的新成立公司数量变化来看，2014 年该领域的公司数量开始增多，到 2016 年新成立公司数量显著提高，超过 100 家，是 2015 年的 3 倍多。如图 7 - 1 所示，2017 年是近几年的区块链创业高峰期，由于区块链概念的快速普及，以及技术的逐步成熟，很多创业者涌入这个领域，新成立公司数量达到 178 家。

同时，区块链与人工智能、物联网等新技术融合不断拓展技术应用新空间，进一步释放创新创业活力。人工智能的发展要以海量大数据为基础，区块链可以确保数据的安全性和可信性。二者一旦深度结合，就可以产生更多新的应用，创造安全的智能学习环境，创造具有更高的智能制造和智能管理水平的组织，提供更广泛的智能应用。

技术创新和金融创新只有和实体经济深度融合，推动实体经济发展，切实改变产业玩法、降低产业成本、提升产业效率、改善产业环境，创新的价值才能得以充分发挥。中国区块链产业生态发展迅猛，从区块链底层基础架构到细分领域的场景应用，从国家战略到企业实践，区块链技术受到广泛高度关注。随着越来越多的项目实际落地，整个产业开始进入了一个应用加速落地的周期。当前，区块链技术落地的场景已从金融领域向实体经济领域延伸，覆盖了供应链金融、互助保险、清算和结算、资产交易等金融领域场景，也覆盖了商品溯源、版权保护、电子证据存证、电子政务等非金融领域场景。由此，接下来展开区块链技术应用与颠覆性创新价值网构建的机理分析。

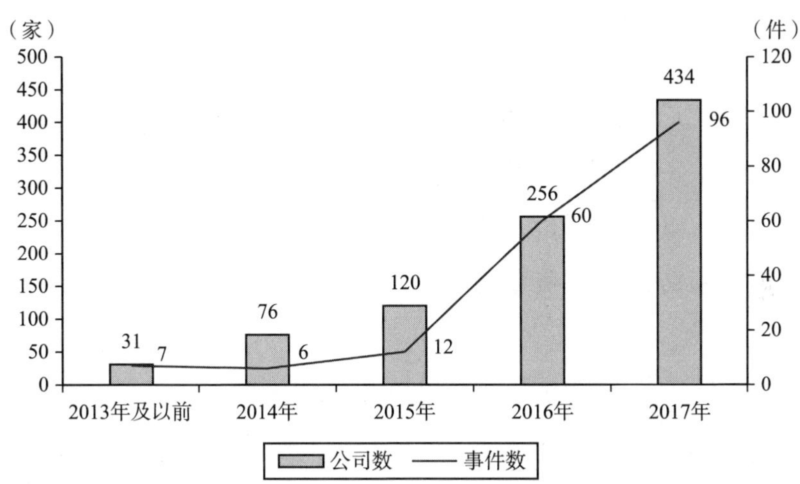

图7－1　2013～2017年中国区块链产业公司数及事件数统计情况

资料来源：工信部、中商产业研究院整理。

一、降低信用创造成本机制解析

颠覆性创新价值网最主要的特征是鼓励中小企业能够在较低的研发成本下，通过知识吸收以及接受现代高端生产性服务业的支持，实现颠覆性创新，而这之中，成本始终是中小企业考虑的首要因素，因此，如果有一项技术能从根本上解决整个企业所嵌入环境的创新和生产成本问题，那无异于能让更多的中小企业能通过这种技术革命，实施颠覆性创新。而值得一提的是，区块链从制度信任到机器信任，能有效降低信用创造成本。从经济分析的角度来看，制度的产生源于降低交易成本的需求。其通过对符合制度规定的行为进行认可与鼓励，对违反制度规定的行为进行惩戒，引导人们将自己的行为控制在一定的范围内，从而减少社会的不确定性和风险，达到降低交易成本的目的。同时，制度必须适应经济发展状况，依托科技进步成果，做出积极的调试，以便在提供信息、引导行为、降低交易成本甚至创造激励机制方面发挥更加积极的作用。传统的契约制度缺失信用机制，导致交易的信任成本高昂。交易主体难以摆脱“有限理性”的局限和“机会主义行为”的倾向，双方在签约时受对方诚信度、意愿表达准确性、对违约成本的权衡等因素造成的信息不对称的影响。签约过程中需要反复博弈，在契约达成后，执行的过程与结果也深受契约本身存在的逻辑问题、交易主体履约意愿和履约能力的影响，产生难以规避的操作风险和违约风险。违约责任的设置对交易主体的约束力远没有预期的大，其作为事后救济的力量也难免造成其他社会资源的消耗，而区块链的低成本信用创造机制在解决上述问题方面表现卓越。

（一）区块链基于数学原理解决交易过程的所有权确认问题

区块链本身最大的颠覆性在于信用的创造机制。区块链技术基于数学（非对称加密算法）原理进行了信用创造机制的重构，通过算法为人们创造信用，从而达成共识背书。参与者之间不需要了解对方基本信息，也不需要借助第三方机构的担保或保证，进行可信任的价值交换。区块链自身的技术特点保障了系统对价值交换活动的记录、传输、存储的结果都是可信的。这样的体系可以让人们在没有中心化机构的情况下达成共识。这超越了传统和常规意义上需要依赖制度约束来建立信任，即你可以不信任交易对手，但必须信任最终实现结果的信用方式。在区块链系统内，价值转移过程的信任机制主要是通过“非对称密钥对”完成两项任务实现的，即“证明你是谁”和“证明你对即将要做的事情已经获得必需的授权”。密钥对满足以下两个条件：对信息用其中一个密钥加密后，只有用另一个密钥才能解开；其中一个密钥公开后，根据公开的密钥无法测算出另一个，其中这个公开的密钥称为公钥，不公开的密钥称为私钥。

（二）区块链基于技术优势解决交易过程的安全信任问题

正如我们反复提及和看到的，区块链系统有一些显著的技术优势，通过将负责安全管理的控制从监管层面或者第三方组织机构转移到基础架构层面，使整个系统变得安全可靠。虽然这些优势会因具体区块链的设计而不同，但高容错性、透明性、不可篡改性是其相对稳定的特点，它们解决了各方对基于区块链完成交易的安全信任问题。其一，区块链技术的高容错性保证了交易环境的安全性。区块链在分散的网络上运行，而不受中央服务器故障、恶意网络攻击等因素的影响。分布在区块链内的数据和信息可以从数百或数千节点中访问，任何特定节点的故障不会危及整个区块链的事务处理能力。例如，比特币就成功运行在世界各地数以千计的节点上，在诞生至今的 7 年里，比特币经历了区块链分叉、价格剧烈波动、全球最大交易所欺诈丑闻等一系列波折，但这个系统表现出了良好的安全性和抗攻击性。其二，区块链技术的透明性和不可篡改性保证了交易记录的安全性。任何数据的更新都会被同步至整个区块链上，区块链网络上的节点存在多个完全相同的分布式账本，网络中的成员能够迅速识别对账本中某一部分的修改。当新数据写入区块后，新生成的区块通过共识机制按时间顺序加入区块链，这样的流程不可逆转，并且账本上的任何变动都是可追溯的，任何试图篡改信息的人将付出巨大的成本甚至得不偿失，各方都对账本记录的完整性和可靠性拥有绝对信心。其三，区块链技术通过密钥控制和有权限的使用保证了交易过程的隐私性。基于节点的分布式控制特点，通过将私密性和匿名性嵌入用户自己控制的隐私权限设计中，向授权方共享基本信息，但不会向全网泄露个人身份，可以实现对经济状况、家庭状况、健康状况等一些私人且机密信息的保护。同时政府部门可以制定隐私保护技术标准，并要求通过软件代码运行自动实现隐私保护。与现有的数据存储模式相比，分布式账本可以大大提高信息的安全性和隐私保护，尤其是在大规模的物联网应用中作用更为凸显。

（三）区块链基于智能合约解决交易双方的信任执行问题

基于区块链技术的智能合约，不依赖第三方自动执行双方协议承诺的条款，具有预先设定后的不变性和加密安全性，从规避违约风险和操作风险的角度较好地解决了参与方的信任问题。智能合约在现实生活一个典型的应用场景就是自动售货机，基于预先设计的合同承载，任何人都可以用硬币与供应商交流。通过向机器内投入指定面额的货币，选择购买的商品和数量，自动完成交易。自动售货机密码箱等安全机制，可以防止恶意攻击者存放假钞，保证自动售货机的安全运行。从信任的角度来看，区块链实际上是数学方法解决信任问题的产物。过去社会的有效运行主要靠制度建立规则，进而形成信任来规范和引导社会成员的行为。区块链技术的出现运用基于共识的数学方法，在机器之间建立信任并完成信用创造。通过非对称密钥对解决所有权信任问题，基于区块链的技术优势保证价值转移过程的安全信任，通过智能合约解决信任执行问题，最终实现了“无须信任的信任”。

二、价值传递机制解析

在颠覆性价值网中，还有一个重要且难以解决的问题，即价值的快速传递。因为，无论是生产到销售，还是研发到生产等，这些活动环节均需要依赖一个高度快速且高效的价值传递机制，可以试想，能完美地完成价值的实现，这一体系将会更加高效。由此，嵌入价值网的企业更需要价值快速地实现，以保证这些中小企业的资金链的通畅，而给区块链技术带来地希望。众所周知，市场活动中，由于人的“有限理性”和“机会主义行为”的存在，市场交易总是处于一种不完全的信息状态。这会导致市场价格信号失灵、交易者之间相互“欺诈”和“寻租”。在比特币及分布式账本技术出现之前，互联网的价值传递被视为是不可行的。数字信息的可复制性以及“双花”（double spending，电子现金的重复支付）问题都没有得到很好的解决，我们依旧按照传统的降低风险的方法，要么采取点对点近距离的实物价值交换，要么让具有公信力的第三方，例如政府、银行等，作为一个集权中心跟踪并验证所有交易的真实性。而区块链技术的产生，完成了从信息互联网到价值互联网的转变。

此外，从股改到链改，从上市到上链，一种全新的商业机制正在酝酿完善。“链改”指的是一个传统资本结构的公司通过区块链重新构造产业的活动，重新定义生产者、消费者、参与者的利益分配关系，形成新的组织模式。“链改”会让公司和产业链的价值同步放大。其具体运行机理如下：

（一）区块链使用纯技术的方式让价值转移成为可能

区块链技术可以实现在没有第三方背书的情况下，在一个开放式平台上进行远距离价值的安全交付。分布式账本跨越多个节点、区域和机构，保存所有交易的历史记录，并且网络中所有授权的参与者都保存着一份完全相同的账本副本，一旦对账本进行修改，全部副本数据也将在几分钟甚至几秒钟之内全部修改完毕。分布式账本提供了可靠且不可逆的数字信息传输的可能性，并因分布式账本中的每一笔记录在特定的时间都是独一无二的，从而防止重复支付的发生。这种纯粹点对点的价值转移体系，通过使用密钥和签名来管理用户权限，从而保证存储在账本中信息的安全性和准确性；通过共识机制保证信息不可被篡改，甚至在被攻击的情况下，也能准确无误地传递信息。同时，根据全网认可的规则，由授权节点负责对账本进行更新。相对于传统集中化的交易处理系统，如证券清算登记系统、跨国汇兑结算系统等（收费高昂且效率低下），区块链通过把传统的 IT 技术、法律框架和现有的以及可能涌现的新技术进行整合，在不需要各节点互信的情况下，系统可以确保一切数据的记录都具有完整性和安全性，可以脱离第三方机构背书，有效地降低交易的复杂性和风险。

（二）区块链可降低价值转移过程中的交易成本

价值要素属性的信息化，急剧降低了价值传递所需支付的交易成本。在当前商业模式和社会组织架构下，价值交换活动都需要一个具有公信力的第三方（如政府、银行进行信用背书）来建立信用，否则陌生人缺乏发生交易的信任基础。区块链技术从根本上改变了这种中心化的信用创造方式，运用一套基于共识的数学算法完成信用创造，从而实现无须借助第三方信用中介开展经济活动，绕开烦琐的机构服务体系的限制，实现低成本的价值转移。在区块链系统的分布式账本上，用户可以低成本地搜寻信息，交易记录可以重复使用并不可篡改，数据库可以实时更新、分发并高度可信，这些特性为价值属性和相关交易数据等在互联网上进行安全转移、记录并存储创造了基本条件。例如，在跨行交易清算时，区块链技术通过用数字加密算法对每一笔交易进行实时、透明和准确的呈现，减少了跨行验证费用和协调费用，并且节省了事后高昂的审计费用。此外，区块链通过点对点网络（P2P 网络）的分布式账本直接把交易各方联系在一起，通过网络分发处理，提高交易效率、减少交易摩擦，打破了许多传统业务流程建立起来的基础规则和惯例。尤其是对于传统价值交换的中心，如银行、支付公司等，点对点网络的发展把其依附于中介功能拿走的利润返还给消费者，使许多消费者获益的同时，也迫使企业思考如何以更高效、低成本的方式创造服务价值。

（三）区块链可以实现携带交易规则的价值传递

构建在分布式账本基础之上的可编程合约，实现了价值传递的智能化。交易主体可以表达价值传递的条件、喜好和需求，还可以建立陌生人之间的自我执行契约，并保证价值传递过程中的合规性、经济性和责任清晰，这使得基于区块链的价值传递具有无限的可扩展性和强大的应用前景。互联网的开放性形成了创新性的信息生态系统，创造了新的商业机会，比如Facebook、Twitter 和 LinkedIn 等社交网络平台的出现。类似地，开源的和分布式的区块链技术也完全有潜力形成以前不可能和难以想象的开放式价值交换网络，并进一步构建丰富的价值交换生态系统。在价值传递领域，区块链系统保证了交易过程的经济性、安全性和高效性，提供了令人振奋的巨大机会。

三、提升资源配置效率机制解析

颠覆性价值网的实质是一种新的适应性价值网替代原来传统的价值网体系的重构与跃变的动态事物，因此，其最关键的部分就是提升系统资源配置效率。如果说市场经济解决了计划经济市场来配置资源的效率问题，那么可以说，区块链技术的应用也会解决市场经济中资源配置局部低下的问题。其解决的主要途径表现为，区块链能实现从集中化到分布式多中心化，从而提升资源配置效率。传统的价值网体系结构是一个高度中心化的结构，都依赖于制度法律框架下的一个中心化的机构来进行相应的处理，比如银行间的交易结算需要借助银联系统，而同一个银行内的客户间的转账需要依赖于该行的集中化的后台系统来支持，查询个人或企业的信用报告需要去央行的征信系统等。互联网上的价值交换同样需要处于中心地位的第三方机构参与进行信用保证，这就导致了一系列问题的出现。比如，高度中心化的系统运行需要高额的运维费用；这类系统容易受到网络攻击，造成数据记录被修改、隐私信息泄密等后果；同时，中心化的特点还会带来高额的管理费用支出，以及由此所产生的腐败等社会问题。区块链的分布式多中心化等特点则可以很好地解决上述问题。依据“交易成本—技术进步—组织优化—资源配置效率提高”的技术变化范式，交易成本的存在会促使技术进步从而提高资源配置效率。区块链技术的出现，减少了对第三方机构的依赖，节省了交易成本和监管费用；通过优化的数据管理模式形成可互操作的数据库，减少重复记账和协调成本，推动了共享经济的发展；增加了社会资源的有效供给，促进了服务和产品的创新；通过智能合约的规则内嵌形成有效的约束和激励机制，实现资源配置过程互动和控制，大大提高了资源配置效率，具体来说：

（一）区块链技术有效降低交易成本、协调成本与监管成本，大幅提升商业运行效率

区块链基于数学算法和共识机制的信任体系，省去了因第三方机构存在而导致的交易摩擦和交易成本。如银行间的清算登记系统、跨国汇兑结算系统等，这些系统需要创建中心化的机构来保障交易清算的职责、确保交易双方的真实意愿，但同时需要承受高昂的验证费用、较长的交易时间以及事后大量的审计费用。区块链从技术上允许各交易主体直接进行价值交易，而无须依赖政策、制度以及第三方组织以确保交易的真实性和安全性，极大地简化了业务流程，节省了交易成本。此外，区块链系统降低了各方的协调成本。分布式账本技术实现了数据真实性、透明性和完整性，并通过共识机制保证系统的各方都认可账本中记录的内容。这有助于减少需要维护多方接口的数量，简化服务提供方的切换，减少人工重复劳动，降低多方沟通、对账成本；并且还可以打破中心化数据管理引致的利益保护，整个社会的运行成本都有望大幅降低，效率也将大幅提升。最后，区块链系统降低了政府的监管成本。透明的分布式账本使得很大一部分信息真实性验证工作转移给了社会监督，大大降低了监管部门的工作量，提高了监管的便利性。此外，分布式账本技术允许节点共享底层的数据信息，政府监管机构可以对数据库进行更加全面、实时、个性的跟踪，使任何账本的变动都可以及时追溯到其来源，发挥防伪造、防欺诈的作用，从而提高监管效率，降低监管成本。

（二）区块链的分布式记账与存储实现数据的互操作性，促进共享经济的实现

区块链分布式账本优化了数据管理系统，有利于数据共享。区块链的本质是一个用分布式存储的数据库，它的分布式记账、分布式传播以及分布式存储的特点能从根本上改变目前管理数据的方式。直接由数据发行者公布信息，为多方参与者提供了实时的、可信的共享数据源，并通过采用一个通用的格式，将大量的、冗杂的数据集合到一套体系中来，进行网络数据信息整合，从而减少信息的不对称性，更加高效和低成本地实现信息和价值共享。

（三）区块链通过对闲散资源整合利用增加资源的有效供给，实现帕累托改进

区块链技术的应用可以实现对闲散资源的整合利用。通过分享收益的方式，系统根据参与者所提供的资源数量多少和质量优劣决定报酬的多少，刺激人们为了获取更多的报酬而在经济活动中供给更多的资源。通过资源的重新配置，使一部分人的效用水平在其他人的效用水平不受损失的条件下获得提高，实现帕累托改进。可以推断，新的资源供给进一步促进了新产品的研发，而恰恰是颠覆性技术创新的本质。区块链技术可以在保障参与者拥有数据控制权限的同时，以一种安全的方式来实现数据共享。很多商业机构可以利用这种新的数据来设计和开发更好的产品，而这又体现了非技术颠覆性创新的实质。如果政府和金融机构把所有的数据都记录在区块链上，通过参与者的授权，保险公司可以查看被政府以及银行等多方认证过的数据信息，那么它们就能够发行更有针对性的保险产品，并且还可以更加准确和合理地制定保费。

（四）区块链通过规则内嵌建立有效的约束和激励机制，增强资源的配置效率

过去我们强调优化资源配置的重要性，但是如何实现和保证资源配置的效果，传统的价值网体系是没有办法得知的。社会财富资源通过税收的方式得到集中，资源聚集过程复杂并且成本高昂，政府通过社会福利和补

贴的形式进行财富再分配，但是这种再分配是否真正起到了调节收入差距的作用，是否真正兼顾了社会的公平与效率，我们更无从得知。而区块链系统基于分布式账本对资源配置的过程给予智能化的控制与监督。系统通过设置激励、约束触发条件，检测上一步任务执行情况并决定下一步是否继续配置资源，实现资源配置过程的互动和控制。引导参与者在经济活动中尽力降低资源使用成本，减少无效率的经济活动，并有效地使用自己的资源以最大限度地获得收益，“教育智能合约”是区块链技术在教育资助领域一个很好的应用。区块链系统节省了交易成本，提高了资源配置效率，但是它本身运营也是有成本的，比如高耗能、区块容量问题，并且智能合约、数字签名和其他相关应用算法仍有很大的改进空间。只有区块链系统节约的成本大于原来组织形式运行的成本，区块链系统的推广和使用才是合理的，否则交易的成本太高，会使许多交易无法发生，资源的有效合理配置难以实现，经济效率自然也无从谈起。

四、法律约束与执行智能化机制解析

创新经济将促进科学技术的独创性——这一直是美国持续繁荣的核心，并将这些创新用于解决我们现在面临的重大挑战。而这一切都与竞争法息息相关（Holdren，2011）[①]。区块链的“去中心化”等特征的应用还需要考虑一个重要问题，即法律约束问题，颠覆性创新价值网要快速、高效地实现价值的传递与成本的降低，都是依赖于此。传统的价值网技术是不能解决此问题的，但区块链技术的应用，可以实现从依靠理性到引入技术，法律的约束与执行逐渐走向智能化。法律作为一种配置社会资源的机制，决定于社会经济发展的客观要求并直接影响着经济运行的全部过程。它是随着社会分工细化和人类活动范围的日益扩张，在国家制度的框架下加以确认的一套格式化规则体系，它能够简化社会关系的复杂程度、节约交易成本，帮助社会成员安全、规范、有序地进行交易。传统上，法律的约束力来源不管是基于社会契约论、功利主义论、暴力威慑论还是法律正当论，

① J. Holdren. America Competes Act Keeps America's Leadership on Target [R]. White House Press Release, 2011.

从未突破依靠理性的局面。区块链技术则基于法律框架，不仅通过预设自动执行的智能合约，在约束并引导人们的行为时引入技术，而且依靠技术使信息更加透明、数据更加可追踪、交易更加安全成为现实，大大降低了法律的执行成本，呈现出法律规则和技术规则协同作用、相互补充，法律与经济融为一体、逐渐趋同的态势，法律的约束与执行逐渐走向智能化。具体来说：

（一）区块链通过技术创建了法律约束与执行的成本节约机制

区块链系统上的智能合约实现了法律约束与执行的低成本化。智能合约不同于传统合同，它将分布式账本的加密算法、多方复制账本以及控制节点的权限等关键性程序结合起来，成为以计算机语言而非法律语言记录的条款合同，是承诺变现实的一个美妙应用。它由计算机系统在条件触发时自动执行，排除了不必要的人工参与，节省了大量签约成本、履约成本。尤其是涉及大量、高频、低价值交易时，其经济性更为凸显。区块链技术分布式账本记录的特点，不仅方便了政府的行政管理，也为执法部门提供了重要的证据线索。区块链将自“创世区块”（区块链系统中的第一个区块）以来的所有操作都完整、真实地记录在区块中，并且形成的数据记录不可篡改，因此任何活动都是可以被追踪和查询到的，有效地解决了数据保留的问题，这使得区块链技术在司法领域也将得到较好的应用。在刑事领域，特别是在网络犯罪案件中，因为没有及时保留数据，侦查人员付出很大的侦查成本却没有办法追踪到犯罪线索的局面将大大改善。在一些民事领域时常出现的举证定责难的情况，也会因为区块链的实时记录、忠实保存、难以篡改、便于提取的特点而帮助当事人解决举证的问题，为司法机关节省了很多“定责成本”。另外，通过运用区块链技术，可以创建一个透明的分布式账本，记录所有权变化以及可能经历的全部交易过程，可以用它来跟踪和执行智能合同，验证业务关系，使商业合同的执行成本大大减少。区块链的这一透明度特点也可以运用在打击跨国犯罪方面。目前，如果证据在另一国境内，执法部门想要寻求国外执法援助，必须依据国家间法律援助条约，经过烦琐的程序，才能获取相应的证据，从而推动案件的进展。而区块链技术作为一个全球范围内的数据账本，则可以瞬间实现证据的提取和使用，大大降低跨国执法的成本，提高了跨国执法的效率。

（二）在数字化世界中，法律规则和技术规则协同作用，实现行为规范

法律规则和技术规则对行为规范的作用方式不同。法律规则是传统立法框架下规定的行为规则，它是一种“外在的”规则，这些规则会在足够高的风险收益诱使下被打破，但是打破规则并被发现的情况下也要为后果负责，这是一种事后惩罚机制；技术规则是一种“内在的”规则，为软件代码定义的对应的算法运算规则，如果不遵守技术规则，程序将返回一个错误值并停止运行，并且代码总是严格地按照规则运行，这是一种事中执行机制。这两项规则同等重要，相互补充，缺一不可。区块链技术规则表面上看只受算法约束，但实际上技术规则需要人类来制定、维护和更新，那么技术标准的制定必须服从现有的社会法律规则体系才可以运行。比如，纽约州立金融服务部门向提供数字货币服务的公司发送比特币许可牌照（Bit License），只有取得这项许可的公司才可以运行比特币相关业务，通过法律控制对比特币的运营进行监管。政府部门或相关组织需要推进技术规范化并实现有效监管。区块链技术规则包含软件和协议，以前 TCP/IP 和其他一些协议就是由政府部门在法律规则的框架下主导完成的，那么随着区块链技术的成熟和广泛应用，政府部门或相关组织有必要在现行法律规则的基础上牵头制定相关区块链协议准则，推进技术规范化。并且在非授权分布式账本中，不存在一个为整个系统承担责任的中心机构，缺乏中心化的法律实体，也使得传统法律规则难以对分布式账本系统进行监管，要实现有效监管必须通过技术规则来推进。政府部门也需要考虑如何将传统的法律规则与现行的技术规则相结合，既可以利用区块链技术规则发挥严格监管税收、限制违法犯罪活动的作用，也可以利用法律规则对于系统性风险和市场失灵具有一定的处理弹性，分别发挥法律规则与技术规则各自的优势，将执行力与灵活性更好地结合起来，通过两者的协同作用更好地发挥公共监管的影响力。

综上，区块链技术的应用能从几个非常重要的方面解决颠覆性创新价值网构建的难点问题，它们包括：中小企业生产与研发成本问题、价值高效、准确的传递问题、资源配置的效率提升问题以及法律约束与执行智能化问题等，上述环节的解决无疑为加快构建合作、高效、嬗变以及融通的

颠覆性创新价值网的核心瓶颈提供了“一揽子”解决的方法。

第二节　加快粤港澳三地经济集聚和融合

一、大湾区集聚的综合优势

第一，产业集群的集聚有助于增加规模优势和提高行业的抗风险能力。这是传统经济学中的经典内容，单个生产容易进，也容易退，但是它们的固定投入不能够重复使用，不能够密集使用，也不能够合理调度。越是长期的规划，人们就越会把那些能够重复使用的、耐用的基本投入集聚在一起，从而减少固定资产和资源的使用，增加规模效应，这是集聚带来的一个优势。此外，产业集群能够加强对风险业务的缓冲机制。比如，一家公司有订单，而另一家公司没有订单；一家公司做不完，另一家公司可以帮忙做，这能够增加整个生态的缓冲力度。

第二，产业集群能够形成一个上下游互补的生态链。在生态链中，生产的信息成本会急剧下降，新技术的发展和普及速度也会快速提高。技术的提高能让人才在相同或邻近的专业之间进行交流、移动，人力资本也会同步进行迁移、重复利用，这将极大地降低学习成本。学习成本不仅包括获取新技能所要花费的时间、精力，也包括错误投资、错误学习、错误使用人力资本而增加的成本。生态链的优势就在于资源可以复用，包括人力资本也可以复用、互补和互相迁移。

第三，产业集群能够放大同向的激励效果。创新活动是一个激发想象力的过程，也是一个实现想象力的过程，需要大量志同道合的人集聚在一起，互相鼓励，互相“攀比”，互相合作和竞争。在经济学里，合作和竞争从来就没有一成不变的定义，也不是两个对立的概念。若把两家公司分开来看，它们就形成了竞争；若把两家公司合并在一起，竞争看似变少了，但由于它们的合作，实际上反而产生了更强的竞争力，这使得它们能够在其他领域和其他对手展开更激烈的竞争，这时候合作就意味着更强的竞争力。

第四，产业集群能推动粤港澳三地政策的优化组合。粤港澳三地的历史积淀不完全一样，人才资源的积聚也不一样，自然条件、工业条件、政治和法律制度都各具特色，有很大的区别。这在世界上也是很罕见的，有这样一个多元化的土壤，就能够形成一个大的实验区：政策的实验区、资源的实验区、人才的实验区和技术的实验区。创新者能够灵活、自由地在一个相对狭小的地理空间、自然空间里进行比较、搭配和组合，从而使各地相对劣势的制度、资源和条件，在创新过程中起到的正面作用得到激发和强化，而负面作用得到抑制和弱化。美国和日本的湾区，其产业集群是在相同的社会制度下形成的，不具备这种天然优势。

第五，湾区生态集群能够提高政府政策评估的准确性。当所有的资源都聚集在相对集中的地域时，政府对不同行业的扶持政策就能够有一个更加全面的参考，从而避免“见一家，扶持一家，最后还看错一家”的风险。

第六，湾区生态集群能够扩大发展的想象力。当粤港澳三个地区一起做事情的时候，政策就能够着眼于更大的区域、更长远的发展，为三地的融合、科技的进步和商业的转化扩大想象空间，拉长投资回收的时间跨度。其结果是促使人们放长线钓大鱼，看远方做大事。这就是所谓的“大教堂思维”，也体现了设计者发挥极大的想象力，去建造百年工程的雄心壮志。

二、加快智能时代下大湾区融合发展

对于粤港澳大湾区内拥有超大体量的互联网企业来说，未来有没有可能引领两大产业集群走出一条“互联网 + 智能制造”的新道路，在整个湾区里形成一个由智能制造引领的新经济模式？粤港澳大湾区的概念最初是在 2017 年 3 月的国务院《政府工作报告》中提出的。其主要目的在于借助港澳的独特优势，促进中国经济发展。粤港澳大湾区是由内地 9 个城市与两个特别行政区（香港和澳门）组成的，这一区域经济实力雄厚，行政地理位置优越，拥有高密度的城市网络结构。然而，相较世界其他三个湾区，除了以上几个优势以外，粤港澳大湾区还有以下两个不同之处：一是粤港澳大湾区目前形成了以腾讯公司为代表的一批互联网高科技企业集群；二是形成了比较成熟的制造业集群。如何促进两个产业集群的融合与发展，是粤港澳大湾区未来发展面临的一个重大课题。

（一）“互联网+智能制造”之路

关于高科技产业集群与制造业集群的结合，我国早在《中国制造2025》的报告中就明确提出了发展方向，即“互联网+智能制造”的模式。近些年来，中国一直在积极推动互联网与制造业相融合，提升制造业的数字化、网络化、智能化水平，加强产业链协作，发展基于互联网的协同制造新模式。在重点领域推进智能制造、大规模个性化定制、网络化协同制造和服务型制造，打造一批网络化协同制造公共服务平台，加快形成制造业网络化产业生态体系。在国家政策的推动下，内地已经有部分制造业企业成功地进行了“互联网化”，并且取得了相当可观的经济和社会效益。比如，最近的“网红”企业——衣得体，应用“互联网+智能制造+智慧物流”的先进理念，打造服装行业智能制造的完整链条，由批量生产转变为数据采集与个性化定制，可以说形成了服装行业的一种新生态。由此可见，互联网帮助企业打开与用户之间的数据通路，企业可以更加准确地获取用户信息，用户也可以获得更多的企业信息。这种互联互通的数据机制，一方面为企业与用户之间的相互信任提供了保障，另一方面也为企业的生产方向提供了大量的参考数据。“互联网+智能制造”的发展方向有很多，高科技与制造业的结合将形成一种新经济模式，也将形成一种新生态结构。这种新经济模式的到来，也将为我们的社会带来新变化。从整体上看，新经济模式降低了整个社会的交易成本，为传统企业的转型减轻了压力。从政府层面看，政府机制改革治理的进一步深入在客观上为企业转型提供了更便利的渠道，让企业转型变得更加规范。随着新经济模式的到来，国家很可能会为粤港澳大湾区的发展提供更多、更好的实际政策支持，并扫清障碍。

（二）智能制造引领的新经济模式

中国信息技术产业发展的第一阶段是硬件业的崛起，比如华为、联想等企业的发展。第二阶段是高科技服务业，尤其是以互联网平台为主的服务业的崛起，对整个国民经济转型起到了非常重要的作用。二十几年来，中国互联网由一个工具变成了一个渠道，又从一个渠道变成了一个平台，再从一个平台变成了一个经济体。比如阿里巴巴旗下的淘宝网 2016 年的零售交易额超过 3 万亿元人民币，沃尔玛超市用了 54 年才达到这个数字，淘宝网只用了 13 年，可见淘宝网的效率之高。

随着互联网越来越成为一个广泛意义上的基础设施，包括智能化和人工智能技术的兴起，人们越来越能感觉到这种“看得见、摸得着”的世界发生的变化，这种新经济体的样子也越来越清晰。

互联网经济模式是以平台为基础，以数据为养料，以算法为核心，同时不断调整它的产品，与客户进行互动，形成一个有形的商业模式，然后在全世界范围内推广。那么，“互联网 + 智能制造”所形成的经济模式，是不是可以把数据与产品相结合，把用户与企业之间的信息壁垒打破，在湾区里形成一个由智能制造引领的新经济模式？我觉得这可能是一次很有价值的尝试。

（三）“互联网 + 智能制造”的发展趋势

制造业的产业核心有两大类：一类是生产；另一类是销售。制造业与互联网的结合也需要从这两个方向着手。从生产上看，互联网可以加强生产环节之间的智能化联系，实现信息的传递和共享。从销售上看，互联网可以拓宽信息的传播渠道，建立企业与用户的信息化网络。具体到结合方式，主要有以下两种。

1. 云服务与制造业的结合

云计算、物联网正在深刻地渗透整个制造业。其中，云制造是一种典型的能够带动制造模式转变和资源聚集的先进理念。将云计算、物联网的理念应用于制造过程、产品设计、管理应用服务，无论是在生产过程，还是在使用过程中，都能通过物联技术形成一条信息产品生命周期管理的信息链，为产品的生产、使用、服务提供更强有力的技术服务。对于中国内地的企业来说，虽然云服务刚刚起步，但未来通过云服务与制造业的结合向“互联网 + 智能制造”的方向发力，可能会产生不可估量的影响。

2. 移动互联网与制造业的结合

如果说云计算带动了制造模式的转变，那么移动互联网则带来了产品销售模式的转变，即由批量生产转变为服务型制造。所谓服务化，指在产品生产的过程中提供服务，在使用过程中也提供服务。比如，航天航空业过去买发动机和飞行器，现在航空公司认为直接买产品带来的维护代价太高，便转变为买发动机飞行的小时服务。发动机制造厂商从过去卖产品转变为卖服务，从过去几年卖一个产品，到现在每时每刻都在销售小时服务。这对制造业的业态与产品管理状态及价值的联系产生了极大的影响。对于粤港澳大湾区中的一些企业而言，像腾讯的微信完全可以与制造业相结合，为制造业提供供应链平台和生产源头追溯等服务，让制造业企业与用户形成互联互通的网络体系。

对于在粤港澳大湾区内拥有超大体量的互联网企业来说，未来有没有可能引领两大产业集群走出一条“互联网+智能制造”的新道路，在整个湾区里形成一个由智能制造引领的新经济模式？如果再加上港澳资本的优势，这个领域很有可能会形成一个和世界其他三个湾区完全不一样的发展路径。

考虑到粤港澳大湾区内有众多的中小型制造业企业，这还是很有可能的，这也是基于中国特色的粤港澳大湾区未来的一个重要发展战略。粤港澳大湾区的变化，首先是空间之“变”，随着港珠澳大桥、深中通道、虎门二桥等跨珠江通道的完成，以及“一小时城轨交通圈”的建设，珠江东西两岸的流动将更加顺畅，城市群一体发展态势将更加清晰，二三线城市将获得更多的发展机会。其次是创新之“变”，从以科技转化和成果应用为主，向源头创新攀升，更加注重大科学装置、基础研发设施和国际创新资源的引入，形成联通港澳的创新生态网络。再次是产业之“变”，高端服务比重将继续上升，科技金融、贸易、航运等优势领域的国际影响力将进一步增强，数字经济、生命科学、航空航天、新能源等战略性新兴产业的规模将持续扩大。最后是贸易之“变”，从基于出口的世界生产中心向进出口、服务贸易并重的世界级生产和消费中心转变。

（四）从智力资本富集区到智力资本跨界融合区的关键一跃

港澳大湾区由发端到落地再到推进，未来应选择怎样的节点，能否成为世界级湾区，以及世界科技创新与产业融合的重要一极？我们不妨换一种方式来发问：粤港澳大湾区能从智力资本富集区转变为智力资本跨界融合区，借此完成向世界级大湾区的关键一跃吗？这是一个“智力资本富集区”，但不是“智力资本跨界融合区”，粤港澳大湾区应被视为“智力资本富集区”。“智力资本”是一种新的范式，也是一种新的逻辑和方法论，关乎知识经济、数字经济、创新驱动发展背景下的价值驱动要素是什么，发生作用、创造价值的机理是什么，连接、匹配、融合的规则和方式是什么。

正是智力资本将公司与公司、区域与区域做了本质上的区分。智力资本的水平直接影响到企业、区域所处节点的水平与质量，决定企业、区域在价值网中的控制力和影响力。智力资本由人力资本、结构资本和关系资本构成。(1) 人力资本。员工、客户、合作者都有可能是企业智力资本的持有者。人力资源只有被激活，才有可能转化为企业的智力资本。对管理而言，纯粹的雇佣关系而非合作关系会限制人力的资本化。为什么客户也有可能成为企业的智力资本？这是一个大规模业余化和大规模合伙制并存的时代，数字经济越来越体现为客户驱动创新、客户参与创新、客户主导传播分享与推荐购买，消费者的角色越来越多元化，有可能成为企业的合伙人，小米、海尔、红领就是这方面的典型案例。(2) 结构资本。它包括企业的战略与定位、路径、价值观与文化、知识产权、制度、规则、流程、商业模式、价值网塑造、组织结构与治理结构、打造的平台（电子商务、厂商互动）等。腾讯拥有强大的结构资本，除了微信的社交与场景连接、后台服务，其开放平台、众创空间在集聚要素、连接赋能上已经大大创新了社会价值。(3) 关系资本。全球化驱使合作，企业的发展要求合作，这使得关系成为资本。于是，企业如何梳理与管理关系、挖掘关系价值、建构价值网变得日益重要。熟稔关系管理的策略，掌握客户关系管理、员工关系管理、合作关系管理、社会关系管理等的方法，成为企业可持续发展对企业管理者的基本要求。在“互联网＋”时代，连接、交互与关系、信任的沉淀跟工业时代几乎完全不同，所以企业、区域转型不好，就是因为没有掌握新的结构、模式、逻辑。无论是企业还是城市，都必须洞察“互联网＋”时代背后的逻辑。

需要说明的是，过去智力资本的研究主要集中于企业，让人看不懂为什么一个企业的固定资产、财务资本那么少，市值却那么高？比如，腾讯、阿里巴巴都跻身全球十大市值公司行列，为什么固定资产却有限？京东一直在亏损，为什么市值却和百度差不多？滴滴出行、蚂蚁金服、小米为什么有那么高的估值，屡屡被投资者追捧？其实，智力资本可以回答这些问题。值得强调的是，智力资本分析也可以针对一个国家、一个区域、一个行业展开。比如，我们可以分析为什么越来越多的中国留学生选择回国，为什么许多年轻人都向往深圳、雄安，为什么东北的“空心化”现象越发明显，为什么世界越来越关注中国……中国的国家智力资本已经形成势能，创新动能十足，制度、生态良好，所以不必过于担心短期内的经济增速问题。通过考察纽约湾区、旧金山湾区和东京湾区，我们不难发现湾区内有深度的交互、有序的协同、公认的规则和深厚的信任。根据多年积累的基础资料，我们不难判断，粤港澳大湾区基础雄厚，智力资本富集。但是，因为一些复杂因素的影响，粤港澳大湾区并未实现跨界融合，也未形成整体生态。所以，粤港澳大湾区还不是一个智力资本的跨界融合区。没有实现跨界融合，就无法成为世界级大湾区，还会无端增加大量的信任成本、交易成本、协作成本和制度成本，并导致连接红利、关系资本红利、融合创新红利、生态红利，乃至智力资本红利的式微。这是一个核心问题。根据香港《明报》的社评，粤港和深港合作发展是广东多年来的期望，10 多年前，深圳市委书记曾经公开提出，深圳愿接受香港“辐射”，向香港学习，为香港服务。当时他只是希望深圳能作为香港的产业基地和“后花园”，因为当时葵涌仍然是全球第二大集装箱港，珠三角和深圳的产业基地可作为香港港口的腹地；而在 CEPA 的优惠政策下，世界金融中心香港的金融机构在进入内地时可首先进入深圳，这让深圳成为区域金融中心；在城市规划上，深圳可与香港衔接，为香港服务，为 10 多万在深圳置业的香港人提供方便，比如两地的几个关口都能 24 小时通关等。但香港方面对此却反应冷淡。时至今日，深圳已经成为继美国硅谷之后全球第二个创新科技之都，一年的研发支出近千亿元人民币，占 GDP 的比重达 4.1%，远远超过香港。从经济总量上来看，深圳在 2017 年便实现了对香港的超越。周其仁在粤港澳大湾区论坛上讲到，大湾区就像煲汤一样，要有创新的“密度”和“浓度”，而且关键在于交互。如果固守边界、没有融合、自说自话，各自再强大又能持续多久？“互联网 +”与分享经济进一步打破了地理边界，只有融合协同，提升粤港澳大湾区对全球智力资本等价值驱动要素的吸引力、包容性，才是正道。

三、制定合理的粤港澳三地经济集聚和融合的经济政策

大湾区要面对结构性难题，有破有立。粤港澳大湾区面临以下结构性问题：思考层面各异，地理边界清晰，文化冲突犹在，区域心态不同，普惠性安排难以达成，产业结构差异明显，在教育、运营、科技、合作方面的理念各有千秋，交互明显存在障碍，制度、规则、惯例各具特色。粤港澳大湾区内存在三个相互独立的关税区，人员、资金尚未实现自由流动，航空网络、港口群因缺乏协调而存在竞争，跨区域的沟通机制和经济体制也未能对接，这些都是有待中央与三地政府用创意去规划、用智慧去解决的问题。合理的政策能够推动事情的正向发展，我们的政策应该做到有所为而有所不为，以下是对粤港澳大湾区建设的一些建议：

第一，时刻注意辨别经济发展中的因和果。只有正确区分因和果，才能避免我们在见到“因”的时候束手无策，对其进行抑制甚至扼杀；也能避免“果”被政策过分强调，以至于揠苗助长，以及不合适的产业政策被强行推广到不合适的地区和产业中去。只有尽量从“因”的问题入手，才能减少政府在制定产业政策时失误的可能。

第二，尽量保持优惠条件均等化，让各方都能够平等地获益，既不让一些企业成为优惠政策的被俘获者，也不鼓励那些仅为了获得优惠政策但本身对科技发展毫无诉求的企业或者个人。减少这种现象的办法就是优惠条件均等化，政府支持一个项目的同时，也要让别的项目获得相应的支持。比如，如果从事人工智能的人才能够优先获得深圳户口，那么从事大数据的人才也应优先获得深圳户口。

第三，加大针对基础设施的投入，而不是个别项目的补贴。对公用型基础设施的投入，尤其是对大项目的投入，要能达到“优惠条件均等化”的标准。不贸然补贴个别项目和产业，可以避免政府在对具体项目的评估中产生误差和滞后，进而避免风险和损失。

第四，在立法上要“先让子弹飞一会儿”。有经验的设计师在设计校园里的小径时，不会先铺设石头和水泥，而是会让行人走动一段时间，当最优路径形成后，再以石头或水泥加固。所有良好的社会制度安排，都不是来自个别人的一厢情愿的设计，而是来自众人的行动，因为人群中包含大

量、不可观察的信息，以及对利益的比较和做出的妥协。政府作为政策的设计者，应该做到“先让子弹飞一会儿”。

总之，粤港澳大湾区的融合能够有效地鼓励科技人员探索创新，风险投资家甄别项目，企业家制造生产，商人开拓市场。政府应该以高远的视角、平等的手段和鼓励的姿态，利用三地在地理位置、产业资源、制度条件等方面的独特优势，在未来催生科技创新和商业转化的新奇迹。

第三节　数字经济平台战略与产业生态构建

一、中心接近度的概念越来越淡化

国内外文献研究指出，区域网络对企业创新有积极的影响，而网络与集群资源的互嵌性为区域决策者提供了增强创新和区域经济绩效的机会。国外的综合模式分析也表明：所有地区其周边的核心或节点城市的社会，政治和文化组成对其城市经济发展至关重要。因为，集聚将影响新兴地区工业的发展程度，这是由于与该城市的空间接近以及该城市或其以外的工业集群所形成（金祥荣、赵雪娇，2016）。要素禀赋的提升随着时间的推移而变化缓慢，技能和价值观只有在长期中才能得以提升，因此，对于是否最接近一个区域或城市群的中心，是否靠近人口的节点中心是发展的关键因素，甚至是决定性因素，这可以被认为范·瑟恩（Von Thünen，1966）的区位理论、韦伯的工业地理理论、克里斯塔尔的中心市场理论（Christaller，1933）和霍特灵的空间竞争理论的延伸。所有这些区域发展理论都提出了从节点中心城市到周边城市发展工业和农业的最佳距离问题。城市间的空间互动可以解释从大城市到小城市以及小城市与大城市的互动中，城市的经济得以发展（丁嵩、孙斌栋，2016）。但是，在当前的全球化世界中，没有一个地区或城市是自给自足的，它们都依赖与中心城市的贸易往来维持生存，在过去可能会比较重要，但现在与节点中心的接近度已越来越显得并不那么重要（McDougal & O’Connor，2005），如印度的班加罗尔和美国的硅谷发展肯定是这样，这两个地区都发展为软件中心，硅谷是最先发展起来的主要地区，其发展得益于邻近美国加州北部旧金山湾，但随后由于反向移民和信息技术移动，以及班加罗尔当地居民技能的不断增加，印度的班加罗尔也已经发展起来了，但并非与硅谷邻近，这说明，中心接近度已在现代信息技术中和反向移民中越来越淡化。

《粤港澳大湾区规划纲要》明确提出，作为国家战略的粤港澳大湾区建设将成为“打造高质量发展的典范”，这使得以粤港澳大湾区作为突破口和切入点来研究，显得意义重大。粤港澳大湾区治理与合作已进入关键期，如何率先实现经济高质量增长已成为焦点，当前，珠三角工业发展总体格局已由工业化后期开始向后工业和知识经济时代过渡，而具有后工业经济特征的制造业生态体系乃是一个复杂且融合度很高的全球价值网络。而以珠三角地区为代表的我国众多地区由于之前的粗放型增长，使得经济增长缺乏后劲。经济进入新常态，缺少内生增长动力的我们苦苦地探索着经济高质量增长的路径选择。由于企业规模小且散，没有龙头企业的带领，缺乏高端生产要素的支撑，以珠三角地区为代表我国很多地区的支柱产业往往很难实现转型升级，面对这一突出困境，这需要有新的战略指引。目前，全球化的数字经济发展浪潮已成趋势，我国数字经济持续快速发展，数字经济建设已全面启动，这为我们解决这一困境提供了新思路。随着5G等信息技术的发展，“互联网+”、大数据服务、云计算、人工智能、“区块链+”等新兴业态或趋势呈现了出来。当前，我们正经历智能制造、网络化协同、大规模定制、服务型制造、云制造等数字化转型变革期，信息资源日益成为重要的生产要素，信息化、数字化在经济社会发展中的引领和支撑作用进一步显现，全球化的数字经济发展浪潮已成趋势。因此，从数字经济平台的视角，研究粤港澳大湾区经济高质量增长的内在机理与路径选择，破解经济、产业、企业转型与升级进程中的难点问题显得尤为迫切且具有代表性，这可为全国范围内的经济高质量增长“杀出一条血路”，提供可复制推广的经验。这或许为制造向智造转型而实现大湾区产业国际竞争力提升提供了一个新思路与新方向。

二、数字经济平台战略实施的机理分析

前面大量理论与事实已表明，由传统产业集群向创新型产业集群跨进，

或者说由制造向智造转型，高端要素的投入是关键。而面对多年来，珠三角各市与港澳等发达地区的产业融通发展效果还远未达到理想状态，这其中主要的原因，就是珠三角缺乏高端生产要素的集聚。而正是在这样一种困境下，我们不得不重新思考新的战略。

（一）欠发达地区制造业转型的共性瓶颈

基于上述理论分析，我们可以这样设想，一个地区的数字经济发展一定与其制造业发展模式有着内在的联系，这可以体现在如下几个方面：其一，由于一些粗放型经济增长的地区，往往其是资源耗费型，如劳动力、土地、环境等，这些地区有着一定的产业发展基础，但大多为小散企业，且分布碎片化。这些企业主要经营着附加值低、技术含量低的加工型的业务，因此，经济问题在前些年虽然明显，但随着我国进入经济发展新常态后，其发展的内在瓶颈十分明显。其二，这些地区往往缺乏高端生产要素，虽然有着明确的产业发展方向，也在招商引资方面积极作为，但效果并不理想，其主要原因是因为高端的生产要素缺乏，这包括优质的资本、高端人才、前沿技术以及数据源等。以高端人才为例，企业和地区发展所需要的高端、核心人才与团队等，由于工作环境、公共配套、经济实力等硬条件，再加上工作氛围以及团队气氛等软因素等，高端人才往往不愿长期在这些地方工作，使得这些企业或地方的科技研发等现代服务业因缺少高端资源而无法充分发展。其三，这些地区往往缺乏龙头企业的带动。一个地区产业发展往往要靠核心企业与众多的本地已有小企业形成共生的产业链配套局面，并依靠核心企业引导它们错位发展，从而实现这一地区的以核心企业为龙头的行业发展优势。如果没有这样的核心企业牵头，则该地区的传统产业集群没有办法实现向创新型发展集群转型，会缺乏发展的活力，而传统制造业集群面临着十分严峻的生命周期，如果没有成功实施转型为先进制造业集群，那么这类集群或迟或早会面临淘汰。

（二）国内外数字经济发展风云聚会

随着信息技术的发展，“互联网+”、大数据服务、人工智能等新兴的业态或趋势呈现了出来。当前，我们正经历物联网、云计算、移动互联网、下一代互联网、大数据等新一轮信息技术变革，知识经济高速发展，信息资源日益成为重要的生产要素，信息化、数字化在经济社会发展中的引领和支撑作用进一步显现，全球化的数字经济发展浪潮已成趋势。2016 年，全球数字经济规模 17 万亿美元，约占全球 GDP 总量的 23%，预测到 2021 年全球数字经济规模将达 21 万亿美元，年平均增长率约为 4.3%。数字经济覆盖医疗、旅游等产业元素和云计算、企业等创新元素，体现云计算、大数据、移动互联与各个传统行业和其他经济部门的融合发展。国务院总理李克强早在 2017 年 7 月就曾强调指出：信息通信业是国民经济中最具成长性的关键性、基础性产业。据《中国数字经济发展与就业白皮书（2019 年）》显示，我国数字经济持续快速发展，2018 年我国数字经济规模达到 31.3 万亿元，增长 20.9%，占 GDP 比重为 34.8%；2002～2018 年的 16 年间实现了 208 倍的历史跨越，成为中国经济新引擎。从珠三角来看，2018 年，广东省数字经济发展规模最大，超过 4 万亿元；当前，广东和浙江等数字经济发达地区都已建成数字经济产业园区，也是各地政府工作报告重点支持的项目。从数字经济总量来看，2018 年，长三角地区数字经济规模最大，达到 8.63 万亿元，珠三角地区次之，数字经济规模达到 4.31 万亿元，京津冀地区数字经济规模为 3.46 万亿元，东北老工业基地和西北地区数字经济发展相对较慢，分别为 1.60 万亿元和 1.26 万亿元，数字经济规模与地区经济发展水平具有较强的相关性（见图 7－2）。

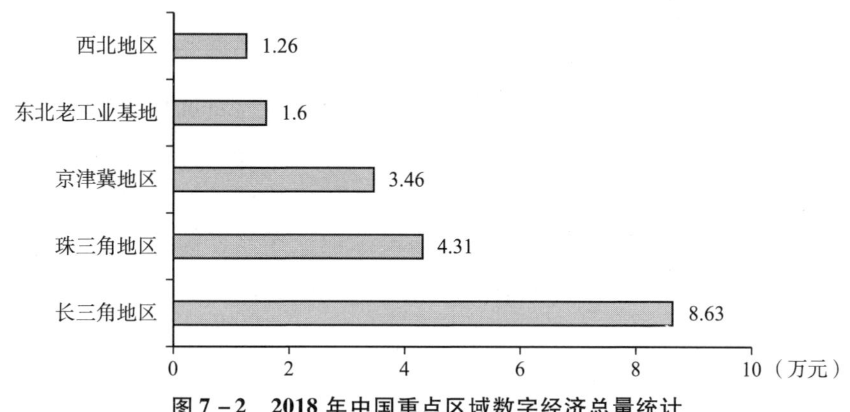

图 7－2　2018 年中国重点区域数字经济总量统计

资料来源：中国信通院、中商产业研究院整理。

上述这组数据表明，数字经济发展浪潮已经与大湾区建设不期而遇了。

因此，乘着移动互联网（5G技术、区块链技术等）红利的浪潮，大湾区数字经济应寻求迎头赶上、弯道超车的策略。未来，大湾区更要顺应“互联网+”发展潮流，积极培育壮大云计算、物联网、智能终端等新兴信息技术产业，并向各行各业广泛渗透，不断催生新产业、新业态和新模式，加快传统产业向数字化、智能化、绿色化转型。大力发展智能交通、远程教育等新兴服务业，增加服务新供给，运用数字经济提高基本公共服务水平，推动“互联网+政务公开”。站在数字经济的时代风口，大湾区应率先部署数字经济发展，以信息基础设施建设、数字产业化、产业数字化等为主线，以人为本，凸显数字服务，持续推进数字经济发展，构建产业融通发展的粤港澳大湾区产业生态体系。

（三）大湾区产业生态体系理论构想

理论分析范式的内在机理可从如下几方面阐述（见图7－3）：其一，从利益共享、协同发展、错位发展与阶梯发展等方面明确大湾区各城市的合作前提。其二，从基础设施（包括信息通信等）互联互通、机制协调、市场体系、产业链、技术链、资金链、人才链等方面，从结构、应用、承接的视角逻辑分析大湾区产业生态体系如何构建。其三，体制协调、合作机制、利润分配、营商环境等方面构建合作执行构架。并进行评估与反馈，适时调整与优化，形成大湾区产业生态体系的理论分析范式，并在这一范式下考虑具体的路径选择问题。

当前，我们正经历物联网、云计算、移动互联网、下一代互联网、大数据、区块链等新一轮信息技术变革，知识经济高速发展，信息资源日益成为重要的生产要素，信息化、数字化在经济社会发展中的引领和支撑作用进一步显现，全球化的数字经济发展浪潮已成趋势。物理空间的距离从某种意义上讲，随着数字经济发展而变得不那么明显，因此，未来地区或城市的产业发展不完全意义上取决于本地区或城市的高端生产要素，因为高端生产要素可以数字经济发展下集合在一个大的发展平台而共享。而此处，粤港澳大湾区建设的核心，即构建高端要素充分、自由流动的一个集成平台，在这一平台上，以数字经济为纽带，将核心大城市的高端要素集聚起来。这意味着，从资本来看，资金将通过这一平台实现有效配置；人才，可以实现“为我所用，不为我所有”的模式；技术，将实现共同开发、应用与推广等。而如何借助数字经济建设这一有力的工具，首先实现信息空间上的融合，以数字化为方向的，与粤港澳大湾区高端资源实现共享，提前布局与大湾区智能制造产业链对接的智造体系成为重点，而数字经济发展成为撬动这一转型的关键。

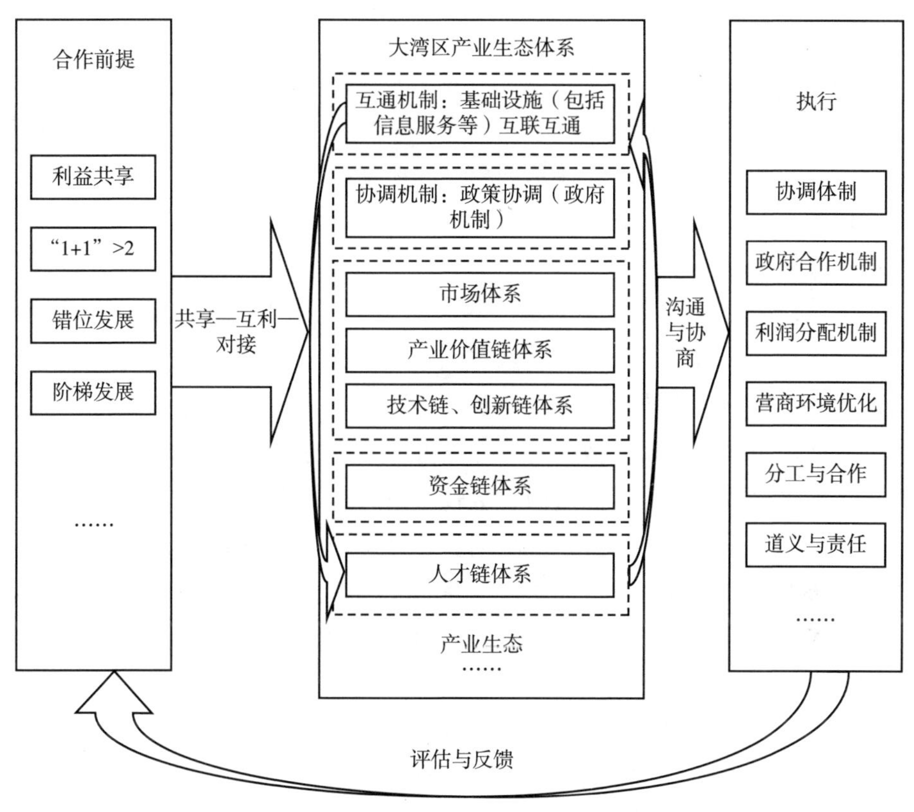

图7－3 粤港澳大湾区产业生态体系理论设想

（四）数字经济建设驱动制造向智造转型的内在机理

前面大量理论与事实已表明，由传统产业集群向创新型产业集群跨进，或者说由制造向智造转型，高端要素的投入是关键。可以设想，珠三角地区各市完全可以凭借数字化交互平台，与港澳地区共享高端要素，使区域间的产业协同、创新协同、公共服务配套一体化等都将成为可能。由此，我们根据数字经济发展的规律，可以从信息基础设计建设、综合服务平台、数字交互应用以及重大数字经济发展主题几个方面来构建数字经济平台战略的分析范式，如图 7－4 所示。

在这一分析范式中，主要考虑一方面，这些地区如何数字产业化与产业数字化，重点是如何数字服务问题，即数字服务产业、数字服务政务、数字服务民生等综合性服务问题。其内在机理可阐述为：

其一，基于数字经济平台战略，即互联网思维、数字产业化、产业数字化、政务数字化、公共服务数字化等数字交互式应用，即欠发达地区通过数字经济平台与现代产业体系的融合快速发展，使得区域间的产业协同、创新协同、公共服务配套一体化等都将成为可能，这将大大地促进这些地区制造向智造转型。

其二，由此，以“以人为本，数字服务”为着眼点，以数字产业化、产业数字化、区域融合的数字枢纽平台、数字政务、数字社会民生服务为主题，以信息基础设施和大数字资源库为基础，通过数字综合平台，将产业生态体系与数字应用、数字与产业交互耦合起来，构建“6×5”方阵的数字经济平台战略与地区制造向智造转型的分析范式。

其三，以体制创新、协同机制创新和政策支撑为驱动力，聚焦数字经济平台战略促进区域合作（粤港澳大湾区）经济协同高质量增长的内在机理与路径选择；以健全标准政策法规，并从建立绩效评估体系与动态优化机制等方面，提出相关政策与建议。

基于上述“数字经济平台——产业生态”分析模型，一方面，通过数字经济平台体系的价值创新机制与利润获取途径、组织结构与资本运作、核心能力与异质资源管理、服务创新机制及公共架构、网络包容性与平台孵化性，以及数字经济平台战略与契约安排、技术创新与品牌战略、知识管理及工具选择、财务管理框架及成本管理和商业模式等核心要素，促进系统与各主体间的复杂关系结构优化和内部运行。另一方面，通过实施数字经济平台战略，实现产业集群、企业从生产运营、研发设计、营销服务等产业生态低端的模式向系统集成，再向系统规则设计的横向转型和纵向升级，从而实现产业高质量发展。当然这也伴随着基于数字经济平台战略下，企业、园区全要素过程管理、系统高效运作与持续改善、协同竞争优

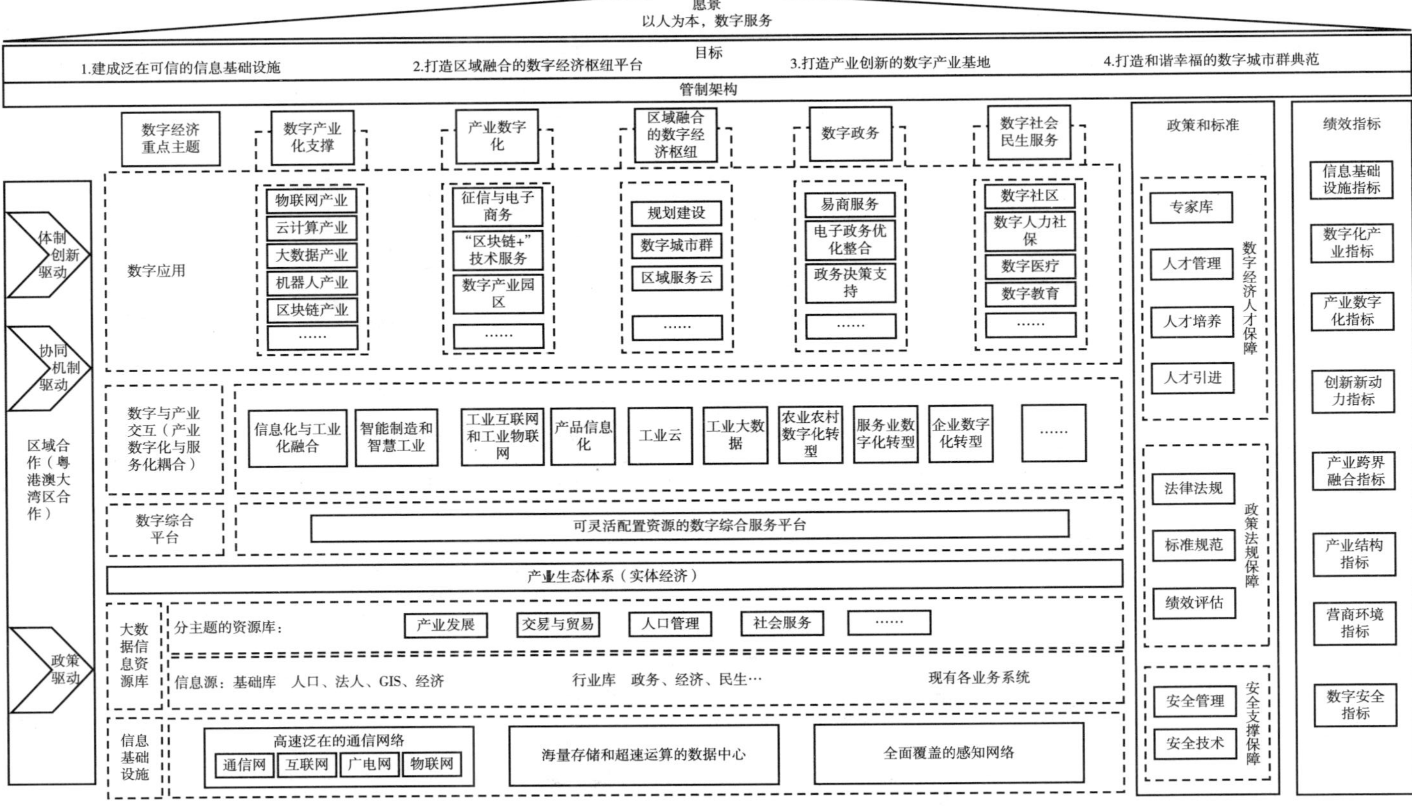

图7-4 数字经济平台战略的构想

势与知识网络驱动的园区平台组织范式，从而激发企业实施自主创新的动力。从协调机制、协作框架、执行协同等方面入手搭建政策分析范式，解决数字经济平台建设合作的体制性障碍问题，从而实现在数字经济平台战略下，打破高端创新要素资源不足、颠覆性创新成果与应用缺乏、生产性服务业与制造业供需低效平衡以及企业实施自主创新的资源约束。

其路径可以进一步阐述为：

其一，信息基础设计建设。应对地区信息化工作进行充分的重视，对数字产业化与产业数字化的现状进行分析，对电子政务在该地区推广普及和深入应用进行分析。摸排地区现有基础数据库和数字平台建设基础，并找准该地区信息化基础建设与数字经济建设要求的差距。特别是针对高速宽带网络推广普及情况、现有应用与服务产业、政务与社会民生存在的不足以及城市维度的数字化、信息化体系建设等问题，查找未来制约该地区数字经济建设的关键短板。

其二，确立未来该地区数字经济建设的主题（路径选择）与发展总体框架。数字经济建设以“以人为本，数字服务”为着眼点，即服务产业、服务政务、服务民生等，以提升数字经济建设促经济高质量增长为出发点，聚焦数字交通运输、数字产业化与产业数字化支撑、数字政务、数字城市管理、数字社会服务以及数字文化传承六大主题（路径）展开。

其三，明确数字经济建设的主要任务和工作。从构建数字资源库及综合云平台、信息资源管理体系等方面进行设计。研究如何深化数字交通运输、产业支撑、数字城市管理、数字政务、数字社会服务和数字文化传承六大主题（路径）展开。国内外实践表明，从当地经济、社会热点领域切入，迅速取得阶段性成效，对数字经济建设具有重要意义。此外，建设投入巨大，短期内集中上马，将对地方财政和产业发展带来难以承受的压力，需要对各类需求做出科学分析，有序推进；需要引入社会资本进行创新发展。

其四，重点从信息基础设施建设与全面感知、尝试交互和数字服务三个阶段设计相关重点项目。从数字信息资源库建设、数字综合服务平台建设、云计算中心建设、数字产业园示范区建设、数字交互渠道建设、数字交通建设、应急指挥调度中心、电子口岸建设、数字旅游、数字社区、市民卡推广和深化工程与安监综合服务平台建设等方面明确谋划重点工程。

其五，设计推进粤港澳大湾区数字经济建设的保障机制和措施。聚焦加强政府领导、健全标准政策法规、创新投融资模式、加强人才队伍建设、建立绩效评估体系、建立动态优化机制、加强技术保障支撑、加强互动沟通交流、加大宣传力度、加强信息安全保障等方面工作。

此外，区块链作为“价值互联网”的重要基础设施，正在引领全球新一轮技术变革和产业变革，正在成为技术创新和模式创新的“策源地”。区块链技术在实体经济中广泛落地为实体产业“换道超车”直接实现“可信数字化”提供了机遇。利用区块链技术，结合物联网和工业互联网的进一步推广和普及，大量交易将由线下转向链上，企业的管理系统和机器设备的联网率也将显著提升，物理空间的实物资产也会被更广泛地映射到网络空间，数字资产将成为企业资产的重要组成部分，实体产业的商业模式也将实现前所未有的深度变革，这将极大地加快我国数字化进程，为数字中国建设提供有力支撑。

三、区块链与数字经济平台战略

（一）区块链打造新型平台经济，开启共享经济新时代

平台经济是中国互联网经济发展的基础性创新模式，也是“互联网+”时代我国经济发展的新动能。平台的价值根源来自平台用户，尤其早期的平台用户贡献了更大的价值。但是，目前平台经济更多的是“分享经济”，而非“共享经济”模式，平台的使用者与平台的所有者之间存在利益冲突的问题。

而区块链技术的应用有望使“分享经济”真正转变为“共享经济”。Token 作为一种技术要素，是区块链网络上的价值传输载体，其以流通效率为衡量基准，更深一层则是以影响力为衡量基准。借助 Token 体系，区块链平台能够将用户对平台或社区的贡献量化并自动结算，给予相应奖励，实现用户与互联网平台所有者共享平台价值的增值。

基于区块链的激励模式将推进分享经济向共享经济升级，并且这种新型平台经济也符合创新、协调、绿色、开放、共享的新发展理念，是一种更高层次的新型平台经济，即“社群经济”，打破社群发展瓶颈，使得互

联网社群组织能够实现向经济组织的转变，形成一批具有独特竞争力的社群经济体。区块链借助分布式账本和智能合约技术大幅降低契约建立和执行的成本，打破信任障碍，实现去中介化，打造真正的共享经济，全面开启共享经济的全新时代。

（二）区块链加速“可信数字化”进程，带动金融“脱虚向实”服务实体经济

目前，实体经济成本高、利润薄，中小微企业融资难、融资贵、融资慢等现象仍然存在，金融对实体经济支持仍显不足。这个现象背后的重要原因是，金融机构和实体企业之间还存在着较为严重的信息不对称，实体经济能够提供的信息，不足以支撑金融的投资决策。金融机构准确获取实体企业真实经营信息的难度较大，金融机构和实体企业建立信任的过程较为曲折，对中小微企业授信管理成本和风险溢价较高。因此，需要建立起确保实体产业经营信息向金融机构准确传递的机制，才能推动金融更好地为实体经济服务，实现脱虚向实。

同时，由于“上链”后的数据能够显著提升实体企业融资的便利性，实体经济会更加积极地推动业务的数字化转型，实物流向信息流的映射速度、广度和深度将急剧提升，进一步强化可信信息流，急剧拉近资金流和实物流的距离。金融部门和实体部门的关系变得前所未有的紧密，资金和实体的“触点”将大大增加，实体经济的融资方式也将变得多元化。此外，在这种模式下，也将给监管部门进行监管带来前所未有的便利和手段，有效实现穿透式监管、事中监管。最终，物理世界、数字世界与资金体系的高度联通，实现“三流融合”，进而使得金融和实体经济密不可分，不再出现资金在金融体系内空转的情况，实现脱虚向实的过程。

（三）区块链监管和标准体系将进一步完善，产业发展基础继续夯实

随着区块链技术的成熟程度进一步增加，与产业结合更紧密，行业监管制度体系将进一步建设完善，以营造良好的发展环境，为产业区块链项目深入服务实体经济提供有力保障，一些违法违规的项目则将会受到严格监管。另外，区块链本身的分布式、不可篡改、公开透明等特性可以有效

提升穿透式监管的实施效率。分布式可以使区块链项目方在不同监管机构使用同一套监管规定，也能使不同的监管机构共同享用一个数据账本。不可篡改又保证了数据的可追踪性，使监管能够对历史数据进行调阅，实现监管政策全面覆盖。同时，监管机构也能将自己的规定写进智能合约，实现智能监管。这对于监管者来说节省成本，对于项目方来说，一个透明、规则明确的监管环境有利于行业健康发展。

未来将是传统行业与区块链更紧密融合的时期，随着区块链开始改变市场结构，企业将会关注到商业的变革，带有智能合约技术的新生态系统会被整合到在现有行业中，新型的商业模式和监管服务模式将会涌现，社会企业数量将会大大增加。跨链技术将实现不同区块链之间，甚至区块链和传统 IT 系统之间的价值流转。一方面，区块链开辟国际竞争新赛道，在促进创新创业与技术融合方面会有杰出的作为，如区块链加速“可信数字化”进程，带动金融“脱虚向实”服务实体经济，是区块链网络上的价值传输载体，推动实体经济大发展等；另一方面，平台经济是中国互联网经济发展的基础性创新模式，也是“互联网 + ”时代我国经济发展的新动能，而区块链技术的应用有望使“分享经济”真正转变为“共享经济”。目前，粤港澳大湾区各市区块链标准化工作已经具备良好基础，未来一段时间区块链标准化将进入关键的发展时期，标准研制等工作将加快进程，在基础标准和通用技术标准等方面，将有更多研制成果出现。未来，随着大湾区区块链产业创新水平的不断强化，对于开源社区的支持力度继续提升，增强在区块链发展过程中的贡献度、在区块链领域的权威性以及话语权，推动底层技术加速进步，为区块链技术在更多实体经济场景落地打下坚实基础，这也为构建粤港澳大湾区颠覆性创新价值网提供新思路。

第四节 政策建议

粤港澳大湾区有几个使命是不言而喻的，可用几组关键词来概括：一是“科技与创新”，创新驱动转型是国家要务，也是战略安排；二是“城市群与协同发展”，只有大连接、大协同才能有大空间；三是“改革与试验”，要打破局限，实现突破，才能发挥引领作用；四是“融合与获得感”，粤港澳大湾区不只是一个经济概念，还要综合考虑社会发展，要以人为中心，让老百姓有获得感。同样，从有界到无界，从各抓一摊到要素聚能，从多元到多样，都是值得借鉴的线索。生态环境中的物种是多样性的，文化是各具特色的，制度规则、基础条件、发展诉求也各有差异，这很正常。

一、以数字经济发展促价值网建设

在粤港澳大湾区内，内地城市与香港、澳门之间的互联网联系存在管制，通信模式尚未融合，不仅收费高，而且服务差，办理程序烦琐。互联网和通信管制不仅影响经济产业的发展，更给粤港澳大湾区居民之间的生活和正常交流带来极大不便，也造成了巨大的人力、物力和财力浪费。对互联网的适度监管是必要的，但要改变目前这种处理方式，在粤港澳大湾区内最大限度地便捷信息流动，使居民的工作、生活和交流沟通更加顺畅和便利。以数字经济建设加快推进粤港澳大湾区产业创新生态体系建设是一项复杂的系统工程，对于其中基础性、结构性、预置能力性的建设内容，需要优先部署；国内外实践表明，从当地经济、社会热点领域切入，迅速取得阶段性成效，对产业生态体系建设具有重要意义。此外，建设投入巨大，短期内集中上马，将对地方财政和产业发展带来难以承受的压力，需要对各类需求做出科学的分析，有序推进；需要引入社会资本进行创新发展。

第一，可以采取的措施包括探索在安全可控的前提下，运用电子身份信息（EID）技术，允许脸谱网、推特等境外网站在粤港澳大湾区内使用；允许香港、澳门的互联网服务提供者在粤港澳大湾区内开展特定业务；在大湾区内取消额外手机通信费和漫游费，采取内地城市之间的通信收费模式。

第二，健全标准政策法规。加快制定《数字经济建设条例》《数字经济建设项目管理办法》，制定《数字经济建设管理办法》等法律法规和规章制度。

第三，创新投资融资模式。拓宽投融资渠道，逐步建立以政府投资为引导，以企业投资为主体，金融机构积极支持，民间资本广泛参与的粤港澳大湾区产业生态体系建设的投融资模式，撬动社会资本投入粤港澳大湾区产业创新生态体系建设。

第四，加强人才队伍建设。建设大湾区产业创新生态体系建设人才库和专家库，开展专业人才登记备案，推进信息化人才规范化管理；坚持引进和培养相结合，以数字经济平台企业、龙头企业为主体，发挥高校、科研机构、产业集聚区等各方作用，培育和引进一批数字经济高水平研究型人才和具备产业经验的高层次、复合型科技领军人才。鼓励高校、职业院校开设工业互联网相关学科和专业，定期开展数字经济教育培训活动，大力培育相关技术人才和应用创新型人才，不断壮大数字经济人才队伍，鼓励人才积极参与数字经济创业创新。支持企业、院校专业人才进入广东省数字经济专家委员会。

第五，建立绩效评估体系。设计粤港澳大湾区产业创新生态体系建设指标体系，加大粤港澳大湾区产业创新生态体系建设考核力度，检查和督促数字经济建设规划、方案和年度计划的落实情况。将建设绩效评价引入评比机制，建立论坛，引入第三方评估机构，建立粤港澳大湾区（主要是指珠三角各市）产业创新生态体系建设绩效评估体系。

第六，建立动态优化机制。关注国内外数字经济建设发展趋势，以年度为小周期，以阶段为大周期，定期评估粤港澳大湾区产业创新生态体系建设目标完成情况及建设成效，总结存在的问题和不足，动态调整数字经济建设内容和具体指标，以确保产业生态体系建设适应的信息技术演进趋势，始终保持一流的水准。

第七，加强技术保障支撑。聘请国内外业界专家、学者组建专家委员会，为粤港澳大湾区产业创新生态体系建设出谋划策，提供有力的“外脑”支撑；加强与国内外发达城市、可比城市、行业协会、学术团体、研究机构的交流与合作；鼓励支持大学、科研院所等机构，针对大湾区的实际情况，开展数据经济建设基础性、前瞻性的研究。

第八，加强信息安全保障。以原有信息安全基础设施、政策法规、标准规划为基础，构建大湾区产业创新生态体系建设安全保障体系。

二、抓住协同创新的“共同体、生态链、关节点”

充分发挥粤港澳三地各自的优势，以内地的平台建设、产学研合作、完善的科技创新机制以及各方面的支持政策为先导，借助香港、澳门的国际化科技创新资源、科技金融服务、知识产权等有利条件，增强对国际创新资源的吸收能力。以大湾区协同创新为目标，深化体制机制改革，促进高端要素自由流动和优化市场化配置，从而实现优势互补。具体来说：

第一，构建开放型区域协同创新共同体。不断加强粤港澳科技创新合作，积极鼓励世界一流科研机构和国际企业在粤港澳设立分支机构，推动港澳融入国家创新体系，探索创新要素跨境自由流动的区域创新体系；共享创新创业资源，共同完善创新创业生态；鼓励境内外科研机构与企业参与粤港澳大湾区创新发展活动，协同“走出去”。

第二，打造高水平科技创新载体和平台。发挥国家重大科技基础设施和前沿学科资源，提升粤港澳基础研究水平；不断优化创新资源配置，建设培育一批产业技术创新平台、制造业创新中心和企业技术中心；发挥国家高新区支持产业高端化发展；支持港澳一批研发中心和产业发展平台。

第三，大力发展科技金融产业，为创新创业提供资金支持。推动国家中小企业发展基金、中国互联网投资基金等在港设立子基金，探索成立国家级香港创新基金，撬动更多社会资本加入，优化湾区科技和人才环境，为初创型创新企业提供更好的资金支持。

第四，以区域商务合作为中心、以科技金融为驱动，鼓励互联网银行、移动支付平台等金融新业态在移动支付、金融安全、跨境人民币业务应用等方面加快探索、试点互认，促进湾区金融市场互联互通，打造具有更强国际影响力的科技驱动型金融产业链。

第五，优化区域创新环境。深化区域创新体制机制改革，促进创新资源自由流动，探索港澳科研机构平等享受内地支持创新政策和科技计划项目申请等政策；强化知识产权保护和运用。充分利用港澳国际化优势，在知识产权创造运用保护、贸易、专业人才培养等方面开展合作。

第六，推动粤港澳大湾区人才高地建设。一是粤、港、澳联合推出“湾区人才计划”，在个税方面进行补贴，让港澳高端人才在大湾区范围内工作，生活质量和在港澳差不多。而现在的情况是港澳的高端人才一年在内地工作的时间不能超过183天，否则就要按内地的税率缴纳个人所得税。只有率先落实港澳居民在粤港澳大湾区的同等待遇，让港澳居民在粤港澳大湾区投资、就业、创业、生活、旅游等更加方便、更能获得认同感，才能增加港澳居民自由流动的意愿。推出政策措施，便利港澳居民在粤港澳大湾区发展，包括扩大“回乡证”的使用范围，丰富“回乡证”的功能，使“回乡证”逐步接近内地居民身份证的功能；全面升级CEPA，放宽港澳居民在内地投资、就业、创业方面的准入限制；探索在粤港澳大湾区内率先取消《台港澳人员就业证》，免去港澳居民的就业麻烦；放宽港澳居民“183天”的纳税限制，以更加灵活的方式实现“港人港税，澳人澳税”；落实港澳居民在社会保障、公积金、子女教育等方面与内地居民同等的权利等。二是人才机制创新路径——创新大湾区人才发展体制机制，打造湾区人才发展优质软环境。建立大湾区人才一体化运行机制，完善区域人才发展顶层设计。建设人才保税区，打造大湾区国际人才自由港。构建高端智库集群，为区域发展提供软实力保障。三是人才载体升级路径——创新人才发展平台建设，增强大湾区纳才用才能力。试点建立人才飞地，实现大湾区各地优势互补。发挥粤港澳大湾区高等教育资源丰富优势，组建湾区高校联盟，推动开展多层面、多领域的交流，探索高考互认、区内转学和学分互认机制。鼓励社会力量、民间资本参与高等教育建设，鼓励粤港澳大湾区有实力院校与国际知名高校联合办学，打造具有高度科技创新能力的湾区高校群。四是人才引进开放路径——拓宽全球人才招揽渠道，提升大湾区国际化人才竞争力。借鉴海南省免签新政，放宽海外人才入境大湾区限制。实施工作假期签证，拓宽引才渠道。实施全球英才招聘工程计划，推动落实引才系统化精准化。全力吸引港澳青年人才在粤就业发展，推动人才返乡创业。此外，中国现阶段的教育政策仍然存在求量大于求质的问题，尤其在大学这样的高等教育领域，这种政策在长期是不利于人才培养和社会长足进步的。无论技术引进还是技术的自主创新都需要人才去实现，人才的产生背后无疑是教育的支持①。

---

① 林毅夫：《解读中国经济》，北京大学出版社2012年版，第18～19页。

三、着眼于开放融合发展，着力于体制机制创新

着眼于开放融合发展，着力于体制机制创新，在更高水平、更高层次上，进一步增强大湾区创新基础能力和科技成果转化能力，打造最具竞争力的国际科创中心。具体来说：

第一，建立粤港澳科技湾区常态化合作机制，共同制定粤港澳三地科技创新政策。进一步完善粤港澳科技湾区联席会议制度，由国家相关部委、粤港澳三地各级政府主要负责人共同组成，加强在重大交通基础设施、创业创新、高等教育、金融服务、服务贸易自由化、出入境事务等政策上的沟通协同。发挥香港"超级联络人"角色，为科技产业创新牵线拱桥。用好深港河套地区创新及科技园，打造粤港澳科技湾区示范区、先行区。推动大湾区高水平理工科大学和科研机构建设，深入推进粤港澳科研合作平台建设，推动形成大湾区高等教育创新集群。应以"政府引导、高校（科研机构）主导、企业支持"为原则，在政府科技创新规划和高新技术发展战略引导下，充分发挥高水平大学（科研机构）对大湾区加强创新基础能力建设的支撑作用。其四，加强产学研深度融合，重点推进校企合作重大科技攻关平台建设。以"政府引导、高校（科研机构）支持、企业主导"为原则，提高政府在科技创新活动中的指导和服务能力，建设一批关键核心技术集成攻关大平台，对产业发展的关键核心技术、产业共性技术、新兴产业技术加强攻关，突破一批制约产业发展的关键核心技术。

第二，打造具有核心竞争力的国际科创中心，以国际化、产业化和创新性为特征加快建设粤港澳大湾区建设国际科创中心，集聚国际一流的科技资源，将香港、澳门、广州和深圳的国际知名高校、科技资源等整合到一个大平台。充分发挥实施国际自由港政策的香港具有健全的司法和知识产权保护体系的优势，加大招揽人才、科研资金和顶尖科研设备入境便利化等力度。依托珠三角地区已形成的产业优势，迅速完成科技成果转化，使大湾区成为世界上创新活力最强的区域之一。不断完善产业链条，配套产业发展，充分利用丰富的科技创新链的中端资源，加快科技产业孵化。另外，要正视粤港澳大湾区除了"一国、两制、三个关税区"的制度差异，还有科研经费过境、人才跨境流动、税收、知识产权保护、高校合作、

科技体制等障碍，加快大湾区的科技合作机制的构建，在3个自由贸易试验区大胆先行先试。依托世界第三大金融中心和全球物流中心的香港，国际商贸中心的广州，科技创新、新兴产业、金融领域等方面具有超强竞争力的深圳以及世界制造业基地的珠三角地区，集中全力发挥“全球金融中心+全球制造业中心+全球商贸中心+全球创新高地”优势，建设大湾区国际科创中心。

第三，构建大湾区科技成果转移转化协同机制和生态链，将粤港澳大湾区建设成为具有国际竞争力的科技成果转化基地。建设一批国际化、全方位、全覆盖的科技成果转移转化交易平台、科技金融支持平台、科技服务平台和新兴产业孵化平台，将大湾区建设成为全球创新创业和新兴产业的引领者。加大创新基础能力的建设，全面加快广深港澳科技走廊建设。建设形成空间分布上集聚、学科方向上关联的重大科技基础设施创新集群；打造了多个高水平科技创新载体或平台，科技创新基础设施正在发挥集群效应和团队效应；培育科技创新联盟或协同创新共同体。进一步完善体制机制。明确广深港澳科技走廊建设具体合作机制和推进细则，并促进科技走廊与其他湾区城市的链接；以综合性国家科学中心建设任务为核心，加快重大科技基础设施在湾区的布局建设，形成区域协同创新和联合攻关的辐射源；建设科技创新联盟或协同创新支持体系。其四，以自贸区建设为突破口，加快大湾区国际服务贸易发展。前面的理论与经验分析表明，粤港澳大湾区颠覆性创新价值网的构建除了技术外，离不开金融、人力资本等高端现代服务业的支撑。而就大湾区自身现代服务业的发展来看，港澳与广州、深圳当然具有一定的规模，但从区域整体来看，还是短板。一方面，大湾区目前优质的高端现代服务业如何进一步在大湾区这一大平台上进行集聚与共享，这是一个难题；而另一难题，则是高端现代服务业这个“蛋糕”如何再做大做强一点，能更好地服务珠三角产业，特别是服务珠三角地区传统优势产业，促进他们转型升级，这不得不考虑国际服务贸易这一问题。当我们的服务贸易不仅仅具有劳动密集型特点，更具有知识密集型、资本密集型、资源环境密集型特点的时候，当我们的服务贸易把粤港澳大湾区巨大的货物贸易相伴随的服务贸易潜力挖掘出来的时候，当我们把最庞大的制造业产业链、供应链和价值链所对应的服务贸易基地体现在大湾区的时候，我们的服务贸易就实现了大湾区总体规划中所要求的高质量高效益的发展，大湾区产业国际竞争力就一定能在今后 5 ~ 10 年保持较高速度发展的态势。而加快大湾区国际服务贸易发展的突破口就是自贸区的建设。因此，大湾区 3 个国家自贸试验区应加大力度，加快建设和发展，为粤港澳大湾区整体开放上一个新台阶带来新的开放高度、深度和广度，为服务贸易的发展带来春天。要围绕服务贸易知识密集型、资本密集型、资源环境密集型的服务贸易能力弱的问题，围绕巨大的进出口货物贸易伴随的服务贸易潜力没有挖掘出来的问题，围绕全球相对庞大的制造业产业链所伴随的“三链”服务贸易基地大部分在国外的问题，用足用好用活自由贸易试验区政策。

四、企业嬗变发展实施颠覆性创新

知识积累后的二次创新模式的运用，是颠覆性创新取得成功的路径选择；网络位置、学习模式与颠覆性创新实施是一种有效的系统整合模式；基于新概念或新技术应用的颠覆性商业模式创新的实施，破坏传统产业的商业准则，通过重构价值链，引起销售渠道、收益方式、消费习惯等彻底的改变，由此改变产业格局，引领产业创新，进而引发本行业甚至其他相关行业产业生态系统的巨变。这表明：企业知识吸收与颠覆性创新的互动耦合遵循着一定的路径依赖。进入知识经济时代，在经济环境方面首先表现出来的是基础变化，即知识经济是以不断创新的知识为基础，是典型的知识密集型经济形态；其次是主导型要素，即人才的变化。在企业的投资战略上，重点转移到人才培训、激励创新方面，同时生产和分配要向知识产品及服务倾斜。在这一背景下，企业应确立“颠覆性创新”的思维，提高企业所处知识网络的规模、位置中心度，提高与知识网络内其他企业的联结强度，着力提升自身创造新知识的能力，提升应变能力，积极开展商业模式创新，特别是颠覆性商业模式创新。

第一，提高企业技术吸收能力。珠三角迄今为止的技术创新还主要停留在简单的模仿上，尤其是在高技术产品的生产上，吸收和再创造不足。所以，珠三角在养成自主创新机制的同时还需要继续促进以模仿为主的技术升级方式，重点是要提高吸收基础上的再创造。发达国家进行单项技术研发的成本要远远低于发展中国家。发展中国家通过引进、消化和吸收发达国家已有的技术所负担的成本要低、承担的风险也要少得多。因而，发展中国家考虑其有限的资源禀赋、知识储备、人均资本拥有量以及技术研究和开发的高风险性、高投入、低成功率，选择模仿来实现其技术升级并最终实现赶超是有其必要性的，这也正是落后国家的“后发优势”。

第二，“颠覆性创新”的思维的确立。可以肯定地说，“颠覆性创新”的思维是超前、灵活、创新之举，是赋有创新意识的。而小型企业的竞争制胜之道大家都知道：小企业大多属于行业的新进入者和弱小者，如何在激烈的竞争中通过选择合适的创新战略实现发展壮大是一个难题。如果小企业沿着成功企业的技术发展路径，采取跟随和模仿创新战略，以发挥后发优势，这种做法不一定能够达到目的。姑且不论企业后发优势的发挥必须具备一定的前提条件，就是试图在竞争对手所擅长的领域通过模仿实现赶超的思路本身，也存在一定的逻辑矛盾，真正能够通过模仿或跟随战略来击败行业“领头羊”的小企业，实属凤毛麟角。所以小型企业必须开启“创新”思维，灵活掌控，激活思想。如果思想平庸，知识贫乏，那就永远迈不开创新的步伐，永远攀摘不到“创新大树”上的“新绿”，永远应变不了市场的变化。要超越要领先，势必要打破“常规思维”。因为“颠覆性创新”能帮助企业睁开“第三只眼，伸出第三只手”。

第三，企业应着力提高企业所处知识网络的规模、位置中心度。企业在制造网络和知识网络中的位置，尤其是中心位置，对于企业吸收的知识源形成十分关键，珠三角现阶段企业想获取更大的颠覆性创新绩效，应该适当增加企业自身的知识网络规模，同时，企业应该尽可能地提升自己在所在知识网络内的位置中心度，这样才能更有效地利用知识网络内流动的资源，并且反过来会对知识网络有一定的控制性。网络的位置对于企业更好地面对日益动荡的环境，把握机会，赢得市场竞争优势十分重要。

第四，企业应该提高与知识网络内其他企业的联结强度。如前所述，国内外很多学者对于知识网络的联结强度对颠覆性创新绩效的研究结论存在着不一致的情况，最后通过实证研究的分析总结出知识网络的联结强度与颠覆性创新绩效的关系可能是倒“U”型的，研究表明，现阶段珠三角企业所处的知识网络规模可能处于倒“U”型上半段，这样增加知识网络的联结强度同样会对企业颠覆性创新绩效的产生正相关影响。

第五，企业应着力提升自身创造新知识的能力。知识网络的密度会严重的阻碍企业颠覆性创新的实施，原因正如研究结果所述，会导致整个知识网络的“组织惯性”，企业在构建自身所处的知识网络的过程中，对知识网络的密度无法进行控制，这就需要企业保持自身创新能力，不要陷入“组织惯性”中，保持企业创造新知识或者增加新创意的能力。这样才能更好地利用企业知识网络内部的知识，使其与自身积累的新知识进行有效的结合，更好地发挥资源价值。

第六，企业应着力提升应变能力。当企业所处环境的技术变化幅度大时，企业应着力提高知识网络的位置中心度技术动荡性只对位置中心度与颠覆性创新绩效之间的关系起到正向相关作用，当企业感觉到无法预知未来技术的发展方向时，除了组织学习以提高自身对外界技术发展的识别能力以外，企业应该主动提升自身知识网络的中心度，以获得更多有效的资源，进行合理的利用。

第七，积极开展商业模式创新。管理学大师德鲁克指出，当今世界企业间的竞争，不是产品之间的竞争，而是商业模式之间的竞争。商业模式创新是企业最重要的创新形式，其本质是更好地满足消费者需求从而达到新的价值创造，其地位与技术创新是同等的重要。作为颠覆性创新的一个关键运行机理，为应对内外环境的变化，企业应围绕日益复杂和个性化的市场需求，整合内外资源，改变创造价值的逻辑和方法，通过不断赋予现有的产品和服务新的内涵，或者创造全新的产品和服务，提升企业的国际竞争力。

综上，颠覆性创新价值网的实质是原价值网体系的重构与跃变，是新的产业与创新生态的磨合过程，因其重视技术与市场双重的因素，因此，考虑在低端市场、新兴市场或两者的混合市场实施破坏的成本相对较低，是发展中国家或地区嬗变发展的重点战略选择。在粤港澳大湾区产业协同发展的过程中，不仅要重视传统的劳动力、资本、土地等要素投入，也要重视基于二次吸收的模仿性创新，但更要重视和发挥颠覆性创新的作用。如何培育企业嬗变发展，实证颠覆性创新能力，促进企业知识吸收能力与颠覆性创新的内生互动，构建基于颠覆性创新的创新生态，以制造业与生产性服务业融合以及企业实施颠覆性创新为基础，以知识网络融入、市场体系融入、产业链融入、全球价值链融入以及信息网络融入为机理，全面实施颠覆性创新，从而驱动知识溢出、知识吸收与企业实施颠覆性创新充分耦合的颠覆性创新价值网体系建设，此种模式下所表现出的产业与创新生态的建立，包括数字产业化与产业数字化、智慧型、创新型城市的建设等为平台的现实实施载体建设，应为未来政策制定部门和政府决策部门所要关注的重点问题。

参考文献

[1] 白胜. Christensen 颠覆性创新理论的逻辑演进 [J]. 科技进步与对策, 2012 (13): 149 – 153.

[2] 白重恩, 杜颖娟, 陶志刚, 仝月婷. 地方保护主义及产业地区集中度的决定因素和变动趋势 [J]. 经济研究, 2004 (4): 29 – 40.

[3] 保罗·克鲁格曼, 茅瑞斯·奥伯斯法尔德. 国际经济学 [M]. 北京: 中国人民大学出版社, 2002.

[4] 保罗·克鲁格曼 (黄胜强译). 克鲁格曼国际贸易新理论 [M]. 北京: 中国社会科学出版社, 2000.

[5] 保罗·克鲁格曼. 战略性贸易政策与国际经济学 [M]. 北京: 中国人民大学出版社, 2000.

[6] 蔡琼华等. 基于突破性技术创新的企业技术跨越机会窗口研究 [J]. 科学管理研究, 2005 (2).

[7] 曹丽艳. 后发企业的创新选择及其颠覆性创新的路径研究 [D]. 哈尔滨理工大学, 2013: 73.

[8] 曾珠. 中日国际竞争力的比较研究 [D]. 西南财经大学, 2010: 194.

[9] 陈劲, 王飞绒. 创新政策: 多国比较和发展框架 [M]. 杭州: 浙江大学出版社, 2005.

[10] 陈劲. 创新全球化——企业技术创新国际化范式 [M]. 北京: 经济科学出版社, 2003.

[11] 陈卫平, 朱述斌. 国外竞争力理论的新发展——迈克尔·波特"钻石模型"的缺陷与改进 [J]. 国际经贸探索, 2002 (3).

[12] 陈翔羽. 企业竞争情报研究 [M]. 北京: 兵器工业出版社, 1995.

[13] 陈晓声. 产业竞争力的测度与评估 [J]. 上海经济, 2001 (6).

[14] 陈苡, 吴奕湖. 国际金融危机背景下如何培育和提升企业核心竞

争力［J］. 知识经济，2009（16）：32－33.

［15］陈玉娟. 知识溢出、科技创新与区域竞争力关系的统计研究［D］. 浙江工商大学，2013：210.

［16］陈子凤，官建成. 国际专利合作和引用对创新绩效的影响研究［J］. 科研管理，2014（3）：35－42.

［17］胡培兆，陈其林. 科学发展观与中国新型工业化［M］. 厦门大学出版社，2006.

［18］代永华. 比较竞争优势与中国产业的国际定位［J］. 财经科学，2003（4）.

［19］戴宏伟，丁建军. 社会资本与区域产业集聚：理论模型与中国经验［J］. 经济理论与经济管理，2013（2）：86－99.

［20］范剑勇. 制造业地理集中与地区的产业竞争力［J］. 浙江学刊，2008（3）：158－163.

［21］范钧. 区域软环境对中小企业竞争优势要素作用机制的实证研究——以浙江制造业为例［J］. 科研管理，2010（2）.

［22］范黎波. "中国制造"的发展路径与战略选择［M］. 北京：中国社会科学出版社，2012.

［23］方文静. 中小企业颠覆性创新选择的比较分析［J］. 中国西部科技，2011（3）：70－71.

［24］冯荣凯. 知识溢出及其影响因素：一个文献综述［J］. 商品与质量：理论研究，2012（4）：321.

［25］付玉秀，张洪石. 突破性创新：概念界定与比较［J］. 数量经济技术经济研究，2004（3）：73－83.

［26］高春亮，李善同，周晓艳. 专业化代工、网络结构与我国制造业升级［J］. 南京大学学报，2008（2）.

［27］古扎拉蒂. 计量经济学（第3版）上、下册［M］. 北京：中国人民大学出版社，2000.

［28］广东省经贸委课题组. 广东省工业产业竞争力研究报告［R］. 2003：82－83.

［29］郭克莎，贺俊. 走向世界的中国制造业［M］. 北京：经济管理出版社，2007.

[30] 郭克莎. 我国技术密集型产业发展的趋势、作用和战略 [J]. 产业经济研究（双月刊），2005（5）：1－12.

[31] 郭克莎. 制造业生产效率的国际比较 [J]. 中国工业经济，2000（9）：40－47.

[32] 何永清，张庆普. 基于模糊一致偏好关系的知识吸收能力评价研究 [J]. 情报理论与实践，2013（1）：69－73.

[33] 洪勇，苏敬勤. 发展中国家核心产业链与核心技术链的协同发展研究 [J]. 中国工业经济，2007（6）.

[34] 侯广辉，张键国. 国外知识吸收能力研究脉络梳理：理论演进与分析框架 [J]. 情报理论与实践，2013，36（3）：122－128.

[35] 胡恩华. 企业技术创新能力指标体系的构建及综合评价 [J]. 科研管理，2001（7）：80－84.

[36] 胡军，陶锋，陈建林. 广东 OEM 企业持续成长的路径选择——基于全球价值链外包体系的视角 [J]. 中国工业经济，2005（8）：42－49.

[37] 苏启林，胡军. 颠覆性创新、技术跨越与中国产业成长 [M]. 北京：经济科学出版社，2009.

[38] 黄海洋，陈继祥. 颠覆性创新的扩散过程与中小企业的竞争策略 [J]. 工业工程与管理，2011，16（1）：123－129.

[39] 黄韦华，向吉英. 全球价值链治理、颠覆性创新与本土产业升级——以深圳手机产业为例 [J]. 开放导报，2011（2）：93－96.

[40] 黄兆银，王峰. 全球竞争中的中国制造 [M]. 武汉：武汉大学出版社，2006.

[41] 吉利斯（Malcolm Gillis）等. 发展经济学（第四版）[M]. 北京：中国人民大学出版社，2002.

[42] 贾鼎. 关于社会资本研究视角的若干思考 [J]. 河北学刊，2014，34（1）：104－106.

[43] 金碚. 产业国际竞争力研究 [J]. 经济研究，1996（11）.

[44] 金碚. 世界分工体系中的中国制造业 [J]. 中国工业经济，2003（5）.

[45] 金碚，胥和平，谢晓霞. 中国工业国际竞争力报告 [J]. 管理世界，1997（4）.

[46] 金碚. 中国产业发展的道路和战略选择 [J]. 中国工业经济, 2004 (7).

[47] 金碚. 中国工业国际竞争力——理论、方法与实证研究 [M]. 北京: 经济管理出版社, 1997.

[48] 柯颖, 王述英. 模块化生产网络: 一种新产业组织形态研究 [J]. 中国工业经济, 2007 (8).

[49] 克里斯滕森. 创新者的窘境 [M]. 南京: 江苏人民出版社, 2001.

[50] 孔翔, Rorbert E. Marks, 万广华. 国有企业全要素生产率变化及其决定因素: 1990~1994 [J]. 经济研究, 1999 (7): 40-48.

[51] 黎继子, 刘春玲, 蔡根女. 全球价值链与中国地方产业集群的供应链式整合 [J]. 中国工业经济, 2005 (2).

[52] 李廉水, 吴先华. 江苏、香港和韩国制造业及其劳动生产率的比较研究 [J]. 江苏社会科学, 2010 (5).

[53] 李娜, 李瑞雪, 王春梅. 基于颠覆性创新的企业竞争力提升研究 [J]. 价值工程, 2012, 31 (2): 127.

[54] 李平. 论国际贸易与技术创新的关系 [J]. 世界经济研究, 2002 (5).

[55] 李平, 刘建. FDI、国外专利申请与中国各地区的技术进步——国际技术扩散视角的实证分析 [J]. 国际贸易问题, 2006 (7): 99-104.

[56] 李伟. 不完全竞争中的技术追赶与产业升级——后发国家产业演化研究 [M]. 上海: 上海财经大学出版社, 2011.

[57] 林春培, 张振刚, 薛捷. 颠覆性创新的概念、类型、内在动力及事前识别 [J]. 中国科技论坛, 2012 (2): 35-41.

[58] 林春培, 张振刚. 既有知识资产对企业持续性创新与颠覆性创新的影响 [J]. 技术经济, 2011, 30 (10): 16-21, 32.

[59] 林毅夫, 刘培林. 自生能力和国企改革 [J]. 经济研究, 2001 (9): 87-89.

[60] 林毅夫. 自生能力、经济转型与新古典经济学的反思 [J]. 经济研究, 2002 (12): 56-57.

[61] 蔺蔚青. 调整加工贸易出口结构应以高附加值为导向 [J]. 理论前沿, 2006 (8).

[62] 刘常勇，谢洪明．企业知识吸收能力的主要影响因素［J］．科学学研究，2003（3）：23－26.

[63] 刘林青，谭畅．产业国际竞争力的结构观——一个正在涌现的研究域［J］．经济评论，2014（3）：153－160.

[64] 刘乃全，郑秀君，贾彦利．中国区域发展战略政策演变及整体效应研究［J］．财经研究，2005（1）：25－37.

[65] 刘平洋．中国产业国际竞争力分析［M］．北京：经济管理出版社，2003.

[66] 刘盛楠．基于路径理论的后发企业颠覆性创新策略研究［D］．大连理工大学，2012：48.

[67] 刘小铁．产业竞争力因素分析［D］．南昌：江西财经大学，2004.

[68] 刘志彪，张少军．中国地区差距及其纠偏：全球价值链和国内价值链的视角［J］．学术月刊，2008（5）.

[69] 刘志彪，张少军．总部经济、产业升级和区域协调：基于全球价值链的分析［J］．南京大学学报，2009（6）.

[70] 刘志彪．价值链上的中国：长三角选择性开放新战略［M］．北京：中国人民大学出版社，2012.

[71] 刘志彪．现代产业经济学［M］．北京：高等教育出版社，2002.

[72] 刘志彪．长三角托起的中国制造［M］．北京：中国人民大学出版社，2006.

[73] 卢锐，吴云，王军．基于颠覆性创新的比亚迪创新战略研究［J］．中国科技论坛，2012（2）：42－47.

[74] 罗国勋．二十一世纪中国中小企业的发展［M］．北京：社会科学文献出版社，1999.

[75] 罗良忠，陈亚娟．我国汽车企业“以技术换市场”的跨国经营新模式［J］．国际经贸探索，2005（5）：23－25.

[76] 罗珉，曾涛，周思伟．企业商业模式创新：基于租金理论的解释［J］．中国工业经济，2005（7）：73－81.

[77] 吕明元．产业政策、制度创新与具有国际竞争力的产业成长［J］．经济社会体制比较，2007（1）：65－68.

［78］迈克尔·波特．国家竞争优势［M］．北京：华夏出版社，2002.

［79］迈克尔·波特．竞争论［M］．北京：中信出版社，2003.

［80］迈克尔·波特．竞争优势［M］．北京：华夏出版社，1997.

［81］毛蕴诗．出口贸易与国际直接投资关系研究［J］．首都经济贸易大学学报，2001（3）：

［82］缪根红等．知识扩散路径与员工创新绩效关系的实证研究——考虑知识吸收能力与主动遗忘能力的调节作用［J］．研究与发展管理，2014（3）：12－21.

［83］倪加勋．应用统计学［M］．北京：中国人民大学出版社，1998.

［84］裴长洪．生产技术与国际分工的分析——一种关于东南亚金融危机原因的解释［J］．数量经济技术经济研究，1998（7）.

［85］裴长洪．利用外资与产业竞争力［M］．北京：社会科学文献出版社，1998.

［86］裴长洪，王镭．试论国际竞争力的理论概念与分析方法［J］．中国工业经济，2002（4）.

［87］彭丽红．企业竞争力：理论与实证研究［M］．北京：经济科学出版社，2000.

［88］彭向，蒋传海．产业集聚、知识溢出与地区创新——基于中国工业行业的实证检验［J］．经济学（季刊），2011（3）.

［89］钱雪亚，张小蒂，苏海舟．产业竞争优势及其度量体系研究［J］．统计研究，2001（6）.

［90］芮明杰．产业竞争力的“新钻石模型”［J］．社会科学，2006（4）：68－73.

［91］芮明杰．中国产业发展的挑战与思路［J］．复旦学报（社会科学版），2004（1）：56－63.

［92］芮明杰，富立友，陈晓静．产业国际竞争力评价理论与方法［M］．上海：复旦大学出版社，2010.

［93］芮明杰，刘明宇．论产业价值链整合［M］．上海：复旦大学出版社，2006.

［94］芮明杰．方统法．知识与企业持续竞争优势［J］．复旦学报（自然科学版），2003，42（5）：721－727.

[95] 史东明. 核心能力论——构筑企业与产业的国际竞争力 [M]. 北京: 北京大学出版社, 2002.

[96] 司春林. 企业创新空间与技术管理 [M]. 北京: 清华大学出版社, 2005.

[97] 斯蒂芬·马丁. 高级产业经济学 [M]. 上海: 上海财经大学出版社, 2003.

[98] 宋建元, 陈劲. 企业隐性知识共享的效率分析 [J]. 科学学与科学技术管理, 2005 (2): 58 -61.

[99] 宋天和, 莫炜. 论新型工业化后发优势的向度模式 [A]. 胡培兆, 陈其林. 科学发展观与中国新型工业化 [C]. 厦门大学出版社, 2006.

[100] 宋铁波, 沈征宇. 颠覆性创新与在位企业战略反应——基于合法性视角的解释模型 [J]. 科学学与科学技术管理, 2014 (5): 82 -90.

[101] 苏启林. 破坏性技术、组织创新与产业成长预测 [J]. 中国工业经济, 2006 (11).

[102] 苏启林, 胡军. 颠覆性创新、技术跨越与中国产业成长 [M]. 北京: 经济科学出版社, 2009.

[103] 孙启贵, 邓欣, 徐飞. 颠覆性创新的概念界定与模型构建 [J]. 科技管理研究, 2006 (8): 179 -182.

[104] 唐小我, 陈涛, 邵云飞. 跨国企业在中国开展颠覆性创新的动因及其“破坏”能力构建 [J]. 科学学与科学技术管理, 2013 (11): 126 -136.

[105] 陶洪. 中国制造业技术选择的机理与效应 [M]. 北京: 经济科学出版社, 2012.

[106] 藤本隆宏日. 生产系统的进化论 [M]. 北京: 经济日报出版社, 1997.

[107] 田红云. 颠覆性创新与我国制造业国际竞争优势的构建 [M]. 上海: 上海三联书店, 2010.

[108] 拓晓瑞. 基于颠覆性创新的中国轿车企业发展战略研究 [J]. 企业活力, 2012 (3): 11 -15.

[109] 万陆. 外部知识源下的集群创新能力培育路径 [J]. 科技进步与对策, 2009, 26 (20): 169 -173.

[110] 汪碧瀛，杜跃平．在产业演进中提高我国重点产业的核心竞争力[J]．西安电子科技大学学报（社会科学版），2001（9）：40－44.

[111] 王边芬．中国汽车产业竞争力研究[D]．长春：吉林大学，2005.

[112] 王冰，顾远飞．簇群的知识共享机制和信任机制[J]．外国经济与管理，2002（5）：34－36.

[113] 王昌林．产业技术创新绩效与产业出口竞争力[J]．工业技术经济，2006（1）：104－106.

[114] 王春法．技术创新政策：理论基础与工具选择[M]．北京：经济科学出版社，1998.

[115] 王德禄．知识管理：竞争力之源[M]．南京：江苏人民出版社，1999.

[116] 王凤彬，陈公海，李东红．模块化组织模式的构建与运作——基于海尔"市场链"再造案例的研究[J]．管理世界，2008（4）：122－139.

[117] 王敏．FDI 流入对中国贸易条件的影响[J]．财经界，2007（1）.

[118] 王庆年．基于中国东部地区的知识溢出决定因素实证研究[M]．广州：华南理工大学出版社，2011.

[119] 王天力．隐性知识获取、吸收能力与新创企业创新绩效关系研究[D]．吉林大学，2013：223.

[120] 王益民，宋琰纹．全球生产网络效应、集群封闭性及其升级悖论[J]．中国工业经济，2007（4）.

[121] 王真．战略逆转：颠覆性创新新浪潮下的企业抉择[M]．北京：经济科学出版社，2011.

[122] 王志玮．企业外部知识网络嵌入性对颠覆性创新绩效的影响机制研究[D]．浙江大学，2010：314.

[123] 维纳·艾莉．知识的进化[M]．珠海：珠海出版社，1999.

[124] 魏江，徐蕾．知识网络双重嵌入、知识整合与集群企业创新能力[J]．管理科学学报，2014（2）：34－47.

[125] 魏平，高健．跃迁模型：制定新兴技术战略的一种理论方法[J]．科学学研究，2006（10）：684－687.

[126] 文玫．中国工业在区域上的重新定位与集聚[J]．经济研究，2004（2）：34－36.

[127] 吴贵生，谢伟．“颠覆性创新”与组织响应［J］．科学学研究，1997（12）：35－39.

[128] 吴航，陈劲，梁靓．企业国际化程度影响创新绩效的机制研究——4家中国制造企业的案例研究［J］．科学学与科学技术管理，2014（3）：69－76.

[129] 吴建伟．国际间产业竞争与市场容量［M］．上海：上海三联书店、上海人民出版社，1999.

[130] 吴建中，张志强．企业竞争力及其评价［J］．管理现代化，1999.

[131] 吴晓波等．后发者如何实现快速追赶？——一个二次商业模式创新和技术创新的共演模型［J］．科学学研究，2013（11）：1726－1735.

[132] 吴晓波，倪义芳．二次创新与我国制造业全球化竞争战略［J］．科研管理，2001（3）.

[133] 伍勇，梁巧转，魏泽龙．双元技术创新与市场导向对企业绩效的影响研究：颠覆性创新视角［J］．科学学与科学技术管理，2013（6）：140－151.

[134] 夏清华．从资源到能力：竞争优势战略的一个理论综述［J］．管理世界，2002（4）：109－114.

[135] 向吉英，黄韦华．颠覆性创新推动本土产业升级的机理研究——基于协同演化理论的视角［J］．上海商学院学报，2012（3）：67－70.

[136] 谢建国．外商直接投资与中国的出口竞争力——一个中国的经验研究［J］．世界经济研究，2003（7）：34－39.

[137] 谢伟．中国企业技术创新的分布和竞争策略——中国激光视盘播放机产业的案例研究［J］．管理世界，2006（2）：50－62，171.

[138] 谢子远，鞠芳辉．同质集聚、异质集聚与产业国际竞争力——基于中国15个制造行业2000～2011年面板数据的实证研究［J］．国际贸易问题，2014（2）：13－23.

[139] 熊彼得（杜贞旭，郑丽萍，刘昱岗译）．经济发展理论［M］．北京：中国商业出版社，2009.

[140] 徐力行，陈奇．产业潜在竞争优势理论与中国制造业发展方向［J］．现代经济探讨，2005（11）：60－63.

[141] 闫逢柱，乔娟．产业集聚一定有利于产业成长吗？——基于中国

制造业的实证分析［J］. 经济评论，2010（5）.

［142］杨丹辉. 全球竞争——FDI与中国产业国际竞争力［M］. 北京：中国社会科学出版社，2004.

［143］杨长湧. 中美制造业竞争力比较研究［J］. 宏观经济管理，2012（11）：87－88.

［144］杨子明，戴朝霞. 对提高我国产业竞争力的几点思考［J］. 国际经济合作，2005（7）.

［145］［韩］W. 钱·金，［美］勒妮·莫博涅. 蓝海战略［M］. 北京：商务印书馆，2005.

［146］约翰·斯托普福德，苏珊·斯特兰奇. 竞争的国家竞争的公司［M］. 北京：社会科学文献出版社，2002.

［147］张海梅. 广东传统产业转型升级的困境与出路［J］. 岭南学刊，2009（5）：116.

［148］张洪石，陈劲，付玉秀. 突破性创新：跨越式发展之基［J］. 自然辩证法通讯，2005（1）.

［149］张洪石，陈劲. 突破性创新的组织模式研究［J］. 科学学研究，2005（8）：566－571.

［150］张洪石，付玉秀. 影响突破性创新的环境因素分析和实证研究［J］. 科学学研究，2005（S1）：255－263.

［151］张建宇. 颠覆性创新与在位企业的竞争力弱化［J］. 华东经济管理，2009，23（12）：84－86.

［152］张建宇. 颠覆性创新与在位企业执行困境的突破［M］. 北京：经济科学出版社，2010.

［153］张捷，刘凤翔. 价值链整合与价值模块整合——兼论我国IT制造业结构优化的方向［J］. 暨南学报，2006（5）.

［154］张金昌. 中国的劳动生产率：是高还是低？——兼论劳动生产率的计算方法［J］. 中国工业经济，2002（4）.

［155］张幼文. 应对经济全球化的对外开放战略［J］. 世界经济研究，2001（6）.

［156］张芸婷. 中小企业颠覆性创新影响因素研究［D］. 浙江大学，2010：118.

[157] 张占斌. 比较优势——中国汽车产业的政策、模式和战略 [M]. 北京: 清华大学出版社, 2004.

[158] 赵明剑. 基于突破性技术创新的技术跨越机会窗口研究 [J]. 科学学与科学技术管理, 2004 (5): 54-59.

[159] 赵英. 中国制造业技术标准与国际竞争力研究 [M]. 北京: 经济管理出版社, 2008.

[160] 赵玉敏, 郭培, 王婷. 总体趋于恶化——中国贸易条件变化趋势分析 [J]. 国际贸易, 2002 (7).

[161] 钟阳胜. 追赶型经济增长理论: 一种组织经济增长的新思路 (第六版) [M]. 北京: 中共中央党校出版社, 2012.

[162] 周健. 美国互联网与媒体业的竞争合作和我们的对策 [J]. 世界经济与政治论坛, 2001 (3).

[163] 周江华, 仝允桓, 李纪珍. 基于金字塔底层 (BoP) 市场的颠覆性创新——针对山寨手机行业的案例研究 [J]. 管理世界, 2012 (2).

[164] 周长辉. 中国企业战略变革过程研究: 五矿经验及一般启示 [J]. 管理世界, 2005 (12): 123-136.

[165] 朱红伟. 产业生态化理论的演化和发展研究 [J]. 中国地质大学学报 (社会科学版), 2008 (9): 56-59.

[166] 朱小娟. 产业竞争力研究的理论、方法和应用 [D]. 北京: 首都经济贸易大学, 2004.

[167] 庄惠明, 郑剑山, 熊丹. 中国汽车产业国际竞争力增强策略选择——基于价值链提升模式的研究 [J]. 宏观经济研究, 2013 (11): 95-102.

[168] Adam B. Jaffe, Manuel Trajtenberg and Rebecca Henderson, Geographic localization of knowledge spillovers as evidenced by patent citations [J]. Quarterly Journal of Economics, Vol. 108, 1993: 577-598.

[169] Acemoglu, Daron & Fabrizio Zilibotti, Productivity Differences [J]. Quarterly Journal of Economics, Vol. 116, 2001 (2): 563-606.

[170] Acemoglu, Daron. Technical Change, Inequality and the Laber Market [J]. Journal of Economic Literature, 2002, XL: 7-72.

[171] Acklin, C., Design Management Absorption Model: A Framework to

Describe and Measure the Absorption Process of Design Knowledge by SMEs with Little or no Prior Design Experiences [J]. Quarterly Journal of Economics, 2013.

[172] Adner, Ron, Zemsky, Peter. Disruptive Technologies and the Emergence of Competition [J]. RAND Journal of Economics, Vol. 36, 2005 (2): 229 -254.

[173] Aghion, P. A. P. H., Endogenous Growth Theory [J]. Quarterly Journal of Economics, 1991.

[174] Aghion, P. A. P. H., Endogenous Growth Theory [M]. Cambridge: MIT Press, 1998.

[175] Alan M. Rugman, C. H. O., The international competitiveness of Asian firms [J]. Journal of Strategy and Management, 2008.

[176] Aldrich, J., The Discovery of Comparative Advantage [J]. Journal of the History of Economic Thought, Vol. 26, 2004 (3): 379 -399.

[177] Andersson, M., Karlsson, C. Regional innovation systems in small & medium-sized regions: a critical review & assessment [C]. JIBS Working Paper, 2002 (2): 157 -159.

[178] Allanson, P. & C. Montagna, Multiproduct firms and market structure: An explo rative application to the product life cycle [J]. International Journal of Industrial Organization, Vol. 23, 2005 (7): 587 -597.

[179] Allanson, P. & Catia Montagna, Multiproduct Firm and Market Structure: An Explorative Application to the Product Life Cirle [J]. International Journal of Industrial Organization, Vol. 23, 2005 (5): 87 -597.

[180] Almeida, P. A. K. B., The exploration of technological diversity and the geographic localization of innovation [J]. Small Business Economics, 1997: 21 -31.

[181] Alonso - Borrego C., Forcade F. J. Related diversification and R&D intensity dynamics [J]. Research Policy, Vol. 39, 2010 (4): 89 -96.

[182] Amir, M., etc., Sequencing R&D Decisions in a Two-period Duopoly with Spillovers [J]. Economic theory, Vol. 15, 2000: 1034 -1057.

[183] Amir, R., Modelling Imperfectly Appropriable R&D Via Spillovers [J]. International Journal of Industrial Organization, Vol. 18, 2000: 1013 -1032.

[184] Amir, R., Wooders, J., Cooperation vs. Competition in R&D: the Role of Stability of Equilibrium [J]. Journal of Economics/Zeitschrift fur Nationalokonomie, Vol. 67, 1998 (1): 63-73.

[185] Amiti. New Trade Theories and Industrial Location in the EU: A Survey of Evidence [J]. Oxford Review of Economic Policy, Vol. 14, 1998 (2): 45-53.

[186] Amitrajeet A. Batabyal, H. B., Human capital, knowledge spillovers, and one kind of semi-endogenous regional economic growth [J]. Letters in Spatial and Resource Sciences, 2013: 63.

[187] Amsden, Alice H., Asia's Next Giant: South Korea and Late Industrialization [M]. New York: Oxford University Press, 1989.

[188] Andrew Arbuthnott, J. E. J. W., When a new industry meets traditional and declining ones: An integrative approach towards dialectics and social movement theory in a model of regional industry emergence processes [J]. Scandinavian Journal of Management, 2010: 263.

[189] Anupama Phene, S. T., Knowledge Spillovers and Alliance Formation [J]. Journal of Management Studies, 2014: 517.

[190] Armin Weinberger, K. S. F. F., Knowledge convergence in collaborative learning: Concepts and assessment [J]. Learning and Instruction, Vol. 17, 2007 (4): 416-426.

[191] Arndt, Sven W. Globalization and the open economy. North American Journal of specialization in world trade [J]. Journal of International Economics, 2001.

[192] Arrow, K., The Economic Implications of Learning by Doing [J]. Review of Economic Studies, 1962: 155-173.

[193] Askarany D., Yazdifar H., Askary S. Supply chain management, activity-based costing and organisational factors [J]. International Journal of Production Economics, Vol. 127, 2010 (2): 426-435.

[194] Audretsch, D. B. A. F., R&D spillovers and the geography of innovation and production [J]. American Economic Review, 1996: 630-640.

[195] Barnes, Justin, Kaplinsky, Raphael, Morris, Mike. Industrial Poli-

cy in Developing Economies: Developing Dynamic Comparative Advantage in the South African automobile Sector [J]. Competition & Change, Vol. 8, 2004 (2): 153 - 172.

[196] Bernhofen Daniel M., Brown John C., A Direct Test of the Theory of Comparative Advantage: The Case of Japan [J]. Journal of Political Economy, Vol. 112, 2004 (1): 48 - 67.

[197] Bernstein, J. I. and M. I. Nadiri, Interindustry R&D spillovers, rates of return, and production in high-tech industries. National Bureau of Economic Research [M]. Cambridge: Mass., 1988.

[198] Birgitta Sandberg. Creating the Market for Disruptive Innovation: Market Proactiveness at the Launch Stage [J]. Journal of Targeting, Measurement and Analysis for Marketing, Vol. 11, 2002 (2): 184 - 196.

[199] Birton J. Cowden, H. S. A., Disruptive innovation in multinational enterprises [J]. Multinational Business Review, 2013: 214.

[200] Branstetter, L., Is foreign direct investment a channel of knowledge spillovers? Evidence from Japan's FDI in the United State [J]. Journal of International Economics, 2006: 325 - 344.

[201] Brezis K. T., Leapfroging in international competition: A theory of cycles in national technological leadership [J]. American Economic Review, 1993: 1211 - 1219.

[202] Camisón, César. Shared, Competitive, and Comparative Advantages: a Competence-based View of Industrial-district Competitiveness [J]. Environment & Planning, Vol. 36, 2004 (12): 2227 - 2256.

[203] Caves R. E., Industrial Organization and New Finding on the Turnover and Mobility of Firms [J]. Journal of Economic Literature, Vol. XXXVI, 1998: 1947 - 1982.

[204] Chang, H. H. Intelligent agent's teleology characteristic applied to online auction' task: A combined model of TTF and TAM [J]. Technovation, Vol. 28, 2008 (9): 564 - 577.

[205] Chengli Shu, C. L. S. G., The Knowledge Spillover Theory of Entrepreneurship in Alliances [J]. Entrepreneurship Theory and Practice, 2014: 384.

[206] Chia－Lin Chang, S. C. M. M. ; Globalization and knowledge spillover: international direct investment, exports and patents [J]. Economics of Innovation and New Technology, 2013: 329－352.

[207] Chia－Lin Chang, S. C. M. M. , Globalization and knowledge spillover: international direct investment, exports and patents [J]. Economics of Innovation and New Technology, 2013: 224.

[208] Christensen C. M. , The Innovator's Dilemma: When New Technologies Cause Great Firms to Fail [M]. Boston: Harvard Business School Press, 1997.

[209] Christensen, Clayton M. and Overdorf, Michael. Meeting the Challenge of Disruptive Change [J]. Harvard Business Review, Vol. 78, 2000 (2): 66－76.

[210] Christina Hallin, C. H. L. , Revisiting the external impact of MNCs: An empirical study of the mechanisms behind knowledge spillovers from MNC subsidiaries [J]. International Business Review, 2012: 212.

[211] Ciuliani E. , Pietrobell C. , Rabellotti R. Upgrading in Global Value Chains: Lessons from Latin American Clusters [J]. World Development, 2005 (33): 549－573.

[212] Coe D. , Helpman E. , International R&D Spillovers [J]. European Economic Review, 1995 (39): 859－887.

[213] Cohen, W. M. A. L. , Innovation and learning: the two faces of R&D [J]. Economic Journal, Vol. 99, 1989: 569－596.

[214] Cristina I. Fernandes, J. J. M. F. , Knowledge spillovers: cooperation between universities and KIBS [J]. R&D Manage, 2013: 435.

[215] Danneels, E. , Tight－Loose Coupling with Customers: The Enactment of Customer Orientation [J]. Strategic Management Journal, Vol. 24, 2003 (6): 559－576.

[216] David B. Audretsch, E. L. , Entrepreneurial Access and Absorption of Knowledge Spillovers: Strategic Board and Managerial Composition for Competitive Advantage [J]. Journal of Small Business Management, 2006.

[217] David B. Audretsch, M. B. , The missing pillar: the creativity theory

of knowledge spillover entrepreneurship [J]. Small Business Economics, 2013: 414.

[218] Deardorff - Alan V. Fragmentation across cones//Arndt, Sven W. and Kierzkowski, Henryk. Fragmentation: New Production Patterns in the World Economy [M]. Oxford University Press, 2001.

[219] Dennis Patrick Leyden, A. N. L., Knowledge spillovers, collective entrepreneur ship, and economic growth: the role of universities [J]. Small Business Economics, 2013: 414.

[220] Dilene R. Crockett, J. E. M. G., Employing New Business Divisions to Exploit Disruptive Innovations: The Interplay between Characteristics of the Corporation and Those of the Venture Management Team [J]. Journal of Product Innovation Management, 2013: 305.

[221] Dong Yingnan, L. Y. Q. X., Spatial Knowledge Spillovers: "New 3 - Zone Interaction Engineering" [J]. Systems Engineering Procedia, 2012: 3.

[222] D'Cruz J. R. & Rugman A. M., Developing international competitiveness: The five partners model [J]. Business Quarterly, 1993.

[223] Dedehayir O., Nokelainen T., Maekinen S. J., Disruptive innovations in complex product systems industries: A case study [J]. Journal of Engineering & Technology Management, 2014, 33 (jul. - sep.): 174 - 192.

[224] Elkan R. V., Catching Up and Slowing Down: Leaning and Growth Patterns in an Open Economy [J]. Journal of International Economics, 1996 (41): 95 - 111.

[225] Ernst D. How globalization reshapes the geography of innovation system: reflection on GPN in information industries [J]. East - West Center Working Paper, 1999.

[226] Erwin Danneels. Disruptive Technology Reconsidered: a Critique and Research Agenda [J]. Journal of Product Innovation Management, 2004 (21): 246 - 258.

[227] Xavier G., Proximity and Investment: Evidence from Plant - Level Data* [J]. The Quarterly Journal of Economics, 2013 (2): 2.

[228] Faulkner, David, Segal - Horn, Susan. The Economics of Interna-

tional Coparative Advantage in the Modern World [J]. European Business Journal, Vol. 16, 2004 (1): 20 -31.

[229] Fei Yu, Y. W. , Patent citations and knowledge spillovers: an analysis of Chinese patents registered in the USA [J]. Asian Journal of Technology Innovation, 2014: 221.

[230] Ferrary Michel. Managing the Disruptive Technologies Life Cycle by Externalizing the Research: Social Network and Corporate Venturing in the Silicon Valley [J]. International Journal of Technology Management (IJTM), Vol. 25, 2003 (1 -2): 165 -181.

[231] Fischer, M. , Innovation, knowledge creation and system of innovation [J]. Analysis of Regional Science, 2001 (35): 199 -216.

[232] Fisher, Eric O'N. , Kakkar, Vikas. On the Evolution of Comparative Advantage in Matching Models [J]. Journal of International Economics, Vol. 64, 2004 (1): 169 -193.

[233] Forsild, etc. , A U-shaped Europe? A Simulation Study of Industrial Location [J]. Journal of International Economics, Vol. 57, 2002: 273 -297.

[234] Frank F. Darpa's Role in Radical Innovation [J]. Johns Hopkins apl technical Digest, Vol. 20, 1999 (3): 67 -69.

[235] Frank Fischer, H. M. , Knowledge Convergence in Computer-Supported Collaborative Learning: The Role of External Representation Tools [J]. Journal of the Learning Sciences, Vol. 14, 2005 (3): 215 -228.

[236] Fu, X. , Foreign Direct Investment and Managerial Knowledge Spillovers through the Diffusion of Management Practices [J]. Journal of Management Studies, 2012: 495.

[237] Fujita, M. & Hu, D. Regional Disparity in China 1985—1994: The Effects of Globalization and Economic Liberalization [J]. Annals of Regional Science, Vol. 35, 2001 (1): 3 -37.

[238] Gedik, Y. , Geographical Localisation of Knowledge Spillovers by Australian Patent Citations [J]. Economic Papers: A Journal of Applied Economics and Policy, 2012: 312.

[239] Gereff G. , Development Models and Industrial Upgrading in China

and Mexico [J]. European Sociological Review, 2009 (25): 37 -51.

[240] Gereffi G. , A Commodity Chains Framework for Analyzing Global Industries [R]. Working Paper for IDS, 1999a.

[241] Gereffi G. , Humphrey J. , Sturgeon T. , The Governance of Global Value Chains [J]. Forthcoming in Review of International Political Economy, 2003.

[242] Gereffi G. , International Trade and Industrial Upgrading in the Apparel Commodity China [J]. Journal of International Economics, 1999b (48): 37 - 70.

[243] Gereffi G. , Korzeniewicz M. (ed.), Commodity Chains and Global Capitalism [D]. Westport: Praper, 1994.

[244] Gereffi, Gary. International trade and industrial upgrading in the apparel chain [J]. Journal of International Economics, 1999 (48): 37 -70.

[245] Ghinamo, M. L. , explaining the variation in the empirical estimates of academic knowledge spillovers [J]. Journal of Regional Science, 2012: 524.

[246] Griliches, Z. , The Brookings model volume: A review article [J]. The Review of Economics of Statistics, 1968: 215 -234.

[247] Grossman & Helpman, Endogenous Innovation in the Theory of Growth [J]. The American Economic Review, Vol. 84, 1994 (4): 833 -850.

[248] Grossman G. M. , Shpiro C. , Dynamic R&D Competition [J]. Economy of Journal, 1987 (97): 372 -387.

[249] Grossman, Gene M. , & Helpman, Elhanan. Outsourcing versus FDI in Industry Equilibrium [J]. Journal of the European Economic Association, Vol. 94, 2003 (3): 73 -83.

[250] H. 钱纳里 (H. Chenery) 等. 工业化和经济增长的比较研究 [M]. 上海: 三联书店, 1989.

[251] Haal & Jan, Kind Hans - Jarle, Midelfart Knarvik Karen, Torstensson Johan. What Determines the Economic Geography of Europe? [R]. CEPR Discussion Paper, 1999: 2072.

[252] Haifeng Qian, Z. J. A. , An absorptive capacity theory of knowledge spillover entrepreneurship [J]. Small Business Economics, 2013: 402.

[253] Haiyang Li, Y. A. Z. M., Knowledge Spillovers, Search, and Creation in China's Emerging Market [J]. Management and Organization Review, 2013: 93.

[254] Heisawn Jeong, M. T. H. C., Knowledge convergence and collaborative learning [J]. Instructional Science, Vol. 35, 2007 (4): 287 - 315.

[255] Helpman, G., Innovation and Growth in the Global Economy [M]. Cambridge: MIT Press, 1991.

[256] Hongyan Yang, H. K. S., When do firms rely on their knowledge spillover recipients for guidance in exploring unfamiliar knowledge? [J]. Research Policy, 2014.

[257] Humphrey J., Schmitz H., How does Insertion in Global Value Chains Affect Upgrading in Industrial Cluslter [R]. Working Paper for IDS and INEF, 2002.

[258] Ingo Liefner, C. B. G. Z., Knowledge absorption of optical technology companies in Shanghai, Pudong: Successes, barriers and structural impediments [J]. Applied Geography, 2011: 171 - 184.

[259] Isabel Díez - Vial, M. F., How Do Local Knowledge Spillovers and Experience Affect Export Performance? [J]. European Planning Studies, 2014: 221.

[260] J. M. 伍德里奇. 计量经济学导论 [M]. 北京: 中国人民大学出版社, 2003.

[261] Jaffe A., Real effects of academic research [J]. American Economic Review, Vol. 79, 1989: 984 - 1001.

[262] Jaffe, E. S., etc., Report of the workshop on nasal and related extranodal angiocentric T/natural killer cell lymphomas: definitions, differential diagnosis, and epidemiology [J]. The American Journal of Surgical Pathology, Vol. 20, 1996 (1): 103 - 111.

[263] Jesús C. Peña - Vinces, G. C. W. W., Effect of ITC on the international competitiveness of firms [J]. Quarterly Journal of Economics, 2012.

[264] Jingjing Guo, B. G., How do innovation intermediaries facilitate knowledge spillovers within industrial clusters? A knowledge-processing perspective

[J]. Asian Journal of Technology Innovation, 2013 (21): 21.

[265] Ramdorai A. & Herstatt C., Frugal Innovation in Healthcare: How Targeting Low-Income Markets Leads to Disruptive Innovation: Springer International Publishing, 2015.

[266] Jr. Lucas R., On the Mechanics of Economic Development [J]. Journal of Monetary Economics, 1998: 3 –42.

[267] Kamien, M. I., E. Muller, I. Zang, Research Joint Ventures and R&D Cartels [J]. The American Economic Review, Vol. 82, 1992 (5): 1293 –1306.

[268] Kaplinsky R., Morris M., A Handbook for Value China Research [D]. Paper for IDRC, 2002.

[269] Krugman, P. Increasing Returns and Economic Geography [J]. Journal of Political Economy, 1991 (3): 483 –499.

[270] Krugman, P., What's new about the new economic geography? [J]. Oxford Review of Economic Policy, 1998 (14): 7 –17.

[271] Krugman, P. R., The age of diminished expectations: US economic policy in the 1990s [M]. MIT Press, 1997.

[272] Krugman, P. & Venables, A. J. Globalization and the Inequality of Nations [J]. Quarterly Journal of Economics, 1995 (4): 76 –80.

[273] Kuwahara, S., Does international knowledge spillover always lead to a positive trickle down? [J]. Journal of the Japanese and International Economies, 2012.

[274] Lawrence A. Plummer, Z. J. A., Localized competition in the knowledge spillover theory of entrepreneurship [J]. Journal of Business Venturing, 2012.

[275] Lee, C. C. Cheng, H. K. Cheng, H. H. An empirical study of mobile commerce in insurance industry: task-technology fit and individual differences [J]. Decision Support Systems, Vol. 43, 2007 (1): 95 –110.

[276] Leifer R., Christopher M. mc D., o'connor G. C. Radical Innovation: How Mature Companies Can Outsmart Upstarts [M]. Boston: Harvard Business School Press, 2000.

[277] Li, Y. A., Borders and distance in knowledge spillovers: Dying over time or dying with age? —Evidence from patent citations [J]. European Economic Review, 2014: 71.

[278] Liping Jiang, E. B. S. P., The international competitiveness of China's shipbuilding industry [J]. Quarterly Journal of Economics, 2013.

[279] Liu H. L., Lin H. Y., Peng S. K. The spillover effects of R&D on manufacturing industry in Taiwan's metropolitan areas [J]. Annals of Regional Science, Vol. 45, 2010 (3).

[280] Liujing. Study on Regional Industrial Collaborative Development and Spatial Distribution Tactics [J]. Chinese Journal of Regional Science, 2013 (2).

[281] Lucas, R. On the mechanics of economic development [J]. Journal of Monetary Economics, 1998, 22: 3 – 42.

[282] Maddala, G. S. and I. M. Kim., Cointegration and Structural Change [M]. Cambridge University Press, 1998: 56 – 59.

[283] Marius Brülhart, & Rolf Traeger, An Account of Geographic Concentration Patterns in Europe [R]. The Institute for International Integration Studies Discussion Paper Series iiisdp02, IIIS, 2003.

[284] Markus Steen, G. H. H., Same Sea, Different Ponds: Cross – Sectorial Knowledge Spillovers in the North Sea [J]. European Planning Studies, 2014: 2210.

[285] Matthias Duschl, T. B., Characteristics of regional industry-specific employment growth rates' distributions [J]. Pap Reg Sci, 2013: 922.

[286] Michael A. Stanko, X. O., Industry growth and the knowledge spillover regime: Does outsourcing harm innovativeness but help profit? [J]. Journal of Business Research, 2013.

[287] Midelfart – Knarvik, Karen, Overman, H. Redding, S. and Venables. The Location of European Industry [R]. European Commission, 2000: 142.

[288] Midelfart – Knarvik, Karen Helene, Overman, Henry G. & Venables. Monetary union and the economic geography of Europe [J]. Journal of Common Market Studies, Vol. 41, 2003 (5): 847 – 868.

[289] Mihail C. Roco, W. S. B., The new world of discovery, invention,

and innovation: convergence of knowledge, technology, and society [J]. Journal of Nanoparticle Research, Vol. 15, 2013 (9): 1-17.

[290] Marjolein C. J. Caniëls, Knowledge Spillovers and Economic Growth: Regional Growth Differentials Across Europe, Cheltenham, Northhampton, Massachusetts [J]. Quarterly Journal of Economics, 2000.

[291] Murray, A., Creating the future through disruptive innovation [J]. KM World, 2014: 239.

[292] Nemet, G. F., Inter-technology knowledge spillovers for energy technologies [J]. Energy Economics, 2012: 345.

[293] Nemet, G. F., Subsidies for New Technologies and Knowledge Spillovers from Learning by Doing [J]. J. Pol. Anal. Manage, 2012: 313.

[294] Nickell, S. J., Competition and corporate performance [J]. Journal of Political Economy, 1996: 724-746.

[295] Nikolaus Wolf. Endowments, Market Potential, and Industrial Location: Evidence from Interwar Poland [R]. 2004: 1918-1939.

[296] Pete Thomond, Torsten Herzberg, Fiona Lettice, Disruptive Innovation: Removing the Innovator's Dilemma [J]. British Academy of Management, 2003.

[297] Philipp Klenner, S. H. M. D., Exantc evaluation of disruptive susceptibility in established value networks—When are markets ready for disruptive innovations? [J]. Research Policy, 2013.

[298] Porter, Michael, The Competitive Advantage of Nations [M]. New York: Basic Books, 1990.

[299] Prof. Dr. Fischer, M. M., Innovation, Networks, and Knowledge Spillovers [M]. Springer Berlin Heidelberg, 2006.

[300] Park Y. T., Kim C. H., Lee J. H., On the characteristics of innovative firms in korea: The role of R&D and innovation type [J]. International Journal of Innovation Management, 1999, 3 (1): 111-131.

[301] Raffaele Paci, E. M. S. U., The Complementary Effects of Proximity Dimensions on Knowledge Spillovers [J]. Spatial Economic Analysis, 2014: 91.

[302] Rainer Anderdassen, Franco Nardini. Endogenous Innovation Waves

and Economic Growth [J]. Structural Change and Economic Dynamics, 2005 (3): 1 – 18.

[303] Rappa Michael. The Utility Business Models and the Future of computing Services [J]. IBM Systems Journal, March, 2004 (1): 32 – 42, 171.

[304] Richard Leifer, C. M. D. G., Radical Innovation: How Mature Companies Can Outsmart Upstarts [M]. Boston: Harvard Business School Press, 2011.

[305] Rivera – Batiz L., Romer P., Economic Integration and Endogenous Growth [J]. Quarterly Journal of Economics, 1991 (2): 531 – 555.

[306] Rivera – Batiz, L. A. & P. M. Romer, Economic integration and endogenous growth [R]. National Bureau of Economic Research, 1990.

[307] Rivera – Batiz – Romer, Economic integration and endogenous growth [J]. Quarterly Journal of Economics, 1991: 531 – 555.

[308] Roberto Basile, R. C. A. C., Technological interdependence and regional growth in Europe: Proximity and synergy in knowledge spillovers [J]. Papers in Regional Science, 2012: 914.

[309] Romer Paul M., Endogenous Technological Change [J]. Journal of Politcal Economy, 1990 (98): 71 – 102.

[310] Romer, P. M., Increasing returns and long-run growth [J]. The Journal of Political Economy, 1986: 1002 – 1037.

[311] Roy Rothwell, Walter Zegveld. Reindustrialization and Technology [M]. Longman Group Limited, 1985: 83.

[312] Samaniego, R. M., Knowledge spillovers and intellectual property rights [J]. International Journal of Industrial Organization, 2013: 311.

[313] Samuelson, P. A., Where Ricardo and Mill rebut and confirm arguments of mainstream economists supporting globalization [J]. The Journal of Economic Perspectives, 2004, 18 (3): 135 – 146H.

[314] Scott Hardman, R. S. D. V., Disruptive innovations: The case for hydrogen fuel cells and battery electric vehicles [J]. International Journal of Hydrogen Energy, 2013: 3835.

[315] Solow, R. M., A Contribution to the Theory of Economic Growth [J].

Quarterly Journal of Economics, 1956: 86 –94.

[316] Spence, A. M. , Cost Reduction, Competion, and Industry Performance [J]. Econometrica, Vol. 52, Less: 1, 1984: 243 –265.

[317] Spence, A. M. , Product Selection, Fixed Cost, and Monopolistic Competition [J]. Review of Economic Studies, Vol. 43, 1976: 675 –696.

[318] Sultan, N. , Knowledge management in the age of cloud computing and Web 2. 0: Experiencing the power of disruptive innovations [J]. International Journal of Information Management, 2013: 331.

[319] Summerer, L. , Evaluating research for disruptive innovation in the space sector [J]. Acta Astronautica, 2012: 812.

[320] Taegi Kim, K. M. K. Y. , Effects of Knowledge Spillovers on Knowledge Production and Productivity Growth in Korean Manufacturing Firms [J]. Asian Economic Journal, 2014: 281.

[321] Tao Chen, Y. S. , Research on Motivations of Transnational Enterprises Carrying out Disruptive Innovation in Chinese BOP Market [J]. 2012: 64.

[322] Tilton, J. , International Diffustion of Technology: The case of Semiconductors [M]. Brookings Inst, 1971.

[323] Tsvetoslava Kyoseva, V. P. M. M. , Disruptive Innovations as a Driving Force for the Change of Wireless Telecommunication Infrastructures [J]. Wireless Personal Communications, 2014: 783.

[324] Tudorel Andrei, L. B. V. M. , Tendencies in the Regional Industry and Specialisation in Romania during the Transition Period [J]. Theoretical and Applied Economics, 2008 (3): 520.

[325] Turkcan, B. , Knowledge Externalities and Knowledge Spillovers in Social Networks: The Case of Izmir Metalwork Industrial District [J]. European Planning Studies, 2014: 227.

[326] Ursula Georgy, Studienreform-eine Form erfolgreicher disruptiver Innovation? [J]. Cologne University of Applied Sciences, 2013.

[327] Unctad, Environment, International Competitiveness and Development: Lessons from Empirical Studies [R]. UNCTAD Secretariat: Geneva.

[328] Utterback, James M. & Fernando F. Suirez. Innovation, Competition

and Industry Structure [J]. Research Policy, Vol. 22, No. 1, 2005: 1-21.

[329] Wang C. C., Lin G. C. S., Li G. C., Industrial clustering and technological innovation in China: new evidence from the ICT industry in Shenzhen [J]. Environment and Planning A, 2010, 42 (8).

[330] Won-Sik Hwang, J. L., Interindustry Knowledge Transfer and Absorption via Two Channels: The Case of Korea [J]. Journal of International Economics, 2014.

[331] Wu, J-H., Chen, Y-C., Lin, L-M, Empirical evaluation of the revised end User computing acceptance model [J]. Computers in Human Behavior, 2007, 23 (1): 162-174.

[332] Xiaohui Liu, J. L. S. C., Bridging Knowledge Gaps: Returnees and Reverse Knowledge Spillovers from Chinese Local Firms to Foreign Firms [J]. Management International Review, 2014.

[333] Xi-Yao Xiang, H. C. S. L., International knowledge spillover through co-inventors: An empirical study using Chinese assignees'patent data [J]. Technological Forecasting & Social Change, 2013: 801.

[334] Yumiko Okamoto, Multinational production efficiency and spillovers effects: the case of the US auto parts industry [M]. Weltwirtschaftliches Archiv, 1999.

[335] Yi Ruan, C. C. H. Y., Government's role in disruptive innovation and industry emergence: The case of the electric bike in China [J]. Technovation, 2014: 3412.

[336] Yi, Kei-Mu Can vertical specializations explain the growth of world trade? [J]. Journal of Political Economy, Vol. 111, 2003.

[337] Yih-Luan Chyi, Y. L. W. L., Knowledge spillovers and firm performance in the high-technology industrial cluster [J]. Research Policy, 2012: 413.

[338] Young, A., Learning by doing and the dynamic effect of international trade [J]. Quarterly Journal of Economics, 1991: 369.

[339] Young, A. The razor's edge: Distortions and incremental reform in the People's Republic of China [J]. The Quarterly Journal of Economics, 2000

(115): 1091 – 1135.

[340] Zahra, S. A. G. G., Absorptive Capacity: A Review and Reconceptualization. Paper presented at the Academy of Management Best Paper Proceedings [M]. Toronto, 2000.

[341] Zemsky, P. A Demand – Based View of Sustainable Competitive Advantage: The Evolution of Substitution Threats, Resource Rents and Competitive Positions [J]. INSEAD Working Paper, 2004: 105 – 106.

[342] Zheng Yao, Z. Y. G. J., Knowledge complementarity, knowledge absorption effectiveness, and new product performance: The exploration of international joint ventures in China [J]. Journal of International Economics, 2013.

[342] Zoltan J. Acs, D. B. A. E., The knowledge spillover theory of entrepreneurship [J]. Small Business Economics, 2013: 414.

[343] Zoltan J. Acs, M. S. P., knowledge spillovers, and entrepreneurship [J]. Small Business Economics, 2012: 394.

后　　记

我国明代伟大的思想家、哲学家王阳明曾教导过“知之真切笃实处即是行，行之明觉精察处即是知”。“危机”与“反思”是政策制定与经济现象解读中最常用的两个术语。从看似良好趋势的背后，通过相关深入研究提出质疑，从而探寻合理政策制定的奥秘是本研究期待的方向。在执着追求的这近十年里，始终不敢有违初衷，带着一份执着和热情，追寻自己的梦想。著名的教育学家蔡元培先生深信，“科学可以产生发明、机器，以及其他实益”，科学可以培养有系统的思想和研究的心理习惯，有了系统的思想和研究，才有定理定则的发现，定理则是一切真知灼见的基础。中华民族伟大复兴证明，只有我们坚持原创性理论研究，坚持基于创新价值网的科学新理念，才能赢得最终的成功。

粤港澳大湾区建设是国家战略，是全局性的布局，是实现党的十八大提出“两个一百年”目标的主战场和试验田。回想当年，从最初的亚洲“四小龙”的中国台湾和香港的发展，到珠三角地区的区域格局的形成，通过珠三角至大珠三角与泛珠三角，再至珠江—西江产业发展带，接着出现了珠三角“四小虎”的东莞、顺德、南海、中山的大发展，直到粤港澳大湾区概念的提出，粤港澳合作从“前店后厂”的模式正向“大湾区”合作模式转型，粤港澳大湾区的形成与推进是一个不断探索、积累、升华与凝结的过程，也是一个水到渠成、自然而然的事物。因此，我们要充分地自信，不断探索与追求真理，相信粤港澳大湾区建设将成为区域经济合作中的典范。

全球环境和中国环境都在发生变化，我们需要先解决一个根本性问题：作为经济的微观主体——企业到底应该如何行为。社会的进程往往因为观念的改变而改变，传统经济学的理论是以企业追求利润最大化为基本前提的，而环境的变化呼唤新的基于价值选择的理论来指导。数字化带来的最大变化，不是技术，而是生活方式及观念变化。数字化技术的第四次工业革命是一场知识革命，企业在逐利的同时，更要以回归顾客价值、价值共生、“生意是生活的意义”和融合生活驱动人类进步作为核心选择，它们将深刻影响人们的生活，影响整个世界，甚至人类的未来。期待本书的出版能为国内各地区解决区域间合作的产业协同发展与企业转型升级的问题提供参考。

在这里我要特别感谢暨南大学经纬粤港澳经济研究中心、广东省创新战略研究会（中山大学）、肇庆市决策咨询研究院的大力协助，感谢经济科学出版社的鼎力支持与帮助，特别是责任编辑的辛勤付出，才使本书得以顺利付梓。我还要感谢妻子二娇和两个女儿好雨、甜甜的理解和支持。

此外，本书的撰写，参考借鉴了国内外众多相关领域学者的研究成果，他们的思想或观点给予我启发与引导。虽然书中列出了相关参考文献，但唯恐挂一漏万，在此谨致谢忱与歉意！

本书除得到了广东省软科学研究计划项目“基于颠覆性创新价值网的粤港澳大湾区产业协同竞争力研究”（2019A101002112）和肇庆学院学术著作出版资助金的资助外，还得到了2018年度广东省普通高校特色创新类项目（人文社科）“粤港澳大湾区产业集群协同创新战略研究”（2018WTSCX156）、2020年度中国服务贸易协会研究课题“粤港澳大湾区产业高质量发展研究”（Fwmykt201902）和肇庆市哲学社会科学2020年度规划项目“肇庆融入粤港澳大湾区高质量发展战略研究”（20ZC－02）三个项目的大力支持，在此一并致谢！

本书出版之际，正值举国上下全力抗击新冠病毒的攻坚期。物理空间上的隔离，不能阻隔工作和学习的热情，只要有心，耐得住寂寞，无处不能为国家做贡献。越是清冷的环境，越是心静笃行的佳境，越是能破解科研过程中的难题。此时有感：

举国上下鼓角声，湖北武汉战尘生。

新冠病毒肆横行，虎旅狼兵遍全国。

天助神州除灾疫，故教中华显威灵。

抗疫指日成功后，定使闾阎贺太平。

正如中国的一句谚语："逆水行舟，不进则退。"作为一名教育科研工作者，此时虽不能像广大抗战在一线的医务人员那样直接地迎着疫情"逆向而行"，但我坚信在自己的岗位上，也一定能冲锋在前，以广大一线医务工作者们的献身精神为榜样，在自己的领域为国家做贡献。谨将以此书献给所有抗疫期间最美的逆行者和所有新中国的奋斗者！

刘璟

2020 年 6 月

于广州越秀山麓